„Die ganze Welt schaut zu, wie sie uns um Gott betrügen“

Petra Preunkert-Skálová

„Die ganze Welt schaut zu, wie sie uns um Gott betrügen“

Ekklesiologie und Pastoral der tschechischen Untergrundkirche

Matthias Grünewald Verlag

VERLAGSGRUPPE PATMOS

PATMOS
ESCHBACH
GRÜNEWALD
THORBECKE
SCHWABEN

Die Verlagsgruppe
mit Sinn für das Leben

Diese Publikation wurde gedruckt mit Unterstützung der Laubach-Stiftung, Mainz.

Für die Schwabenverlag AG ist Nachhaltigkeit ein wichtiger Maßstab ihres Handelns. Wir achten daher auf den Einsatz umweltschonender Ressourcen und Materialien.

Bibliografische Information der Deutschen Nationalbibliothek
Die Deutsche Nationalbibliothek verzeichnet diese Publikation in der Deutschen Nationalbibliografie; detaillierte bibliografische Daten sind im Internet über http://dnb.d-nb.de abrufbar.

Dissertation, Universität Tübingen 2015

Umschlaggestaltung: Finken & Bumiller, Stuttgart
Umschlagabbildung: emoji / photocase.de
Druck: CPI – buchbücher.de, Birkach
Hergestellt in Deutschland
ISBN 978-3-7867-3072-9

Inhalt

1 Einleitung

Die Kirchen im kommunistischen Ostblock wurden im vergangenen Jahrhundert hart auf die Probe gestellt. Unter der sowjetischen Fremdherrschaft war die Lage der katholischen Kirche in den sogenannten Ostblockstaaten unterschiedlich schwer. In der kommunistischen Tschechoslowakei rang die katholische Kirche um das pure Überleben. Die kommunistische Regierung der Tschechoslowakei strebte im Kampf gegen die katholische Kirche, gegen die Religiosität selbst, bewusst und gezielt eine Vorreiterrolle innerhalb des politischen Ostblocks an. Die Ideologen des kommunistischen Staates betrachteten die katholische Kirche als Feind und Schädling, als ein unbequemes und gesellschaftlich kaum tolerierbares Phänomen, dem es zwar bisher gelang zu überleben, dessen Platz aber auf dem berüchtigten ‚Misthaufen der Geschichte' zu suchen ist.[1] Noch erstrebenswerter als das langsame Ableben der katholischen Kirche am Rande der Gesellschaft wäre das schnelle Auslöschen. Der kommunistische Informationsminister drohte nach Februar 1948 den tschechischen katholischen Bischöfen: „Wir wecken die hussitischen Instinkte unseres Volkes."[2] Mit ihrer Hilfe sollte der antikatholische Feldzug gewonnen werden. Der Architekt der vatikanischen Ostpolitik, Erzbischof Agostino Casaroli, hegte Ende der sechziger Jahre des 20. Jahrhunderts wenig Hoffnung auf die Rettung der katholischen Kirche in der Tschechoslowakei: „Dem Vernehmen nach hat er [Casaroli] gesagt, daß es bei den Verhandlungen in Polen um den Modus vivendi ginge, in Ungarn um den Modus vivendi vel moriendi, aber in der Tschechoslowakei lediglich um den Modus moriendi."[3]

Diese Arbeit beschäftigt sich mit der Reaktion der tschechischen katholischen Ortskirche auf ihre veränderte Lebenslage. Sie wertet sie an zwei signifikanten Beispielen systematisch- und pastoraltheologisch aus. Freilich wird dabei nur ein Teil des katholischen Lebens in der ehemaligen Tsche-

---

[1] Vgl. Stanislav Balík, Jiří Hanuš, Katolická církev v Československu 1945–1989 [Katholische Kirche in der Tschechoslowakei 1945–1989], Brno 2007, 9.

[2] Tomáš Halík, Společnost v přerodu. Češi ve 20. století [Die Gesellschaft im Umbruch. Die Tschechen im 20. Jahrhundert], Praha 2001, 144–158, 147. In elektronischer Form auf den Internetseiten des Autors: http://halik.cz/cs/tvorba/clanky-eseje/nabozenstvi-spolecnost/clanek/49/ (Zuletzt gesehen am 14. November 2014).

[3] Oto Mádr, Aus der Rede bei der Verleihung der theologischen Ehrendoktorwürde in Bonn am 4. Mai 1991, in: Oto Mádr, Wie Kirche nicht stirbt. Zeugnis aus bedrängten Zeiten der tschechischen Kirche. Leipzig 1993 (Sammelband), 110–117, 115. Vgl. auch Casarolis autobiographisches Buch: Agostino Casaroli, Il martirio della pazienza. La Santa Sede e i paesi comunisti (1963–1989), Torino 2000. [Tschechische Übersetzung: Agostino Casaroli, Trýzeň trpělivosti. Svatý stolec a komunistické země (1963–1989), Kostelní Vydří 2001. Vor allem das Kapitel „Unmögliche Verhandlungen", das den vatikanischen Verhandlungen mit der Tschechoslowakei gewidmet ist, 129–187.]

choslowakei erfasst werden können und dies auch nur unter einem bestimmten Blickwinkel. Ich lege den Schwerpunkt auf das Erschließen der Theologie und der Pastoral in der politischen Illegalität. Dieses erste einleitende Kapitel dient dem deutschen Leser als Zusammenfassung, Ergänzung und Vertiefung seiner Vorkenntnisse. Zudem werde ich den Fokus dieser Arbeit benennen und die methodischen Schwierigkeiten bei der wissenschaftlichen Aufarbeitung dieses Themas.

1.1 Das Thema

In der Situation der harten Kirchenverfolgung entstand im Verborgenen der Tschechoslowakei die Untergrundkirche. Der im Deutschen geläufige Ausdruck „Untergrundkirche“ wird im Tschechischen von einigen Zeitzeugen als pejorativ wahrgenommen, deswegen bevorzuge ich im laufenden Text die Bezeichnungen „Kirche im Verborgenen“ und „Verborgene Kirche“. Ich übernehme sie als Fachbegriffe aus dem tschechischen historischen Diskurs zu diesem Thema, in dem sie bereits etabliert sind.

Der Begriff der Untergrundkirche bzw. der Verborgenen Kirche umfasst zunächst allgemein das gesamte kirchliche Leben im Verborgenen, das ohne Genehmigung und Wissen der Staatsmacht stattfand.[4] Im heutigen Sprachgebrauch wäre „Untergrund*bewegung*“ vermutlich die treffendere Beschreibung. Die Kirche im Verborgenen nahm abhängig von Zeit und Ort in der damaligen Tschechoslowakei verschiedene Formen und Gestalten an. Aus diesem Grund ist es bis heute schwierig, konkrete Zahlenangaben über die Mitglieder der Untergrundbewegung zu machen. Aufgrund der teilweise erheblichen Unterschiede in der kirchenpolitischen aber auch binnenkirchlichen Entwicklung zwischen Tschechien und der Slowakei sowohl während der kommunistischen Herrschaft als auch nach 1989 beschränke ich meine Forschung, wenn nicht anders angegeben, auf den tschechischen Raum.

Zum Leben der Kirche im Verborgenen zählten vor allem die kirchlichen Aktivitäten, welche nach der kommunistischen Machtübernahme 1948 als politisch illegal galten. Sie wurden sowohl von ordinierten Amtsträgern bzw. Ordensgemeinschaften als auch von engagierten Gläubigen organisiert. Fast alle von ihnen arbeiteten gleichzeitig in zivilen Berufen. Die sogenannte Untergrundkirche besaß zunächst keine homogene, zentral organisierte

[4] Petr Fiala, Jiří Hanuš, Die Verborgene Kirche. Felix M. Davídek und die Gemeinschaft Koinótés, Paderborn u. a. 2004, v. a. 17–19. [Tschechische Originalfassung: Petr Fiala, Jiří Hanuš, Skrytá církev. Felix M. Davídek a společenství Koinótés. Brno 1999.]

Kirchenstruktur (!), sondern war ein an Diversität kaum zu überbietendes Netzwerk, zu dem herausragende Leitfiguren mit großer theologischer und kirchenstrategischer Bedeutung genauso gehörten wie kleine Hauskreise, die der geistlichen Stärkung von verunsicherten Gläubigen dienten. Die einzelnen Gemeinschaften kannten sich teilweise gar nicht.

Der politische Untergrund diente als Ort, an dem das – freilich auch nur bedingt – freie katholische Kirchenleben fortgesetzt werden konnte. Sämtliche religiöse Aktivitäten, die nach 1948 nicht mehr öffentlich ausgeübt werden durften, wurden in der politischen Illegalität fortgesetzt. Viele kleine Gemeinschaften im Untergrund waren bemüht, Teile der Kirchenpastoral fortzuleben. Diese Formen der Verkündigung nahmen ganz unterschiedliche Formen an – von theologischen Begleitkursen für (geheime) Priesteramtskandidaten, aber auch interessierte (auch weibliche) Laien, über heimliche katholische Jugendarbeit, theologischen Samizdat, bis hin zu organisierten Untergrundgemeinden. Solche sind als Gemeinschaften intensiven christlichen Lebens zu umschreiben. Für die Öffentlichkeit waren sie unsichtbar. Alle geheimen Aktivitäten waren sowohl thematisch als auch räumlich nur lose miteinander vernetzt. Auf der durch politische Umstände erzwungenen Suche nach ihrer eigenen Identität im Untergrund entdeckte die tschechische katholische Kirche überraschend authentische Werte. Ihr Kirchenleben und die dem entsprungenen theologischen Konzepte entwickelten sich sehr unkonventionell.

Schon die ersten historischen Forschungen nach 1989 stellten klar, „dass es [zudem] keine scharfe Trennlinie (...) zwischen der sogenannten Verborgenen Kirche und ihrem offiziellen Gegenüber gab".[5] Die Schnittstelle zwischen den Aktivitäten im Untergrund und der offiziellen katholischen Kirche war sehr breit.[6] Im Gegensatz zu den offiziellen Organen der Kirche konnten die kommunistischen Aufsichtsorgane der Untergrundkirche die

[5] Fiala/Hanuš, Die Verborgene Kirche, 151. Der Papst Johannes Paul II. wies bei seinem ersten Besuch in der postkommunistischen Tschechoslowakei 1990 in seiner bemerkenswerten Rede auf die Unzertrennlichkeit des offiziellen und des verborgenen Kirchenlebens auf: „Ich danke den Priestern, die sich im Geheimen auf ihren Dienst vorbereiten und diesen dann im Verborgenen ausüben mussten. Sie haben das große Risiko schwerer Strafen getragen, und dennoch haben sie das Licht des Evangeliums dorthin gebracht, wo die Türen für den Einfluss der Kirche fest verschlossen waren. Nicht zwei Kirchen waren es, sondern eine einzige. Was der Geist Gottes verbunden hat, konnte die Willkür der weltlichen Macht nicht trennen; beide Kirchen litten in gleicher Weise, beide lasst nun gemeinsam Anteil haben an ihren Früchten." In: První návštěva Jana Pavla II. in ČSFR. [Erster Besuch Johannes Pauls II. in der ČSFR]. Evokace, Sondernummer, 1990, ohne Seitenzahl. Zitiert nach: Fiala/Hanuš, Die Verborgene Kirche, 154.

[6] Jiří Hanuš, Die Verborgene Kirche – 20 Jahre danach, in: Erwin Koller, Hans Küng, Peter Križan (Hg.), Die verratene Prophetie. Die tschechoslowakische Untergrundkirche zwischen Vatikan und Kommunismus, Luzern 2011, 113–126, 123.

Freiheit nicht wegnehmen, die Katechese, die Priesterausbildung, die Amtsstrukturen weiter zu pflegen – und nicht zuletzt die frohe Botschaft in dem atheistischen Umfeld zu verkünden. Es gab in der Untergrundkirche kein einheitliches theologisches Zukunftsmodell, dem eine gemeinsame Vision der Kirche in der Tschechoslowakei zugrunde liegen würde. Dagegen gab es zunehmend eine große Bandbreite von theologischen Fragen, der sich die Christen in der Tschechoslowakei stellten mussten.

Was war zu denken und was zu tun? Die Katholiken in politischer Illegalität fragten sich, ob eine katholische Teilkirche wirklich ausgerottet werden kann. Sie fragten sich, ob es eine Theologie für die bedrohte, aussterbende Kirchengemeinschaft gibt. Wie offenbart sich Gott *trotz* oder gerade *in* dieser für die Kirche so schweren Zeit? Angesichts des tatsächlichen demographischen Aussterbens der Kirche formulierten manche die Theodizee-Frage: Warum lässt Gott es zu? Andere sahen darin im Gegenteil die ‚große Zeit' für Christen: „Diese Zeit ist nicht besonders angenehm für Christen, aber für Christen von rechtem Format ist sie groß und herrlich. ‚Wenn sie mich verfolgt haben, werden sie auch euch verfolgen.' In solchen ruhmvollen Zeiten singt die Kirche dem Herrn das heldenhafte Lied der Liebe und der Treue."[7] Es gab sowohl eine große Menge von brennenden theologischen Fragen, als auch eine weite Bandbreite der gegebenen pastoralen Antworten. Sie alle entsprechen der Vielfalt der tschechischen katholischen Untergrundbewegung.

Für die Theologie ist es von bedeutendem Interesse, diese Untergrundbewegung nicht nur kirchengeschichtlich, sondern auch systematisch-theologisch zu analysieren, um auswerten zu können, wie bedeutsam sich die katholische Kirche in der damaligen Tschechoslowakei von innen her veränderte: Wie sahen die Formen ihres Lebens aus, die nicht öffentlich sein durften? Wie war das Selbstverständnis der Christen bzw. der ordinierten Amtsträger im Untergrund? Für die Theologie ist es besonders brisant zu erfahren, wie die Teile der tschechischen Kirche, die in den politischen Untergrund hinausgedrängt wurden, als kirchliche Gemeinschaft lebten und ihr Kirchendasein reflektierten.

Die verfolgten Christen in der Tschechoslowakei mussten sich schweren Herausforderungen stellen, bei deren Bewältigung ihnen die beratende Stimme der vatikanischen Kurie versagt wurde, da der Kontakt zur Weltkirche für viele Jahre gewaltsam unterbrochen wurde. „Der Vatikan" als Zentrum der katholischen Welt ist dem kommunistischen Regime zum Feindbild geworden; so sehr, dass sowohl die politischen Beziehungen als

[7] Oto Mádr, Ein Wort über diese Zeit (1951), in: Oto Mádr, Wie Kirche nicht stirbt, 22–26, hier 22. Vgl. auch Kap. 4.2 und 4.3 dieser Arbeit, die sich mit Mádrs Ekklesiologie beschäftigen.

auch die innerkirchlichen torpediert wurden.[8] Die innenkirchlich fast isolierte tschechische katholische Ortskirche befand sich in pastoralem und theologischem Neuland: In ihr wurden in Worten und Taten neue Formen des kirchlichen Lebens und Denkens ausprobiert. In der Untergrundkirche sind viele gelungene Beispiele von theologischen Auswegen, aber auch verhängnisvolle Sackgassen zu finden, die bis heute von der Theologie kaum erforscht wurden. Diese Arbeit soll ein erster Versuch sein, an zwei markanten Beispielen die erstaunliche theologische Flexibilität im Untergrund, aber auch die Diversität und Ambivalenz des Phänomens Untergrundkirche zu beleuchten.

1.2 Der Aufbau

Im ersten Teil dieser Arbeit werden die Rahmenbedingungen und das religiöse Klima nachgezeichnet, in denen die tschechische Untergrundkirche entstanden ist. Dies ist unumgänglich, um die Reaktionen auf diese Ausgangssituation theologisch beurteilen zu können.

Die Kirche in der politischen Illegalität der Tschechoslowakei stand bereits Anfang der fünfziger Jahre vor der Herausforderung eines Paradigmenwechsels im Denken und Gestalten ihres Lebens. Die kommunistischen Anführer strebten unmissverständlich eine Gesellschaft mit starkem atheistischen Charakter an, aus der die katholische Kirche abrupt herausgedrängt wurde. Die katholische Kirche, wie sie im Verborgenen entstand, konnte sich nicht unter Beibehaltung der gewohnten Amtsstrukturen auf geringe Änderungen einiger pastoraler Randthemen beschränken, sondern war zunehmend gezwungen, neue Wege in der Selbstgestaltung und Selbstwahrnehmung zu wagen. Im Fokus sollen nicht die historischen Begebenheiten stehen, sondern deren soziokulturelle Auswirkung auf das Klima in der tschechischen katholischen Ortskirche. Das Hinausdrängen der Kirche in die Illegalität geschah einerseits rasch und unorganisiert, so dass es im Voraus keinen pastoralen oder theologischen Schlüsselplan geben konnte. Andererseits wurzelte die Pastoral der meisten Teile der Untergrundkirche in bereits vorhandenen traditionellen Elementen der offiziellen Seelsorge. Bereits an dieser Stelle soll auf die Unterschiede in der Sozialgestalt des Kirchenlebens im Verborgenen und die Unterschiede im Kirchenverständnis hingewiesen werden. Ich möchte zudem gleich zu Beginn das Klischee-Bild der Untergrundkirche ausräumen, nach dem die Priester

[8] Vgl. Hanuš, Die Verborgene Kirche – 20 Jahre danach, in: Koller/Küng/ Križan (Hg.), Die verratene Prophetie, 114.

im Untergrund in Theologie und Pastoral abrupte Entscheidungen nahezu autark getroffen hätten, indem sie die bestehende Ämterstruktur verworfen und gelebte Frömmigkeitsmuster überschrieben hätten.[9] Von besonderem Interesse für die systematische Theologie ist die Vermischung scheinbar gegenläufiger Denkformen, die für die tschechische Untergrundkirche besonders kennzeichnend waren: die Verbindung von Konservativismus und Kreativität, die Aufbruchbereitschaft der Kirche trotz des Verhaftetseins in alten Denkmustern, die Gründungen der kleinen *koinonia*-Gemeinschaften und zugleich die sehr hohe Wertschätzung des sakramentalen Priesteramtes innerhalb der *communio hierarchica* der katholischen Ämter in der Kirche im Untergrund. Durch das erzwungene pastorale Umdenken ist es zu einer Verschmelzung der alten und neuen Pastoralformen gekommen, was einen immensen Einfluss auf das Selbstverständnis der Kirche im Untergrund zur Konsequenz hatte. Das erste Kapitel schließt mit der Schilderung der Versuche um die Wiedereingliederung dieser katholischen Bewegung in die offiziellen Kirchenstrukturen nach der politischen Wende 1989. In diesem Prozess rückte der kirchenrechtliche Blick auf das Phänomen der Untergrundkirche sehr in Vordergrund. Der Zweifel an der Gültigkeit der Priester- und Bischofsweihen im Untergrund und die Forderung der römischen Kongregation für die Glaubenslehre nach einer bedingten Weihewiederholung *sub conditione*, verhalfen der tschechischen katholischen Untergrundkirche zu ihrer internationalen Bekanntheit. Im Ausland wurde sie oft für ihren theologischen Mut und ihr pastorales Missionsengagement als heroisch oder gar prophetisch gefeiert, in ihrer Heimat jedoch nicht nur durch die Bischofskonferenz wegen des Überschreitens von kirchenrechtlichen Vorschriften scharf als untreu kritisiert. Spätestens in den Jahren unmittelbar nach der Wende ist das aufopferungsvolle Engagement der Christen im Untergrund zum Stein des Anstoßes geworden – in seiner kirchenrechtlichen Deutung gilt dies bis heute als *status quo*, für die Theologie wurde diese Frage bisher noch nicht befriedigend geklärt.

Im Hauptteil versuche ich die These zu belegen, dass die tschechische Untergrundkirche theologisch schöpferisch war, indem ich ihre Theologie und Praxis am Beispiel zweier großen Theologen Felix Maria Davídek und Oto Mádr vorstelle.

Davídek und Mádr gehörten beide zu den bekanntesten Leuchttürmen der katholischen Kirche in politischer Illegalität in den Jahren 1948–1989. Trotz vieler struktureller Ähnlichkeiten – sie waren beide Priester der

[9] Vgl. Franz Gansrigler, Jeder war ein Papst. Geheimkirchen in Osteuropa, Salzburg 1991. Das Buch Jeder war ein Papst, versuchte erstmals nach 1989 die Situation der geheimen Aktivitäten der Kirchen in den postkommunistischen Ländern zu beschreiben.

Nachkriegsgeneration, verbrachten viele Jahre in kommunistischen Gefängnissen – könnten ihre Theologien und ihre Strategien für die Arbeit im Untergrund kaum unterschiedlicher sein. Das Hauptaugenmerk wird aber der Ekklesiologie von Felix M. Davídek gelten, da sie trotz ihrer unbestrittenen Singularität bisher theologisch kaum erforscht wurde.

Felix Maria Davídek, katholischer Priester der Brünner Diözese und im Untergrund geweihter Bischof, gründete und leitete das größte kirchliche Untergrund-Netzwerk in der kommunistischen Tschechoslowakei. Dank seiner bischöflichen Jurisdiktions- und Weihegewalt baute Davídek eine sakramentale und hierarchische Amtsstruktur im Untergrund auf, der er als Ordinarius vorstand. Davídeks ursprünglicher Idee einer Universität im Untergrund, die für Priesteramtskandidaten und Laien zugänglich sein sollte, entsprang schließlich ein Gemeindenetz im Verborgenen, das sich von Mähren aus in die ganze Tschechoslowakei ausweitete. Die von ihm in der Nähe von Brünn gegründete Muttergemeinde trug den Namen Koinótés. Eigens für sie und das wachsende Netz ihrer Tochtergemeinden, die ihrerseits selbst zum Ausgangspunkt für Filialgründungen wurden, entwickelte Davídek ein eigenständiges, innovatives pastorales Konzept. Davídek rechtfertigte zudem die Umsetzung seiner umstrittenen Visionen der Theologie und Pastoral mit den besonderen kirchenrechtlichen Maßnahmen – Dispensen aus dem Kodex des kanonischen Rechts –, die Papst Pius XII. der tschechischen katholischen Teilkirche verlieh.[10] Mit diesem Argument legitimierte Davídek einige sehr umstrittene Entscheidungen von besonderer amtstheologischer Bedeutung. Diese gingen weit über die Grenzen des damals geltenden Kirchenrechts hinaus. Davídeks Theologie und Pastoral sorgten bereits vor 1989 für binnenkirchliche Irritationen. Umstritten ist bis heute vor allem die häufig als zu hoch eingestufte Zahl von Männern (unter ihnen auch verheiratete), denen Davídek das Weihesakrament spendete. Zudem ordinierte Davídek in den Jahren 1967–1987 siebzehn (!) Bischöfe.[11] Auch das Frauenpriestertum spielte in Davídeks Theologie eine wichtige Rolle. Im Jahr 1970 berief er eine „pastorale Synode“, die zur allgemeinen Beratung über die Möglichkeit der Weihe von Frauen im Untergrund dienen sollte.[12] Der ausländische kirchenkritische Journalismus würdigte Davídek als theologischen Vordenker und feierte seine Koinótés-Gemeinde für ihre unerschrockene und positiv-kritische Pastoral. Davídeks teils eigenmächtige Souveränität warf allerdings auch einen langen Schatten, als er trotz zahlreicher brüderlicher (Streit-)Ge-

[10] Vgl. Kap. 2.3.1.

[11] Vgl. Fiala/Hanuš, Die Verborgene Kirche, 106–112.

[12] Vgl. Kap. 3.5.3.

spräche von seiner Weihepraxis nicht abließ. Davídek starb im Jahr 1988 und konnte daher nach der politischen Wende 1989 keine Stellungsnahme mehr zu seinem theologischen und pastoralen Werk abgeben.

Bis heute wenig beachtet, und weithin unerforscht blieben die theologischen Motive, die Davídek zu seinen pastoralen Entscheidungen führten. Davídek berief sich hierbei auf die Grundlagen der evolutiven Theologie des französischen Jesuiten Teilhard de Chardin, den er als sein theologisches und geistliches Leitbild für seine Modell-Gemeinde Koinótés anführte. Er übernahm Teilhards theologische Fachsprache und bemühte sich zudem um eine Weiterführung, bzw. eine Kontextualisierung dieser Theologie in das Leben der tschechischen Ortskirche hinein. Den Ecksteinen des Denkens und Wirkens Davídeks wird sich das erste Unterkapitel des Hauptteils widmen. Mit diesem Bischof und Theologen sowie der Untergrundgemeinde Koinótés werden wir einen bemerkenswerten Sonderweg zwischen der Wertschätzung der Kirche als Erlösungswerk Christi mit allen ihren sakramentalen Vollmachten einerseits und dem im Ansatz communialen Verständnis der Kirche als Gemeinschaft der Christgläubigen andererseits kennen lernen.

Obwohl Bischof Davídek und das von ihm gegründete Untergrundnetzwerk Koinótés unbestritten eine besondere Stellung einnehmen, bleiben sie nur ein Teil der katholischen Untergrundbewegung. Es wäre falsch, das Phänomen der Untergrundkirche nur auf Davídeks Koinótés zu reduzieren. Ich werde daher Davídeks Theologie, da bisher kaum theologisch erforscht, in dieser Arbeit einen großen Raum beimessen, sie aber mit dem Einblick in eine andere Theologie aus dem tschechischen Untergrund ergänzen.

Oto Mádr ist es, der eine andere Ekklesiologie und Ekklesiopraxis der Untergrundkirche repräsentiert. Seiner Theologie widmet sich das zweite Unterkapitel des Hauptteils. Der katholische Priester Mádr gehörte zu den größten Autoritäten der Prager Kirche im Untergrund. Er stand 1950 zu Beginn der kommunistischen Herrschaft als promovierter Moraltheologe in den Startlöchern einer erfolgreichen akademischen Karriere an der Prager Katholisch-Theologischen Fakultät, zwei Jahre später wurde er in einem politisch motivierten Prozess zu einer lebenslangen Haftstrafe verurteilt. Mádr wurde erst 1966 aus dem Gefängnis entlassen. Zusammen mit dem Priester und Theologen Josef Zvěřina gehörte Oto Mádr zu den tschechischen katholischen Intellektuellen, die die Erneuerung der Kirche im Untergrund forcierten. Anders als Davídek setzte Mádr nach seiner Entlassung aus dem Gefängnis auf die geistliche Begleitung kleiner Gemeinschaften im Untergrund, der sogenannten ‚Kirchenringe', und auf Glaubenskurse, die ihren Teilnehmern nicht nur fundierte theologische Kenntnisse vermittelten, sondern sie zu verantwortungsvollen, mündigen Christen und Bürgern reifen lassen sollten. Mádr verzichtete bewusst auf den Aufbau einer amtstheologischen Parallelstruktur im Untergrund, er versuchte vielmehr die schwächelnden offiziellen Strukturen durch seine Arbeit im Untergrund zu stützen. Den Kern von Mádrs Ekklesiologie bildet der Aufruf zu radikaler Nachfolge Christi: Jede Zeit ist Gottes Zeit, in jeder Zeit ruft Christus Gläubige in seine Nachfolge.[13] Mádrs Ekklesiologie im Untergrund ist fast immer mit einem individuellen Handlungsimperativ verbunden, der bis hin zum entschlossenen Kampf für den Glauben geht. Nahe an einer nicht ungefährlichen christologischen Verengung (‚die Zeit der Märtyrer ist wiedergekommen!') führt Mádr die tschechischen Katholiken zu einem Verständnis der Kirche als Antlitz Christi. Die tschechische Kirche verleiht dem leidenden Christus sein irdisches Gesicht und kann nur überleben, wenn sie alle ihre Lebenskräfte darauf setzt, Christus treu zu bleiben. Was bedeutet Mádr der Kampf für den Glauben und die Treue zu ihm? In seiner Dankesrede 1991 zur Verleihung der Ehrendoktorwürde an der Katholisch-Theologischen Fakultät der Universität Bonn ermahnte er die in Freiheit lebenden katholischen Ortskirchen: Sie können nur dann treu sein, also authentische Zeuginnen Christi bleiben, wenn sie entschlossen den Weg der Entäußerung gehen. Konkret: das Leben in Bescheidenheit, Selbstverzicht und Askese – für die Kirche und für jeden einzelnen Gläubigen. Die Haltung der religiösen Beliebigkeit, die innerhalb der katholischen Kirche in Europa Einzug hält, bedeutete für Mádr eine gravierende Bedrohung des Glaubens. Gegen den gefährlichen ‚obligatorischen Pluralismus' in der Theologie verankerte er noch im Jahr 1986, 21 Jahre nach dem Konzil, die Säulen des katholischen Kirchenwesens in der Hierarchie und im ordinierten Amt. Das Petrusamt spielt dabei als Garant der Rechtgläubigkeit eine zentrale Rolle. Ist das Zweite Vatikanische Konzil an diesem Teil der Untergrundkirche spurlos vorbeigegangen? Weswegen diese Frage entschieden verneint werden muss und wie die hierarchische Theologie von Oto Mádr zu verstehen ist, dafür werde ich im vierten dieser Arbeit Kapitel Argumente suchen.

Das Ziel des *Schlusskapitels* ist es nicht, bilderstürmerisch mit dem Mythos der reformfreudigen tschechischen Untergrundkirche aufzuräumen, sondern die theologische Divergenz und Unordnung (!) in der Theologie und Kirche im Untergrund offen zu legen. Sicher wird dabei viel von dem Glanz der Untergrundkirche verblassen, dafür können wir aber etwas von der Realität erahnen, die die Untergrundtheologen vor Augen hatten. Ich werde versuchen, die bis heute inspirierenden, starken und überzeugenden Elemente der Theologie aus dem Untergrund herauszuarbeiten. Dabei wird deutlich, dass das Leben der Kirche im Untergrund kein

[13] Vgl.Kap. 4.2 dieser Arbeit.

Siegeszug eines entfesselten Demokratisierungsprozesses einer Kirche von unten war, aber auch keine bloße Theologie der Anpassungen und Reparaturarbeiten. Es war eine Theologie und Kirche in Ausnahmezeit. Die Weltkirche von heute kann aus der Erfahrung der Kirche von damals lernen oder sie in ihrer Einzigartigkeit zumindest besser verstehen.

1.3 Die Quellenlage und die besonderen hermeneutischen Herausforderungen

Die Zeugnisse des Kirchenlebens im Verborgenen sind zum großen Teil in unkonventionellen Formen zu finden. Bei der Arbeit mit ihnen sind einige hermeneutische Besonderheiten zu beachten, die für die Quellenarbeit, wie wir sie heute kennen, so ungewöhnlich sind, dass einige Voranmerkungen notwendig sind.

Schriftliche Zeugnisse in Form von überlieferten Texten sind rar und bruchstückhaft, weil das Verfassen religiöser Texte aus ideologischen Gründen von den Kontrollorganen des kommunistischen Staates verboten und daher gefährlich war. Sie sind nicht als Frucht ungestörter Forschungsarbeit entstanden, sondern oft in zeitlicher und existentieller Bedrängnis. Einige wurden in Eile mehr als Skizzen denn als druckfertige Abfassungen entworfen, andere in besonders emotionsgeladenen Lebenssituationen, etwa im Versteck. Die einen kurz vor der erwarteten Verhaftung, die anderen als theologisches Standbild nach einer heftigen Kontroverse, die das eigene Verständnis noch einmal prägnant zum Ausdruck bringen sollten.[14] Bei der Forschungsarbeit muss dieser Entstehungskontext unbedingt berücksichtigt werden.

Ein großer Teil des Nachlasses der Untergrundkirche wird auf besonderen Medien aufbewahrt. Dies betrifft vor allem auf die Quellen zur Theologie von Felix M. Davídek zu. Es sind alte *Tonband-Aufnahmen*, die sich bis heute in Privatbesitz befinden, und nur zu einem vermutlich kleinen (!) Teil verschriftlicht wurden. Ein weiterer Teil der Quellen stellen (nicht-) private und offene *Briefe* oder handschriftliche *Mitschriebe* der meist nachts für die einzelnen Untergrundgruppen gehaltenen Vorträge, die inzwischen (wohl auch nur zum Teil) übertragen worden sind.[15] Die Erforschung der

[14] Als exemplarisches Beispiel vergleiche die konkreten Angaben zu den Werken von Felix M. Davídek und Oto Mádr in Kap. 3.2 und 4.2 dieser Arbeit.

[15] Ludmila Javorová (*1932), Jan Blaha (1938–2012) und vielleicht noch andere aus dem Kreis um Felix M. Davídek verfügen bzw. verfügen über eigene private Archive, die zum großen Teil leider bis heute nicht der interessierten wissenschaftlichen Öffentlichkeit nicht zugänglich gemacht wurden. Das bedeutet im Umkehrschluss, dass sich das Phänomen der Geheim-

Quellen gilt daher als befriedigend, aber keineswegs abgeschlossen. Solange nicht alle Privatarchive zugänglich sind, müssen sich alle Versuche um eine theologische Bewertung ihres vorläufigen Charakters bewusst sein und für eine nachträgliche Korrektur offen bleiben.

Um dem Geist dieser Theologie und nicht nur den Buchstaben der überlieferten Texte zu folgen, sind *Gespräche mit den Zeitzeugen* unumgänglich.[16] Dabei müssen auch die nach 1989 zahlreich erschienen Gesprächsbücher und Biographien der Zeitzeugen berücksichtigt werden.[17] Ihre persönlichen Zeugnisse wurden allerdings von anderen Mitgliedern der Verborgenen Kirche teils als nicht objektiv oder gar falsch kritisiert. Die Autorinnen und Autoren sind teilweise nicht frei von alten konspirativen Angewohnheiten: nichts preisgeben, was zu Missverständnissen oder gar Verleumdungen der Untergrundkirche führen könnte; der (Untergrund-) Kirche keinen Schaden zufügen! Im Bezug auf brisante Themen wie Frauenordination oder die sogenannten mexikanischen Fakultäten ist die Spannbreite der Zeugnisse besonders groß – bis hin zu gravierenden ge-

---

haltung und die Schweigegebote nach 1989 nicht nur auf die offiziellen Kirchenorgane beschränken (wie es z. B. mit den sog. *Normae* zunächst der Fall war), sondern dass Geheimhaltung und Schweigen auch einem Teil der Mitglieder der ehemaligen Untergrundkirche nicht fremd ist.

[16] Die kompetenten Gesprächspartner sind aber nicht leicht zu finden, ihr Vertrauen schwierig zu gewinnen und die Gespräche nur selten mit einer Erlaubnis zur Aufnahme verbunden. Einige der Mitglieder der ehemaligen Untergrundkirche wollen ihre Auskunft mit der Auflage bedingen, die wissenschaftliche Deutung müsse mit ihrer eigenen Interpretation übereinstimmen.

[17] Hier einige für diese Arbeit relevante Beispiele: Jan Jandourek, Tomáš Halík. Ptal jsem se cest [Tomas Halik. Ich befragte die Wege], Praha 1997. Jan Konzal, Zpověď tajného biskupa [Die Beichte eines geheimen Bischofs]. Praha 1998. Václav Vaško, Ne vším jsem byl rád. Vlastní životopis [Nicht alles war ich gern. Eigene Biographie.], Kostelní Vydří 2001. Miriam Therese Winter, Out of the Depths, New York 2001. [Ein autobiographisches Gesprächsbuch mit Ludmila Javorová.] Stanislav Krátký, K plnosti – Rozhovory Jana Mazance s dobrým bratrem a biskupem skryté církve, Brno 2004. Der Königgrätzer Bischof Karel Otčenášek ließ auch die kleinen Zeugnisse vor Ort sammeln lassen. Sie erschienen sogar in deutscher Übersetzung: Karel Otčenášek, Mosaiksteinchen. Kleine Zeugnisse über die Christenverfolgung in der Zeit der kommunistischen Totalität und über ihre Bemühungen um die Freiheit und das Wohl des Vaterlands Initiator und Patronanz. Bistum Hradec Králové [Königgrätz] 2004.
Zudem befindet sich seit 2008 auf dem Internetportal „Erinnerung des Volkes“ ein stets wachsendes digitales Zeitzeugenarchiv, das auch einige Aufzeichnungen der Erinnerungen mit den ehemaligen Mitgliedern der Verborgenen Kirche anbietet: http://www.pametnaroda.cz. (Letzter Zugriff am 16. Oktober 2014.) Dieses Portal wird von dem Institut für das Studium totalitärer Regime, dem Tschechischen Rundfunk und der Journalisten- und Historikervereinigung „Post Bellum“ verwaltet. Für das Erheben der Zeugnisse wird die *oral history*-Forschungsmethode benutzt.

genseitigen Widersprüchen.[18] Diese Tatsache spiegelt den bedeutsamen Umstand wider, dass es *die* Untergrundkirche als solche nie gab, sondern immer nur einzelne Gruppierungen, die mal mehr und mal weniger voneinander Kenntnis hatten. Die Kommunikation untereinander musste aus den Gründen der Konspiration bewusst nur auf das Notwendigste beschränkt werden.[19] So entstanden Verzerrungen, die heute nur mühsam ausgeräumt werden.

In den innerkirchlichen Auseinandersetzungen zwischen dem Klerus der Verborgenen Kirche und den Vertretern der offiziellen Kirchenstrukturen nach 1989 spielt gerade der Unterschied in der Deutung der damaligen Situation eine signifikante Rolle. Es ist mir deshalb in dieser Arbeit ein Anliegen aufzuzeigen, dass es dem damaligen Zeitgenossen unmöglich war, eine objektive Außenperspektive einzunehmen und dass die Deutungen der Lage bereits vor 1989 massiv divergierten. Die Zeit der Unterdrückung war keine Zeit der Geschichtsvakanz. Es war die sich vollziehende Geschichte. Umso schwieriger war es für die, die mitten in ihr standen, eine möglichst realistische Einschätzung der Situation für sich zu gewinnen. Vielmehr war es ein Meinung, die sich jeder reflektierender Christ im Untergrund zwangsläufig bildete. Diese Meinung, die freilich auch irrational, kaum nach den Regeln der wissenschaftlichen Objektivität nachzuweisen ist, spielte in der Auswertung der Lage der Kirche und in der Theologie eine große Rolle. Ich bin davon überzeugt, dass diese scheinbar irrationale „Logik des Herzens" in den ausgeprägt kontextuellen Theologien wie die der tschechischen Kirche einen berechtigten Platz hat, obgleich sie unsere heutigen Versuche

18 So werden die Ergebnisse der Synode in Kobeřice, die sich mit der Frauenfrage beschäftigte, bis heute unter den damals Beteiligten unterschiedlich interpretiert. Vgl. Kap. 3.5.3 dieser Arbeit.

19 Besonders treffend beschrieb die Umstände der Konspiration im katholischen Untergrund der ehemalige Untergrundpriester Josef Šik: „Über andere Priester wusste ich nur sehr wenig und vielleicht war es dadurch verursacht, dass ich nicht unnötig etwas wissen wollte, was nicht notwendig war, weil ich die Verhörmethoden [der Geheimpolizei; P.P.-S.] kannte und mich nicht dem Risiko aussetzen wollte, dass mich irgendein Leiden bei dem Verhör bricht und ich etwas davon verrate, was ich wusste. Was der Mensch nicht weiß, kann er nicht verraten. Auch wenn ich ahnte, dass manche meiner Bekannten geweiht wurden, wollte ich nicht, dass mir es jemand verbal bestätigt, ich hielt es nicht für vernünftig. Wenn wir uns in den Seminar-Veranstaltungen trafen, kannte ich manche Leute mit Vornamen, aber ich hatte nicht die Sicherheit, dass es nur ein Deckname ist oder ein Name nur für diese Gesellschaft. Ich kannte nicht den Nachnamen, Wohnort, Beruf, Alter. Und auch wenn ich etwas zufällig erfuhr, redete ich mit niemandem darüber, den es nicht betraf." [Übersetzung Petra Preunkert-Skálová.] Ein Interview mit Josef Šik im Anhang der Bachelorarbeit von: Michal Černý, Život podzemní církve na Moravě na příkladu konkrétních osobností. Bakalářská práce. [Das Leben der Untergrundkirche in Mähren am Beispiel einiger ausgewählter Persönlichkeiten. Bachelorarbeit]. Olomouc 2012, 49–63, hier 57. Elektronische Veröffentlichung: http://theses.cz/id/i58jyz/bc_cerny.pdf (Zuletzt gesehen am 1. Juni 2014.)

um das Verstehen und Deuten dieser Theologie noch schwieriger macht. Sie scheint dem Kontext besonders verbunden zu sein, so dass sie nach der Rückkehr in „gewöhnliche Zeiten“ für die Kirche wesentlich schwieriger nachzuvollziehen ist, als die gewöhnliche „Logik des Verstandes“.

Die (dogmatische) Theologie wurde im Untergrund vorwiegend nicht als akademische Disziplin gepflegt, sondern stand im Dienst der Pastoral. Sie wandte sich in erster Linie nicht der akademischen Gemeinde zu, sondern den verunsicherten Gläubigen, deren Entscheidung für oder gegen den Glauben einer Lebensentscheidung mit existenziellen Konsequenzen gleichkam. Die Ermutigung im Glauben war von genauso großer Bedeutung, wie die dogmatische Belehrung. Den Forschungsquellen dominiert daher das pastorale Anliegen, nicht der Ehrgeiz einer akademischen Publikation. In den Bedingungen der Verborgenen Kirche wäre es zudem unmöglich, den gesamten Kanon der theologischen Disziplinen zu pflegen – zum Beispiel wegen Mangel an Literatur und Forschungskontakten. Das Selbstverständnis der im katholischen Untergrund engagierten geistlichen Leitpersonen war nicht das eines Betrachters, der auf eine komplexe systematisch-theologische Reflexion der Kirche in Not in allen ihren Facetten hinarbeitet, sondern vordergründig das eines Seelsorgers. Auch dies muss bei der Auswertung der Quellen bedacht werden.

Die Interpretationsschwierigkeiten, die sich aus dieser Ausgangslage ergeben, liegen auf der Hand. Die zentrale Botschaft verbirgt sich in manchen dieser Texte „zwischen den Zeilen“ und ist nur bei guter Kenntnis des Millieus verständlich. Es wäre an vielen Stellen irreführend, die Form oder die benutzten theologischen Fachbegriffe mit dem heutigen Sprachgefühl zu messen. Vielmehr kommt es auf die Absicht des Verfassers an, die verstanden, erfasst und erläutert werden muss. Es ist die Kenntnis des Kontextes, die in diese Quellen hineinführt und ermöglicht, sie zu verstehen. Die bloße Semantik der einzelnen Worte oder Sätze lässt nicht immer den Text erschließen, sondern kann sogar missverständlich sein. Eine endgültige Bewertung der Theologie der Untergrundkirche lässt meiner Meinung nach die heutige Quellenlage nach wie vor nicht zu.

1.4 Die Anfänge der historischen und theologischen forschung nach 1989

Die Untergrundkirche war ein Raum, in den die tschechische akademische Theologie nach 1989 nur vorsichtig das Licht warf. Dieser Umstand hängt mit der schwierigen Lage der tschechischen akademischen Theologie in der zweiten Hälfte des 20. Jahrhunderts zusammen. Bereits 1950 wurden theologische Lehranstalten aus dem Universitätsverbund herausgenommen und – Prag und Bratislava ausgenommen – alle aufgelöst. Die übrig gebliebenen zwei Lehrstätten standen unter starker ideologischer Überwachung und Einflussnahme der kommunistischen Staatsorgane.[20] Das apologetische Selbstverständnis der Kirche, wie es als Reaktion auf die Reformation und Aufklärung bis in die erste Hälfte des 20. Jahrhunderts bekannt war und nun in einem kommunistischen Staatsgebilde gelehrt wurde, erstarrte dort sowohl im Inhalt als auch in der Form des Unterrichts: „Tschechische apologetische Ekklesiologie hatte keinen Zusammenhang mehr mit der unmittelbaren Erfahrung der Kirche, sie verlor den Kontakt mit ihrer Zeit und erschien wie eine leblose Gedankenkonstruktion. Sie bezahlte damit ihren Tribut für ihre Zugänglichkeit für das herrschende Regime."[21] Eine Reflexion der Situation der katholischen Kirche in der Tschechoslowakei war genauso unerwünscht wie die Rezeption des Zweiten Vatikanischen Konzils. In seiner typischen Form verstand sich das dort unterrichtete manualistische Kirchenverständnis als eine Beweisführung der direkten Kirchengründung durch Jesus Christus.

Um die Ausgangssituation für die theologische Forschung richtig einschätzen zu können, ist es wichtig zu wissen, dass sich die tschechische akademische Theologie sowohl vor als auch noch einige Zeit nach 1989 in einer sehr prekären Lage befand. So erstreckte sich zum Beispiel der Prüfungsstoff zur Ekklesiologie an der Katholisch-Theologischen Fakultät der Karlsuniversität in Prag zwischen den Jahren 1951–2002 über ein in den Jahren 1942–1945 verfasstes Unterrichtsskript.[22] Dieses Skript stammte von dem tschechischen Dogmatiker und Mitglied des Professoriums der Ka-

[20] Die katholisch-theologische Fakultät der Prager Karlsuniversität wurde nach Litoměřice (Leitmeritz) umgesiedelt. Sie sah sich primär in der Pflicht, eine Ausbildungsstätte des priesterlichen Nachwuchses zur Auslegung der Kirchenlehre zu sein, nicht eine theologische Forschungswerkstatt, in der die Methoden der systematisch-theologischen Wissensgewinnung erprobt werden würden. Die Haltung der Treue zur Überlieferung und Gehorsamkeit dem Lehramt der Kirche gegenüber spielte dabei eine große Rolle. Von der kommunistischen Ideologie blieb das Studium aber keineswegs unberührt. Näheres vgl. Vojtěch Novotný, Katolická teologická fakulta 1939–1990. Prolegomena k dějinám české katolické teologie druhé poloviny 20. století [Katholisch-theologische Fakultät 1939–1990. Prolegomena zur Geschichte der tschechischen katholischen Theologie der zweiten Hälfte des 20. Jahrhunderts]. Praha 2007.

[21] Vojtěch Novotný, Česká katolická eklesiologie na počátku druhé poloviny 20. století [Tschechische katholische Ekklesiologie am Anfang der zweiten Hälfte des 20. Jahrhunderts], in: Ders. (Hg.), Česká katolická eklesiologie druhé poloviny 20. století [Tschechische katholische Ekklesiologie der zweiten Hälfte des 20. Jahrhunderts], Praha 2007, 5–38, 34.

[22] Vgl. Vojtěch Novotný, Česká katolická eklesiologie na počátku druhé poloviny 20. století [Tschechische katholische Ekklesiologie am Anfang der zweiten Hälfte des 20. Jahrhunderts], in: Vojtěch Novotný, Česká katolická eklesiologie druhé poloviny 20. století [Tschechische katholische Ekklesiologie der zweiten Hälfte des 20. Jahrhunderts], 5–38.

tholisch-Theologischen Fakultät Josef Kubalík. Infolge des Zweiten Vatikanischen Konzil wurden ihm lediglich zwei kurze Kapitel und die unkommentierte dogmatische Kirchenkonstitution *Lumen Gentium* angehängt. Der Leiter des im Jahr 2006 gegründeten Zentrums für die Erforschung der Geschichte der tschechischen Theologie an der Katholisch-theologischen Fakultät Vojtěch Novotný stellt fest: „Kubalíks Skript wurde bis ins Jahr 2002 fortlaufend benutzt (...) Sein Konzept (...) war die einzige offiziell unterrichtete Ekklesiologie für beinahe 60 Jahre!“[23] Über das Warum, Wie und Wohin der tschechischen Ortskirche schwieg sich die offizielle Ekklesiologie in der Tschechoslowakei aus. Die Forschung über die Verborgene Kirche hatte in den ersten Jahren nach 1989 an der in die Karlsuniversität in Prag wiedereingegliederten Katholisch-Theologischen Fakultät einen schweren Stand. Die Mitglieder der Fakultät in leitenden akademischen Ämtern öffneten sich nur sehr stockend und zögerlich dem Selbstverständnis der Weltkirche nach dem II. Vatikanischen Konzil. Das Erforschen der als sehr belastet geltenden Ekklesiopraxis und Ekklesiologie von 1948–1989 hätte das betont mystische Verständnis der Kirche als Leib Christi durchkreuzt.[24] Erst nach einer personalen Krise der Fakultät im Jahr 2002 und der anschließenden theologischen Erneuerung konnte dort mit der Erforschung der jüngsten Theologiegeschichte begonnen werden.

Ein weiterer Umstand betraf nicht nur die kirchengeschichtliche Forschung, sondern die Profanhistoriker. Die historische Forschung über die neueste Geschichte der kommunistischen Tschechoslowakei litt noch fast zwanzig Jahre nach der politischen Wende unter der Überzeugung einiger tschechischer Historiker, dass es nicht ihre eigene Aufgabe sei könne, die kommunistische Geschichte mit kritischer Distanz zu bewerten, sondern dass diese Herausforderung „auf die nächste Historikergeneration, die nicht mehr durch die Vergangenheit belastet [ist]“[25], warten müsse. Während sich

---

[23] Vojtěch Novotný, Česká katolická eklesiologie na počátku druhé poloviny 20. století [Tschechische katholische Ekklesiologie am Anfang der zweiten Hälfte des 20. Jahrhunderts], in: Vojtěch Novotný, Česká katolická eklesiologie druhé poloviny 20. století [Tschechische katholische Ekklesiologie der zweiten Hälfte des 20. Jahrhunderts], 5–38, hier 34.

[24] Vojtěch Novotný, ebd., v. a. 34.

[25] Vilém Prečan, Charta čeká na příští generaci historiků [Charta wartet auf die nächste Generation der Historiker], Lidovky 16. ledna 2007. Vilém Prečan war Vorsitzender des Verwaltungsrates des Tschechoslowakischen Dokumentationszentrums, das sich mit der Erforschung des antikommunistischen Widerstandes befasst. Prečan wehrte sich gegen den journalistischen Vorwurf, die tschechische Geschichtsschreibung verkenne beim Studium der jüngsten tschechischen Geschichte ihre Interpretationsaufgabe und widme sich nur dem Sichten und Zusammenstellen der Quellenlage. Prečan wehrte sich mit der Behauptung: „Die Aufgabe, die Geschichte dieser Ereignisse mit kritischer Distanz zu schreiben, wartet auf die nächste Historikergeneration, die nicht mehr durch die Vergangenheit belastet sein wird (...), welche sich bei ihnen federführend ausführen könnte oder auf eine andere Weise die

das Verständnis der historischen Forschung auf das Publizieren der Quellensammlungen verengte, herrschte auf dem Feld der katholischen Kirchengeschichte zunächst einige Jahre fast das Schweigen.

Außer der bereits erwähnten, zahlreichen Gesprächs- und Erinnerungsbücher erschienen in der Zeit unmittelbar nach 1989 und in den neunziger Jahren kaum wissenschaftliche Abfassungen, die sich mit der neuesten tschechischen Kirchengeschichte des 20. Jahrhunderts befasst hätten. Nur zwei Monographien legten die Grundlagen für die spätere Forschung.[26] Jedoch beleuchten beide Publikationen vorwiegend die institutionell-strukturelle Entwicklung der Beziehung zwischen der katholischen Kirche und dem Staat. Den ersten systematischen Blick in die binnenkirchliche Entwicklung warf erst im Jahr 2007 die Monographie von Balík/Hanuš: „Katolická církev v Československu 1945–1989" [Katholische Kirche in der Tschechoslowakei 1945–1989].[27]

Der Mangel an Forschungsliteratur wurde durch sensationshaschende Medienberichte in der Öffentlichkeit überdeckt, die das Bild der Untergrundkirche als einer rebellischen Paralellorganisation entstehen ließen. Die ersten populärwissenschaftlichen Veröffentlichungen erschienen im deutschsprachigen Ausland und waren durch die Schwierigkeiten der Quellenbeschaffung, die Übersetzungsfehler und die mangelnde Kenntnis des tschechischen Kirchenkontextes schwer beeinträchtigt.[28] Die Diskussion

scharfe Sicht behindern würde. Diese zukünftigen Historiker, gebildet und mit den Quellen sich bekannt gemacht, die ihre Vorgänger gesammelt haben (...) werden vielleicht im Stande sein, den schwierigen Prozess der Selbstbefreiung der tschechischen Gesellschaft von der tödlichen geistlichen Krankheit des Kommunismus, ohne dass sie irgendetwas oder irgendjemanden glorifizieren." [Übersetzung P.P.-S.]

26 Václav Vaško, Neumlčená, Kronika katolické církve v Československu po druhé světové válce [Die Nicht-Zum-Schweigen-Gebrachte. Chronik der katholischen Kirche in der Tschechoslowakei nach dem Zweiten Weltkrieg], 2 svazky [2 Bände], Praha 1990. Das Werk liegt an der Grenze zwischen Memoiren und historischer Literatur. Zu Beginn des neuen Jahrtausends erschien die Monographie überarbeitet und erweitert in drei Bänden unter dem neuen Titel „Dům na skále [Haus auf Fels]", 3 svazky [3 Bände], Brno 2004, 2007 und 2008.
Karel Kaplan, Staat und Kirche in der Tschechoslowakei, Die kommunistische Kirchenpolitik in den Jahren 1948–1952, München 1990. [Tschechische Originalausgabe: Karel Kaplan, Stát a církev v Československu 1948–1953 (sic!), Praha 1990].

27 Stanislav Balík, Jiří Hanuš, Katolická církev v Československu 1945–1989, Brno 2007.

28 Vor 1989: Gerd Hamburger, Verfolgte Christen. Berichte aus unserer Zeit. Graz u.a. 1979. / Franz Hummer, Bischöfe für den Untergrund. Zur Praxis der Geheimbischöfe in der katholischen Kirche. Wien u.a. 1981. / Nach 1989: Franz Gansrigler, Jeder war ein papst. Geheimkirchen in Osteuropa. Salzburg 1991. / Ludwig Watzal, Rebellion aus dem Untergrund, in: Rheinischer Merkur vom 17.7.1992, auch elektronisch: http://www.watzal.com/Untergrundrebellion.pdf (Letzter Zugriff am 4. November 2014). Watzal spricht von „Rebellion" und „Kirche außerhalb des Gesetzes". / Vgl. auch Laetitia Lénac, V Praze jsme objevili církev mimo zákon [In Prag entdeckten wir Kirche außerhalb des Gesetzes], in: Getsemany 8

in den ausländischen Medien war zwar um eine sachliche Auffassung bemüht, dafür waren aber nicht genügend Fakten bekannt. Sie wurden zur Bühne des Meinungsaustausches zwischen den Mitgliedern der ehemaligen Untergrundkirche und den Vertretern der offiziellen Kirche. Die journalistische Verkürzung trug dazu bei, dass die Verborgene Kirche im wissenschaftlichen Diskurs zu einem anrüchigen Thema wurde.

Der Begriff der Untergrundkirche bzw. Verborgenen Kirche verengte sich darin auf den Kreis um Felix M. Davídek, dem wegen seiner umstrittenen Weihepraxis schnell auch im binnentschechischen Diskurs die Rolle des *enfant terrible* der Verborgenen Kirche zugeteilt wurde. Ein Untergrundbischof wie Davídek, der nichtzölibatären Männern die Priester- und Bischofsweihe spendete oder gar Frauen zum Priesteramt zuließ – ein Stoff für Journalisten, nichts für ernstzunehmende Theologen. Die Verzerrungen im Bild der katholischen Kirche im Untergrund stellten eine gefährliche Bedrohung für den innerkirchlichen Dialog über das Erbe der Verborgenen Kirche dar und erschwerten die langsam ansetzende wissenschaftliche Publikationsarbeit.

Erst das im Jahr 1994 veröffentlichte Buch „Koinótés" des Historikers Jiří Hanuš und des Politologen Petr Fiala brach zum ersten Mal das wissenschaftliche Schweigen über weite Teile der Verborgenen Kirche.[29] Diese Monographie erschien 1999 überarbeitet und vervollständigt unter dem Titel „Die verborgene Kirche".[30] Beide Ausgaben sorgten über Jahre hinweg für neue kontroverse Gesprächsthemen innerhalb der tschechischen katholischen Kirche. Fiala und Hanuš gelang es mit Unwissen, Missverständnissen und Klischees über die Person Davídeks auszuräumen. Sie machten das Phänomen der Untergrundkirche erst überhaupt forschungswürdig, indem sie den fiktionalen, polarisierenden Charakter der in der Mitte der neunziger Jahre beliebten Darstellungen der Untergrundkirche enttarnten. Sie korrigierten sachlich das im Ausland überzogene Bild der revolutionären, heroisch-fehlerfreien Untergrundkirche. Zugleich stellten sie mit ihren Ergebnissen auch das Bild der Verborgenen Kirche in der tschechischen Kirchenpresse in Frage, die die Verborgene Kirche Anfang der

(1992). Elektronisch: http://www.getsemany.cz/node/1435 (Letzter Zugriff am 4. November 2014)
Alle diese Publikationen leiden erheblich an der mangelhaften Informationslage und scheinen die Sachlage für ihre eigenen Ziele zweckszuentfremden.

[29] Petr Fiala, Jiří Hanuš, Koinótés. Felix M. Davídek a skrytá církev [Koinótés. Felix M. Davídek und Verborgene Kirche], Brno 1994.

[30] Petr Fiala, Jiří Hanuš, Skrytá církev. Felix M. Davídek a společenství Koinótés [Verborgene Kirche. Felix M. Davídek und die Gemeinschaft Koinótés]. Brno 1999. In deutscher Übersetzung: Petr Fiala, Jiří Hanuš, Die Verborgene Kirche. Felix M. Davídek und die Gemeinschaft Koinótés, Paderborn u. a. 2004.

neunziger Jahre wegen des Überschreitens des gültigen Kirchenrechts mehrfach als untreu oder gar schismatisch verurteilte.

Die zwei Monographien von Fiala und Hanuš wurden allerdings nicht von allen ehemals im Verborgenen engagierten Christen willkommen geheißen. Fiala und Hanuš publizierten Fakten und Quellenmaterialien, die einige Mitglieder der Verborgenen Kirche aus strategischen Gründen geheim halten wollten, um vermeintliche Rufschädigung abzuwehren.[31] Die tschechische Bischofskonferenz riet sogar bereits vor der Veröffentlichung in einem privaten Schreiben an die Autoren von der Forschung über die Geschichte der Untergrundkirche dringend ab.[32] Diese Aufforderungen und Ratschläge sind als Elemente im schleichenden Streit um die „Quellenhochheit" zu interpretieren. Die beiden Parteien, die sich inzwischen gebildet hatten – der tschechische Episkopat und die Vertreter der Verborgenen Kirche –, fürchteten, das Quellenmonopol und damit auch die Interpretationshoheit über diese Quellen und letztendlich über das Phänomen der Untergrundkirche zu verlieren.

Die Besitzer der Privatarchive versuchten die Quellen nur an die Forscher weiterzugeben, die sich ihrer eigenen Interpretation des Phänomens der Untergrundkirche verpflichtet wussten. Die Forschungsarbeit über die umstrittenen Teile der Untergrundkirche drohte im Diskurs der neunziger Jahre zur Lobbyarbeit zu verkümmern, in der die Kraft des eigenen Urteils zum Zweck der passenden Interpretation instrumentalisiert worden wäre. So wird bis heute die dritte Monographie über die Untergrundkirche, die 1999 von Ondřej Liška veröffentlicht wurde, von einem Teil der ehemaligen Untergrundkirche als Parteiergreifung gedeutet.[33] Einige Vertreter der offiziellen Kirche, aber gerade auch zahlreiche der ehemaligen Schlüsselfiguren des Kirchenlebens im Verborgenen vertreten bis heute die Meinung, über die Kirche im Verborgenen 1948–1989 besser zu schweigen.[34]

[31] Es handelte sich zum Beispiel um die konkreten Weihelinien oder das Faktum der Frauenordination.

[32] Petr Fiala, Jiří Hanuš, Koinótés, 13. Das Schreiben aus dem Jahr 1994 befindet sich im Privatarchiv von Prof. PhDr. Jiří Hanuš Ph.D. in Brünn.

[33] Ondřej Liška, Církev v podzemí a společenství Koinótés [Die Kirche im Untergrund und die Gemeinschaft Koinótés], Brno 1999. Auf deutsch erschienen: Ondřej Liška, Jede Zeit ist Gottes Zeit. Die Untergrundkirche in der Tschechoslowakei, Leipzig 2003.

[34] Dieses Phänomen beschrieben bereits Fiala und Hanuš: „Unsere (...) Absicht, ein historisch getreues Bild der Verborgenen Kirche zu zeichnen, stieß auf den Widerstand der geheim geweihten Bischöfe und Priester, die noch immer davon überzeugt sind, die Vergangenheit verbergen zu müssen, um nicht eine positive ‚Lösung' zu gefährden, an die sie noch glauben." Fiala/Hanuš, Die Verborgene Kirche, 11.
Ein konkretes Beispiel in schriftlicher Form ist zu finden in: Mircea Birtz, Manfred Kierein, Voices from ecclesia militans in czechoslowakia. Letters and Autographs, Klausenburg 2011, 91 [Anlage B17]: „Dank für das Ve[r]trauen du[r]ch Ihre Briefe. Aber [i]ch [Peter Dubovský,

Mehr als zwanzig Jahre nach dem Fall des Eisernen Vorhangs droht dem wissenschaftlichen Diskurs über das Erbe der Untergrundkirche keine naive Banalisierung, schlichte Befriedigung von Klischee-Bildern oder gar ideologische Ablehnung mehr. Die größte Herausforderung, die den Theologinnen und Theologen heute zukommt, ist die äußerst sensibel wahrzunehmende Aufgabe, die Untergrundkirche von dem Stigma einer „gefährlichen Erinnerung" zu befreien, das sie im Gedächtnis der tschechischen Kirche nach 1989 bekam. Sie kann diese Aufgabe ergreifen, indem sie sich um eine möglichst vorurteilsfreie theologische Deutung bemüht, um eine dialogische Haltung des Aufeinander-Hörens und Miteinander-Redens. Die ethischen Maximen aller Wissenschaften litten unter der kommunistischen Herrschaft und müssen auch in der tschechischen akademischen Theologie neu eingeübt werden. Nur auf diesem neu gewonnenen gegenseitigen Vertrauen kann die theologische Arbeit über die jüngste tschechischen Kirchengeschichte fußen.

Dem Phänomen der verborgenen Kirche droht heute die Marginalisierung – die Auseinandersetzung mit der religiösen Indifferenz und vor allem der Wiederaufbau der katholischen Kirche in Tschechien werden als die wichtigeren Aufgaben in der Kirche postuliert. Es ist daher die Aufgabe der Theologie darzulegen, dass gerade bei diesen zwei Aufgaben die Aufarbeitung der Worte und Werke der Untergrundkirche einen großen Beitrag leisten kann. Die heutige Theologie interessiert sich gerade deswegen für das Sichtbarmachen von Leben und Denken der Verborgenen Kirche, damit sie das eigene Gedächtnis und das der Gesamtkirche sensibilisiert – auf das Glaubenszeugnis der verfolgten Christen mitten in einer atheistischen Gesellschaft, mitten in Europa. Es ist der Wunsch, das Zeugnis der verfolgten Christinnen und Christen in der Tschechoslowakei zu würdigen, die ihrem Gewissen folgten und „ihre Knie vor Baal nicht gebeugt haben" (vgl. 1 Kön 19,18). Die Kenntnis der eigenen Geschichte ist das Fundament für die Gestaltung der Zukunft.

Bischof der ehemaligen Untergrundkirche; P.P.-S.] muss Sie betrüben. Meine Ernennung in [s] Bischofsamt und consecratio gehörte damals in ‚arcana Ecclesiae' und etwas bleibt in dieser Gesinnung auch jetzt in arcana. Dadurch kann ich – innerlich – Ihnen von diesen Sachen nicht schreiben." Es handelt sich hierbei um die Antwort von Bischof Peter Dubovský auf eine Gesprächsanfrage des Autors.

2 Die Untergrundkirche in der Tschechoslowakei

„dass wir um Gott beraubt werden,
im Herzen des christlichen Europas,
vor dem Angesicht der ganzen Welt“[35]

2.1 Die Untergrundtheologie und ihr Kontext

Die Theologie der gesamten tschechischen katholischen Untergrundbewegung war eine zutiefst kontextuelle Theologie, die nur in guter Kenntnis um die Lebensumstände der tschechischen katholischen Kirche 1948–1989 überhaupt gedeutet werden kann. Wenn im Hauptteil dieser Arbeit zwei Ekklesiologien und die Ekklesiopraxis der Verborgenen Kirche vorgestellt werden, dann kann dies nicht kontextlos geschehen. Die Schlüsselfragen dieses Kapitels lauten daher: Was war der Entstehungskontext der Theologie im Untergrund? Wie bildete er sich in der Theologie und Pastoral der Untergrundkirche ab? Und umgekehrt: Wie beeinflusste das theologische Denken den Untergrund ihren eigenen Deutungsprozess der damaligen Lage der tschechischen katholischen Kirche? Wie funktionierte dieses Wechselspiel? Daraufhin werden in diesem Kapitel Theologie und Glaubenspraxis von Felix M. Davídek und Oto Mádr untersucht.

Die uns heute gewährte Vogelperspektive auf die (inzwischen abgeschlossene) Geschichte der tschechischen Kirche in den Jahren 1948–1989 war den damaligen Zeitgenossen so nicht möglich. Die Deutung der Situation der tschechischen katholischen Kirche inmitten der Verfolgung klaffte bereits damals sehr auseinander. Diese Unterschiede sind auch nach der politischen Wende 1989 durch die beginnende historische Forschung nicht vollständig ausgeräumt worden.[36]

---

[35] Hierbei handelt es sich um einen Textauszug aus dem anonymen Flugblatt der tschechischen Untergrundkatholiken, der den sarkastisch-ironischen Titel „Wir beseitigen Sie, bitte Applaus!“ trug, und die offene Kollaboration des katholischen Priestervereines *Pacem in terris* mit den kommunistischen Machthabern anprangerte. Der Titel dieses Buches ist eine inhaltliche Anlehnung an dieses Zitat. Mehr dazu siehe *Pacem in terris,* Kap. 2.2.2.2.
Ján Šimulčík, Združenie katolíckych duchovných PACEM IN TERRIS. Výber zo samizdatových dokumentov 1969–1989 [Vereinigung der Geistlichen PACEM IN TERRIS. Auswahl aus den Samizdat-Dokumenten 1969–1989]. Prešov 2002, 33–34. Gesehen in: Stanislav Balík, Jiří Hanuš, Katolická církev v Československu 1945–1989 [Katholische Kirche in der Tschechoslowakei 1945–1989], Brno 2007, 136.

[36] Vor allem die Anfänge der kommunistischen Unterdrückung werden unterschiedlich erfasst und gedeutet. Einige Historiker, die zugleich Zeitzeugen sind, nehmen die Sicht ein, in der die kommunistische Partei von Beginn an auf das radikale Auslöschen (!) der Kirche bzw. des Glaubens hinarbeitete. (Vgl. Vgl. Vaško, Neumlčená. Vgl. Vaško, Dům na skále [Haus auf

Das Ziel dieses Kapitels ist es, zuerst die Methoden der kommunistischen Kirchenverfolgung und ihre Auswirkungen auf die tschechische katholische Kirche zu beschreiben. Anschließend wird die Entstehung der katholischen Untergrundbewegung beschrieben. Mit Hilfe dieser Fakten und ihrer Deutung lassen sich anschließend die spezifischen Kirchenmodelle, wie sie im Verborgenen gelehrt und gelebt wurden, angemessen analysieren und beurteilen.

2.2 Die Auswirkungen der Verfolgung auf die Kirche

Die tschechische katholische Untergrundbewegung ist als Reaktion auf die Verfolgung der Kirche nach dem kommunistischen Staatsstreich 1948 entstanden und blieb bis zu der politischen Wende 1989 aktiv. Die nach 1945 neu erschaffene Rechtslage zwang die Kirche faktisch dazu, sich hinter ihren eigenen Kirchenmauern zu ducken.[37] Mit Hilfe der sogenannten Bodenreform in den Jahren 1947 und 1948 wurde der katholischen Kirche durch die Enteignung ihres Eigentums ihre Existenzgrundlage entzogen. Anschließend wurde die politische Abkapselung der Tschechoslowakei vom Vatikan durchgesetzt. Ab dem Jahr 1949 wurde sämtliche katholische Literatur der staatlichen Zensur unterworfen und die Leitung katholischer Verlage von Bevollmächtigten des kommunistischen Staats übernommen. Die Schließung der kirchlichen Schulen erfolgte mit dem Schuljahr 1949–1950, jegliche Versammlungen von Katholiken außerhalb der Kirchengebäude wurden verboten. Bis in den letzten Sakristeiwinkel war die Kirche vor dem kommunistischen Regime nicht sicher. Das Regime nahm ihr ihre Hirten und Lehrer weg, es verhaftete und verurteilte in politisch inszenierten Schauprozessen unschuldige Gläubige.

Fels], 3 svazky [3 Bände]: Kostelní Vydří 2004, 2007, 2008.) Daraus ließe sich die spitze theologische Feder legitimieren, die mancherorts im katholischen Untergrund in den fünfziger und sechziger Jahren geführt wurde. Diese Sicht wird aber nicht einstimmig geteilt. Der Historiker der Brünner Masaryk-Universität Jiří Hanuš kommt durch das Studium der Quellenliteratur zu dem Schluss, dass die Kommunisten zwar zweifellos die Kirche als Feind ernst nahmen, aber zugleich es für einige Monate nach der Machtübernahme so aussah, „als seien sich die Kommunisten in dieser Hinsicht nicht ganz schlüssig (…) Das Hauptziel war die Übernahme der Macht – und dann ‚mal sehen'" (Hanuš, Die Verborgene Kirche – 20 Jahre danach, in: Koller/Küng/Križan,Verratene Prophetie, 114. So auch in: Balík/Hanuš, Katolická církev v Československu 1945–1989.). Diese Unterschiede sind nicht ohne Bedeutung für die Beurteilung der Angemessenheit der Theologie und Pastoral im Untergrund.

[37] Zur kirchenpolitischen Rechtslage vgl. Balík/Hanuš, Katolická církev v Československu 1945–1989, 15–35, v. a. 23 und 26 ff.

2.2.1 Die Maßregelungen der kommunistischen Machthaber

Die kommunistische Partei, die 1948 in der Tschechoslowakei die Wahlen gewann, verfolgte mit der katholischen Kirche ihre eigenen Ziele. Die tschechischen Kommunisten unterwarfen alle ihre Bürgerinnen und Bürger einer strengen Beobachtung – auch in religiösen Fragen. Die Bürger, die Körperschaften des öffentlichen Rechtes, aber auch der freie Markt waren der kommunistischen Ideologie unterordnet. Die katholische Kirche in der Tschechoslowakei wurde nach einem Jahr kaum erfolgreicher Verhandlungen zwischen dem Staat und dem tschechischen Episkopat einem politischen Experiment unterworfen. Im Frühjahr 1949 überrollten die kommunistischen Organe die Kirche nach dem Vorbild der Sowjetunion mit einer Reihe von harten politischen Maßnahmen. Das Ziel der kommunistischen Politik war das Etablieren von organisatorischen Instrumenten der Kirchenpolitik (z. B. Aufsichtsorgane), die Steigerung des parteipolitischen Einflusses auf die Kirche und nicht zuletzt die Untergrabung der Autorität der katholischen Würdenträger im Kirchenvolk.

Für die kommunistischen Funktionäre, jedoch wohl nicht für die Gesamtheit der Sympathisanten kommunistischer Ideen,[38] war es von immenser Bedeutung, die tschechische katholische Kirche vom Papst und von der römischen Kurie zu isolieren. Der Papst und die römische Kurie – in der kommunistischen Propaganda schlicht „der Vatikan" genannt – avancierten als vermeintliche katholische Machtzentrale zu einem der bedeutendsten Feindesbilder der kommunistischen Ideologie. Der Apostolische Nuntius Erzbischof Saverio Ritter musste wegen Krankheit die Tschechoslowakei bereits im Jahr 1948 verlassen. Sein Vertreter *chargé d'affaires* Gennaro Verolino wurde zur *persona non grata* erklärt. Der *chargé d'affaires*-Status seines designierten Nachfolgers Ottavio de Liva wurde nie anerkannt, de Liva wurde ausgewiesen. Die diplomatischen Kontakte waren für viele Jahre unterbrochen. Anfang der fünfziger Jahre war es das erklärte Ziel der tschechischen kommunistischen Machtträger sowohl ihre eigenen politischen Beziehungen zum Vatikan als auch die innerkirchlichen Beziehungen zwischen den tschechischen bzw. slowakischen Bischöfen und dem Papst bzw. der Kurie zu torpedieren. In einem zweiten Schritt sollte der Einfluss des nach wie vor romtreuen tschechischen Episkopats, der regimekritischen Kleriker, Ordensleute, aber auch der katholischen intellektuellen Elite auf die Gläubigen unterbunden werden.

---

[38] Hanuš, Die Verborgene Kirche – 20 Jahre danach, in: Koller/Küng/Križan, Verratene Prophetie, 113.

An der aktiven Umsetzung der kommunistischen Kirchenpolitik arbeiteten die Kirchenaufsichtsorgane fast bis in die achtziger Jahre des 20. Jahrhunderts hinein. Der katholischen Kirche wurde jegliches politische, gesellschaftliche und kulturelle Engagement verboten, ihr Eigentum wurde enteignet. Sie verschwand von den Bildschirmen und aus dem Alltagsleben der Menschen. Nach einem listigen Gottesdienstkomplott im St.-Veits-Dom im Juni 1949, der die Kirche in den Augen der Öffentlichkeit diffamieren sollte, folgte zeitweise für alle Mitglieder der tschechischen Bischofskonferenz entweder der Hausarrest oder die Haft – nach einem inszenierten politischen Prozess.[39] Sie lebten als Gefangene, abgeschirmt – auch vom Klerus, von den Staatssicherheitsorganen beschattet, fast ohne Kontakt zur Außenwelt.[40] Sie durften öffentlich nicht mehr auftreten und wurden in der Ausübung ihrer Pflichten gehindert. Bereits Anfang der sechziger Jahre stand die Kirche ohne einen einzigen amtierenden Bischof da.

Die fünfziger Jahre – die Anfangsjahre der kommunistischen Diktatur – gelten in der historischen Forschung als die härtesten. Eingeläutet wurden

[39] Die Internierung der Leitungsträger der katholischen Kirche, insbesondere der Bischöfe, war das wichtigste Instrument, um die institutionellen Organe der Kirche zu lähmen. Im Jahr 1950 wurden bis auf den Bischof Štěpán Trochta alle (!) böhmischen und mährischen Bischöfe (und sogar auch fast alle Weihbischöfe) aus dem öffentlichen Leben entfernt und interniert. Auch die slowakischen Bischöfe traf größtenteils die erzwungene Internierung. Vgl. die Angaben in Balík/Hanuš, Katolická církev v Česloslovensku 1945–1989, 63–109, v. a. 76–81. Die Lage der katholischen Kirche war außerhalb des Eisernen Vorhangs nur unzulänglich bekannt. Als bemerkenswertes Zeitdokument konnte ich einen Bericht des *L'Osservatore Romano* vom 24. Juni 1955 finden, der folgende Zwischenbilanz erhielt: „Dreizehn Bischöfe wurden von ihren Ämtern entfernt; fünf von ihnen (...) im Gefängnis wegen des Glaubens." Bei den anderen acht Bischöfen stand der Vermerk: „An einem unbekannten Ort festgehalten." Zitiert nach: [Autor – ohne Angabe], Kirche in der Zange. Die Kirchenpolitik der Tschechoslowakei 1945–1960, München 1960, 30.

[40] Der eingeschränkte Zugang zu den Bischöfen galt nicht nur für die Laien, sondern insbesondere für die Priester und die Priesteramtskandidaten. Einer der ehemaligen Priesteramtskandidaten gab im Jahr 2012 Auskunft über seine ausweglose Lage: „Es gab keinen Dialog zwischen Bischöfen und Priesteramtskandidaten, weil die Bischöfe bereits [seit Juli 1950; P.P.-S.] interniert waren. Der Zugang zu ihnen war nicht möglich. Wir richteten uns nach den Worten von Bischof Skoupý, der bei seinem letzten Besuch im Priesterseminar in Antonínská-Straße verkündete, dass auch dann, wenn wir einen Brief bekommen sollten, der von ihm unterschrieben ist, wir uns nach ihm nicht richten sollten, weil er keinen Brief freiwillig [unter Zwang der kommunistischen Staatsorgane; P.P.-S.] unterschreiben wird. Der Brief, den wir in den Ferien bekamen, war von ihm unterschrieben. Darin empfahl er uns, uns bei den staatlichen [verstaatlichten katholischen theologischen; P.P.-S.] Fakultäten einzuschreiben. Aber wir richteten uns nach seinen Worten. (...) Aus dem gesamten Brünner Priesterseminar trat nur ein Hochschüler das Studium an der neu eingerichteten Prager Fakultät an." Ein Interview mit Msgr. Josef Šik, aus der Quellenanlage zur Bachelorarbeit von: Černý, Život podzemní církve na Moravě na příkladu některých vybraných osobností. Elektronische Veröffentlichung: http://theses.cz/id/i58jyz/bc_cerny.pdf S. 50. (Zuletzt gesehen am 1. Juni 2014)

sie durch zahlreiche politische Schauprozesse der fünfziger Jahre, in denen auf die Gegner des Regimes, sei es Weiheamtsträger, Ordensmitglieder oder couragierte Gläubige, jahrzehntelange Haftstrafen verhängt wurden. Der Einfluss der katholischen Amtsträger und Schlüsselpersonen des katholischen Lebens sollte damit demonstrativ unterbunden werden, sie sollten in die Rolle der Staatsverräter hineingedrängt werden. Die Kirche wurde gleichzeitig mit der kaum vorstellbaren Wucht politischer Brutalität der kommunistischen Vorherrschaft konfrontiert. Im Jahr 1950 wurden alle männlichen Ordensmitglieder in der sogenannten „Aktion K", der Bartholomäusnacht der tschechischen Klöster, aus ihren Klöstern vertrieben und in bewachte Zentrallager eingeschlossen. In der sogenannten „Aktion P" wurde das definitive Ablösen der unierten griechisch-katholischen Kirche auf dem Gebiet der Tschechoslowakei vorangetrieben. Hinzu kam der radikale Abriss der medialen Kirchenpräsenz, verbunden mit einer Blockade der innerkirchlichen Kommunikation zum Beispiel durch das Verbot apostolische Schreiben zu veröffentlichen – insbesondere nicht durch Verlesen im Gottesdienst.

Bereits im zweiten Halbjahr 1949 gelang es dem Regime, die staatliche Zensur aller religiösen Publikationen einzuschalten. 1950 wurde das katholische Schulwesen zu Gunsten eines einheitlichen Schulsystems aufgelöst. Es gab keinen Religionsunterricht an den Schulen. Alle Gläubigenversammlungen durften nur noch innerhalb der Kirchengebäuden stattfinden. Auch die theologischen Lehrstätten wurden aus den Universitäten ausgegliedert. Die Katholisch-theologische Fakultät der Karlsuniversität in Prag wurde 1950 aufgehoben und nach gründlicher (Personal-)"Neugestaltung" als einzig zugelassene tschechische Ausbildungsstätte für Priesteramtskandidaten nach Leitmeritz (Litoměřice) verlegt. Das Professorium bestand überwiegend aus Wissenschaftlern, zu deren Haupteignungskriterium auch die Loyalität zur politischen Macht gehörte.[41]

Schließlich ist aus der theologischen Sicht die Strategie sehr bemerkenswert, mit der das kommunistische Regime gezielt versuchte, die gelebten sakramentalen Vollzüge der Kirche durch säkulare pseudoreligiöse Feiern zu ersetzen. An Stelle der christlichen Taufe wurde die „Zeremonie der Namensgebung" im Sitz des lokalen kommunistischen Nationalausschusses angeboten.[42] Die Aufnahmezeremonie in die Pionier – die kom-

[41] Vgl. Novotný, Česká katolická eklesiologie druhé poloviny 20. století. Der tschechische Philosoph und Priester Josef Petr Ondok bezeichnet in seinen Erinnerungen die Prager Theologische Fakultät wegen ihrer Ideologiehörigkeit sogar als „schismatisch": Josef Petr Ondok, Muklovský Vatikán [Das Vatikan der politischen Gefangenen], Brno 2007, 92.

[42] „Národní výbor", der Nationalausschuss, war ein Organ der staatlichen administrativen Verwaltung in der Tschechoslowakei von 1945 bis 1990. Die feierlich gestaltete „Begrüßung

munistische Jugendorganisation nach dem Vorbild von Wladimir Iljitsch Lenin – kann als Gegenentwurf zur Firmung gedeutet werden.[43] Die sozialistische Eheschließung ersetzte das Sakrament der Ehe. Die festlichen Parademärsche fanden im Mai statt, in dem Marien-Monat, in dem früher oft auch die Fronleichnamsprozessionen stattfanden. Die gelegentlichen Massenmanifestationen lassen sich als eine Paralelle zu Wallfahren deuten. Das international bekannte, öffentlich vermarktete Massensportfest „Spartakiade" mit den Wettbewerben für alle Altersklassen galt international als Manifestation der Stärke und des kommunistischen Kampfgeistes. Die Sprache dieser Feste wurde ebenfalls an die christlichen Feiern angelehnt, jedoch inhaltlich entleert: „Mit der UdSSR in Ewigkeit und nie anders!"[44] Als einer der kuriosesten Höhepunkte der Sinnentleerung der christlichen Mystagogie wird bis heute die Weihnachtsansprache (sic!) des Premierministers Antonín Zápotocký im Jahr 1952 angesehen. Darin lässt Zápotocký die biblische Gestalt Jesu zu einem Weihnachtsmann altern, der aus dem Osten kommt, begleitet durch viele rote Sterne – dem Symbol der kommunistischen Weltanschauung.[45]

Die historische Quellenforschung nach 1989 konnte belegen, mit welcher Genauigkeit die einzelnen Parteivereine vor Ort das Nachlassen des katholischen Kirchen-, vor allem aber auch des Gottesdienstlebens doku-

der neuen kleinen Bürger" in den offiziellen Räumlichkeiten des Rathauses hat in der heutigen Tschechischen Republik nach wie vor eine Tradition.

[43] Weitere auffallende Parallelen: Die Aufnahme in die Jugendorganisation „pionýr [Pionier]" erforderte eine Vorbereitungszeit und wurde anschließend in einer Feier vollzogen. Es gab die Pionierregeln, das Pionierversprechen und das Pioniermotto.

[44] Vgl. die Monographie „Zápisník agitátora 1985" [Notizbuch des Agitators 1985], die von der Propaganda-Abteilung des Zentralkommitees der Tschechoslowakischen Kommunistischen Partei herausgegeben wurde. Das Handbuch diente mit seiner großen Auswahl der Propaganda-Sprüche den einzelnen Agitatoren vor Ort, für jeden Anlass das passende Motto zu finden. Das Buch wiederspiegelt in einer bemerkenswerten Weise die kommunistische Ideologie der letzten Jahre der kommunistischen Tschechoslowakei. Siehe: Jan Kohout, Zápisník agitátora 1985 [Notizbuch des Agitators 1985] Prag 1984.

[45] „Auch der kleine Jesus ist groß geworden, gealtert, er bekam Bart und wurde zum Weihnachtsmann [wörtlich: „zum Väterchen Frost", eine Ersatzfigur für Nikolaus im russischen Kulturkreis; P.P.-S.] (…) Der Weihnachtsmann kommt zu uns aus dem Osten und auf dem Weg leuchten ihm auch Sterne – nicht nur der Stern aus Bethlehem. Eine ganze Reihe von roten Sternen in unseren Kohlenschächten, Hüttenwerken, Fabriken und auf unseren Baustellen. Diese roten Sterne [der rote Stern war das Symbol der kommunistischen Weltanschauung; P.P.-S.] verkünden fröhlich, dass eure Väter und Mütter auf ihren Arbeitsplätzen die Aufgaben (…) des Fünfjahresplanes erfüllten." Vgl. Weihnachtsansprache des Premierministers Antonín Zápotocký, 1952.
http://filmovezvuky.fdb.cz/komunisticke-hity/mp3/antonin_zapotok
ky_vanocni_projev_1952.mp3
(Zuletzt gesehen am 30. Oktober 2014)

mentierten.[46] Balík und Hanuš stellen fest: „Das [Nachlassen des Kirchenlebens] konnte sich nicht nicht-zeigen in dem Denken und den Reaktionen der ganzen Kirche, von der Hierarchie bis zum letzten Laien."[47] Die Gläubigen wurden eingeschüchtert.

2.2.2 Die Folgen für die Ekklesiopraxis

2.2.2.1 Auswirkung auf die Gläubigen: Einschüchterung und Internalisierung des Glaubens

Das Jahr 1948 und die unmittelbar darauf folgenden Jahre wurden in der Tschechoslowakei zum einem Meilenstein in der Beziehung des jungen kommunistischen Staates zu der katholischen Kirche der Nachkriegsjahre. Sie führten zum endgültigen Riss zwischen dem Staat und der Kirche und eröffneten den Weg der tschechischen Kirche in die dunklen Jahre der kommunistischen Verfolgung. Verstärkt wurde diese Entwicklung durch den ohnehin bereits schwierigen Stand der römisch-katholischen Kirche in den böhmischen Ländern. Die immer seltener gewordene Kirchenerfahrung wurde ideologisch umzäunt, die *Internalisierung der Glaubenserfahrung* durch eine permanente und rasante atheistische Propaganda immer mehr beschleunigt.[48] Eine zusätzliche Verwirrung brachte die mit Absicht herbeigeführte Desinterpretation der Ergebnisse des Zweiten Vatikanischen Konzils, an der sowohl die kommunistische Staatsmacht als auch der proregime-orientierte Priesterverein *Pacem-in-terris* maßgeblich beteiligt waren.[49]

---

[46] Vgl. Zdeněk Demel, Pod dohledem církevních tajemníků. Omezování činnosti katolické církve v Československu 1945–1989 na příkladu jihčeského regionu [Unter der Aufsicht der kirchlichen Parteischriftführer. Die Drosselung der Arbeit der katholischen Kirche in der Tschechoslowakei 1945–1989 am Beispiel der südböhmischen Region]. Brno 2008.

[47] Balík/Hanuš, Katolická církev v Československu 1945–1989, 9.

[48] Vgl. Jan Holzer, Role katolické církve v komunistickém režimu. Kausa Československo [Die Rolle der katholischen Kirche im kommunistischen Regime], in: Petr Fiala, Jiří Hanuš (Hg.), Koncil a česká společnost. Historické, politické a teologické aspekty přijímání II. vatikánského koncilu v Čechách a na Moravě [Das Konzil und die tschechische Gesellschaft. Historische, politische und theologische Aspekte der Rezeption des II. Vatikanischen Konzils in Böhmen und Mähren], Brno 2000, 28–48, insbesondere 42.

[49] Vgl. Stanislav Balík, Koncilní změny v českém prostředí [Die Konzilsveränderungen in den tschechischen Ländern], in: Stanislav Balík, Jiří Hanuš (Hg.), Letnice dvacátého století. Druhý vatikánský koncil a české země [Das Pfingsten des zwanzigsten Jahrhunderts. Das Zweite Vatikanische Konzil und tschechische Länder], Brno 2012, 7–24, v. a. 16 f. Balík beschreibt in diesem Beitrag die Bruchstückhaftigkeit der Rezeption des Zweiten Vatikanums in der

Ein Teil der tschechischen Kommunisten erhoffte sich von der radikalen Kirchenverfolgung das baldige Aussterben der Kirche mangels Interesse des aufgeklärten tschechischen Atheisten-Bürgers. Die Folgen dieser kirchenfeindlichen Politik im binnenkirchlichen Raum waren Einschüchterung und Angst, die gerade auch die Kirche in der Illegalität zu spüren bekam. Je nach Sichtweise konnte die Lage der Kirchen fast aussichtslos erscheinen, denn die kommunistische Kampfansage an die sich gegen das Regime auflehnenden Kirchenmitglieder klang eindeutig: „Antikommunist zu sein, bedeutet in unseren Augen Hochverrat."[50] Die Kirche sollte wenn überhaupt, dann eine nationale sein – im Sinne von eine ‚der kommunistischen Ideologie loyale', mit einer möglichst großen Selbstständigkeit dem Heiligen Stuhl gegenüber.

Mit der Idee einer der tschechischen Staatsideologie treuen Kirche bedienten die Kommunisten die antikatholische Haltung der böhmischen Länder, die bereits seit ihrer politischen Zugehörigkeit zum Österreich-Ungarn-Reich kein Randphänomen mehr darstellte. Es handelte sich keineswegs nur um eine modische Antipathie. Im Gegenteil wurde diese Haltung von der tschechischen Gesellschaft mindestens seit der Vorkriegszeit tief verinnerlicht.[51] Über die Wurzeln des tschechischen Religionsskeptizismus herrscht bis heute im wissenschaftlichen Diskurs keine Einheit. Mehrheitlich wird auf die religionspolitische Konstellation in Österreich-Ungarn hingewiesen, dem die böhmischen Länder fast 400 Jahre angehörten. Als besonders schmerzhaft wurde vor allem die Kirchenpolitik Maria Theresia und ihres Sohnes Josef II. empfunden.[52] Der spätere sogenannte Austrokatholizismus – die Verbindung des Habsburger Thrones mit dem katholischen Altar – brachte offenkundige Bestrebungen des aufgeklärten

---

Tschechoslowakei, aber vor allem auch die oben erwähnte bewusst herbeigeführte Desinterpretation.

[50] Zitat von Minister Kopecký nach: [Autor – ohne Angabe], Kirche in der Zange. Die Kirchenpolitik der Tschechoslowakei 1945–1960, München 1960, 13.

[51] Einen anderen Verlauf zeigte die neueste kirchenpolitische Geschichte in Polen oder Litauen. Der deutsche Historiker und Politologe Hans Maier erklärt die Unterschiede mit Blick auf die unterschiedliche etnische und religiöse Geschichte. Vgl. Hans Maier u.a. (Hg.), Totalitarismus und Politische Religionen. Konzepte des Diktaturvergleichs, Paderborn 1996, v.a. 45 f.

[52] Dazu gehörten v.a. Einschränkung der Wallfahrten und Prozessionen, die Einführung des *numerus clausus* für Noviziate, die Einführung der Staatsüberwachung der Klosterhöfe, die Einschränkung des schriftlichen Verkehrs der Geistlichen mit der römischen Kurie, die Notwendigkeit der staatlichen Genehmigung für die Veröffentlichung der Papstbullen, das Auflösen von Klöstern, das Auflösen von Priesterseminaren und das Einrichten der sog. Generalseminare für die Ausbildung von Priestern etc. Vgl. die Angaben in: Jaroslav Kadlec, Přehled českých církevních dějin 2 [Die Übersicht der tschechischen Kirchengeschichte 2], Praha 1991, 152–169. (Zitiert nach Balík/Hanuš, Katolická církev v Československu 1945–1989, 15.)

Absolutismus mit sich, die Kirche zu instrumentalisieren und sie in das bürokratische System zu integrieren. Damit wurde das katholische Lehramt in seiner Leitungsfunktion zunehmend diskreditiert als eines, das nur oberflächliche und unehrliche Religiosität hervorbringe. An dieses schwierige Erbe knüpfte die kommunistische Propaganda an, indem sie das Papsttum in die Rolle der obersten katholischen Machtzentrale hochstilisierte.

Das schwierige Verhältnis der Tschechen zu den institutionellen Formen der katholischen Frömmigkeit ist aber schon seit dem späten Mittelalter belegt, die Tendenz zur Kirchengeißelung war in den böhmischen Ländern bereits seit der Aufklärung anzutreffen. Die böhmische Reformationsbewegung des 15. Jahrhunderts wurde im Land unterdrückt und mit Gewalt in die Emigration gedrängt. Die Tschechen reagierten auf die Überreste des Austrokatholizismus, den katholischen Triumphalismus, die Oberflächlichkeit und auf den fehlenden Blick über den eigenen Tellerrand befremdlich. Die katholische Kirche wurde von den Tschechen bereits seit den Hussitenkriegen als Instrument der Habsburger Monarchie verstanden. Im 19. und am Anfang des 20. Jahrhunderts scheiterten die Versuche der politischen Führung, Tschechen durch das Hochhalten der Idee einer sogenannten „Tschechoslowakischen Kirche“ eine religiöse Orientierung anzubieten.[53] Zum bleibenden Memento wurde der gewaltsame Sturz der Mariensäule auf dem Prager Altstädterring – kurz nach der Loslösung der Tschechoslowakei aus dem Verband der österreich-ungarischen Monarchie. Die aufgebrachten Bürger sahen darin das Symbol des Katholizismus – der österreichischen Staatsreligion. Der Plan der Wiedererrichtung dieser Mariensäule, der bereits ein Jahr nach der politischen Wende entstand, stößt auch im 21. Jahrhundert, fast 100 Jahre nach ihrem Umsturz, auf heftigen politischen Widerstand. Die Säule wird bis heute als Symbol der mit machtpolitischen Mitteln durchgeführten Rekatholisierung der böhmischen Völker gedeutet.

Das Erbe dieses schwierigen Verhältnisses zu der Konfession der politischen Machthaber wurde der erneuerten katholischen Kirche nach 1918 in der Tschechoslowakischen Republik in die Wiege gelegt. Wegen der politischen Verflechtung der katholischen Amtsträger mit der habsburgischen

[53] Der tschechische Ausbruch aus der Österreichischen Monarchie 1918 bedeutete auch einen Bruch der großen Teile der tschechischen Gesellschaft mit der katholischen Kirche, weil das eine mit dem anderen in Augen der tschechischen Gesellschaft verschwamm. Das Jahr 1920 ist das Gründungsjahr der nationalen Tschechoslowakischen Kirche (im Jahr 1971 wurde das Adjektiv „hussitische“ hinzugefügt), die als eine Art Protest-Denomination die Möglichkeit zum Konfessionswechsel von der katholischen in eine andere christliche Kirche gab. Die Gründer unter der Leitung von Karel Farský waren allesamt katholische Priester.

Monarchie war sie in den breiten gesellschaftlichen Schichten verpönt.[54] Während des kirchlichen Wiederaufbaus in den dreißiger und vierziger Jahren des 20. Jahrhunderts ist es trotz dieser schwierigen Ausgangslage zwar gelungen, Gläubige zu stärken und den Vertretern der katholischen Hierarchie und katholischen Denkern wieder einen Platz in der Öffentlichkeit zu geben, aber die Erinnerung an diese kurze Zeit der „goldenen Jahre" reichte nicht. Das Ansehen der katholischen Kirche war nicht unangreifbar, als die Kommunisten 1948 die Macht übernahmen und 1949 die erste Welle brutaler Kirchenverfolgung entrollte. Die schwache emotionale Bindung zwischen der religiösen und nationalen Identität spielte in der Tschechoslowakei eine wichtige Rolle für die fehlende Vertiefung der Inkulturation des Glaubens.[55] Die Kirche als hoffnungslos klerikal und den Papst als absolutistischen Herrscher darzustellen, war ein kluger Schachzug, mit dem der antiklerikale Zug der tschechischen Kirchenfrömmigkeit geschickt genutzt und die abwertenden Emotionen der tschechischen Bürger gegen die katholische Kirche kanalisiert werden konnten. Der Vergleich der statistischen Zahlen der damaligen Volkszählungen mit denen unmittelbar nach der politischen Wende widerspiegelt den drastischen Schwund der Konfessionszugehörigkeit. Während im Jahr 1950 noch 76,72 % der Bürgerinnen und Bürger der Katholischen Kirche angehörten und nur 5,84 % angaben, konfessionslos zu sein,[56] waren es im Jahr 1991 nur noch 39,1 %.[57]

[54] Das Phänomen des sogenannten Austrokatholizismus als der Verflechtung der politischen Macht der Kirche und des Staates galt als typisch für die Österreichische Monarchie. Eine starke, väterliche Figur nahm dabei der Kaiser an, der damit in der Volksfrömmigkeit die Konkurrenzgestalt zum Papst wurde. Der Austrokatholizismus schien sich auch durch eine besonders Rom-abschätzige, ablehnende Haltung auszuzeichnen.

[55] Die Gründe für den bis heute andauernden religiösen Skeptizismus der Tschechen werden auch unter den tschechischen Soziologen kontrovers diskutiert. Der Theologe, Soziologe und Priester Tomáš Halík lässt nicht nur durch die Verweise auf die Vergangenheit gelten. Vgl.: Tomáš Halík, Společnost v přerodu. Češi ve 20. století [Die Gesellschaft im Umbruch. Die Tschechen im 20. Jahrhundert], Praha 2001, S. 144–158. In elektronischer Form auf den Internetseiten des Autors: http://halik.cz/cs/tvorba/clanky-eseje/nabozenstvi-spolecnost/clanek/49/ (Zuletzt gesehen am 14. November 2014)

[56] Český statistický úřad [Tschechisches Statistikamt], Sčítání v roce 1950 [Zählung im Jahr 1950], tabulka 4 [Tabelle 4]: Přítomné obyvatelstvo podle náboženského vyznání a národnosti k 1. 3. 1950 [Anwesende Bevölkerung nach religiöser Zugehörigkeit und Nationalität zum 1. 3. 1950.]. Elektronisch: http://notes3.czso.cz/sldb/sldb.nsf/i/scitani_v_roce_1950 (Zuletzt gesehen am 4. November 2014). Weitere 7,6 % der Bevölkerung bekannte sich zur Evangelischen Kirche der Böhmischen Brüder, 5,3 % zur Tschechoslowakischen hussitischen Kirche.

[57] Český statistický úřad [Tschechisches Statistikamt], Sčítání lidu, domů a bytů 1991 [Zählung des Volkes, der Häuser und der Wohnungen 1991]: Obyvatelstvo podle náboženského vyznání a národnosti [Die Bevölkerung nach Religionszugehörigkeit und Nationalität]. Elektronisch: http://www.czso.cz/csu/tz.nsf/i/nabozenske_vyznani_obyvatelstva_ceske_republiky_23_12_04 (Zuletzt gesehen am 4. November 2014) Das Opferstatus der katholischen

Im Jahr 2001 sank die Zahl der Katholiken abermals, jetzt auf 26,86 %,[58] im Jahr 2011 dann noch einmal drastisch auf 10,26 %.[59] Der tschechische Religions- bzw. Kirchenskeptizismus begünstigte jedenfalls die Radikalität der kommunistischen Kirchenpolitik, und diese wiederum zwang die katholische Kirche faktisch in den Untergrund. Wie reagierten die Gläubigen und welches Bild der Ekklesiopraxis bekamen die Untergrundtheologen vor Gesicht? Mit anderen Worten: Wer waren die Adressaten ihrer Ekklesiologie?

Die Kirche im dörflichen Milieu, wo sie früher stark war, wurde gerade dort immer mehr zum Feindesbild stilisiert. Die neuen kirchenhistorischen Arbeiten schildern den tschechischen Katholizismus in seiner offiziellen Form in Folge des offenen Terrors und des wieder erweckten Misstrauens der Gläubigen als immer geschlossener und im erheblichen Maß in sich selbst gekehrt. Balík und Hanuš beschreiben das Glaubensleben in den offiziellen Strukturen der katholischen Kirche als eine Art erzwungenen Heilsindividualismus: „Seit den fünfziger Jahren ist der tschechische Katholizismus im bedeutendem Maße „introvertiert“, mehr oder minder in sich selbst geschlossen, sich auf die häusliche Lektüre und Bildung und individuelles Erleben des Glaubens konzentrierend.“[60] Die anfänglichen Bemühungen einiger Bischöfe um offen geäußerte Kritik an der politischen Führung waren rasch dem Syndrom der gelernten Wehrlosigkeit gewichen. Es ist eine Folge dieser Entwicklung, dass das Ziel der Theologie im Untergrund zunächst hauptsächlich das Aufrichten der Gläubigen war. Sie sollten mit Hilfe der Katechese im Verborgenen gegen die kommunistische Ideologie gewappnet werden. Das Netzwerk der Kirche im Verborgenen etablierte sich immer mehr zu einer geistlichen Heimat, denn die offiziellen Kirchengemeinden wurden zunehmend von Pfarrern verwaltet, die entweder wehrlos waren oder gar ideologietreu handelten. Zu der schleichenden inneren Resignation des tschechischen Katholiken trug damit ein wei-

---

Kirche begünstigte zwei Jahre nach der politischen Wende die Zahlenerhebung noch signifikant, wie sich im Jahr 2011 an dem drastischen Rückgang der Mitgliederzahlen zeigen sollte.

[58] Český statistický úřad [Tschechisches Statistikamt], Sčítání lidu, domů a bytů k 1.3.2001 [Zählung des Volkes, der Häuser und der Wohnungen zum 1.2.2001]. Elektronisch: http://www.czso.cz/sldb2011/redakce.nsf/i/obyvatelstvo_cr/$File/e-4104-02.pdf (Zuletzt gesehen am 4. November 2014).

[59] Český statistický úřad [Tschechisches Statistikamt], Předběžné výsledky sčítání lidu, domů a bytů 2011 [Vorläufige Ergebnisse der Zählung des Volkes, der Häuser und der Wohnungen 2011]. Elektronisch: http://www.scitani.cz/sldb2011/redakce.nsf/i/predbezne_vysledky_scitani_lidu_domu_a_bytu_2011 (Zuletzt gesehen am 4. November 2014). Im Jahr 2011 machten 45,2 % der Bürgerinnen und Bürger zur Religionszugehörigkeit keine Angabe, weitere 34,2 % gaben an religionslos zu sein.

[60] Balík/Hanuš, Katolická církev v Československu 1945–1989, 256.

terer wesentlicher kirchenpolitischer Faktor bei: Der kommunistische Versuch die katholische Kirche ideologisch zu unterwandern und damit von innen zu spalten. Die kommunistischen Ideologen bedienten sich dabei der Strategie, Priester in der Seelsorge zu etablieren, die sich zur Zusammenarbeit mit dem kommunistischen Staat verpflichteten und bereit waren, in ihren Kirchengemeinden im Sinne des Staates zu wirken.

2.2.2.2 Auswirkungen auf die Kirchenstruktur: Kollaborierende Kleriker

Als das Konzept der Ausrottung der christlichen Kirche(n) als nicht mehr durchsetzbar erschien, begann die tschechische kommunistische Ideologie gleichzeitig auch ein Idealbild (!) des Christen pflegen. Dieser war ein Gläubige, der die kommunistische Gesinnung teilt. Um dieses Ziel zu erreichen, brauchte es Kleriker, die in der Pastoral regimetreu handelten.

Die kommunistischen Anführer verfolgten nach wie vor das Ziel, die Kirche in der Öffentlichkeit zu diskreditieren. Die noch trotzenden Katholiken sollten langfristig zum Schweigen gebracht werden, indem in der katholischen Kirche regimetreues katholisches Episkopat als eine Art trojanisches Pferd installieren wurde. Die politischen Aufsichtsorgane setzten dabei auf Menschen innerhalb der Kirche, „denen es“ – wie Hanuš und Balík treffend formulieren – „nicht widerstrebte mit dem atheistischen Regime zusammenzuarbeiten, dessen Ziel es war, den Einfluss der Religion auf das Leben des Menschen vollständig zu beseitigen“.[61] Dieses Instrument zur Beherrschung der katholischen Kirche arbeitete auf die innere Spaltung der katholischen Kirche durch die Institutionalisierung der Kollaboration mit dem kommunistischen Regime in ihren eigenen Reihen.

Bereits 1949 wurde die schismatische „Katholische Aktion“ gegründet, die den Namen der bekannten katholischen Laienbewegung missbrauchte. Sie sollte in der katholischen Kirche als Basis für das Einleiten der antikirchlichen Staatspolitik dienen. Eines der Mittel zur Konstituierung der sog. „Katholischen Aktion“ waren wieder sog. „nationale Wallfahrten“. Wegen des gravierenden Mangels an Vertrauenswürdigkeit wurde die „Katholische Aktion“ durch die „Friedensbewegung katholischer Geistlichen“ ersetzt. Diese, später in „Pacem in terris“ umbenannte Bewegung, war eine weitere kommunistische Strategie, die eine konkrete Gestalt annahm. Sie setzte auf die Priester, die zwischen der Sendung der Kirche und den Zielen des kommunistischen Regimes keinen offensichtlichen Widerspruch sahen. Das Ziel war die ideologische Unterwanderung der wachsend national und international isolierten tschechischen katholischen Teilkirche

[61] Balík/Hanuš, Katolická církev v Československu 1945–1989, 127.

durch die kommunistische Ideologie. Mit einer auf diese Weise erreichten Dezentralisierung der Struktur der Leitung der katholischen Kirche hat der kommunistische Staat zudem eine enge Bindung zwischen Kirche und politischer Macht bewirken wollen. Die Vertreter dieser Vereinigung wurden von den kommunistischen Massenmedien als Repräsentanten der katholischen Kirche besonders beachtet. Ein inneres oder gar äußeres Schisma der katholischen Kirche wurde forciert.

Diese Strategie der ideologischen Unterwanderung wurde in den sechziger Jahren mit einer ganzen Reihe geschickter Strategien und großer Bemühungen eingeleitet und forciert. Ausschlaggebend war die vollständige Kontrolle über den priesterlichen Nachwuchs und das anschließende Gewinnen der Geistlichen für eine Zusammenarbeit mit dem kommunistischen Regime. Dies wurde durch die Mitgliedschaft in der oben erwähnten „Friedensbewegung katholischer Geistlichen" angeleiert, die später in den „Verein der katholischen Geistlichen *Pacem in terris*" umorganisiert wurde.[62] Anders als die ähnlich bezeichnete Katholisch-Patriotische Vereinigung in China, die eine von der kommunistischen Regierung anerkannte katholische Gemeinschaft darstellt, bildeten die Basis dieser Organisationen nicht katholische Laien, sondern ausschließlich Priester.[63] Diese bezeichneten sich selbst als „Patrioten" und später als „Friedenspriester". Der Gründungskongress der Friedenspriester wurde unter das pseudotheologische Leitwort *„Ex oriente lux, ex oriente pax"* gestellt, dessen Deutung nach dem Originalton der Redner lautete: „Aus dem Osten kam das Licht Christi, aus dem Osten kommt unter der Schirmherrschaft der UdSSR der Frieden."[64]

In der Bezeichnung „Friedenspriester" ist ein Versuch um die Neutralisierung der radikalen Botschaft des Evangeliums zu erkennen. Die scharfe Vertikale Gottes, die die menschlichen Pläne durchkreuzt, sollte durch eine

[62] Der Priesterverein der tschechischen und slowakischen katholischen Priester *Pacem in terris* wurde formell am 19. bzw. 20. Januar 1971 in Prag gegründet – als Nachfolger der 1968 aufgelösten Katholischen Friedensbewegung. Beide dienten als Dachorganisation für die priesterliche Mitarbeit mit der Polizei und der atheistischen Ideologie. Die Mitgliedschaft der Priester konnte sich in verschiedenen Typen von Mitarbeit mit dem Regime zeigen, oder zu direkter Kollaboration führen. Näheres vgl. Pavel Ambros, Kam směřuje česká církev [Wohin schreitet die tschechische Kirche], Olomouc 1999, 86 f.

[63] Eine Parallele zu der kirchenpolitischen Situation in heutigem China bietet sich an. Während die „Katholisch-Patriotische Vereinigung" in China einen kommunistischen Versuch darstellt, den gesamten Katholizismus unter staatliche Kontrolle zu setzen, diente der „Verein der katholischen Geistlichen Pacem in terris" als eine Art trojanisches Pferd in der offiziell weiterhin zugelassenen katholischen Kirche. In den „Verein der katholischen Geistlichen Pacem in terris" wurden nur Kleriker aufgenommen.

[64] Václav Vaško, Pátá kolona v církvi [Fünfte Kolonne in der Kirche]. Praha 1996, 8. Zitiert nach: Balík/Hanuš, Katolická církev v Československu 1945–1989, 130.

säkulare, humanistische Haltung ersetzt werden, die sich hervorragend in den klassischen kommunistischen *topos* der sechziger und siebziger Jahre fügte: Der Priester als Beschützer des Weltfriedens. Das Ziel der sogenannten Patrioten bzw. Friedenspriester war die Stärkung der nationalen Idee, des gemeinschaftsbildenden Geistes und der priesterlichen Solidarität. Von der staatlichen Religionsaufsicht beabsichtigt, sollte der Verein zu einer Berufsorganisation für katholische Amtsträger werden, in der die Mitgliedschaft für alle Angehörigen des Priesterstandes verpflichtend wäre. Das damit verbundene eigentliche Ziel war allerdings die Einschränkung der Rolle der Bischöfe, das Schaffen einer Erpressungsmöglichkeit in den diplomatischen Verhandlungen mit dem Vatikan und nicht zuletzt das Etablieren einer Atmosphäre des Misstrauens innerhalb der katholischen Kirche.[65] Die Regime-Ideologen versuchten durch die Gründung dieser Dachorganisation innerhalb der Kirche zu polarisieren. Sie setzten dabei auf die Figur des Gemeindepfarrers, dem es nicht widerstrebt, mit dem atheistischen Regime zusammenzuarbeiten. Die Zusammenarbeit des Klerus mit den Regime-Ideologen wurde durch Suspendieren und Exkommunikationen[66] und später sogar durch das direkte römische Verbot aller Vereinigungen katholischer Geistlichen, die politische Ziele verfolgen, als unrechtmäßig abgelehnt. Sein Wirken konnte es aber nur geringfügig eingedämmen.[67] Im Jahr 1973 waren 37 % aller geweihten Amtsträger Mitglieder der Vereinigung *Pacem in terris*, im Jahr 1986 – drei Jahre vor der politischen Wende – waren es trotz des Verbotes der Glaubenskongregation immer noch 29,2 %![68] Angesichts der klaffenden Dichotomie zwischen der christlichen

[65] Frei nach Jaroslav Cuhra, Leiter des Instituts für Gegenwartsgeschichte der Prager Akademie der Wissenschaften, in: Jan Jiřička, Kněží velebili Husáka i Brežněva, církev se od nich distancuje opatrně [Priester huldigten Husák und Breschnew, die Kirche distanziert sich von ihnen nur vorsichtig]. Elektronische Ausgabe der Tageszeitung „iDnes“ vom 17. Dezember 2011: http://zpravy.idnes.cz/knezi-velebili-husaka-i-brezneva-cirkev-se-od-nich-distancuje-opatrne-1j9-/domaci.aspx?c=A111208_170248_domaci_jj (Zuletzt gesehen am 15. November 2014)

[66] Vgl. Václav Vaško, Dům na skále, díl 1.: Církev zkoušená 1945 – začátek 1950 [Teil 1.: Die versuchte Kirche 1945-Anfang 1950], Kostelní Vydří 2004, v. a. 155–159. Die Exkommunikationen betrafen die schismatische „Katholische Aktion“ (20. 6. 1949).

[67] Nach der Veröffentlichung der Deklaration *Quidam episcopi* vom 8. April 1982 lehnten die Mitglieder des *Pacem in terris* es ab, dass sich der Text auch auf sie beziehe. Die schriftliche Bestätigung von Kardinal Casaroli an Prager Kardinal Tomášek, dass die Organisation *Pacem in terris* zu dem Typus gehört, der durch *Quidam episcopi* verboten wird, bewirkte auch keine Einsicht. Vgl. Balík/Hanuš, Katolická církev v Československu 1945–1989, 137. Vgl. auch Ambros, 86.

[68] Die Rolle der Pacem-in-terris-Priester ist dennoch umstritten. Die ideologische Unterwanderung gelang dem Regime nur bedingt: „Von echten Kollaborateuren gab es nicht so viel. Passive Mitglieder waren eher Opfer als Teile eines verbrecherischen Systems, gegen das sie keinen Mut fanden, sich aufzulehnen.“ Dennoch genoss diese sogenannte Friedensorgani-

Anthropologie und Soziallehre und den gesteckten Zielen des kommunistischen Regimes werden die Friedenspriester als fünfte Kolonne oder als *die* kollaborierende Kirche in der Kirche bezeichnet.[69] Diese gefährliche Unterschätzung der anti-religiösen Aggressivität der Kommunisten ging mit einer flächendeckenden, in ihrer Folge teils verheerenden Duldung des Regimes in der offiziellen Strukturen der katholischen Kirche einher. Das Abschlussdokument der historischen Arbeitsgruppe der tschechischen katholischen Gesamtsynode aus dem Jahr 2005 benannte in verblüffender Schärfe den damaligen schleichenden Prozess der Verlagerung der Krise ins Innere der Kirche:

> „Während weniger Jahre nach dem kommunistischen Putsch gelang es dem Regime mit Hilfe von Verhaftungen, Internierungen und Einschüchterungen die sogenannte legale Kirche nach außen zu beherrschen, insbesondere ihre Diözesanleitung. Die Kirche war in ihrer offiziellen Gestalt meistens nicht der öffentliche Beschützer unabhängiger Einstellungen, oder Rückhalt für die vom Regime ostrakisierten [verfolgten; P.S.] und bat ihnen keine gezielte Unterstützung an, wie es zum Beispiel in Polen der Fall war. (...) Ein kleiner Teil des Klerus und der Gläubigen beteiligte sich entweder freiwillig oder der Not gehorchend an der Regimepropaganda, an den polizeilich-behördlichen Maßnahmen und an der Drosselung der Freiheit des Kirchenlebens, und das trotz des gegebenenfalls bekannten Verbotes der Hierarchie oder des Heiligen Stuhls. Diese Versagen waren nicht nur ein individuelles Problem, sondern ließen die Kirche für die Menschen, die außerhalb von ihr standen, als unglaubwürdig erscheinen und vernichteten ihre innere Solidarität."[70]

---

sation die Gunst der offiziellen kommunistischen Medien. In deren Händen befand sich auch das landesweit herausgegebene Katholische Wochenblatt, welche zum offiziellen Gesicht des tschechischen Katholizismus gekürt wurde. Die Anführer der *Pacem in terris*-Vereinigung verbargen ihre Regime-Ergebenheit nicht. Nach den Angaben der tschechischen Staatssicherheit aus dem Jahr 1989 wirkten in dieser Priesterorganisation an die hundert aktive Mitarbeiter der tschechischen Staatssicherheit. Vgl. ebd. Jiřička.

[69] Vgl. Balík/Hanuš, Katolická církev v Československu 1945–1989, 127. Vgl. Oto Mádr, Slovo o této době, 257.

[70] Putování církve českými dějinami [Die Pilgerfahrt der Kirche durch die tschechische Geschichte], Práce sněmovní komise č. 1 mezi 1. a 2. zasedáním Plenárního sněmu Katolické církve v ČR[Die Arbeit der parlamentarischen Kommission Nr. 1 zwischen 1. und 2. Sitzung der Plenarversammlung der Katholischen Kirche in der Tschechischen], Text odsouhlasený na jednání 1. komise 20. června 2005 [Der verabschiedete Textwortlaut bei der Sitzung der 1. Kommission am 20. Juni 2005], 1–53, 45. http://www.areopag.cz/content/putovani-cirkve-ceskymi-dejinami [Zuletzt gesehen am 4. November 2014]

Die Gläubigen, die der katholischen Weltkirche treu bleiben wollten, wurden gettoisiert. Das Leben und Denken in der Untergrundkirche bekam zu Recht das Attribut der einzigen wirklich „freie[n] katholische[n] Kirche", während zumindest die hochrangigen Funktionäre der Friedenspriester als „Abspalter, die dem Regime und sich selbst dienen, in Wirklichkeit aber von der katholischen Kirche distanziert".[71] Somit gab es nicht mehr nur den Riss zwischen der kommunistischen antikirchlichen Politik und der katholischen Kirche, sondern auch in der Kirche selbst: zwischen dem regimeloyalen Klerus und der romtreuen katholischen tschechischen Ortskirche. Verstärkt wurde diese innere Spaltung der Kirche durch die kirchenpolitisch und theologisch (!) umstrittene Entscheidung des Vatikans, aus diesen regimehörigen Klerikern Kandidaten für die Bischofsweihe auszuwählen. Nicht die regimekritischen Christen, ob Bischöfe, Priester oder Gläubige, von denen viele in Haft waren, dienten der römischen Diplomatie als Ansprechpartner. Als Repräsentant der tschechischen katholischen Kirche galt zunehmend der Prototyp des hochrangigen kommunistischen Würdenträgers, der zugleich kirchlicher Amtsträger in einer Person war. Unter besonderer Berücksichtigung der Kandidaten aus diesen Reihen beanspruchte das staatliche Religionsbüro das letzte Wort über die neu zu besetzenden Bischofsstühle in der Tschechoslowakei. Diese offensichtliche Asymmetrie in der Kommunikation verstärkte wiederum das Misstrauen von Teilen der Untergrundkirche der Vatikanischen Kurie gegenüber, vor allem als Anfang der siebziger Jahre regimeloyale Bischöfe ernannt wurden.

Auch dieses Instrument zur Beherrschung der katholischen Kirche prägte indirekt die Theologie der Untergrundkirche. Viele der kleinen Gruppen im Verborgenen sind ursprünglich deswegen erstanden, um mit größtem Nachdruck die Priesteramtskandidaten auszubilden, die der Lehre der katholischen Kirche treu bleiben wollten. Aber dieser Vorsatz war zunehmend schwerer umzusetzen: Es gab immer weniger Priesteramtskandidaten, die eine Erfahrung mit dem in Freiheit gelebten Glauben hatten. Zudem musste sich die im politischen Untergrund gelebte Pastoral zwangsläufig von der öffentlichen Pastoral unterscheiden, weil sie in anderen Rahmenbedingungen stattfand. Das Übertragen der alten bewährten theologischen und pastoralen Muster gestaltete sich schwierig. Und die Einbindung des ganzen Gottesvolkes als unumgänglich.[72]

[71] Tonaufnahme des Interviews mit Oto Mádr am 3. März 2007 in Prag. Privatarchiv von Petra Preunkert-Skálová. [Übersetzung Petra Preunkert-Skálová].

[72] Mehr dazu Kap. 3.4 und 3.5 und 4.3 dieser Arbeit.

2.2.2.3 Auswirkungen auf das Kirchenleben: Individualisierung und Atomisierung der Glaubenspraxis

In den diplomatischen Beziehungen zwischen dem Vatikan und der Tschechoslowakei gab es für die vatikanische Seite nur einen kleinen Verhandlungsraum. Im Mittelpunkt der Verhandlungen, deren Beginn die Tschechoslowakei bis ins Jahr 1963 hinauszögerte, standen nahezu durchgehend bis 1989 die Bemühungen der römischen Kurie, die vakanten Bischofsämter in der Tschechoslowakei zu besetzen.[73] Die kommunistische Partei verfügte über eigene Kandidaten aus den Reihen der Friedenspriester. Das Ziel war es, diese der kommunistischen Ideologie treuen Neubischöfe als legitime Verwalter der vakanten Bischofsstühle einzusetzen.[74]

Die sogenannte Ostpolitik des Vatikans in der Zeit der Normalisierung gipfelte Anfang der siebziger Jahre in mehreren diplomatischen Kompromissen. Die Schlüsselrolle in den vatikanischen Verhandlungen mit den Ländern des sozialistischen Ostens nahm der vatikanische Unterstaatssekretär und spätere Kardinal Agostino Casaroli ein. Die Kirche forderte für sich außer der päpstlichen Ernennung der neuen Bischöfe zusätzlich noch freie Ausbildung von Priestern, die Neubearbeitung der Kirchengesetze, Freiheit für die Ordensgemeinschaften, für die kirchliche Presse und natürlich auch die Freilassung der inhaftierten Kleriker. Nur wenige dieser Ziele konnten erreicht werden. Casarolis umstrittenen kirchenpolitischen Kompromisse beruhten auf seiner Überzeugung, keine Auseinandersetzungen mit den kommunistischen Ländern zu riskieren:

> „Casaroli begründete seine Politik der kleinen Schritte theoretisch mit der Begründung, dass das unmittelbare Ziel der Kirche einfach leben (esse) sei; es darf gehofft werden darauf, dass sie später gut leben wird (bene esse) und

[73] Vgl. Karel Kaplan, Těžká cesta, Spor Československa s Vatikánem 1963–1973 [Schwerer Weg. Der Streit der Tschechoslowakei mit dem Vatikan 1963–1973], Brno 2001. Die Monographie widmet sich vornehmlich den tschechoslowakisch-vatikanischen politischen Kontroversen im Zuge der Ernennung der neuen katholischen Bischöfe.

[74] Die Existenz der Untergrundkirche mit den geheimen Bischöfen gehörte in den sechziger Jahren zu einem weiteren Verhandlungspunkt. Nachdem 1965 Josef Beran zum Kardinal ernannt wurde, bekam er die Erlaubnis zur Ausreise nach Rom – ohne die Möglichkeit der Rückkehr; auch dies war einer der umstrittenen Erfolge der Ostpolitik. Die Verhandlungen stagnierten anschließend wegen Berans Plädoyer für die Religionsfreiheit, das er am 20. September 1965 während des II. Vatikanischen Konzils in der Diskussion zur Vorbereitung der Erklärung über die Religionsfreiheit *Dignitatis humanae* vortrug.

dass sie in der Zukunft sogar voll leben kann (plene esse). Mit dem Krieg kann alles verloren werden sein."[75]

Die Ortskirche in der Tschechoslowakei sollte sich diesem Konzept zufolge nicht gegen das Regime auflehnen, sondern sich kompromissbereit zeigen. Mit dieser Leitidee setzte sich die katholische Kirche im Untergrund heftig auseinander. Wie kompromissbereit kann ein Christ einem totalitären Regime gegenüber und wo fängt der Verrat an der Kirche, am Glauben? Das war die Schlüsselfrage, auf die es auch in der Kirche im Untergrund unterschiedliche Antworten gab.[76] In den unter Casarolis „Friedensprämisse" geführten Verhandlungen wurde Anfang der siebziger Jahre eine Neubesetzung der vakanten Bischofsstühle erreicht, die als höchst umstritten gilt. Zwei von fünf neu ernannten Bischöfen waren hochrangige Mitglieder des kommunistischen reaktionären Priesterverbandes *Pacem in terris*.[77] An diesem Kompromiss wurde deutlich, dass die römischen Diplomaten bemüht waren, die offiziellen Amtsstrukturen der katholischen Kirche in der Tschechoslowakei auf jeden Fall aufrecht zu erhalten, notfalls auch durch schmerzhafte Zugeständnisse an die kommunistische Regierung.

Die tschechischen Historiker berichten übereinstimmend, dass die Verhandlungen Casarolis wegen ihrer Geheimhaltung und ihrer höchst umstrittenen Ergebnisse von einem großen Teil der tschechischen Katho-

---

[75] Vojtěch Novotný, Teologie ve stínu. Prolegomena k dějinám české katolické teologie druhé poloviny 20. století [Theologie im Schatten. Die Prolegomena zu der Geschichte der tschechischen katholischen Theologie der zweiten Hälfte des 20. Jahrhunderts], Praha 2007, 187. Vgl. Jonathan Luxmoore, Jolanta Babiuchová, Vatikán a rudý prapor. Zápas o duši východní Evropy. Studie o vztahu římskokatolické církve a komunistických států [Vatikan und rote Fahne. Der Kampf um die Seele von Osteuropa. Studie zur Beziehung der römisch-katholischen Kirche mit den kommunistischen Staaten], Praha 2003, 225.

[76] Oto Mádr, eine der zentralen Figuren des tschechischen Katholizismus im 20. Jahrhundert, sah die hohen Pacem-in-terris-Funktionsträger als Abspalter. Dagegen galten für ihn die gewöhnlichen Mitglieder oft nur als Mitläufer: Es sei nicht schlecht, „dem Druck etwas nachzugeben und zu der Mitgliederversammlung [des Pacem-in-terris-Vereins] zu gehen, um zu erfahren, was und wie man es haben möchte [= was die kommunistischen Aufsichtsorgane fordern; P.P.-S.], damit man es dann bekämpfen konnte." Eine direkte Zusammenarbeit der Geheimpolizei lehnte Oto Mádr aber scharf ab. Vgl. die Tonaufnahme des Interviews mit Oto Mádr am 3. März 2007 in Prag (Privatarchiv der Autorin).

[77] Drei weitere übten bis dahin die Funktion des sog. Kapitelvikars. Der Kapitelvikar war in der Regel ein Priester, der nach der Internierung des Diözesanbischofs mit dem Einverständnis der politischen Aufsichtsorgane mit der Verwaltung dieses verwaisten Amtes betraut wurde. Die faktische Macht übte der kommunistische Staat in Person dieses Bevollmächtigen aus. Vgl. Balík/Hanuš, Katolická církev v Československu 1945–1989 [Katholische Kirche in der Tschechoslowakei 1945–1989], 83.

liken mit großem Misstrauen aufgenommen wurden.[78] Die auf dem ideologischen Kompromiss mit der kommunistischen Regierung beruhende offizielle Gestalt der Kirche wirkte sich auf die Gläubigen irritierend aus. Andererseits wurde die Meinung, jegliche Zusammenarbeit und Verhandlungen mit den Kommunisten sei zu verurteilen, nicht mehr eindeutig von allen Gläubigen geteilt. Der Stachel der antikommunistischen Enzyklika *Divini redemptoris*[79] von 1937, die in der Aufforderung gipfelte, sich „auf keinem Gebiet mit ihm [dem Kommunismus; P.S.] auf Zusammenarbeit einzulassen", wurde in der Glaubenspraxis der Tschechoslowakei abgestumpft. Es geschah vor allem wegen der existentiellen Angst vor Steigerung der antikatholischen Gewalt und wegen der für die Frömmigkeit der Gläubigen typischen Überzeugung, auf einen friedfertigen Umgang mit dem Kommunismus zu setzen. Diese Art von christlicher Demütigkeitsspiritualität begünstigte proregime Züge in der Haltung der katholischen Gläubigen und ist teilweise auch in den Haltungen ihrer Vertreter gegenüber der kommunistischen Regierung belegt. In dieser Grauzone der Regimeduldung, in der sich viele Gemeindepriester und neu geweihte Bischöfe befanden, wirkte sich außer der bereits beschriebenen inneren Polarisierung

---

[78] Vgl. Novotný, Teologie ve stínu [Theologie im Schatten], 188: „Casaroli wurde von den tschechischen Gläubigen mit Misstrauen wahrgenommen – über seine Verhandlungen wusste man fast nichts und ihre sichtbaren Früchte waren ziemlich widersprüchlich" [Übersetzung: P.P.-S.]. Vgl. Liška, Jede Zeit ist Gottes Zeit, 48.
Das autobiographische Buch Casarolis: Il martirio della pazienza. La Santa Sede e i paesi comunisti (1963–1989), Torino 2000. Von den tschechischen Zeitzeugen wurde es teilweise harsch kritisiert. Der ehemalige tschechische Diplomat und heute Leiter des Diözesanen theologischen Instituts in Königgrätz František Xaver Halas äußerte sich über die Rechtfertigung der vatikanischen Nicht-Tätigkeit in dem Erinnerungsbuch Casarolis: „man kann sich nicht des Eindruckes entledigen, dass der vatikanische Diplomat [Casaroli] in seinen Erklärungen des Verhältnisses des Heiligen Stuhls zu den Ereignissen in der Tschechoslowakei im Jahr 1968 die Realität so ziemlich seinen Wünschen anpasst." Zitiert in: Balík/Hanuš, Katolická církev v Československu 1945–1989 [Katholische Kirche in der Tschechoslowakei 1945–1989], 64.
Äußerst kritisch urteilt der ehemalige Diplomat auch über das partnerschaftliche Verhältnis zu den kollaborierenden Mitgliedern im tschechischen Klerus. Für uns ist in diesem Kontext seine Bemerkung interessant: „Keinesfalls darf sie [die vatikanische Kurie; P.P.-S.] mit der Institution des Heiligen Stuhls identifiziert werden, sie ist lediglich sein Instrument." In: Balík/Hanuš, Katolická církev v Československu 1945–1989 [Katholische Kirche in der Tschechoslowakei 1945–1989], Anmerkung 27 auf S. 70. Die vermutete Dissonanz zwischen der Person des Papstes und dem Handeln der Kurie schien in den tschechischen Ländern auch 11 Jahre nach der politischen Wende (2000) geläufig. Vgl. dazu die Skepsis der Untergrundkirche gegenüber der Kurie, und die Hoffnungen, die sie auf die Person des Papstes setzte!

[79] Rundschreiben unseres Heiligen Vaters Pius XI. durch Gottes Vorsehung Papst ‚Über den atheistischen Kommunismus' [Divini redemptoris], Berlin 1937.

auch eine Spannung zwischen den offiziellen Strukturen der Kirche und der Kirche im Verborgenen aus.[80]

Wie deuteten die regimekritischen Christen die Lage der katholischen Kirche für sich? Das Maß der Kompromissbereitschaft der kommunistischen Ideologie gegenüber variierte sowohl unter den Gläubigen als auch unter den ordinierten Amtsträgern beträchtlich. Diejenigen, die sich in der politischen Illegalität engagierten, gehörten zu den stärksten Gegnern einer möglichen Zusammenarbeit oder eines „sich Arrangierens“ mit der kommunistischen Idee. Die römische Ostpolitik wirkte auf sie verstörend. In dieser Irritation wurzelt vermutlich die Unterscheidung, die große Teile der Untergrundkirche machten: Sie unterschieden zwischen der Meinung und den Handlungen der vatikanischen Kurie und der (vermeintlichen) Meinung und Handlung des Papstes.[81]

In heutiger Retrospektive lässt sich allerdings auch feststellen, dass das Maß der Ablehnung der offiziellen Kirchenpolitik auch im katholischen Untergrund unterschiedlich war. Ebenso unterschiedlich waren auch die ekklesiologischen Gegenentwürfe, die im Verborgenen entstanden sind. Felix M. Davídek lehnte jeglichen Kompromiss mit der kommunistischen Partei ab. Demzufolge stand er für das Modell einer kleinen Gemeinschaft der Gläubigen ein, die der Botschaft des Evangeliums restlos treu bleiben und deswegen für sich freiwillig das Leben in Verfolgung wählen. Davídek interpretierte die Lage der tschechischen Kirche als äußerst kritisch. Die Gemeinden im Untergrund müssen gestützt werden, dort müsse eine kirchliche Ersatz-Hierarchiestruktur aufgebaut werden, die auch die Aufgaben der absterbenden offiziellen Kirche(-npastoral) übernehmen wird. Bemerkenswerterweise sah z. B. auch Oto Mádr, einer der größten theologischen Gelehrten im Untergrund, die Kirche buchstäblich „im Sterben“.[82] Auch er lehnte die kommunistische Ideologie rigoros ab. Im Unterschied zu Davídek war aber Mádr überzeugt, der Kirche besser damit zu helfen, dass er

[80] Das Gründungsprinzip der Untergrundkirche widersprach jeglicher Möglichkeit der Zusammenarbeit mit dem atheistischen Regime. Die Mitglieder der Untergrundkirche kritisierten die mangelnde Protestkultur der offiziellen Kirchenvertreter und der Akteure der vatikanischen Ostpolitik. Sie vertraten die Meinung, dass der Verlauf der tschechoslowakisch-vatikanischen Diplomatie zur Stabilisierung des Regimes beiträgt, anstatt sich zu bemühen, es ins Schwanken zu bringen. Diese Überzeugung, die nicht nur im Untergrund vertreten wurde, setzte sich mit den Schritten der offiziellen Struktur der Kirche sehr kritisch auseinander.

[81] Dieser Argumentation folgte in seiner Theologie Felix M. Davídek, indem er Casarolis Ostpolitik als unangemessen verurteilte. Davídek war überzeugt, dass der Papst anderer Meinung ist und die Untergrundchristen in der Tschechoslowakei stärken möchte. Mehr dazu in Kap. 2.3.1 und 3.1.3.

[82] Vgl. Mádr, Modus moriendi der Kirche. Zur Theologie der sterbenden Kirche, in: Mádr, Wie Kirche nicht stirbt, 30–38.

ihre offizielle Pastoral und ihre offiziellen Vertreter aus dem Untergrund vor dem Sterben schützt.[83]

Als sich 1968 das Programm der Demokratisierung und Liberalisierung der kommunistischen Tschechoslowakei durchzusetzen schien – der „Prager Frühling“[84] – waren auch die Reaktionen der einzelnen Gruppen im Untergrund wieder unterschiedlich. Felix M. Davídek vertraute der Hoffnung auf ein baldiges Ende der kommunistischen Unterdrückung nicht und setzte den organisatorischen Aufbau einer Kirche im Untergrund fort. Er weihte weitere Priester und Bischöfe. Der Einmarsch der Truppen des Warschauer Paktes scheinen seiner Einschätzung recht zu geben. Oto Mádr dagegen kehrte als akademischer Lehrer an die Katholisch-theologische Fakultät zurück. Er musste sie nach dem Einbruch der Soldaten des Warschauer Paktes und der Wiederkehr der kommunistischen Dominanz nach nur einem Jahr wieder verlassen.

Es ist schwierig bis unmöglich aus heutiger Sicht zu beurteilen, welche der Einschätzungen adäquater war und welche der Kirchenentwürfe überzeugender. Viel zutreffender scheint die Frage: War Davídeks und Mádrs Wahrnehmung der Lage der Kirche zutreffend? Waren die theologischen Konsequenzen, die sie daraus zogen, folgerichtig? Beide Fragen lassen sich möglicherweise bejahen. Für beide Verstehensmöglichkeiten der Kirche im Untergrund – Davídeks Untergrundkirche als Alternative zu einer aussterbenden offiziellen Kirche und Mádrs Untergrundkirche als einem kirchlichen Milieu zum Stärken und Wiederaufbau der offiziellen Pastoral- und Weihestrukturen – können genügend Anhaltspunkte gefunden werden. Gemeinsam war ihnen die Motivation, der oben beschriebenen rasanten Erosion des katholischen Lebens entgegenzuwirken. Die Strategien und konkreten Ziele unterschieden sich aber wesentlich. Die Vielfalt von Konzepten des Lebens im katholischen Dissent muss als legitim gelten.

---

[83] Vgl. Kap. 4.3 dieser Arbeit.

[84] Der Prager Frühling 1968 – die tschechische Bemühung, den Sozialismus mit „menschlichem Antlitz“ zu schaffen – brachte überraschenderweise kaum Erfolge für die laufenden Verhandlungen mit dem Vatikan. Sie wurden in der Zeit wegen der Unsicherheit der Rechtslage sogar unterbrochen. Für die Kirche brachte diese Zeit dennoch einige Auflockerungen: die Ortsbischöfe durften ihr Amt wieder aufnehmen, die Frauenorden ihre Noviziate öffnen, es entstand „Das Werk der Konzilserneuerung“. Diese Zeit dauerte aber nicht lange und wurde am Anfang durch ambivalente Akte der offiziellen Vertreter der Kirche überschattet.
Vgl. Pavel Švanda, Šedesátá léta jako mýtus o osvobození [Sechziger Jahre als Mythos über die Befreiung], in: Petr Fiala, Jiří Hanuš (Hg.), Koncil a česká společnost [Das Konzil und die tschechische Gesellschaft], Brno 2000, 17–27.
Nach der gewaltsamen Niederschlagung dieses Liberalisierungsprogrammes durch den Einmarsch der Truppen des Warschauer Paktes am 21. August 1968 wurde die Zeit der sogenannten politischen Normalisierung eingeläutet, in der die kommunistische Partei nach dem Erschlagen der Prager Reformbewegung 1968 ihre Macht wieder stärken konnte.

2.3 Die Entstehung und die Wiedereingliederung der Untergrundkirche

Die massiven Einwirkungen der kommunistischen Partei auf das Leben der katholischen Gläubigen haben unter ihnen die Atmosphäre von Angst und Verunsicherung gefördert. Die öffentliche organisatorische Struktur der Kirche bröckelte. Die umstrittenen Früchte der vatikanischen Ostpolitik ließen Zweifel an der Handlungskraft der Repräsentanten der Weltkirche aufkommen und weckten teilweise Misstrauen. Das Hineinwachsen in die katholische Kirche wurde zwar durch die Taufe initiiert, aber durch den ausbleibenden schulischen Religionsunterricht, meistens auch fehlende Gemeindekatechese ausgebremst und ins innere der christlichen Familien verlagert. Zwei junge Generationen von Katholikinnen und Katholiken wuchsen auf, die nur eine eingeschränkte katholische Sozialisierung in Familie und Gemeinde erlebten. Sie kannten nur das Leben in einem permanenten Ausnahmezustand der Kirche. Das Leben der tschechischen katholischen Kirche geriet aus der Bahn der gefestigten Autorität der theologischen Kirchenlehrer und der zuverlässigen Amtsstruktur des bischöflichen Lehramtes, die von breiter volkskirchlicher Pfarrgemeinde-Basis getragen wurde. Die staatlichen Verfolgungsmaßnahmen zerstörten große Teile von beidem.

Das Entstehen der Untergrundkirche war eine faktische Reaktion auf die Kirchenverfolgung. Sie hatte aber auch eine kirchenrechtliche Wurzel. Organisatorisch ist der Aufbau der Kirche im Verborgenen durch einen Katalog von Dispensen aus dem Kodex des kanonischen Rechts entstanden, das der römisch-katholischen Kirche in der Tschechoslowakei nachweislich verliehen wurde.

2.3.1 Die besondere kirchenrechtliche Grundlage: „Mexikanische Fakultäten"

Als legitime Organisationsform der Kirche ist die Untergrundkirche durch kirchenrechtliche Dispensen entstanden, die der unterdrückten katholischen Kirche in der Tschechoslowakei von Papst Pius XII. gewährt wurden. Es handelte sich um Ausnahmen und Milderungen des geltenden CIC aus dem Jahr 1917. Diese Dispensen bzw. Bevollmächtigungen wurden unter der volkstümlichen Bezeichnung „mexikanische Fakultäten" bekannt.[85] Die

[85] Das katholische Episkopat in Mexiko war das erste, das vom Heiligen Stuhl einen ähnlichen

Hinweise dazu, wer wann diese Vollmächte erhielt, gehen auseinander.[86] Vermutlich erhielt sie Bischof Štěpán Trochta, der zusammen mit anderen Bischöfen 1948 zu einem Ad-limina-Besuch nach Rom kam.[87] Unbestritten ist es, dass diese Dispensen die Kontinuität des Kirchenlebens in der Tschechoslowakei für den Fall der Verhinderung der Kommunikation mit dem Heiligen Stuhl ermöglichen sollten. Nicht unbestritten sind dagegen die konkreten Inhalte der Fakultäten. Geläufig werden sie als Zugeständnisse der Weltkirche für die in Not geratene Ortskirche verstanden, die es erlaubten, im Notstand einige organisatorische, liturgische und Disziplin-Befugnisse des Papstes auf die Bischöfe zu übertragen oder durch sie mit dieser Entscheidungskraft ausgewählte Priester zu bevollmächtigen:

> „Die Fakultäten ermöglichten zum Beispiel ... eine alternative geheime Hierarchie zu errichten, die heilige Messe in den Familien [d. h. außerhalb des sakralen Raumes, wie damals üblich war; P.S.] zu feiern, in den Gefängniszellen, in den Uranschächten... Sie ermöglichten ein geheimes Theologiestudium und geheime Priesterweihen usw."[88]

Unter Berufung auf die Anwendung dieser besonderen Vollmachten werden auch die ersten geheimen Bischofsweihen in den fünfziger Jahren erklärt. Dank dieser kirchenrechtlichen Ausnahmen hätte das Fortbestehen eines kirchentreuen Episkopates gewährleistet werden sollen, der nicht vom Regime eingesetzt und manipulierbar wäre. Die erste alternative Hierarchie, die in direkter Absprache mit dem Papst durch nichtöffentliche Ernennungsdekrete ins Amt erhoben wurde, wurde aber von der Staatssicherheit[89] schnell aufgedeckt und damit unfruchtbar gemacht.[90] Erklärungsbedürftig

---

Katalog von Maßnahmen zur Machtausübung erhielt. Die Kirche in Mexiko wurde nach der Machtergreifung nur Revolutionäre 1914 in einer ähnlichen Weise brutal verfolgt.

[86] Auf Bischof Trochta verweisen in ihren Publikationen das Forscherteam Hanuš und Fiala bzw. Hanuš und Balík. Auch Václav Vaško geht von dieser Annahme aus. Eine andere ebenfalls plausible Annahme geht davon aus, dass die Fakultäten unter der Leitung des oben erwähnten *chargé d'affaires* Gennaro Verolino in die Dekanate verteilt wurden.

[87] Vgl. Jiří Plachý, Biskup Trochta v hodině velké zkoušky [Bischof Trochta in der Stunde der großen Probe], in: Securitas Imperii 11 (2005) 129–134, 129. Elektronisch: http://www.cdct.cz/old/files/sbsec11.pdf (Zuletzt gesehen am 4. November 2014)

[88] Václav Vaško, Dům na skále. Církev zkoušená 1, 1945-začátek 1950 [Das Haus auf dem Fels. Die auf Probe gestellte Kirche 1, 1945-Anfang 1950], Kostelní Vydří 2004, 94.

[89] Die tschechische Staatssicherheit (tschechisch: Státní bezpečnost, abgekürzt: StB) war die Geheimpolizei und ein Geheimdienst der Tschechoslowakei von 1945 bis 1989.

[90] „Allerdings scheint es, dass die Geheimpolizei von ihren Mitgliedern [der verborgenen kirchlichen Hierarchie, P.P.-S.] sehr gut Bescheid wusste und dass es ihr bis auf Ausnahmen gelungen ist, alle ihre Mitglieder gefangen zu nehmen oder anders zu eliminieren." Balík, Hanuš, Katolická církev v Československu 1945–1989, 68.

ist zudem, ob diese erste Generation der Bischöfe im Untergrund für ihre Weihe zusätzlich die mexikanischen Fakultäten überhaupt benötigte, wenn sie es zu ihrer Weihe ein zwar geheimes, aber schriftliches päpstliches Ernennungsdekret gab.[91] Der Großteil dieser neu geweihten Bischöfe wurde aber schnell enttarnt und verhaftet, so dass die Leitungskontinuität in den hirtenlosen Diözesen nicht gewährleistet werden konnte.

Die Frage nach dem genauen Wortlaut der mexikanischen Fakultäten wurde bisher noch nicht zureichend geklärt. Bei der „Abschrift der besonderen geheimen Fakultäten – Weisungen aus dem Vatikan", die die tschechische Staatssicherheit während der Hausuntersuchung bei einem der engen Mitarbeiter von Bischof Trochta fand, kann es sich um die sog. „mexikanischen Fakultäten" gehandelt haben.[92] In diesem siebenseitigen auf Latein verfassten Text werden gar keine Erlaubnisse zu (Bischofs-)Weihen im Untergrund erwähnt![93] Die bisherige historische Forschung ging aber

[91] Diese Weihefolge blieb für kurze Zeit unentdeckt und konnte ihre Arbeit im Verborgenen entfalten. Mit dieser Legitimierung wurde zum Beispiel der spätere František Kardinal Tomášek bereits 1949 durch den Olmützer Bischof Josef Karel Matocha geheim zum Weihbischof geweiht. Gleichzeitig ernannte ihn Papst Pius XII. zum Titularbischof von Butus. Tomášek konnte aber nach langwierigen Verhandlungen mit dem kommunistischen Regime faktisch erst 1977 offiziell zum Erzbischof von Prag ernannt werden, nachdem im selben Jahr die öffentliche Bekanntgabe seiner Kardinalsernennung verfolgte. Auch Karel Otčenášek (Bistum Königgrätz) wurde auf diese Weise im Untergrund geweiht. Vgl. Vaško, Dům na skále 1, 93–95.

[92] Vgl. Václav Vaško, Arcibiskup Beran – symbol odporu proti komunismu [Erzbischof Beran – Das Symbol des Widerstandes gegen das Kommunismus], in: Securitas Imperii 11 (2005) 91–128. Weitere Forschung auf diesem Gebiet wird in dem kirchenrechtlichen Promotionsvorhaben von Eva Vybíralová verfolgt. Vgl. Eva Vybíralová, Untergrundkirche und geheime Weihen. Eine kirchenrechtliche Untersuchung der Situation in der Tschechoslowakei 1948–1989. Exposé zum Promotionsvorhaben an der Katholisch-Theologischen Fakultät der Universität Erfurt
http://www.uni-erfurt.de/theologisches-forschungskolleg/kolleg/eva-vybiralova/ (Zuletzt gesehen am 31. Oktober 2014)
Eine Version der besonderen kirchlichen Befugnisse wurde bei der Hausdurchsuchung in der Wohnung des Pfarrers Th.Dr. František Vlček in Beschlag genommen und vor wenigen Monaten im Archiv der Geheimpolizei wiederentdeckt: Archiv bezpečnostních složek, Vlček František, dokument č. 2. Opis zvláštních tajných fakult – směrnic z Vatikánu k provádění protistátní činnosti [Archiv des Sicherheitsdienstes, Vlcek Frantisek, Dokument Nr. 2. Abschrieb der besonderen geheimen Fakultäten – Anweisungen aus dem Vatikan zur Durchführung staatsfeindlicher Aktivitäten]. Das Dokument wurde in der Wohnung von František Vlček im Jahr 1953 beschlagnahmt. Zu finden im Archiv des Instituts fürs Studium der totalitären Regime: http://www.abscr.cz/ (Zuletzt gesehen am 28. November 2014)
Die besonderen Befugnisse in diesem Text beschränken sich auf das Erlassen der Pflicht regelmäßig das Stundengebet zu beten u. ä. Der Text beinhaltet keine (!) besonderen weiheamtlichen Befugnisse! Dies bestätigt die Annahme, dass es mehrere schriftliche bzw. mündliche Versionen der Fakultäten gab.

[93] Der Wortlaut dürfte möglicherweise dem lateinischen Text der Befugnisse ähneln, welche für die römisch-katholische Kirche in Rumänien erlassen wurden. Diese wurden hier abgedruckt:

davon aus, dass Trochta die Bevollmächtigungen lediglich mündlich und vielleicht sogar sehr allgemein formuliert von Papst Pius XII. erhielt, dagegen aber inbegriffen der Erlaubnis zu geheimen Bischofs- und Priesterweihen im Ermessen der tschechischen katholischen Ortskirche. Der aktuelle Forschungsstand geht von der Annahme aus, dass es sich nicht ausschließen lässt,

> „dass der genaue Wortlaut dieser [CIC-]Milderungen sehr oft in freier Interpretationskraft der jeweiligen Bischöfe oder Ordensoberen lag. Das allerdings belegt eher noch die Flexibilität, mit der die Kirche in den Zeiten der Verfolgung im Stande ist zu reagieren."[94]

Die Komplexität der Umstände ist allerdings nicht nur durch die Tatsache gegeben, dass es vermutlich eine (oder gar mehrere?) mündliche und eine schriftliche Versionen der Fakultäten gab. Sie stimmten vermutlich nicht überein. Unklar bleibt auch, warum sich ein Teil der zweiten Generation der Bischöfe für den Untergrund, der auch Felix M. Davídek angehört, nicht auf den Papst Pius XII., sondern auf seinen Nachfolger Papst Paul VI. beruft.[95] Diese Dispensen gehen nicht auf Bischof Trochta, sondern auf den Jesuitenorden in der Slowakei zurück. Dort entwickelte sich in den fünfziger und sechziger Jahren des 20. Jh. eine eigene, freilich auch geheime Weihelinie, die bis in die tschechische Untergrundkirche hineinführt. Sie wurde im Jahr 1992 durch den Beschluss der römischen Kongregation für Glaubenslehre *Normae* als gültig anerkannt.[96] Der Inhalt dieser besonderen Bevollmächtigungen bzw. seine Deutung blieben allerdings auch nach 1989 umstritten.[97]

Diese über die geheim geweihten Bischöfe im Jesuitenorden mündlich überlieferten Bevollmächtigungen gingen vermutlich über Trochtas Fassung

---

Birtz, Kierein, Voices from ecclesia militans in Czechoslowakia. Letters and Autographs, Klausenburg 2011, 64–70 [Anlage A10].

[94] Jiří Hanuš, Skrytá církev po dvaceti letech [Die Verborgene Kirche nach zwanzig Jahren], in: Kontexty 3 (2010) 26.

[95] Es ist nicht bekannt, ob Papst Paul VI. tatsächlich eine weitere Fassung der sog. mexikanischen Fakultäten erließ, oder lediglich mündliche Weisungen zugunsten der tschechischen Ortskirche erteilte, welche von den slowakischen Jesuiten – vermutlich Bischof Hnilica, der bekanntlich Paul VI. nahe stand – als eine (Neu-)Fassung der mexikanischen Fakultäten interpretiert wurde.

[96] Vgl. Kap. 2.4.

[97] Die slowakischen Untergrundbischöfe, Mitglieder des Jesuitenordens Pavol Hnilica und Peter Dubovský besuchten bereits Anfang der siebziger Jahre Bischof Davídek und baten ihn, keine (Bischofs-?)Weihen mehr zu vollziehen, da seine Deutung der von ihnen überlieferten Fakultäten mit ihrer eigenen Interpretation/Intention nicht übereinstimme. Davídek beachtete sie aber nicht.

der mexikanischen Fakultäten hinaus.[98] Für Davídeks Ekklesiopraxis war aber gerade diese (zusätzliche) Erlaubnis – nach eigenem Urteil weitere Bischöfe für den Untergrund zu weihen – ausschlaggebend. Davídek berief sich bei dem Aufbau der Kirche im Untergrund ausdrücklich auf sie.[99] Ohne diese Bevollmächtigung hätte Davídeks Gemeindenetz im Untergrund nicht entstehen können, weil Davídeks stark auf den Sakramenten basierte Pastoral nur durch genügend Priester- und Bischofsweihen zu bewerkstelligen war. Die päpstlichen Fakultäten ermöglichten es also erst, dass Felix M. Davídek seine Ekklesiologie verwirklichen konnte. Sie untermauerten seine Ekklesiologie und Pastoralpraxis.

Die Untergrundbewegung wurde durch die Weihetätigkeit im Untergrund sehr vielschichtig und wegen der kirchenpolitischen Isolation und der Notwendigkeit der Geheimhaltung sowohl für die tschechischen Aufsichtsorgane als auch für die römische Kurie (!) kaum zu durchschauen. Die Kurie befürchtete zunehmend das Risiko eines theologischen und kirchenamtlichen Entgleisens, zudem die im tschechischen Untergrund agierende Parallelstruktur der Kirche auch über eine zunehmende Zahl von geheim geweihten Bischöfen verfügte. Einige dieser Bischöfe – vor allem Bischof Felix M. Davídek und die von ihm geweihten Bischöfe – bauten eine erkennbare, hierarchische Leitungsstruktur im Untergrund auf. Vielen im Untergrund war zunächst unklar, von wem die Untergrundbischöfe wie Davídek ihre Bischofsweihe erhielten und ob sie gültig ist. Die römischen Diplomaten des Heiligen Stuhls, die in den sechziger und siebziger Jahren mit den Vertretern aus der kommunistischen Tschechoslowakei verhandelten, zeigten sich bezüglich der katholischen Amtsstruktur im Untergrund sehr zurückhaltend:

> „Der Heilige Stuhl (und also auch seine verhandelnden Delegationen) wusste sich mit dem Wirken der geheimen Bischöfe, über dessen Tätigkeit er keinen guten Überblick hatte, nicht gut zu helfen. Obgleich er versuchte, ihnen das Wirken, das sie von den mexikanischen Fakultäten aus der ersten Hälfte des Jahrhunderts ableiteten, zu verbieten, besonders erfolgreich war er damit nicht. Vor der tschechoslowakischen Delegation argumentierte er allerdings bis zum Ende der achtziger Jahre immer gleich: Lassen sie uns rechtmäßig die

[98] Möglicherweise wurden sie mündlich überliefert und sehr allgemein aufgefasst (etwa: alles Notwendige zu unternehmen zum Überleben der in Not geratenen Kirche), so dass sie eine viel weitere Interpretation zuließen.

[99] Jan Blaha, der Davídek zum Bischof weihte und ihm diese besonderen kirchenrechtlichen Befugnisse übermittelte, nannte sie selbst „ein geheimes päpstliches Mandat [vom Papst Paul VI.], das ihm (…) nur mündlich gegeben worden war und von dessen Existenz niemand außer ihm selbst wusste“ Vgl. Fiala/Hanuš, Die Verborgene Kirche, 79.

> Rezidenzbischöfe ernennen [die vakanten offiziellen Bischofsstühle neu besetzen, P.S.] , die sich im Rahmen ihrer Vollmacht mit den Geheimbischöfen Rat wissen werden.“[100]

De facto setzte Casarolis Ostpolitik auf die (mindestens ebenso problematische) Alternative in Gestalt von Bischofsernennungen in Übereinkunft mit der kommunistischen Regierung.

Das kritische Augenmerk der Kurie galt nicht den tschechischen Priestern im Untergrund, deren Weihe zwar geheim, aber von den offiziellen Bischöfen der katholischen Kirche in der DDR (Koch, Aufderbeck, Schaffran und Meisner) oder Polen erteilt worden war. Das Problem stellten fast ausschließlich die Priester und Bischöfe (!) in der Tschechoslowakei dar, die eigens im tschechischen Untergrund geweiht wurden. Der tschechischen Untergrundkirche selbst entsprang eine beachtliche Zahl an Priestern und Bischöfen, von denen die römische Kurie vermutlich zunächst nicht wusste, welcher Weihelinie sie zuzuordnen sind. Sie wurden von Bischof Felix M. Davídek geweiht.

Diese Situation war für den tschechischen Untergrund einmalig. Die Untergrundkirche in Prag, die sich um die Theologen und Priester Josef Zvěřina und Oto Mádr versammelte, war es fremd, im Untergrund eine Paralellkirche mit flächendeckendem Gemeindenetz aufzubauen. Davídek kam aufgrund der oben beschriebenen jüngsten tschechischen Geschichte der Kirche zu einer sehr skeptischen Einschätzung der offiziellen Kirchenstrukturen. Weil er hinsichtlich der politischen Entwicklung sowohl mittel- wie langfristig skeptisch blieb, traf er seine radikale Entscheidung, der Kirche im Untergrund eine organisierte Form zu geben.[101] Die Untergrundkirche, die aus Gemeinden im Untergrund besteht, welche von geheim geweihten Priestern geleitet werden, die wiederum einem Bischof als Ordinarius unterliegen – das war die Vision einer Kirche im Untergrund nach Felix M. Davídek. Um seinen Kirchenentwurf für den Untergrund verwirklichen zu können, benötigte Davídek die oben benannten „mexikanischen Fakultäten“. Nur mit ihrer Hilfe ist er selbst zum Bischof geweiht worden. Vermutlich sah sich Davídek bevollmächtigt, nach seinem Gewissen alles für das Gedeihen der Kirche in der Tschechoslowakei zu tun. Er verstand sich als *Episkopos* und Ordinarius der von ihm aufgebauten und geleiteten Gemeinschaften im Untergrund. Nicht nur dank Davídeks umfangreicher Vortragstätigkeit, sondern auch dank dem wachsenden Netz der von ihm

---

[100] Balík/Hanuš, Katolická církev v Československu 1945–1989, 51.

[101] Dieser geschichtliche Faktor war nicht der Beweggrund Davídeks, die Untergrundkirche so aufzubauen, er verstärkte aber Davídeks Entschluss. Durch die gewaltsame Unterbindung des Prager Frühlings im August 1968 fühlte er sich in seiner Einschätzung bestätigt.

geweihten Geistlichen konnte sich Davídeks Modellgemeinde Koinótés durch Neugründungen auf das gesamte Gebiet der Tschechoslowakei ausdehnen.

Um Informationen über die Gültigkeit seiner Bischofsweihe zu bekommen und in der Kenntnis dessen, dass Davídek auch verheirateten Männer die Priesterweihe spendet, initiierte das römische Lehramt bereits im Jahr 1976 ein Treffen mit ihm. Davídek vertraute aufgrund der bekannten Fälle der kommunistischen Spionage dem Abgesandten der Kurie John Bukovsky, einem engem Mitarbeiter von Kardinal Casaroli, nicht. Er verriet den Namen seines Weihespenders nicht und leugnete sogar die ihm vorgeworfene Weihepraxis, weil er den Verrat befürchtete. Dies sollte sich als berechtigt erweisen. Der Inhalt der vertrauten Gespräche, die Bukovsky mit den Vertretern der Untergrundkirche führte, blieb der Religionsaufsicht des kommunistischen Staates nicht geheim. Ondřej Liška berichtet in seiner Monographie über die Untergrundkirche, dass die offiziellen Vertreter der kollaborierenden Priesterorganisation Pacem in terris mit der Kenntnis der Inhalte dieser Gespräche prahlten.[102] Der Umstand des Nicht-Alles-Über-Alle-Anderen-Wissens in der katholischen Untergrundbewegung und die Zurückhaltung auch der vatikanischen diplomatischen Vertretung gegenüber erwies sich in solchen Situationen als nicht falsch. Die Offenlegung der Untergrundstrukturen hätte zwangsläufig die Steigerung der kommunistischen Verfolgungsmaßnahmen nach sich gezogen, die die Untergrundkirche erlahmt hätten.

Davídek unterschied streng zwischen den Handlungen der römischen Kurie und der vermeintlichen Meinung des Papstes. Der Kurie misstraute er, dem Papst vertraute er zutiefst.[103] Ein Weiheverbot, das ihm vermutlich bereits im Jahr 1972 ausgesprochen wurde,[104] missachtete er, weil er der Mission Casarolis und der römischen Kurie misstraute und seine Legitimation ausdrücklich von den päpstlichen (!) Fakultäten ableitete. Den Abgesandten der vatikanischen Kurie warf er in den Verhandlungen mit dem kommunistischen Staat zu hohe Kompromissbereitschaft vor, die unter anderem zu unglücklichen Bischofsernennungen führte. Nach zahlreich vorhandenen Belegen bemühte sich Davídek mit den Päpsten Paul VI. und Johannes Paul II. in Kontakt zu treten.[105] Vermutlich war er überzeugt, dass

[102] Vgl. Liška, Jede Zeit ist Gottes Zeit, 48.

[103] Vgl. Liška, Jede Zeit ist Gottes Zeit, 46–49.

[104] Vgl. Fiala/Hanuš, Die Verborgene Kirche, 104.

[105] Vgl. Fiala/Hanuš, Die Verborgene Kirche, 105 ff. Davídek versuchte den Papst sowohl schriftlich (durch Briefe und Depeschen) als auch durch persönliche Botschaften über seine Vertrauten (der junge Priester und spätere Bischof traf regelmäßig den polnischen Kardinal Stefan Wysziński) über sein Tun zu informieren.

sie sein Verständnis der Lage der Kirche in der Tschechoslowakei teilen und für seine pastoralen Entscheidungen Verständnis zeigen würden. Davídek schien überzeugt zu sein, dass der Papst seine Meinung teilt, dass die Untergrundkirche eine Kirche im Verborgenen bleiben muss, um ihr Schicksal nicht mit dem der offiziellen Kirchenstruktur zu teilen. Zudem schien er überzeugt zu sein, dass eine für die Kurie unübersichtliche, aber papsttreue katholische Kirche im Untergrund zumindest die Duldung verdient, statt nur auf das offizielle Erscheinungsbild der katholischen Kirche zu setzen, es zu unterstützen und zu pflegen, hinter dem sich zunehmend das Gesicht der kommunistischen Ideologie verbirgt.

Davídeks Treueverständnis trübt aber eine Reihe von theologischen Entscheidungen, die über die bisherige katholische Tradition hinausgehen. Die zahlreichen Priesteramtskandidaten, die Davídek als verheiratete Männer zur Priesterweihe zuließ, die Weihe eines verheiraten Priesters zum Bischof und das Spenden der Priesterweihe an Frauen gehören zu den schwerwiegendsten Streitpunkten in der theologischen Kausa Davídeks nach 1989. Er traf diese Entscheidungen oft im Alleingang.

Andere Teile der Untergrundkirche teilten nicht immer Davídeks Einschätzung der Situation der katholischen Kirche. Oto Mádr, Prager Untergrundpriester und Intellektueller, bildet in amtstheologischer Hinsicht eine Art Kontrastbeispiel zu Davídek. In seiner Ekklesiologie werden wir andere Wege der Auseinandersetzung mit dem *modus moriendi* der Kirche untersuchen können, die dennoch nichts an ihrer Radikalität verbüßen. Die nach der Wende 1989 entflammte Diskussion in der tschechischen Kirche und Gesellschaft zielte daher auf die empfindliche Frage nach der Kirchentreue und Rechtgläubigkeit. Sie entzündete sich nach dem Bekanntwerden gerade dieser in Kürze geschilderten theologischen Tabubrüche.

2.3.2 Die Beziehungen zwischen der offiziellen und der verborgenen Kirche

2.3.2.1 Vor 1989: Kooperation und Kritik

Zwischen dem verborgenen Netzwerk der katholischen Kirche und den offiziellen Kirchenstrukturen gab es keine scharfe Grenze, beide blieben eng vernetzt. Die öffentliche und die verborgene Form der Kirche in der Tschechoslowakei standen nicht in einer dogmatischen Opposition oder pastoraler Konkurrenz zueinander, sondern befanden sich an vielen wichtigen Punkten ihres Wirkens im fruchtbaren Austausch.[106] Dieser war nicht nur organisatorischer Natur, sondern spielte sich auch auf kirchenpolitischer und nicht zuletzt theologischer Ebene ab. Einige katholische Priester, die in den Schauprozessen der fünfziger Jahre verurteilt und erst Anfang der sechziger Jahre aus der Haft entlassen wurden, bekamen zunächst keine Genehmigung der kommunistischen Kirchenaufsichtsorgane für das Wirken in der offiziellen Pastoral der katholischen Kirche. Sie durften daher in den offiziellen Kirchenstrukturen nicht tätig sein, weswegen sich einige im Verborgenen engagierten. Wenn sie wenige Jahre später vom Staat für die offizielle Pastoral zugelassen worden sind, blieben sie zugleich in den geheimen Aktivitäten der katholischen Kirche eingebunden.

Die Beziehung zwischen den beiden Formen der Kirche war aber keineswegs nur harmonischer Natur. Die offizielle Kirche wurde von der Untergrundkirche zwar nicht pauschal kritisiert, ihr konkretes, plakatives Missachten der Lehre der katholischen Kirche dagegen schon. Der bekannteste Theologe des Prager katholischen Dissents Josef Zvěřina ermahnte 1977 den tschechischen Primas und späteren Prager Kardinal František Tomášek, nachdem dieser der Protestbewegung Charta 77 die kirchliche Unterstützung verweigerte, besonders scharf:

> „Wo kämen wir da hin? Wohin führen Sie uns? Auf welche Probe stellen Sie ihre Priester und ihre Gläubigen? (…) Vater Bischof, ich beschwöre Sie, hören Sie auf niemanden - auch nicht auf mich - sondern nur auf Jesus Christus! Entschließen Sie sich zu einem Leben nach Wahrheit! Greifen Sie zum Schild des Glaubens, zum Schwert des Geistes, zum Helm der Hoffnung, zur Rüstung der Unbescholtenheit, zur Bereitschaft des Evangeliums (Eph 6,17)! (…) Nehmen Sie vielleicht die letzte legitime Chance auf, die Ihnen unsere Gesetze und internationale Verpflichtungen geben, damit Sie die Kirche vor Schande und dem allmählichen Tod retten.“[107]

Große Teile der tschechischen katholischen Gemeinschaften im Verborgenen pflegten trotzdem ein erwartungsvolles Verhältnis zu den offiziellen Trägern des Kirchenamtes. Sie gaben die Hoffnung auf die Wieder-

[106] Anders ist die binnenkirchliche Situation im heutigen kommunistischen China. Dort brach die patriotische katholische Kirche offiziell mit der Lehre der katholischen Kirche – z. B. mit dem Petrusamt – und steht damit teilweise in struktureller und dogmatischer Opposition zu der papsttreuen chinesischen Untergrundkirche.

[107] Vilém Prečan, Křesťané a Charta '77. Výběr dokumentů a textů [Die Christen und Charta 77. Eine Auswahl von Dokumenten und Texten], München 1980, 116.

belebung der offiziellen Kirchengemeinden und Kirchenstrukturen nicht auf.[108]

2.3.2.2 Nach 1989: Die römischen *Normae* und die Wieder-Weihen *sub conditione*

Nach 1989 fiel der ideologische Charakter des tschechischen Staates und damit auch der Hauptbeweggrund der Entstehung und des Wirkens der katholischen Kirche im Untergrund. Die Möglichkeiten für die Kirche, sich öffentlich in Freiheit zu engagieren, wuchsen schnell. Der Sinn verschwand, die Pastoral der Kirche geheim zu halten. Die Kirche wieder aufzubauen war das Ziel der katholischen Kirche.

Obwohl die Wiedereingliederung der verborgenen Pastoral anfangs problemlos schien, entschied sich die tschechische Bischofskonferenz im Jahr 1991 einige Fragen und Streitpunkte der Glaubenskongregation vorzulegen. Während nämlich einige (auch verheiratete!) Priester, die zuvor im Geheimen geweiht wurden und ihrem Priesterberuf nachgingen, nach 1989 in die offizielle Pastoral eingegliedert worden sind, zeigte sich für andere Geistliche und Gläubige die offizielle Kirchenstruktur in ihren Formen und Vertretern als intellektuell und kulturell nicht bewohnbar. Sie konnten in dem offiziellen Gemeindenetz ihren Platz nicht finden. In dieser Entwicklung wurde immer offenbarer, wie heterogen die Untergrundbewegung war, wie unterschiedlich ihre theologischen Standpunkte. Das ursprünglich recht hohe Maß an Solidarität innerhalb der Untergrundbewegung bekam infolge dessen erste große Risse.[109]

Eine negative Dynamik brachte aber erst der öffentlich ausgetragene Streit um die amtstheologischen Formen der Untergrundkirche, die die Grenzen des Kirchenrechtes überschritten. Die gemeinsamen Gespräche zwischen den tschechischen Bischöfen und den Vertretern der Untergrundkirche zeugen zwar teilweise von beidseitiger Bereitschaft, Themen der Konvergenz zu finden. Andererseits war die Dialog- und Kritikfähigkeit eines der schmerzlichsten Probleme in der Diskussion mit und über die tschechische Untergrundkirche. Dieser Streit und die damit zusammen-

[108] Auch Felix M. Davídek trotz seines von Skepsis geprägten Blickes auf die Zukunft der offiziellen Kirchengemeinden strebte ein aufrichtiges Verhältnis zu den vertrauenswürdigen Amtsträgern wie Kardinal Tomášek und ermutigte die Gläubigen im Untergrund, sich an den öffentlichen Kirchenaktivitäten zu beteiligen.

[109] Ausnahmen der Illoyalität gab es bereits vor 1989: Oto Mádr bezeichnete 1983 in einem Samizdat-Flugblatt Fridolín Zahradník (und Felix M. Davídek) als Untergrundbischof, Zahradník wurde daraufhin verhaftet. Vgl. Pavel Hradilek, Svědectví o Janu Konzalovi [Zeugnis über Jan Konzal], in: Teologie a společnost [Theologie und Gesellschaft], Sonderausgabe des Jahres S (2005) 4–7.

hängenden Schweigegebote überschatteten die ansetzende Untergrund-Forschung und hinterließen erkennbare Spuren sowohl in dem Bild der Verborgenen Kirche in den ersten wissenschaftlichen Monographien als auch in deren Rezeption.

Im Zentrum der Kritik stand vor allem der Teil der katholischen Untergrundbewegung, der auf den Untergrundbischof Felix M. Davídek und seine Weihetätigkeit zurückzuführen war. Gerade die von Davídek geglaubte Einheit seiner Koinótés-Gemeinde mit der Weltkirche wurde bereits zu seinen Lebzeiten in Zweifel an der Gültigkeit seiner Bischofsweihe gezogen. Diese kirchenrechtlichen Zweifel konnten zwar zu Davídeks Gunsten entschieden werden.[110] Jedoch sah sich das Untergrundnetzwerk um den damals bereits verstorbenen Bischof Davídek (gest. 1988) im Jahr 1989 und den Folgejahren mit noch schärferer Kritik konfrontiert. Teils kam sie von den offiziellen Leitungsstrukturen der Kirche, teils aber auch aus anderen Zweigen der Untergrundkirche. Dabei wurde an erster Stelle die Gültigkeit der von Davídek gespendeten Weihen in Frage gestellt, aber auch seine Interpretation der sog. mexikanischen Fakultäten hinterfragt.[111]

Die angeschlagenen Töne aus dem Feder der tschechischen Bischofskonferenz klangen zunächst versöhnlich. Die Bischöfe wandten sich 1992 mit den Worten des Dankes und der Anerkennung an alle geweihten Mitglieder der Untergrundkirche auf dem Gebiet der ehemaligen Tschechoslowakei.[112] Diese Geste der Offenheit wurde rasch durch das Erheben ei-

[110] Bezweifelt wurde die Gültigkeit Davídeks Bischofsweihe, da der Verlauf der apostolischen Sukzession bei den Bischofsweihen im Untergrund noch nicht offen gelegt wurde. Nach dem Bekanntwerden Davídeks Weihebischof (Bischof Blaha) wurden diese Zweifel zugunsten Davídeks vollständig ausgeräumt.

[111] Das eine ist von dem anderen getrennt zu behandeln. Die Gültigkeit der von Davídek gespendeten Weihen wurde nicht etwa wegen der möglichen Ungültigkeit Davídeks eigenen Bischofsweihe in Frage gestellt, sondern wegen der Zweifel an Davídeks psychischer Gesundheit. Unbeachtet des Zweifels an Davídeks Gesundheit besäßen die von ihm gespendeten Weihen auf jeden Fall ihre Gültigkeit, da auch Davídeks Bischofsweihe gültig war. Falls er die besonderen kirchenrechtlichen Befugnisse über sein Mandat hinaus angewandt hätte, die es ihm vermeintlich ermöglichten, weitere Bischöfe und Priester für den Untergrund zu weihen, wären diese Handlungen zwar unerlaubt, aber dennoch gültig.

[112] Vgl. den Brief der römisch-katholischen Bischöfe der böhmischen und mährischen Diözesen an die geheim geweihten Priester, in: Katolický týdeník 13 (1992) 1: „Sie haben studiert und sie empfingen die Beauftragung zum kirchlichen Dienst. Das war mit Gefahr verbunden, oft tödlicher Gefahr, stets haben Sie ihren Beruf, ihre Freiheit und auch ihre eigene Zukunft und die ihrer Nächsten. Trotz allem arbeiteten Sie aufopferungsvoll für Gott und die Kirche in dem Teil der Kirche, die keineswegs ein schweigender war (...) sondern die im Verborgenen wirkte, aber so wirkungsvoll wie ein Sauerteig (...). Vieles haben sie aufrechterhalten können, vieles gewonnen. Ihr Opfer war nicht unnütz. Aufrichtig bedanken wir uns für sie und schätzen ihre Arbeit. Sie taten es nicht für ihren Ruhm."

niger Zweifel an Davídeks Theologie und seiner konkreten Gestaltung der Untergrundkirche überschattet, so dass bei manchen der Eindruck entstand, der Teil der Untergrundkirche um Bischof Davídek leistet(-e) kaum einen Beitrag zur Wiedereingliederung der Christen aus dem Untergrund in die offiziellen Strukturen der Kirche, sondern erschwere sie sogar erheblich.[113] In einem vielbeachteten Interview des damaligen Prager Kardinals Miroslav Vlk für das italienische Blatt „Il Regno" im Jahr 1996 kritisierte Kardinal Vlk Felix M. Davídek scharf: „wir [müssen] heute die Schwere der Situation tragen, die Blaha und Davídek entstehen ließen"[114]. Während an der Legitimität der Genese der Untergrundkirche in der Tschechoslowakei *per se* nicht gezweifelt wurde, wurde die Legitimität des Untergrundnetzwerkes um den Untergrundbischof Davídek teilweise lebhaft diskutiert, teilweise bewusst tabuisiert. Die Zweifel an der Theologie Felix M. Davídeks nährten sich nicht aus der Kenntnis seiner Theologie, sondern vielmehr aus den

---

Vgl. auch die Dankesworte des Papstes Johannes Paul II. bei seinem Besuch unmittelbar nach dem Fall des Eisernen Vorhangs am 21. und 22. April 1990 in Prag: „Ich danke den Priestern, die sich im Geheimen auf ihren Dienst vorbereite[te]n und ihn dann auch ausüben mussten, die das Risiko schwerer Strafen getragen und dennoch das Licht des Evangeliums dorthin gebracht, wo die Türen für den Einfluss der Kirche fest verschlossen waren. Nicht zwei Kirchen waren es, sondern eine einzige. Was der Geist Gottes verbunden hat, konnte die Willkür der weltlichen Macht nicht trennen; beide Kirchen litten auf die gleiche Weise, beide lasst nun gemeinsam Anteil haben an ihren Früchten." První návštěva Jana Pavla II. v ČSFR [Erster Besuch Johannes Pauls II. in der ČSFR]. In: Evokace, Sondernummer, 1990, ohne Seitenzahl. Zitiert nach: Fiala/Hanuš, Die Verborgene Kirche, 154.

113 Die (Frauen-)Ordinationen von Felix M. Davídek wurden 1995 vermutlich sogar von Oto Mádr (!) als „wilde Ordinationen" und „viel Verwirrung in der Kirche" bezeichnet, die ein „allarmierendes Warnsignal" für die Kirche darstellen. O[to] M[ádr], Nekonfliktní služba magisteriu?, in: Teologické texty 1 (1995) 29.

114 „Über die Untergrundkirche", in: Perspektivy, Beilage des Katolický týdeník, Juni 1996. (Erstabdruck in Il Regno.) Jan Blaha war Davídeks (Bischofs-)Weihespender. Der heute emeritierte Kardinal Miroslav Vlk, einer der härtesten Kritiker Davídeks, bezeichnete die Bemühungen Davídeks Schüler, seine Ekklesiopraxis zu verteidigen, als „eine Mischung aus wishful thinking und falsch verstandenem Epikie-Prinzip". In der nach Vlk „betont sehr subjektiven Wahrnehmung [der Christen im Davídeks Untergrundnetzwerk] vermischte sich die Realität mit der Phantasie, über das noch mit fixer Idee, dass die Kirche vernichtet wird, mit großer Dosis von Messianismus, mit einer starren Vorstellung eines allgegenwärtigen Feindes". Darin sieht Vlk die Erklärung für die Weigerung Davídeks, dem im Jahr 1976 vom römischen Abgesandten John Bukovski ausgesprochenen Weiheverbot zu folgen. Das pastorale Wirken Davídeks innerhalb der tschechischen Untergrundkirche wurde von Vlk in einer emotionalen und – wie sich später zeigte – konfrontationsgeladenen Erklärung beschreiben als „Missbrauch der facultates (= der außergewöhnlichen Ermächtigungen; Anm. des Autors) die vom Papst Pius XII. (…) erteilt wurden. Ich wiederhole: ‚Missbrauch'". Ein Ausdruck dieses Missbrauches sei ausdrücklich die zu hohe Zahl der Priesterweihen, darunter die vorgenommenen Priester- und Bischofsweihen verheirateter Männer. Die Entscheidung über die kirchenrechtliche Gültigkeit der Weihen im Untergrund übergab die tschechische Bischofskonferenz an die römische Kurie, wo es schließlich durch die Kongregation für die Glaubenslehre behandelt wurde.

Bedenken über die Zahl der im Untergrund geweihten, teils nicht zölibatären Bischöfe und Priester. Dass Davídek vier Frauen die Priesterweihe spendete, ließ ihn auch innerhalb der damaligen Untergrundkirche als einen theologischen Solitär erscheinen.[115] Dem Vorwurf nach entstand in Davídeks Teil der Untergrundkirche eine besondere Kirchenamtsstruktur, die nur durch falsche Interpretation oder gar Missbrauch der mexikanischen Fakultäten zustande kommen konnte. Auch in der beginnenden wissenschaftlichen Diskussion wurde der Begriff der Untergrundkirche auf Davídeks Koinótés-Netzwerk verengt und teils sehr negativ konnotiert. Davídeks Netzwerk gewann innerhalb der katholischen Untergrundbewegung eine besondere Stellung.

Die tschechische Bischofskonferenz sah die Notwendigkeit gegeben, eine Lösung auf der Ebene der Weltkirche durch die vatikanische Kongregation für die Glaubenslehre anzustreben. Die Wiedereingliederung der im Untergrund geweihten Priester, derer Weihegültigkeit nicht zweifelsfrei festgestellt werden konnte, wurde 1992 in einer verbindlichen Richtlinie der Glaubenskongregation *Normae summo pontifice approbatae pro solutione casuum qui ordinationes clandestinas respiciunt episcoporum et presbyterorum* [Normen, die durch den Pontificus für die Lösung der Fälle der geheimen Weihen der Bischöfe und Priester genehmigt wurden] geregelt.[116] Darin wurden die Weihen, die Bischof Davídek spendete als *dubie validum* („zweifelhaft gültig") bezeichnet und die von ihm geweihten Bischöfe und Priester aus dem Untergrund zu einer *ordinatio sub conditione* („bedingten Wiederweihe") aufgefordert. Die anfängliche Geheimhaltung der wörtlichen Fassung dieser *Normae* brachte weitere Spekulationen und Missstimmungen. Dennoch nahm ein großer Teil des Klerus der Verborgenen Kirche dieses Angebot an. Diese Männer wurden nach der Weihe *sub conditione* als Priester oder Diakone in die Strukturen der römisch-katholischen

[115] Davídek weihte auch einen in sakramenteler Ehe lebenden Priester zum Bischof, dessen Frau schwer krank war und er sich zu zölibatärer Lebensführung verpflichtete. Aus anderen in der Nähe von Davídek angesiedelten Untergrundgruppen sind weitere Bischofsweihen verheirateter Männer bekannt geworden, die Davídek selbst weiter ins Zwielicht schoben.

[116] Nicht der Zweifel an der Gültigkeit Davídeks Bischofsweihe war das tragende Element dieser Entscheidung, sondern vielmehr die kirchenrechtliche Unsicherheit an der Gültigkeit der von ihm gespendeten Weihen. Davídek wird als Hochbegabter mit Verhaltensauffälligkeiten geschildert, schon zu seinen Lebzeiten gab es psychiatrische Verdächtigungen. In den Schilderungen seines Schülers Kaláb war Davídek: „wie jeder Mensch, der irgendwie besonders begabt ist (…) auch etwas besonders, atypisch. (…) Weil er so außergewöhnlich war, war er auch im Verhalten außergewöhnlich. (…) Vielleicht war er ein Querkopf, wie der Volksmund sagen würde. Aber unheimlich begabt."
Vgl. Černý, Život podzemní církve na Moravě na příkladu konkrétních osobností [Das Leben der Untergrundkirche in Mähren am Beispiel konkreter Persönlichkeiten]. Anlage: Interview mit Radomil Kaláb, 68.

oder der unierten griechisch-katholischen Kirche auf dem Gebiet Tscheсhiens eingegliedert.[117]

Eine wirksame Deeskalation konnte durch *Normae* nicht vollständig erreicht werden. Ein kleiner Teil der Bischöfe und Priester der ehemaligen Verborgenen Kirche lehnt bis heute die Aufforderung zur Wiederweihe ab. Sie warfen Kardinal Miroslav Vlk mangelnde Gesprächsbereitschaft und zugleich ungerechtfertigte Desinformationen und Verleumdungen vor, die ein solch ehernes Urteil der römischen Glaubenskongregation nach sich zogen.[118] Dabei weisen sie auf die unglaubwürdige Begründung für das Misstrauen der Glaubenskongregation an der Gültigkeit der Weihen in der Verborgenen Kirche hin, auf die theologische Unstimmigkeit einer „Wiederweihe" und die versprochene Treue zu ihrem Ordinarius, auf dessen Vergangenheit kein Schleier einer mehr oder minder intensiven Rückgratlosigkeit mit dem kommunistischen Regime liegt.[119]

Hans Jorissen, deutscher Theologe und Dogmatikprofessor, legte im Jahr 1993 eine theologische Studie vor, in der er die Forderung der Glaubenskongregation nach der bedingten Wiederweihe in Frage stellte. Mit dem dogmatischen Prinzip *ecclesia suplet* bzw. *Deus suplet* versuchte Jorissen die Notwendigkeit der Reordination zu revidieren. Noch im selben Jahr trat er diesbezüglich mit dem damaligen Präfekt der Glaubenskongregation Joseph Ratzinger in Briefkontakt.[120] Dieser lehnte allerdings Jorissens Einwände ab. Er wies darauf hin, dass die Weihe *sub conditione* das einzig verfügbare

[117] Die nicht-zölibatären Priester wurden der unierten griechisch-katholischen Kirche einverleibt. Einige von ihnen wirken mit amtlicher Genehmigung als Biritualisten weiterhin überwiegend in der Kategorialseelsorge der lateinischen römisch-katholischen (!) Kirche. Ein Teil der Ordinierten der Verborgenen Kirche, der die Weihe *sub conditione* ablehnt, hoffte auf eine Lösung in Form von Personalprälatur. Diese Hoffnung wurde nicht erfüllt. Eine Besonderheit bildet der Priester Jan Kofroň, der 1988 als nichtzölibatärer Priester im Untergrund geweiht wurde. Kofroň lehnte zunächst den aus den *Normae* folgenden Übertritt in die griechisch-katholische Kirche ab und blieb deswegen der Wiedereingliederung fern. Im Jahr 2008 erhielt Kofroň die Zölibatsdispens für eine Weihe *sub conditione* und wurde von Prager Weihbischof Václav Malý am 12. Mai 2008 zum Priester der römisch-katholischen Kirche (wieder-)geweiht.

[118] Vgl. Zusammenfassung der damaligen Situation aus der Sicht eines von Davídek geweihten Priesters: František Mikeš, Biskup Davídek a podruhé umlčené společenství Koinónés, in: Teologie & Společnost 2005, 13–26. Die vermeintlichen Verleumdungen sollten die psychische Tauglichkeit Davídeks betreffen und die vermeintlichen Zweifel einiger Weiheempfänger an der Gültigkeit ihrer eigenen Weihe.

[119] Vgl. Pavel [Hradilek]: Proč odmítám reordinaci [Warum ich die Reordination ablehne]. In: Církev v podzemí [Kirche im Untergrund], Getsemany, Ročenka 1995, Praha 1995, 96–99.

[120] Vgl. Hans Jorissen, Stanovisko k otázce re-ordinace a podmíněné ordinace [Die Stellungnahme zur Frage der Re-Ordination und der bedingten Wiederweihe]. Getsemany 5 (1996) 84–89.

Mittel der Kirche zur Vergewisserung über die Gültigkeit der sakramentalen Weihen in der (Verborgenen) Kirche darstelle.[121]

In diesem Zusammenhang beklagte Hans Jorissen in seinem Festvortrag in Wien 2011 stellvertretend für die dort anwesenden ehemaligen Mitglieder der Untergrundkirche die ethische Dimension des Urteils des tschechischen Bischofskollegiums über sie: „Nur das eine halte ich ihnen vor: dass sie, die bereit waren, Kompromisse einzugehen, zu den heftigsten Kritikern Bischof Davídeks gehören, der jeden Kompromiss mit dem kommunistischen Regime entschieden ablehnte."[122] Jorissens Kritik richtete sich an die Bischöfe der offiziellen Kirchenstruktur, die vor der politischen Wende keinesfalls alle das herrschende kommunistische Regime kompromisslos ablehnten.[123] Die Priester der Untergrundkirche kämpften dagegen jahrzehntelang in der verfolgten Untergrundkirche gegen das kommunistische Regime und für den Erhalt der Kirche. Sie nahmen dabei ein großes Risiko auf sich. Diese im Untergrund geweihten Kleriker mussten nun um die Anerkennung ihrer Weihen bangen. Das Urteil über sie trafen gerade die Bischöfe der offiziellen Kirche.

So steht einerseits fest, dass manche ekklesiologischen und amtstheologischen Aspekte der Pastoral der Untergrundkirche berechtigterweise als problematisch gelten. Andererseits dürfen diese nicht ohne Rücksicht auf den Gesamtkontext ihrer Entstehung mit den Mitteln der Schuldogmatik oder des Kirchenrechtes seziert werden. Eine solche Betrachtung des Phä-

[121] Vgl. die Zusammenfassung des Briefaustausches bei Liška!

[122] Hans Jorissen, Die Wahrheit siegt. Festvortrag von Prof. Hans Jorissen bei der Preisverleihung der Herbert-Haag-Stiftung für Freiheit in der Kirche City-Kirche in Wien, 2. April 2011. Elektronisch:
www.wir-sind-kirche.at/sites/default/files/pr11_texte_jorissen.pdf (Zuletzt gesehen am 30. Oktober 2014)

[123] Vgl. Kongregace pro nauku víry [Kongregation für die Glaubenslehre], Prohlášení Kongregace pro nauku víry o „Tajné církvi" [Erklärung der Kongregation für die Glaubenslehre zur „Geheimen Kirche"], Prot. N. 18/90 http://www.vatican.va/roman_curia/congregations/cfaith/documents/rc_con_cfaith_doc_20000211_chiesa-clandestina_cs.html (Zuletzt gesehen am 3. November 2014)
Einige der tschechischen und mährischen Bischöfe, die der Bischofskollegium 1992 angehörten, lebten mit dem kommunistischen Regime in einer Art moralischem Kompromiss, den die Christen der Verborgenen Kirche aufs Schärfste kritisierten. Das Theologiestudium im Priesterseminar in Leitmeritz wurde zunächst wegen der immensen Infiltrierung des kommunistischen Gedankentums in die Meinungsbildung und Lebensgestaltung der Priesteramtskandidaten durch die tschechischen Bischöfe einstimmig untersagt; das Verbot wurde erst in den sechziger Jahren aufgrund des gravierenden Priestermangels gelockert. Vojtěch Cikrle, der letzte Regens des Priesterseminars in Leitmeritz, wurde nach der Wende 1990 von Johannes Paul II. zum Bischof von Brünn ernannt. Als Mitglied der tschechischen Bischofskonferenz gehörte er auch zu den Entscheidungsträgern in der Suche nach der Bewertung der Verborgenen Kirche.

nomens der unterdrückten katholischen Kirchen in den postkommunistischen Ländern verkennt und verharmlost nicht nur den Ernst der damaligen Situation, sondern auch die Grundprinzipien dieser theologischen Disziplinen selbst.

Im Jahr 2000 beteuerte die Glaubenskongregation erneut, dass „die Weihe sub conditione weder ein Misstrauen bedeutete, noch ein Hindernis in ihrer Annahme als Priester".[124] Vielmehr seien die *Normae* zur Gewissensvergewisserung für die Kleriker der ehemaligen Verborgenen Kirche geschaffen worden, die Zweifel an der Gültigkeit ihrer Priesterweihe äußerten. Die Erklärung der Glaubenskongregation fasst zusammen: „In Wirklichkeit war aus der Untersuchung von jedem einzelnen von ihnen [den Priestern der Untergrundkirche; P.S.] nicht offensichtlich, dass die Priesterweihe immer gültig gespendet wurde; manchmal könnte sie [die Weihe; P. S.] gültig gewesen sein, aber es entstanden schwerwiegende Zweifel, insbesondere in den Fällen der Weihen, die durch Felix Maria Davídek gespendet wurden".[125]

2.4 Zu den Schwierigkeiten im Dialogprozess nach 1989

Wenn geklärt werden will, warum die Gespräche zwischen dem Klerus der Untergrundkirche und der offiziellen Kirche menschlich nur unzulänglich geführt wurden, dann reicht der Verweis auf das vermeintliche Opfer-Täter-Gefälle nicht aus. Ein weiteres Problem stellte die territoriale, theologische und personale Inhomogenität der Untergrundkirche dar, die der Gründung eines gemeinsamen Gremiums, das sie legitim nach außen vertreten würde, zunächst fast unmöglich machte. Die Untergrundbewegung war sehr vielschichtig und die Positionen waren im Einzelnen so divergent, als dass sich die betroffenen Christinnen und Christen aus den einzelnen Gruppierungen nach der Wende rasch auf eine gemeinsame Vertretung hätten einigen können. Die Kommunikation zwischen der Untergrundkirche und der offiziellen Kirche bestand deswegen großteils aus Einzeltreffen der Bischöfe mit den einzelnen im Untergrund tätigen Priestern und aus Pressemitteilungen.[126] Es gab bis 1996 (!) seitens der ehemaligen Untergrundkirche keine

[124] Vgl. http://www.vatican.va/roman_curia/congregations/cfaith/documents/rc_con_cfaith_doc_-20000211_chiesa-clandestina_cs.html (Zuletzt gesehen am 3. November 2014)

[125] Ebd.

[126] Sei es vor dem Erlass der *Normae*: Es wurden Gespräche zwischen den Diözesanbischöfen und den ehemaligen Priestern im Untergrund geführt zwecks Erhebung der Informationen über die Weiheumstände. Auch der apostolische Nuntius führte Gespräche mit einzelnen Priestern und Bischöfen der Verborgenen Kirche.

gemeinsame Verhandlungslinie, keine gemeinsamen Sprecher, die ein gültiges Mandat der gesamten Kirche im Verborgenen besäßen.[127] Teils wurde sogar innerhalb der Untergrundkirche nur indirekt miteinander kommuniziert. Ein erstes Treffen der Vertreter der meisten Untergrundgemeinschaften, die eine gemeinsame Verhandlungsbasis suchten, fand erst 1996 in Zdobnice (Adlersgebirge) statt. Einer der anwesenden Bischöfe der ehemaligen Untergrundkirche spielte das Ergebnisprotokoll dieses Treffens ohne Kenntnis der anderen der tschechischen Bischofskonferenz zu. Nachdem also das Vertrauen zu den offiziellen Bischöfen der tschechischen katholischen Kirche bereits ins Wanken geriet, wurde jetzt auch das Vertrauen untereinander erschüttert. Die geglaubte Solidarität entpuppte sich als ein Mythos.

Man muss fragen, inwieweit das Trauma der kommunistischen Unterdrückung die binnenkirchliche Kommunikationsfähigkeit bis ins Unmögliche erschwert. Der Umbruch zur Freiheit musste zunächst geschafft und verkraftet werden. Die Christen der Wende-Generation erlebten nie ein Glaubensleben in politischer Freiheit, sie sind nicht in freier Diskussionskultur aufgewachsen. Die Frage nach der eigenen Identität war nach 1989 brennender denn je. Schnell fühlte man sich durch dogmatische „Störungen" wie nichtzölibatäres sakramentales Priestertum bedroht. Es ist nicht übertrieben, im Umfeld der Verborgenen Kirche von posttraumatischen Störungen auszugehen, die aufgrund jahrzehntelanger großer physischer und psychischer Belastung entstanden.[128] Genauso wenig ist es übertrieben im Umfeld der offiziellen Amtsträger von ungelösten Gewissenskonflikten durch das frühere „sich arrangieren" mit dem Regime auszugehen. Die traumatisierenden Erfahrungen, die die vierzigjährige Unterdrückung der katholischen Kirche mit sich brachte, waren allen gemeinsam. Die gegen-

[127] Wobei dies nicht nur an der vielen Unterschieden lag, sondern auch daran, dass es viele Jahre dauerte, bis die einzelnen Bischöfe gegenseitig über ihre Existenz erfuhren und vor allem auch darüber, dass sie einer und derselben Weihelinie entspringen.

[128] Manche sahen sich gezwungen, ihre eigene Priesterweihe bis 1989 oder noch länger auch vor ihren engsten Familienangehörigen zu verheimlichen:
„Die Weihe erhielt ich am 13.4.1968 in einer privaten Wohnung in Anwesenheit nur eines Zeugen (…) Bescheid über die Weihe wussten nur drei Menschen. Es wurde vereinbart, dass die Tatsache der Weihe nicht einmal den allernächsten Familienangehörigen mitgeteilt wird, so dass meine Mutter und meine Brüder es erst im Jahr 1990 erfahren haben, als wir uns vorher im Ordinariat in Brünn offiziell gemeldet haben (…) Auch die Primiz verlief in einer privaten Wohnung – einer anderen. Hier waren einige Menschen anwesend (…) Ich selbst durfte [zu der Primiz] niemanden mitbringen."
Michal Černý, Život podzemní církve na Moravě na příkladu konkrétních osobností [Das Leben der Untergrundkirche in Mähren am Beispiel konkreter Persönlichkeiten]. Bakalářská práce na UPCE CMTF, Olomouc 2012 [Bachelorarbeit an der Katholisch-Theologische Fakultät der Universität Olmütz], Anlage: Interview mit Josef Šik, 57.

seitige Beziehung gestaltete sich Anfang der neunziger Jahre mancherorts und beiderseits abwartend, delegierend und misstrauisch. In der offiziellen Kirche wurden die Priesterweihen im Untergrund oft als illegitim und identitätsbedrohend gedeutet. Der Versuch, diese theologische Herausforderung auf der kirchenrechtlichen Ebene, die die Form von *Normae* annahmen, führte dazu, dass Brücken abgebrochen wurden und die wackelige Einheit zugunsten des in der Luft schwebenden Schisma-Vorwurfes aufgegeben wurde. Die *Normae* wurden gerade nicht als Hilfestellung zur Vergewisserung des eigenen Gewissens, sondern von den Wiedergeweihten als notwendiges Übel und von den sich weigernden Priestern und Bischöfen als ein ungerechter lehramtlicher Richtspruch über die Untergrundbewegung gedeutet.[129] Sie ließen die Verborgene Kirche wie in zwei Teile untergliedert erscheinen: in einen „guten", kirchen*fördernden*, und einen „schlechten", kirchen*gefährdenden*, der mit Hilfe der *Normae* neutralisiert bzw. normalisiert werden muss. Diese Dynamik hinterließ in der tschechischen Kirche tiefe Wunden und schadete dem Ansehen der katholischen Kirche in der Öffentlichkeit immens.[130] Es fehlte an der Klarstellung beiderseits, das Leben und den katholischen Glauben der Untergrundkirche nicht nur am Kirchenrecht messen zu wollen.[131] Das hätte der Untergrundkirche den Weg eröffnet, die Ordnungs- und Ordo-Verfehlungen nicht zu banalisieren, zu rechtfertigen oder gar zu verheimlichen – um ihr Ansehen als kirchentreue katholische Teilkirche zu bewahren. Es hätte allen Beteiligten die Möglich-

[129] Vor allem die Zeitschrift Getsemany, die den Mitgliedern der ehemaligen Verborgenen Kirche nahe steht, bat eine Diskussionsplattform für die Kritik.

[130] Ein prominentes Beispiel scharfer Kirchenkritik ist Ondřej Liška, dessen Monographie über die Untergrundkirche zunächst dem tschechischen bischöflichen Lehramt gegenüber sehr freundlich ausfiel. Liška distanzierte sich anschließend von der vermeintlichen Instrumentalisierung seines Buches zu Ungunsten der Untergrundpriester: „Ich werfe ihr [den offiziellen Ämtern der tschechischen katholischen Kirche nach 1989; P.P.-S.] vor, dass sie sich oft den Menschen, die sich im Untergrund engagierten, respektlos gegenüber verhielt. Dass sie ihre pastorale Erfahrung [die, der Untergrundkirche; P.P.-S.] in der Zivilwelt missachtete. Dass sie nicht großzügig die blinden Gedankengänge von den sehr inspirierenden und bis heute lebendigen Gedanken zum Glauben und der Kirche trennen konnte. Sondern im Gegenteil die kontroversen Sachen wie Weihe verheirateter Männer und Frauen zum Disqualifizieren des gesamten geistlichen Vermächtnisses, eigentlich der meisten Leitungsfiguren der Verborgenen Kirche, missbrauchte. Für verurteilenswert halte ich nicht mal das Maßregeln mit Hilfe der Kirchenrechts (gemeint sind die *Normae*; P.P.-S.), sondern das gedankliche Maßregeln, das Ignorieren des geistlichen Vermächtnisses dieser Erfahrung der Verborgenen Kirche, die nicht genügend wertgeschätzt und entfaltet wurde." Ondřej Liška, Auszug aus privater schriftlicher Stellungnahme mit ausdrücklicher Genehmigung zur Veröffentlichung, 28. Juli 2010. Privatarchiv der Autorin.

[131] Vgl. die Ausnahmen des Kirchenrechtes, aber vor allem die theologische Diskussion über die Stellung des CIC als praktische Hilfe, nicht als theologisches Maßstab. Diese Bestrebung entpuppt sich zunehmend als ein gefährlicher Hang zu theologischer Schwarz-Weiß-Malerei. Die Kirchentreue verlief nicht entlang der orthographischen oder personellen Grenzen.

keit gegeben, die umstrittenen Teile der Glaubensreflexion und Kirchengestaltung der Untergrundkirche als (il-)legitime theologische Suchbewegungen zu deuten, von denen die Untergrundchristen in Not überzeugt waren, dass sie im Einklang mit dem göttlichen Recht sein und notwendig, um den Kampf um das Überleben der Kirche nicht zu verlieren. Wenn es der Kirche ums Überleben ging, verfolgte sie vorrangig das Ziel, das Wesentliche am Katholizismus zu retten und nicht in erster Linie kirchenrechtskonform zu handeln. Die kirchliche Rechtssprechung konnte dem Phänomen Untergrundkirche daher nicht vollständig gerecht werden.[132]

Die Vertrauensfrage und die durch die kommunistische Last erschwerte Kommunikation spielten bei der Wiedereingliederung der im Untergrund geweihten Kleriker eine große Rolle. Ob diese Meinungsdifferenzen nicht auch auf ein radikal unterschiedliches Verständnis der Kirche bzw. des Weiheamtes zurückzuführen sind, das in diesem binnenkirchlichen Konflikt unterschwellig eine wichtige Rolle spielte, sollte im Folgenden geklärt werden.

[132] „Die kleine Gruppe, die die angebotene Lösung [erneute Weihe *sub conditione* mit der Inkardination in die griechisch-unierte Kirche; P.P.-S.] nicht annahm, blieb verborgen ‚im Untergrund' und vielleicht nimmt sie bis heute unerlaubte und zweifelhaft gültige Leistungen aus den Sakramenten vor… [gebrochene Syntax bereits im Tschechischen; Anm. P. P.-S.] Für alle meine Mühe erntete ich Missverständnis, Verdächtigungen und ziemlich harten Undank. Aber des Dankes wegen tat ich es nicht. Mir ging es um die Gerechtigkeit. Und so bin ich glücklich, dass es gelang, diese ganze Angelegenheit im Rahmen der Möglichkeiten zu lösen, auch wenn es nicht ohne Qual und Schmerz ging." http://www.kardinal.cz/index.php?cmd=article&articleID=396 Bilanzgespräch von Jiří Zajíc mit Kardinal Vlk, Teil 1, 4. Januar 2010. (Zuletzt gesehen am 3. November 2014)

3 „Der Brünner Kreis“ – Felix M. Davídek und die parusiale Ekklesiologie

Am Anfang des ‚unsichtbaren‘ kirchlichen Lebens in der Tschechoslowakei stand keine neue Theologie, sondern das Bedürfnis nach dem Fortsetzen der bisher gelebten Glaubensformen. Die Gemeinschaften im Untergrund sind entstanden, um das aktive christliche Leben weiterführen zu können. Der Tragweite ihrer Entscheidung, den katholischen Glauben im Untergrund weiterzuleben, waren sich einige zu Beginn gar nicht bewusst:

> „[U]nsere Pastoral im Untergrund [nahm] im Grunde genommen einen klassischen Verlauf. Mit Sakramenten denen zu dienen, die aus irgendwelchen Gründen die Sakramente nicht öffentlich und auf gewöhnliche Art empfangen konnten. [...] Unsere Pastoral unterschied sich von der Pastoral derer, die die Staatserlaubnis für ‚kirchliche Tätigkeit‘ besaßen, nur durch die systematische und gründliche Geheimhaltung unserer Arbeit. (...) Bald zeigte sich aber, dass auf die Pastoral in Konspiration weitere signifikante Faktoren einwirken; dies zwang uns tiefer nachzudenken und weniger pragmatisch.“[133]

Die Notwendigkeit der Geheimhaltung verhinderte die engere pastorale Vernetzung und auch den Dialog über die ekklesiologischen Konzepte im Untergrund. Im Veborgenen sind deswegen Strategien des Kirchenlebens entstanden, die sich voneinander grundlegend unterschieden.

Eine der ersten und wohl schillerndsten Figuren des katholischen Untergrunds war Felix Maria Davídek. Anders als im obigen Zitat arbeitete Davídek schon in den späten vierziger Jahren an einem neuen Verständnis der Theologie und Seelsorge, das er bereits damals in der Praxis ausprobte. Von vielen wird er bis heute als „der Drahtzieher“ der tschechischen Untergrundkirche bezeichnet.[134]

---

[133] Jan Konzal, Pastorační postupy skryté církve, in: Universum 4 (2010) 38–41, 38. Alle Übersetzungen dieses Kapitels stammen, wenn nicht anders angegeben, von Petra Preunkert-Skálová. Bei einem Teil handelt es sich dabei um korrigierte deutsche Fassungen der Zitate von Felix M. Davídek. Dies wird dann auch als solches gekennzeichnet.

[134] Wenn nicht als Theologe, dann aber zumindest als Weihespender dürfte diese Annahme gelten, denn Davídek konsekrierte die meisten Bischöfe für den Untergrund, die ihrerseits weitere Priester weihten. Vgl. Kap. 3.1.3.

3.1 Felix M. Davídeks theologischer Werdegang

Dr. Felix Maria Davídek, katholischer Priester und geheim geweihter Bischof der tschechischen Untergrundkirche, leitete in den Jahren 1964–1988 das größte katholische Netzwerk im Verborgenen in der Tschechoslowakei. Nach seiner Entlassung aus dem kommunistischen Gefängnis 1964 gründete Davídek in der Nähe der mährischen Stadt Brünn die Untergrundgemeinde Koinótés.[135] Um diese Brünner Muttergemeinde herum baute Davídek ein Gemeindenetz, das aus Gemeinschaften bestand, die weiterhin lose zu Koinótés gehörten. Zu Davídeks Wirkungsfeld als Bischof, theologischer Lehrer, Gemeindeleiter und geistlicher Begleiter gehörten Untergrundgruppen auf dem gesamten Gebiet der damaligen Tschechoslowakei. Davídek war der einzige im katholischen Untergrund, der ein eigenständiges alternatives Modell des katholischen Lebens im Untergrund entwickelte, das er bis zu seinem Tod 1988 mit wechselndem Erfolg umzusetzen suchte.[136]

3.1.1. Der unangepasste Priester 1945–1950

Felix Maria Davídek wurde am 12. Januar 1921 in Chrlice in der Nähe von Brünn (Brno) geboren. Er wuchs in einer mittelständischen, im mährischen Volkskatholizismus verwurzelten Großfamilie auf. Davídek war ein sehr begabter Schüler. In seiner Zeit als Gymnasiast wurde seine Begabung für die Naturwissenschaften deutlich, dennoch entschied er sich als Fünfzehnjäh-

[135] Über die Semantik des Begriffes *Koinótés* herrscht Unklarheit. Vojtěch Mičan fügt bei der Einführung des Begriffes in Klammern *communio* hinzu (gesehen in: Fiala/Hanuš, Die Verborgene Kirche (dt. Ausgabe) 56). Dies ist aber lediglich Mičans Übersetzungsversuch. Auch Fiala/Hanuš machen keine weiteren Angaben zur der Entstehungsgeschichte.
Der Bezug auf den Communio-Begriff wie er aus der Ekklesiologie des Zweiten Vatikanums bekannt ist, muss als spätere Interpretation eingestuft werden. So übersetzt z. B. Hans Jorissen, Die Tragik des Propheten. Felix Maria Davídek, inspirierender Geist und treibende Kraft, in: Erwin Koller, Hans Küng u. a. (Hg.), Die verratene Prophetie, 47–56, 50.
Die Erklärungen zur lateinischen Morphologie des Wortes von Ondřej Liška (Liška, Jede Zeit ist Gottes Zeit, 58) müssen ebenfalls korrigiert werden: Das Wort κοινότής ist entgegen seiner Vermutung gänzlich aufs Griechische zurückzuführen.

[136] In diesem Kapitel wird oft aus Davídeks Schriften zitiert. Sie befinden sich (wenn nicht anders angegeben) alle im Anhang der tschechischen Originalausgabe der Monographie von Fiala/Hanuš, Skrytá církev (Verborgene Kirche). Dort sind auch die Mitschriften Davídeks Vorlesungen zu finden, aus denen ich ebenfalls zitiere. In der deutschen Ausgabe des Buches [Fiala/Hanuš, Verborgene Kirche] fehlt dieser Anhang. Er wird durch andere wichtige Dokumente (*Normae*, Zeugnisse der Zeitzeugen etc.) ersetzt, die wiederum der tschechischen Ausgabe fehlen, weil sie zu dem Zeitpunkt noch nicht der Öffentlichkeit zugänglich waren. Bei der deutschen Übersetzung Davídeks Originaltexten handelt es sich, wenn nicht anders angegeben, um meine Neuübersetzung aus dem Tschechischen.

riger für das Studium der katholischen Theologie. Nach dem Theologiestudium im Brünner Priesterseminar wurde Davídek 1945 zum Priester geweiht. Als Pfarrvikar besuchte er Vorlesungen in nichttheologischen Disziplinen wie Biologie, Medizin, Philosophie und Psychologie. Nur drei Jahre nach seiner Priesterweihe wurde er 1948 mit einer psychologischen Arbeit von der Philosophischen Fakultät der Brünner Universität promoviert.[137] Auch über zwanzig Jahre später zeigte Davídek noch die Bereitschaft, sich fachfremdes Wissen anzueignen, indem er sich Anfang der siebziger Jahren zum postgradualen Fernstudium an der Wirtschaftsuniversität in Pressburg (Bratislava) einschrieb.[138] So erlangte er umfangreiche, weit und breit angelegte Kenntnisse sowohl in den Geistes- als auch in den Naturwissenschaften und anderen Disziplinen angewandter Theorie.[139]

Das Streben des jungen Priesters Davídek nach einer umfassenden akademischen Bildung war in der damaligen Zeit ungewohnt, sein Studium der nichttheologischen Disziplinen sogar unerlaubt. Davídek war sich des Verbotes bewusst: „Es herrschte hier die alte jansenistische Tradition den Priestern nicht zu vertrauen, die jedwedes profane Fach studierten. Wir schauten zu, dass wir das Verbot *verbis expressis* vermeiden.“[140]

Es scheint kennzeichnend für Davídek, dass er sich über die Gebote und Verbote der kirchlichen Disziplin hinwegsetzte und die Kirche schon vor der kommunistischen Verfolgung als reformbedürftig kritisierte. Davídek versuchte durch seinen Priesterdienst das traditionelle Verständnis des Priesters zu verändern. Er beschränkte sich in seiner Pastoral nicht auf das

[137] Vgl. Felix M. Davídek, „Psychologie empirická a psychologie filosofická. Jejich vzájemný poměr a otázka kompetence při explikaci duševna [Empirische Psychologie und philosophische Psychologie. Ihr gegenseitiges Verhältnis und die Frage der Kompetenz bei der Explikation des Geistigen]. Arbeit zum Erlangen des Doktorgrades an der Philosophischen Fakultät der Universität Brünn. Maschinenschrift, Brno [Brünn] 1947. Weil die Verleihung des Doktortitels an die Zustimmung des örtlichen kommunistischen Nationalausschusses gebunden war, welcher hierzu nicht bereit gewesen wäre, stieg Davídek kurzerhand nachts in das Bürogebäude und stempelte den Vordruck selbst. Auch dies wurde ihm in dem späteren Gerichtsprozess angelastet. Vgl. Fiala/Hanuš, Verborgene Kirche (dt. Ausgabe) 32.
Wo möglich, verweise ich auf den Text der deutschen Übersetzungen von Fiala/Hanuš. Da die deutsche Ausgabe mit der tschechischen nicht gleichlautend ist, muss in manchen Fällen der tschechische Wortlaut hinzugezogen werden.

[138] Er schloss es 1971 mit einer Arbeit im Bereich der sozialen Systeme erfolgreich ab. Vgl. Felix M. Davídek, Problémy homeostatického ovládania podsystémov v rámci systému národného hospodárstva (teoretická rozprava) [Probleme der homöostatischen Steuerung der Subsysteme im Rahmen des Systems der Volkswirtschaft (teoretische Abhandlung)], Bratislava [Pressburg] 1971.

[139] Vgl. Davídeks Wirtschaftsstudium in den siebziger Jahren! Siehe oben.

[140] Felix M. Davídek, Bohuslav Burian, Maschinenschrift (um das Jahr 1970). Zitiert nach Fiala/Hanuš, Skrytá církev [Verborgene Kirche] (tsch. Ausgabe) 31. Die Berichtigung der Übersetzung in der deutschen Ausgabe der Monographie von Fiala/Hanuš.

geistliche Wohl seiner Gemeinde. Seinem Priesterbild folgend praktizierte Davídek als junger Kaplan im ländlichen Gebiet wegen des dortigen Ärztemangels sehr erfolgreich auch als Hausarzt. Er sah den Dienst an Kranken als Teil einer erfolgreichen Pastoral, welche die Menschen erreicht:

> „das authentischste Tor zu den Menschen war mir die Medizin (…) Diese [medizinische] Praxis war also ursprünglich unbeabsichtigt, doch wurde sie von den Pfarrangehörigen bald spontan gewünscht, und am Ende war sie aus meiner frühen pastoralen Arbeit nicht mehr wegzudenken."[141]

Eine neue Vision des Priesteramtes und der Kirche – das war offensichtlich keine Reaktion Davídeks auf die kommunistische Verfolgung, sondern ein integraler Bestandteil seiner theologischen Besinnung bereits in den Nachkriegsjahren. Aber erst der Weg in den Untergrund ermöglichte es Davídek, seine Vision auszuarbeiten und zu verwirklichen.

Davídeks umfassende akademische Bildung versetzte ihn in die Lage, mit Hilfe von befreundeten Priestern um das Jahr 1948 ein theologisch-propädeutisches Studium zu gründen. Es trug den Namen „Katholisches Atheneum" und wurde von Davídek im Nachhinein als eine erste Vorstufe der Kirche im Untergrund bezeichnet. In Form von offenen Vortragsreihen bot er darin Jugendlichen und jungen Erwachsenen, denen während der Zeit der deutschen Okkupation der Zugang zum Gymnasium verwehrt wurde, die Möglichkeit an, sich auf die Zulassung zum externen Abitur an einem der Brünner Gymnasien vorzubereiten. Gleichzeitig wurden der Schwerpunkt bereits auf die Theologie und ihr verwandte Disziplinen gelegt und damit Grundlagen für ein späteres Theologiestudium geschaffen. Davídek strebte dem Ideal einer „fliegenden katholischen Universität" im Untergrund zu, deren Forschung und Lehre aus dem christlichen Weltethos wachsen würde. Eine solche akademische Ausbildungsstätte wäre auf dem Gebiet der damaligen Tschechoslowakei ein Novum gewesen. In der theologischen Ausbildung legte Davídek einen großen Wert auf breite Allgemeinbildung und das bewusste Vernetzen des theologischen Wissens mit den Erkenntnissen aus anderen Disziplinen. Eine so offen geforderte Interdisziplinarität inmitten des mährischen Volkskatholizismus und den Nachwirkungen des Antimodernismusstreits in der Theologie wirkten revolutionär. Obwohl er Konflikte mit seinen geistlichen Vorgesetzten vermeiden wollte, gelang es

[141] Dies führte zu gravierenden Differenzen mit dem Brünner Bischof Karel Skoupý. Bischof Skoupý empfand Davídeks Praktizieren als Arzt als einen Bruch mit seinen geistlichen Verpflichtungen und mahnte Davídek schriftlich ab. Vgl. Fiala/Hanuš, Verborgene Kirche (dt. Ausgabe), 38–44.

Felix M. Davídek nicht, im bischöflichen Ordinariat den Ruf eines unangepassten Einzelgängers zu bekommen, welcher gelegentlich mit der kirchlichen Disziplin bricht.[142] Davídeks Schüler hingegen scheinen ihn bereits vor dem Antritt der kommunistischen Herrschaft als einen Universalgebildeten mit dem Potenzial eines kirchlichen Revolutionärs zu verehren.

3.1.2. Das Studium im Gefängnis und die Gründung der Koinótés-Gemeinde 1950–1967

Davídeks Pläne wurden im Jahr 1950 abrupt beendet. Wegen illegaler kirchlicher Bildungsarbeit wurde er festgenommen und nach einem misslungenen Fluchtversuch 1952 zu 24 Jahren Haft verurteilt. Auch im Gefängnis setzte Davídek sein neues Verständnis des Priesterdienstes fort, indem er mit großem Erfolg auch als Arzt praktizierte. In den Erinnerungen der verhafteten Priester wird er jedoch auch als Theologe geschätzt, der stets versuchte

> „die Theologie und das christliche Denken von den Stereotypen der Traktate [zu befreien; P.S.], die Jahre, oder gar Jahrhunderte memoriert wurden. Er versuchte stets die Zusammenhänge zu suchen und die organischen Verbindungen zu finden zwischen Theologie und anderen Wissenschaften, zwischen dem Glauben und der Welt."[143]

Dank seiner breiten akademischen Bildung konnte sich Davídek im Gefängnis sehr aktiv an der Organisation der geheimen Vorträge beteiligen, die bei ihm immer einen interdisziplinären Charakter besaßen. Dem Theologiestudium widmete er die meiste Zeit.

Nach vierzehn Jahren kam Davídek im Jahr 1964 frei. Weil ihm die kommunistischen Kirchenaufsichtsorgane keine Erlaubnis zur Ausübung des Priesterberufes erteilten, bestritt er von da an seinen Unterhalt wie viele vom Verbot betroffene tschechische Priester durch die Ausübung unquali-

[142] Hier ist vermutlich auch der Ruf Davídeks als „eines undisziplinierten und problematischen Priesters" zu suchen. Vgl. Fiala/Hanuš, Verborgene Kirche (dt. Ausgabe), 39.

[143] Vzpomínky Jaroslava Vrbenského [Erinnerungen von Jaroslav Vrbenský], Maschinenschrift 1996, Archiv der Autoren. Gesehen in: Fiala/Hanuš, Skrytá církev [Verborgene Kirche] (tsch. Ausgabe), 54. Neuübersetzung; die Übersetzung in der deutschen Ausgabe des Buches ist irreleitend.

fizierter Arbeit.[144] Davídeks Schüler bezeugen, dass er nicht als ein desillusionierter, enttäuschter und gebrochener Mensch in die Freiheit entlassen wurde, sondern gestärkt durch seine radikale Glaubenserfahrung.[145]

Fiala und Hanuš zeigen sich aufgrund der zahlreichen Zeugenbefragung überzeugt, dass Felix M. Davídek bereits bei seiner Entlassung einen konkreten Plan für die Arbeit im katholischen Untergrund vor Augen hatte, den er sofort anfing umzusetzen.[146] Seine Aufgabe sah er zunächst darin, wieder ein regelmäßig stattfindendes Studienprogramm ins Leben zu rufen.[147] Geschult durch seine Erfahrung mit dem Studienprogramm „Katholisches Atheneum" entschied er sich für ein straff gegliedertes, auf mehrere Jahre angelegtes Studium, das unter größter Geheimhaltung in Form von Seminaren in Abendstunden und an Wochenenden mit jeweils zehn bis zwanzig Teilnehmern stattfinden sollte. Davídek ließ nicht nur männliche Bewerber als potentielle Priesteramtskandidaten zum Studium zu, sondern auch interessierte Frauen. In diesen Vortragsreihen bat er Frauen und Männer die Möglichkeit einer theologischen Weiterbildung. Er ließ seine umfangreichen Kenntnisse anderer Disziplinen wie Medizin, Biologie, Chemie, Anthropologie, Psychologie und Religionswissenschaft einfließen. Davídeks selbstverständliche Verbindung theologischer Erkenntnisse mit denen anderer wissenschaftlicher Fachgebiete erwies sich als hervorragende interdisziplinäre Brücke hin zum Denkhorizont seiner Zuhörer, die in diesen akademischen Fachbereichen beheimatet waren.[148] Nur wenige seiner

[144] Mehr zu den Schauprozessen mit Geistlichen in den fünfziger Jahren des 20. Jh. und dem geheimen Studium in den kommunistischen Gefängnissen vgl. Kap. 2.2.

[145] Vgl. Miriam T. Winterová, Z hlubin bezedných, Příběh Ludmily Javorové vysvěcené na římskokatolického kněze [Aus der abgründigen Tiefe. Die Geschichte von Ludmila Javorová, geweiht zum römisch-katholischen Priester], Brno 2003. Vgl. auch Stanislav Krátký, K plnosti. Rozhovory Jana Mazance s dobrým bratrem a biskupem skryté církve [Zur Erfüllung. Jan Mazanecs Gespräche mit dem guten Bruder und Bischof der Verborgenen Kirche], Brno 2004.

[146] Vgl. Fiala/Hanuš, Verborgene Kirche (dt. Ausgabe), 52.

[147] Bereits vor Davídeks Verhaftung im Jahr 1950 wurden die katholisch-theologischen Fakultäten auf in den tschechischen Ländern geschlossen. Die Prager Fakultät wurde ins Grenzgebiet nach Leitmeritz (Litoměřice) umgesiedelt und unter engmaschige Staatskontrolle gestellt. Eine traurige Berühmtheit erwarb das Urteil der damaligen Theologiestudenten, die ihre Ausbildung mit der „höheren Ministrantenschule" verglichen, um auf die gravierenden Unterschiede zwischen einer freien theologischen Fakultät und ihrer Ausbildung in Leitmeritz hinzuweisen. Vgl. Tomáš Halík, Ptal jsem se cest [Ich habe die Wege gefragt], Praha 1997, 192. Mehr dazu vgl. Kap. 2.2 dieser Arbeit.

[148] Davídeks Vorträge übten auf die Zuhörer große Anziehungskraft. Die meisten Mitglieder der Koinótés scheinen für eine „akademische Pastoral" gut vorbereitet zu sein: Die Mehrheit gehörte dem Bildungsbürgertum an und besaß bereits einen akademischen Abschluss. Peter Sepp konnte dies am Beispiel der Frauen in Koinótés ermitteln: 63 % der Befragten besaßen bereits einen akademischen Abschluss, 11 % waren für ein Fach eingeschrieben. Nur 26 % besaßen lediglich einen Fachabschluss. Vgl. Sepp, Geheime Weihen, 81.

handschriftlichen Texte wurden mit Hilfe von „Zyklostyl“ – einer Vervielfältigungsmaschine – den Lesern zugänglich gemacht und blieben somit bis heute erhalten.[149] Seine Vorträge wurden zum großen Teil nur als Mitschriften oder Tonaufnahmen überliefert.

Aus Davídeks Bildungsarbeit im Verborgenen entstand die Koinótés-Gemeinde.[150] Die Koinótés bedeutete für Davídek *die* Urgemeinde, *das* Modellbeispiel für alle ihre Nachfolgerinnen. Ihre Wurzeln sah Davídek schon in seiner Bildungsarbeit der Nachkriegsjahre. Koinótés war ursprünglich ein kleiner Hauskreis, aus dem sich eine stets wachsende Untergrundgemeinde entwickelte. Eigens für die Koinótés erarbeitete Davídek ein konkretes Gemeindekonzept.[151] Koinótés sollte mehr als nur eine Ergänzung der angeschlagenen offiziellen Pfarreistruktur werden. Als Idealbild stand Davídek die Gemeinde als eine Gemeinschaft intensiven christlichen Lebens vor Augen, die sich von der gewöhnlichen, nach dem Ortsprinzip eingerichteten Pfarrei, in ihrer Aufstellung grundlegend unterschied. Das von einem bestimmten Territorium her verfasste Pfarrei-Bild ergänzte Davídek im Untergrund um ein Gemeindebild, das aus lebendiger Christengemeinschaft bestehen sollte, die in freier Initiative und Assoziation aufgebaut wurde.[152] Diese von ihm selbst geleitete Brünner Untergrundgemeinde Koinótés sollte eine prototypisch diakonische und missionarische Basisgemeinde werden, und durch Neugründungen mit weiteren Schwestergemeinden vernetzt werden.

3.1.3 Der Bischof im Untergrund und der Aufstieg von Koinótés 1967–1978

Am 29. Oktober 1967 empfing Felix M. Davídek im Untergrund die Bischofsweihe.[153] In Davídeks Auslegung der besonderen Befugnisse,[154] die an

[149] Vgl. mit „Samizdat“ – dem in politischer Illegalität selbstverlegten Schrifttum.

[150] Zur Entstehung des Begriffs vgl. Kap. 3.1.1 und die dazugehörigen Anmerkungen.

[151] In der Programmschrift „Konkrete spirituelle Arbeit“ (vgl. Kap. 3.2.2) legt er die Grundlagen für den Aufbau der mährischen Untergrundkirche.

[152] Rahner, Wie kann eine Kirche der Zukunft gedacht werden?, in: Ders., Strukturwandel der Kirche als Chance und Aufgabe, Freiburg im Breisgau (u. a.) 1989 [Neuausgabe; Originalausgabe aus 1972], 129 ff.

[153] Eine detaillierte Beschreibung der Weihefolge findet der deutsche Leser in: Kap. „Übersichten über Bischofsweihen im Umkreis Davídeks“ bei Fiala/Hanuš, Die Verborgene Kirche (dt. Ausgabe), 187–189.

[154] Zu den besonderen kirchenrechtlichen Befugnissen vgl. Kap. 2.3.1 dieser Arbeit. Es ist nach wie vor unklar, welchen Wortlaut Davídeks Weihespender Jan Blaha an Davídek vermittelte. Blaha selbst bezeichnet sie als „päpstliche Sondervollmachten (...), zu deren Anwendung ich von einem persönlichen Vertreter des Papstes Pauls VI. berechtigt wurde“. Jan Blaha, Le-

seine Bischofsweihe gekoppelt wurden, sah er sich ab diesem Zeitpunkt bevollmächtigt, selbstständig über die Weihen geeigneter Männer in der Verborgenen Kirche zu entscheiden. Vor allem dank dieser Weihetätigkeit konnte ein Teil von Davídeks Plänen für die Untergrundpastoral Wirklichkeit werden. Die genaue Anzahl der von Davídek gespendeten Priester- und Bischofsweihen ist bis heute schwierig zu ermitteln. Sie wird aber oft als (zu) hoch eingeschätzt.[155] Ich werde im Folgenden nicht auf den Streit um die Legitimität dieser Weihen eingehen, sondern vielmehr eine mögliche theologische Erklärung für Davídeks so intensive Weihetätigkeit vorlegen.

Ende der sechziger und vor allem in den siebziger Jahren erreichte der mährische Untergrundkreis um Felix M. Davídek den Höhepunkt seiner Wirkungskraft. Davídek weitete in diesem Jahrzehnt seine pastorale Aktivität fast auf das gesamte Gebiet der Tschechoslowakei aus. Durch seine Vortragstätigkeit sind einige Gemeinden im Verborgenen entstanden, die auch mithilfe der von ihm geweihten Kleriker aufrechterhalten wurden. Davídek bezeichnete sich als *episkopus in spiritualibus*, als das geistliche Oberhaupt der Untergrundkirche.[156] Durch die Weihen installierte er im Verborgenen eine hierarchische (!) Amtsstruktur, die parallel zu der der offiziellen katholischen Kirche verlief. Sie war geheim und wegen der notwenigen Geheimhaltung auch für die offiziellen Strukturen der katholischen Kirche undurchschaubar. Aus diesem Grund ereilte Davídek mehrmals das offizielle Verbot seiner (Weihe-)Tätigkeit im Untergrund, dem er nie folgte.[157]

---

serbrief von Jan Blaha an: National Catholic Reporter, Mai 2000. Gesehen in: Fiala/Hanuš, Die Verborgene Kirche (dt. Ausgabe), 231–233, hier 232.

Ungeklärt bleibt auch, ob Davídek wider Willen von Blahas Weihespender Peter Dubovský geweiht wurde und ob dieser ihm in Folge dessen die Ausübung der bischöflichen Vollmächte verbat. Davídek scheint sich auf jeden Fall verpflichtet gewesen zu sein, zum Wohle der Kirche in der Tschechoslowakei zu handeln und sich hierzu auf umfassende Befugnisse verlassen zu können. So auch Javorovás persönliches Zeugnis über die an Davídek übertragene Fakultäten. Vgl. Anmerkung 54 im Kap. „Koinótés“ bei Fiala/Hanuš, Skrytá církev [Die Verborgene Kirche] (tsch. Ausgabe), 116. Ob Pius XII. oder Paul VI. der Urheber Davídeks Fakultäten war, gilt ebenfalls als umstritten. Vgl. die Unterschiede bei Liška, Jede Zeit ist gottes Zeit (dt. Ausgabe), 83–89 und Fiala/Hanuš, Die Verborgene Kirche (dt. Ausgabe) 103–124.

155 Die informellen Angaben sprechen von ungefähr 70 Priestern und 8 Bischöfen, die Felix M. Davídek weihte. Vgl. O skryté církvi. Rozhovor Francesca Strazzariho s Miloslavem kardinálem Vlkem [Über die Untergrund-Kirche. Gespräch von Francesco Strazzari mit Miloslav Kardnal Vlk], in: Proglas 4/92, 11–17. In deutscher Übersetzung bei: Liška, Jede Zeit ist Gottes Zeit (dt. Ausgabe), 181.

156 Vgl. Fiala/Hanuš, Verborgene Kirche (dt. Ausgabe), Kap. „Episcopus in Spiritualibus“, 103–124.

157 Davídek misstraute sowohl der Authentizität der kurialen Interventionen als auch der gesamten vatikanischen Ostpolitik unter der Leitung Agostino Casarolis; er sah zudem seine

Ende der siebziger Jahre überschritt der mährische Kreis um Felix M. Davídek seinen Zenit. Gravierende Meinungsverschiedenheiten in der Frage des Frauenpriestertums entzündeten eine schwere Krise, die zum allmählichen Zerfall dieses Netzwerks führte. Die von Davídek mit Nachdruck geforderte synodale Abstimmung über die Zulässigkeit der Frauenordination und seine unmittelbare Reaktion auf das Ergebnis erschütterten die gemeinsame Vertrauensbasis.[158] Im Bewusstsein des heftigen Widerstandes einiger Gemeindemitglieder und der nicht positiv ausgefallenen Abstimmung der einberufenen Synode spendete er einigen Frauen die Diakonen- und die Priesterweihe. Diese Frauenordinationen wurden vor den Mitgliedern der Untergrundkirche geheim gehalten. Die Gründe für die Weihe von Frauen sollen in einem der folgenden Kapitel näher behandelt werden.[159]

3.1.4 Das letzte Dezennium 1978–1988

Im letzten Dezennium seines Lebens wurde Felix Maria Davídek zunehmend durch eine schwere körperliche Krankheit gezeichnet, die vermutlich Folge seiner jahrelangen Haft und eines Autounfalls im Jahr 1972 war. Nach Zeugenaussagen belasteten ihn zudem auch neue kircheninterne Vorwürfe, gegen die er sich kaum wehren konnte. Der Vorwurf der Ungültigkeit seiner eigenen Bischofsweihe – in der Öffentlichkeit war nicht bekannt, wer ihm die Wehe gespendet hatte – konnte aus Gründen der Konspiration nicht öffentlich ausgeräumt werden.[160] Davídek gelang es nie, die mehrdeutigen

---

Arbeit durch das päpstliche (!) Mandat in Gestalt der besonderen Befugnisse legitimiert. Mehr dazu in: Fiala/Hanuš, Die Verborgene Kirche (dt. Ausgabe) 103–124.

158 Die Gruppe der Opponenten aus der Koinótés-Gemeinde erhob Zweifel an der amtstheologischen Legitimation Davídeks bzw. der ordinierten und nichtordinierten Mitglieder Koinótés solch theologisch schwerwiegende Entscheidungen im Alleingang zu treffen. Mehr dazu Kap. 3.5.3. Im Einklang mit den bisherigen Veröffentlichungen bezeichne ich die Zusammenkunft der Gemeindemitglieder zur Entscheidung über die Möglichkeit der Weihe von Frauen in der Koinótés als „Synode" bzw. „Pastoralsynode" (vgl. Fiala/Hanuš, Die Verborgene Kirche (dt. Ausgabe) 87 bzw. Liška, Jede Zeit ist Gottes Zeit, 105 ff.
Nur Peter Sepp bleibt bei Davídeks ursprünglicher Bezeichnung „Konzil des Volkes Gottes", weil es seiner Meinung nach dem Wesen dieser Veranstaltung näher kommt und die Anwesenden ebenfalls die Bezeichnung „Konzil" benutzten. Felix M. Davídek verwendete in den überlieferten Tonaufnahmen beide Bezeichnungen. Aus diesem Grund halte ich die Diskussion über die Bezeichnung für theologisch weniger bedeutend.

159 Vgl. Kap. 3.2.5.

160 Die Bischofsweihe von Jan Blaha (und in Folge dessen auch die von Felix M. Davídek) wurde nach 1989 als gültig anerkannt. Vgl. Erklärung von Jan Blaha, Olomouc 20.10. 1992, in: Církev v podzemí, 126–127 (ursprünglich in: Getsemany 12/92). Diese Erklärung wurde u. a. von Miloslav Kardinal Vlk und dem damaligen Nuntius Giovanni Coppa konsigniert. Die

Äußerungen einiger offiziellen tschechischen Kirchenvertreter zu dem Aufbau der Untergrundkirche, die in einigen Anschuldigungen ihren Nährboden fanden, gänzlich zu entkräften.[161]

Vor allem auch wegen der internen Spaltung der Koinótés nach dem Streit um das Frauenpriestertum nahm in den achtziger Jahren Davídeks kirchenpolitischer und theologischer Einfluss ab. Seine Kräfte reichten nicht mehr aus, um die von ihm ins Amt eingeführten Bischöfe und Priester in ihren Entscheidungen maßgeblich beeinflussen zu können. Auf Davídek fiel der erste Schatten seiner kontroversen amtstheologischen Entscheidungen.

Felix Maria Davídek starb am 16. August 1988 – nur ein Jahr vor dem großen Ereignis der Prager Samtenen Revolution, die seinem Land die Freiheit brachte. Sein persönliches Zeugnis, seine Stellungnahme und die Erklärungen zu der damaligen Ekklesiopraxis im Untergrund vermisst die tschechische Kirche in der Diskussion um das theologische Erbe der Untergrundkirche bis heute schmerzlich.

3.2 Davídeks theologische Initialschriften

Wie wurde Felix M. Davídek zu dem, der er als Theologe war? Sein Werdegang lässt sich an zwei überlieferten Texten zumindest grob rekonstruieren. Dabei ist nicht nur deren Inhalt von Belang, sondern vor allem die Entwicklung Davídeks als Theologe, die zwischen den Zeilen herauszulesen ist. Sie sind ein tief beeindruckendes Zeugnis menschlicher und theologischer Reifung, und sie eröffnen zugleich den Blick für die Leidenschaftlichkeit der Theologie, die in der Kirche der Krise entflammte. Den Eingang in diese Arbeit fanden sie aber nicht nur aus chronologischen Gründen; aus ihnen ist vielmehr eine wichtige Erkenntnis zu gewinnen. Sie sind in diesem Zusammenhang deswegen so bemerkenswert, weil sie Vorboten charakteristischer Merkmale Davídeks Kirchendenkens im Untergrund sind. Es war Felix M. Davídeks Bereitschaft zum *attempto* – ich wage es! –, die schon hier

---

Priester- und Bischofsweihen von Felix M. Davídek wurden dagegen in *Normae* als *dubie valida* bezeichnet. Vgl. Kap. 2.4.

[161] Diese Zweifel betrafen sowohl Davídeks umfangreiche Weihetätigkeit als auch seine psychische Gesundheit und seine mögliche Zusammenarbeit mit der Geheimpolizei. Vgl. Fiala/ Hanuš, Die Verborgene Kirche (dt. Ausgabe), 132–137. Davídek wurde als Agent in der Agenda der Geheimpolizei geführt. Sein Mitarbeiter Bischof Krátký deutete diesen Schritt Davídeks als einen kirchenpolitischen Schachzug, in dem es um den Informationsgewinn ging: „mindestens das, was sie von mir [an Informationszugewinn; P.P.-S.] haben, habe ich von ihnen". Vgl. Stanislav Krátký, K plnosti. Rozhovory Jana Mazance s dobrým bratrem a biskupem skryté církve [Zur Erfüllung. Jan Mazanecs Gespräche mit dem guten Bruder und Bischof der Verborgenen Kirche], Brno 2004, 113.

am Toreingang der Geschichte der tschechischen Untergrundkirche sich manifestierte. Sie setzte sich in seinem theologischen Denken und später auch in seiner pastoralen Praxis fort.

Diese zwei programmatischen Texte heißen „Die christliche Weltanschauung“ (1945) und „Die konkrete spirituelle Arbeit“ (1964).[162] Der erste wurde vor Davídeks vierzehnjährigem Gefängnisaufenthalt, der zweite nach seiner Entlassung verfasst. Zwischen ihnen liegt ein Abschnitt im Leben ihres Verfassers, der ihn zutiefst geprägt hat. In ihnen beiden lassen sich sowohl Davídeks menschliche Entwicklung als auch seine theologische Emanzipation darlegen. Während der junge Davídek mit hervorragenden Rezeptions- und Reproduktionsfähigkeiten besticht, entfaltet er sich später zu einem selbstständigen Denker, der sich zwar der Denkschule seiner theologischen Lehrer verpflichtet weiß, dessen Originalität sich aber sowohl im Inhalt als auch in der theologischen Methode niederschlägt.

3.2.1 „Die christliche Weltanschauung“ (1945)

Den zwanzigseitigen theologischen Essay „Die christliche Weltanschauung“ schrieb Davídek im Dezember 1945.[163] Ursprünglich als Lehrtext für die Schüler des Katholischen Atheneums gedacht, wurde „Die christliche Weltanschauung“ zu einer Programmschrift. Davídek, der im volksnahen, traditionsbewussten katholischen Glauben in Mähren aufwuchs und als Theologiestudent in der neuscholastischen Theologie ausgebildet war, wagte darin an die Verbindung des Glaubens mit der *ratio* zu denken. Er gehörte damit vermutlich zu den Ersten der tschechischen theologischen Schule, die in dieser Zeit anfanghafte Schritte auf dem Weg aus dem erstarrten instruktionstheoretischen Offenbarungsverständnis heraus machten.

Davídek schaute über die Grenzen der Theologie hinaus, tat es dialogisch, aber mit einer ungeleugneten Begeisterung für die thomistische Apologetik. Er stellte in „Christlicher Weltanschauung“ Philosophie und Theologie als zwei wissenschaftliche Disziplinen dar, die die Grenzen der deskriptiven Wissenschaft mit den Fragen nach dem *woher* und *wohin* der

[162] Felix M. Davídek, Křesťanský světový názor [Die christliche Weltanschauung], in: Fiala/Hanuš, Skrytá církev [Verborgene Kirche] (tsch. Originalausgabe), Anlage mit Originaltexten von Felix M. Davídek, 215–233;
Felix M. Davídek, Konkrétní spirituální práce [Die konkrete spirituelle Arbeit], in: Fiala/Hanuš, Skrytá církev [Verborgene Kirche] (tsch. Originalausgabe), Anlage mit Originaltexten von Felix M. Davídek, 236–239.

[163] Davídek, Křesťanský světový názor [Die christliche Weltanschauung], in: Fiala/Hanuš, Skrytá církev [Verborgene Kirche] (tsch. Originalausgabe), Anlage mit Originaltexten von Felix M. Davídek, 215–233. Veröffentlicht erst im Jahr 1948.

Welt sprengen. Er pochte auf die Selbstständigkeit der christlichen Weltanschauung, die sich aus der Kategorie der Offenbarung speist, und stellt sie dem Forschungsstand anderer Wissenschaften gegenüber. Die Evolutionstheorie, die er damals noch als Konkurrenzmodell zur Kategorie der christlichen Offenbarung verstand, bezeichnete er als „eine Hypothese, kein Gesetz“[164]. Dem Evolutionismus stellte Davídek den Kreationismus entgegen. Er wies zugleich auf die Unterschiede der Forschungsmethoden in den einzelnen akademischen Disziplinen hin:

> „sie [die christliche Weltanschauung] unterliegt nicht den Veränderungen, denen die Wissenschaft unterliegt ... und im Gegensatz zu den naturwissenschaftlich arbeitenden Philosophen verteidigt sie die Selbstständigkeit ihrer Methode und Arbeit, die fundamental anders ist als für die Naturwissenschaften und anders als für die Philosophie“[165].

Davídek wehrte sich gegen die autonome Moral, die er als die Moral verstand, „in der die Gesetze jeder für sich bestimmt“.[166] Der autonomen Moral, wie Davídek sie 1945 begriff, „ist der Begriff der Verantwortung für jemanden anderen außer sich selbst fremd“[167]. Der autonomen Moral stellte Davídek die theonome Moral entgegen. Er zweifelte auch die These von der Unfreiheit des Willens des Menschen an. Im Schlussteil von „Christlicher Weltanschauung“ verurteilt Davídek in einer visionären Voraussicht die sozialistische Ordnung als ideologisch und totalitär, weil sie den Menschen seiner persönlichen Freiheiten beraubt, so dass er in ihr die Autorität Gottes nicht mehr befolgen könnte.

Davídeks Argumentation war – vermutlich wegen der angedachten Nutzung als Hochschulskript – didaktisch gut aufbereitet. Davídek bezog sich bei seinen Untersuchungen auf Quellen in deutscher, russischer und englischer Sprache.[168] Seine Erkenntnisse schöpfte er aus Philosophie, Geschichte, Psychologie, Biologie, Medizin und anderen Bereichen der Naturwissenschaften. Davídek zeigte sich bereits hier als kritischer Denker: So befragte er die Quellenliteratur nach ihrer vorläufigen, vielleicht auch nur implizit mitgetragenen Forschungsthese und suchte scharfsinnig nach deren Auflösung. Er blieb nicht an der Textoberfläche stehen, sondern legte die

[164] Ebd., 221.
[165] Ebd., 223.
[166] Ebd., 224.
[167] Ebd.
[168] Davídek beruft sich auf einige Denker sowohl aus dem Bereich der Theologie (John Henry Newman, Romano Guardini, Nikolai O. Losski, Sergei N. Bulgakow u.a.) als auch aus dem Bereich der empirischen Wissenschaften (Albert Einstein, Max Planck, John B. Watson u.a.)

Gedanken der von ihm zitierten Autoren aus und fügte sie in größere Zusammenhänge ein.

Davídeks erste theologische Schrift war nicht frei von scharfen Kanten der apologetischen Wahrheitsverteidigung; seine zunehmende Zurückhaltung gegenüber den Mitteln scholastischer Schultheologie wurde dennoch sichtbar. Zu diesem Schluss kam bereits Pavel Ambros in seiner überzeugenden Studie „Wohin steuert die tschechische katholische Kirche?“, in der er Felix M. Davídeks Theologie allerdings nur kurz erwähnt: „Felix M. Davídek entsagte sich des apologetischen und neoscholastischen Zugangs und unter dem Einfluss von Dominik Pecka baute er seinen Ausgangspunkt auf der christlichen Weltanschauung.“[169]

Trotzdem scheint Felix M. Davídeks Denken in einem nicht geringen Maße die Fortsetzung der damaligen Schultheologie zu sein. Er setzte sich auseinander mit einem ersten, an mancher Stelle verzerrten Bild der Evolution, das er dann folgerichtig verwarf. In der Entschlossenheit seiner Urteilskraft neigte er zu einer polarisierten Gegenüberstellung von Offenbarung und Wissenschaft.

Doch Davídek konnte aus seinen „theologischen Sackgassen“ lernen. Den Irrtum erkennen und bekennen schien ihm ein wichtiges wissenschaftliches Postulat zu sein. Selbstkritisch wird in der Folge gerade die in dieser Schrift so harsch verurteilte Evolutionstheorie von ihm selbst neu bewertet werden. In Gestalt der Theologie des französischen Jesuiten Teilhard de Chardin wird gerade sie zum Grundstein von Davídeks Ekklesiologie für die Untergrundkirche.

3.2.2 „Die konkrete spirituelle Arbeit“ (1964)

Die Jahre von 1950 bis 1964 verbrachte Felix M. Davídek in kommunistischer Haft. Vermutlich nur wenige Monate nach seiner Entlassung im Jahr 1964 schrieb er ein nur vierseitiges Manifest „Die konkrete spirituelle Ar-

169 Pavel Ambros, Kam směřuje česká katolická církev? Teologie obnovy místní církve v Čechách a na Moravě, její základní pastorační postoje a orientace pro třetí tisíciletí [Wohin steuert die tschechische katholische Kirche? Die Theologie der Erneuerung der lokalen Kirche in Böhmen und Mähren, ihre grundlegenden pastoralen Haltungen und die Orientierung für das dritte Jahrtausend], Velehrad 1999, 84. Davídek verzichtete zudem ausdrücklich auf eine autoritative, rational gesteuerte Argumentation zu Gunsten des Glaubens: „zum Glauben bringt nicht nur die Vernunft, der Glaube ist auch Gnade ... *fides est gratia gratis data*“. Vgl. Davídek, Křesťanský světový názor [Die christliche Weltanschauung], 216 f.

beit".[170] Es ist eines der Beweise für die Vermutung, dass Davídek bereits im Gefängnis einen konkreten Plan für die Ekklesiopraxis im katholischen Untergrund entwarf. Der markante Unterschied zur „Christlichen Weltanschauung" wurde bereits 1999 von dem profanhistorischen Forscherteam Fiala/Hanuš erkannt:

> „Aus dem vor allem durch die Methoden und den Stil seines Lehrers Dominik Pecka geprägten Apologeten wurde ein Denker, der unbestreitbar schon in dieser Zeit vom Werk Pierre Teilhard de Chardins und von weiteren neuen Sichtweisen und Wissensbereichen beeinflusst war. Der Text Konkrete spirituelle Arbeit steht am Beginn der Schaffensperiode Davídeks, die dem Aufbau der Strukturen der Untergrundkirche in den sechziger Jahren gewidmet war. Diese Überlegung kann man als Prolog und Programm seiner weiteren, oft reformerischen und durch den Glauben an die Parusie geprägten Tätigkeiten und Arbeiten verstehen. Er lehnt in ihr das Beharren auf der traditionellen Form der Pastoral ab und fordert einen neuen christlich-positiven Zugang zur Welt ein."[171]

Dieser Erkenntnis hinzuzufügen sind die ersten konkreten Folgen, die Teilhard de Chardins Weltanschauung auf die Kirchenkonzeption von Davídeks hatte: In einem ersten Schritt übte er wie der französische Jesuit Kritik an der verhängnisvollen Trennung zwischen dem Bereich des Profanen, das von Christen leichtfertig verlassen oder gar dämonisiert werde, und dem Göttlichen, das der Christ denkt, nur außerhalb dieser Welt finden zu können: „Gott will wirklich regieren, aber dieses Königreich [= die profane Welt; P.S.] wird für ihn nicht vorbereitet. Die Christen wandern freiwillig aus ihm aus, oder aber sie lassen sich aus ihm vertreiben."[172]

Den Berührungsängsten des heutigen Christen mit der Profanität stellte Davídek dann das Modell des Christentums als *der* Instanz in *dieser* Welt entgegen. Der Glaube der Christen solle die Welt durch seine sakramentale Tiefendimension heiligen. Davídek schärft seinen Blick auf jeden Glaubenden als ‚Apostel':

[170] Felix M. Davídek, Konkrétní spirituální práce [Die konkrete spirituelle Arbeit], in: Fiala/Hanuš, Skrytá církev [Verborgene Kirche] (tsch. Originalausgabe), Anlage mit Originaltexten von Felix M. Davídek, 236–239.

[171] Fiala/Hanuš, Verborgene Kirche (dt. Ausgabe), 54.

[172] Davídek, Konkrétní spirituální práce [Die konkrete spirituelle Arbeit], 237.

> „DIE AUFGABE IST ES NICHT als Erbauer der chinesischen Mauern zu kommen. Seine [des Apostels = des Christen; P.S.] Aufgabe ist eine gänzlich andere: KOMMEN, MAUERN EINREISSEN, HEILIGEN.“[173]

Die Welt soll kein feindliches Gebiet mehr sein für den Christen; sie sollen das Reich Gottes durch ihr Apostolat aktiv mitgestalten:

> „Die Tragikomödie besteht darin, dass wir die Schauplätze unseres Lebens, die wir zeitweilig bewohnen, nicht segnen und nicht umgestalten wollen; diese Orte, wo gekämpft wird um Glauben, Hoffnung und Liebe mit Hilfe von Glauben, Hoffnung und Liebe; die Schauplätze unseres Lebens, wo wir von unserer heftigen Sehnsucht nach der Parusie leben, der Ankunft Christi. Nur aus solchen unausgetragenen religiösen Ideen entsteht der [Über-; P.S.] Mut, das Himmelreich erringen [zu wollen], ohne dass der Christ es wagte, die Welt zu erringen.“[174]

In der Mitte von Davídeks Theologie stand ab jetzt die Überzeugung, als Christin und Christ aktiv an der Neuevangelisierung der Welt mitwirken zu können (Davídek spricht von *actio*), dazu berufen zu sein, die Welt durch die Verkündigung der frohen Botschaft zu Vollkommenheit zu führen (Davídek spricht von *missio*):

> „Der Apostel, dem ein gewisses Maß an ars regnandi anvertraut wurde – der Kunst des HERRSCHENS – (…) FÜHRT DIESE WELT ZUR GANZHEIT, ZUR VOLLKOMMENHEIT.“[175]

Das Wort „konkret“ in der Überschrift von „Konkreter spiritueller Arbeit“ wurzelt in Davídeks Überzeugung, dass jeder Einzelne aufgefordert sei, sich unbedingt konkret an diesem Apostolat zu beteiligen, nur dann könne die Menschheit zur Vollkommenheit gelangen: „Deshalb zuerst die Heiligung seines eigenen inneren Lebens, und dann von allem dem, was außer uns ist, der ganzen Schöpfung; von allem, was mit dem Menschen fiel.“[176]

---

[173] Ebd. An allen Stellen dieser Arbeit wird die (teils sehr ungewöhnliche) Orthographie des Originaltextes in deutscher Übersetzung wiedergegeben: Alle Hervorhebungen wie Großbuchstaben lehnen an den Originaltext an.
Das tschechische Verb ‚posvěcovat‘ erlaubt unterschiedliche Übersetzungen (segnen, weihen, heiligen), am zutreffendsten in der Semantik der deutschen theologischen Fachsprache liegt meiner Meinung nach in diesem Kontext das Verb ‚heiligen‘.

[174] Davídek, Konkrétní spirituální práce [Die konkrete spirituelle Arbeit], 237.

[175] Ebd., 239.

[176] Ebd., 238.

Der Versuch, den Dualismus zwischen Gott und der Welt bzw. dem Geist und der Materie zu überwinden, das bewusste Streben hin zur Vollkommenheit, die Dynamik des Denkens und Teilhards Positivismus – dies alles sind Motive einer Theologie, die Felix M. Davídek in der Theologie des französischen Priester, Jesuiten und Paläontologen Teilhard de Chardin für sich entdeckte. Noch fehlen in diesem Text bekannte Schlagworte der Teilhardschen Theologie und die Namensnennung seines Ideengebers (!), dennoch ist es nicht mehr vor der Hand zu weisen: Das Bemühen um eine Synthese wissenschaftlicher Erkenntnisse, die Überzeugung, dass der Mensch als Mitte der zu erforschenden Weltordnung und die Dynamik hin zu einem finalen Aspekt (bei Davídek: Parusie) zu begreifen sind, stellen die wichtigsten Bausteine in Davídeks theologischer Konzeption und der entsprechenden Methode, die durch Teilhard de Chardin inspiriert wurde.

Teilhard de Chardins ungebrochenen Fortschrittsoptimismus übertrug Felix M. Davídek in die theologische Anthropologie, in seine Ekklesiologie und nicht zuletzt auch in seine (umstrittene) Amtstheologie – wie wir es nicht nur am Beispiel der Frauenordination beobachten werden. Bereits die Schlussfolgerungen für die Ekklesiologie erfolgten von Grund aus: Die konkrete spirituelle Arbeit bestand in der Aufforderung zur unversieglichen Realisierung der Sendung der Kirche und jeder ihrer Gemeinschaft. Felix M. Davídek begab sich dabei seit dem Jahr 1960 zunehmend in die geistige Sohnschaft Teilhard de Chardins. Teilhard de Chardin wird von ihm sogar zum Patron seiner Untergrundgemeinde ernannt.[177] Davídek dachte Teilhards Theologie weiter. Ich gehe davon aus, dass der Schlüssel zu Davídeks Denken und Handeln seine eigenartige Interpretation bzw. Weiterführung der Teilhardschen Theologie in den tschechischen Kontext ist.

3.3 Die Grundhaltungen in Davídeks theologischem Denken

Im Denken und Handeln Felix Maria Davídeks konnte ich zwei Grundhaltungen entdecken, die einen Wachstums- und Reifungsprozess durchliefen. (1) Davídek begab sich in der Gestaltung der Pastoral seines Untergrundnetzwerkes bewusst in den Dienst der Ortsgemeinde an der Verkündigung. (2) Die Besonderheiten seiner Sichtweise der Untergrundkirche gründeten in der Interdisziplinarität seines Denkens, in der evolutiven

[177] Teilhard de Chardin wird sogar in einem Davídeks Hirtenbriefe als Fürsprecher der Koinótés-Gemeinde empfohlen. Vgl. Felix M. Davídek, Pastýřský list [Der Hirtenbrief], in: Fiala/Hanuš, Skrytá církev [Verborgene Kirche] (tsch. Originalausgabe), Anlage mit Originaltexten von Felix M. Davídek, 278–281, 279.

Sichtweise der Heilsgeschichte, in der Anthropozentrik und der Synthese als seiner bevorzugten wissenschaftlichen Methode. Mit dieser Methode verließ Davídek endgültig die aristotelisch-thomistische Philosophie, in deren Ethos er ausgebildet wurde.

3.3.1 Teilhard de Chardin und Felix M. Davídek: Die menschlichen Parallelen

Es gibt viele Parallelen zwischen Teilhard und Davídek, sowohl in ihrem Leben als auch in ihrer Weltanschauung. Letzteres ist freilich darauf zurückzuführen, dass Davídek sich Anfang der sechziger Jahre bewusst in eine geistige Sohnschaft Teilhards begab.

Weder Teilhard de Chardin noch Felix M. Davídek waren Pfarrer, Seelsorger oder Theologen im geläufigen Sinn. Sie beide besaßen bereits im Schulalter eine ausgeprägte Beobachtungsgabe, sie waren beide fasziniert von der Natur und den Naturwissenschaften. Davídek teilte Teilhards Begeisterung für die Bewegung, die Evolution des Kosmos in der Zeit, mit der Teilhard den starren aristotelischen Dualismus zwischen Geist und Materie ablöste. Beider theologische Argumentation galt aber genauso leidenschaftlich auch der Apologie des Glaubens und der Kirche. Gemeinsam waren ihnen auch eine erstaunliche Arbeitsdisziplin und zugleich die Sehnsucht nach geistlicher Vertiefung. Beide erwiesen sich als hervorragende Autodidakten und gleichzeitig erfolgreiche Lehrer, die auch verschiedenste Zielgruppen – von Intellektuellen bis zum Arbeitermilieu – erreichten.[178] Sie erlebten das existentielle Tief in Gestalt von Krieg, Ge-

[178] Nicht nur Felix M. Davídek, sondern die tschechische Theologie der sechziger und siebziger Jahre brachte Teilhard de Chardin eine große Sympathie entgegen. Die Lehre von Teilhard de Chardin war Gegenstand der Gespräche im ökumenischen Seminar in Jircháře in Prag. Für die tschechischen Intellektuellen bedeutete Teilhard eine Wende im katholischen Denken der ersten Hälfte des 20. Jahrhunderts, das in ihrer Wahrnehmung „zwar nach außen apologetisch borstig und kämpferisch, aber nach innen irgendwie vorsichtig, wenn nicht gar ängstlich" gewirkt hatte, „wie wenn es um den eigenen Katholizismus fürchten würde, dass dieses Denken ihn mit irgendeiner Unachtsamkeit kränken oder ihn gar erzürnen könnte. Es litt unter der Schwere der kirchlichen Autorität und der riesigen Tradition, von der es auf gar keinen Fall abweichen wollte". Teilhards Theologie stand dagegen im Vorzeichen „der frischen Luft der westlichen katholischen Erneuerung, die schließlich zum Konzil führte, zur Ökumene und zum Dialog, und das noch ausdrucksvoller als die berühmten Theologen der Zeit Congar, Daniélou, Rahner oder Schillebeeckx, die immer noch eng von der tridentinischen Tradition gefesselt waren, mit ihren Problemen, Begriffen und ihrer Sprache – und sei es auch nur in der Polemik mit ihr." Vgl. Jan Sokol, Teilhard tehdy a dnes [Teilhard damals und heute], in: Teologie a společnost 2 (2005) 14–16, 14.

fängnis und dem frühem Tod ihrer Familienangehörigen. Ähnlich wie später Davídek erfuhr auch de Chardin trotz bewegter Lebensumstände das Gefühl der endzeitlichen Sinngebung. Teilhard de Chardin war auf ein verborgenes Leben ausgerichtet, das geheimnisvoller ist als das, welches uns die Geschichte unter gewöhnlichen Umständen aufzudecken erlaubt.

Teilhard de Chardin scheint ähnlich wie Davídek schon in jungen Jahren die Eingebung gehabt zu haben, an einem besonderen Zeitpunkt der Geschichte teilzuhaben, sie selbst mitgestalten zu können:

> „es übermannte mich der Gedanke, dass ich die Ehre habe, auf einem von zwei oder drei Orten zu stehen, an dem in diesem konkreten Augenblick das Leben des Kosmos gleich aufwallen wird, um sofort wieder abzufallen, so dass die Orte der Pein bloßgestellt werden; aber gerade hier formt sich die große Zukunft (das glaube ich immer mehr)“[179]

In ähnlicher Weise war auch Davídek überzeugt, in einer Umbruchzeit (Davídek sprach von *Kairos*) zu leben, deren untätiges Verstreichenlassen verlorene Chancen zur Konsequenz hätte. Davídek nahm an, jeder Christ sei dazu berufen, die Zukunft der Menschheit und damit auch der Kirche aktiv mitzugestalten. Er glaubte sogar, jeder Mensch sei zu einer aktiven Zusammenarbeit mit Gott verpflichtet – im Sinne einer *Conditio-sine-qua-non*, damit die Welt ihr Ziel (Davídek sprach von *Parusie)* erreichen kann:

> „man hat die Zukunft der Kirche in der Welt und bei uns vor sich – und bei uns (…) keine besonders rosige [Zukunft]; ich wollte nicht mit gefalteten

Jan Sokol und Karel Vrána, katholische Denker aus Davídeks Generation, nennen für die Begeisterung für Teilhard de Chardin mehrere Gründe: das Denken, das aus der Naturwissenschaft erwuchs und versuchte, den Glauben mit der Wissenschaft auszusöhnen, die Bemühung um die Klarheit des Gedankens und der Argumente, die Überzeugungskraft der sachlichen Zusammenhänge, die mehr durch ihre eigene Schlüssigkeit als durch gekonnte Zungenfertigkeit bestachen, die Betonung des Glaubens und der Hoffnung in die Zukunft der Menschheit. Teilhards Glauben an das Kommen der Herrschaft Gottes – auch wenn die beobachtbare Entwicklung keinen Anlass zum baldigen Ende des Leidens bietet – brachte in die Düsternis des christlichen Untergrunds Hoffnung, auf die er so lange wartete. Teilhard wurde paradoxerweise auch zur Brücke im Dialog zwischen den katholischen Intellektuellen im Prager Untergrund und einigen jungen tschechischen Marxisten, die sich von dem Panzer des verpflichtenden Parteidenkens zu befreien versuchten. Vgl. Jan Sokol, Teilhard tehdy a dnes [Teilhard damals und heute], ebd.

[179] So Teilhards Empfindungen während der schweren Kämpfe bei Verdun 1916. Vgl. John a Mary Evelyn Grim [sic! Richtig ist: Mary Evelyn Tucker und John Grim], Teilhard de Chardin. Krátký životopis [Teilhard de Chardin. Kurzer Lebenslauf], in: Teologie a společnost [Theologie und Gesellschaft] 2 (2005) 5.

Händen warten, unvorbereitet. Sich nicht vorzubereiten, bedeutete damals und bedeutet auch immer noch für mich: nicht leben."[180]

An dieser Stelle lässt sich Davídeks erste Sinnverschiebung gegenüber Teilhards Theologie beobachten. Sie bestand darin, die tägliche aktive Nutzung der göttlichen Energie zu einer notwendigen Bedingung für das Kommen der Parusie zu erheben. Für Davídeks Schüler Frank Mikeš liegt sogar gerade darin Davídeks Beitrag für die Kirche:

> „Davídek kommt zu einer neuen Spiritualität; darin führt er uns vor Augen das notwendigste SEIN als ACTIO, bzw. als eine gezielte Aktivität der Menschheit hin in die Richtung der Parusie[.] [E]r [Davídek] führt sie detailliert aus und gibt uns einen neuen Blick auf den Weg zum Heil. (...) Davídek fordert uns praktisch bei jedem Kontakt auf, mit dieser Energie der Aktivität und ausdrücklich auch Passivität (...) täglich zu arbeiten. Teilhard reist das dualistische Denken ab [sic! reist ein, P.S.], indem er allen unseren Mühen, nicht nur in der geistlichen Welt, sondern auch in der materiellen, ihren Wert gibt[.] Davídek macht daraus die Bedingung sine qua non des Weges zum Heil. (...) Was Teilhard lehrte, applizierte Davídek in der Praxis und erweiterte es."[181]

An Davídeks auf die Vollendung der Weltgeschichte hin gedachte Theologie, die durch Teilhard de Chardin inspiriert wurde, erinnern außer Mikeš noch andere Davídeks Schüler.[182] Im folgenden Kapitel werden wir

---

[180] Davídek, Bohuslav Burian, Maschinenschrift, keine Seitenangabe. Gesehen in: Fiala/Hanuš, Verborgene Kirche (dt. Ausgabe), 33. Korrigierte dt. Übersetzung.

[181] František Mikeš, Biskup Felix Maria Davídek, jeho multidisciplinární teologie a řád praxe [Bischof Felix Maria Davídek, seine multidisziplinäre Theologie und die Praxisordnung], in: Lenka Karfíková u. a. (Hg.), *Život se tvoří z přítomné chvíle. Česká katolická teologie po druhé světové válce* [Das Leben schafft sich aus dem gegenwärtigen Augenblick. Tschechische katholische Theologie nach dem zweiten Weltkrieg]. Brno 1998, 81–102, 88.

[182] Beachte vor allem das besonders glaubhafte und differenzierte Zeugnis des Untergrundbischofs und Davídeks geistigen Weggefährten Stanislav Krátký: Stanislav Krátký, K plnosti. Rozhovory Jana Mazance s dobrým bratrem a biskupem skryté církve [Zur Erfüllung. Jan Mazanecs Gespräche mit dem guten Bruder und Bischof der Verborgenen Kirche], Brno 2004. Vgl. auch Miriam T. Winterová, Z hlubin bezedných, Příběh Ludmily Javorové vysvěcené na římskokatolického kněze [Aus der abgründigen Tiefe. Die Geschichte von Ludmila Javorová, geweiht zum römisch-katholischen Priester], Brno 2003, 80. Trotzdem ist es sehr auffällig, dass außer Mikeš kein anderer Davídeks Schüler eine so gute Erinnerung an diese Grundlagen Davídeks Theologie hat – und das obwohl die bisher publizierten authentischen Davídeks Texte nahezu durchtränkt von parusialem Weltverständnis sind! Die meisten der ehemaligen Koinótés-Mitglieder erwähnen dies aber nur stichwortartig. Dieser Zustand untermauert das Zeugnis von Josef Šik im Kap. 3.4.1 dieser Arbeit.

auf Davídeks Rezeption der Theologie von Teilhard de Chardin noch näher eingehen.

Sowohl Teilhard als auch Davídek sprachen mit ihrer neuen theologischen Methode, die auf die Aussöhnung zwischen Christentum und Naturwissenschaften bedacht war, vor allem die Christen an, die einen wachsenden Widerspruch zwischen den Nöten des modernen Menschen und den Glaubensformen spürten, die das Lehramt der ersten Hälfte des 20. Jahrhunderts als authentisch und treu gelten ließ. Felix M. Davídek wurde durch den veränderten Lebenskontext der katholischen Kirche in der Tschechoslowakei geradezu herausgefordert, angesichts der wachsenden Kluft zwischen dem im Theologistudium erworbenen Wissen und den Ansprüchen des Glaubenslebens in der Illegalität nach neuen Wegen zu suchen.

Beide, Teilhard und Davídek, verbrachten einen großen Teil ihres Lebens in Isolation – Teilhard in chinesischem bzw. amerikanischem Exil, Davídek als für die politischen Machthaber gefährlicher Andersdenker im Gefängnis. In den Schriften von Felix M. Davídek zeigt sich noch mehr als bei Teilhard de Chardin die Härte intellektueller Isolation und vor allem der Mangel an ebenbürtigen Gesprächspartnern, die sein Denken verstehen würden. Davídeks Theologie fehlte der intellektuelle Austausch, der ihn gezwungen hätte, seine Gedanken im Dialog mit anderen zu präzisieren und zu differenzieren.[183]

Bei Teilhard und bei Davídek steht der Christ in der Mitte der Schöpfung, die auf Gott hin geordnet ist. Wenn es der Missionsauftrag des Priesters war, der Davídek anfänglich zum Theologiestudium bewog, [184] dann wurde dieser im Laufe seines Lebens im Sinne der Teilhardschen Theologie umgewandelt. Nach dem Studium der Werke Teilhards sah Davídek jeden einzelnen Christen in den Dienst der aktiven Teilnahme an der Verkündigung der Kirche. Mut anstatt Angst, Hoffnung anstatt Resignation – das waren Davídeks Prämissen für den missionarischen Erfolg in der tschechischen Kirche 1948–1989. An die erste Stelle stellte Davídek der Kirche die Aufgabe, nicht auf sich selbst, sondern durch sich selbst auf das stets Größere, das die menschlichen Maßstäbe durchbricht, zu verweisen: Gott selbst, der sich uns in Christus, der frohen Botschaft, offenbarte. In den Dienst am Christus, am Evangelium stellte Davídek die tschechische Verborgene Kir-

[183] Davídek war ein Meister rhetorischer Sprachfiguren. Mit Vorliebe benutzte er Verallgemeinerungen bzw. zugespitzte Formulierungen. Näheres vgl. die folgenden Kapitel dieser Arbeit.

[184] So einstimmig Davídeks Biographen Fiala/Hanuš, Verborgene Kirche (dt. Ausgabe) 28; Miriam T. Winterová, Z hlubin bezedných [Aus der abgründigen Tiefe] 30; Liška, Jeder Zeit ist Gottes Zeit (dt. Ausgabe) 61. Davídek schrieb sich zum Theologiestudium mit dem Ziel, Missionar in Südamerika zu werden.

che; Christus und seiner Sendung soll alles andere unterordnet werden.[185] Das Volk Gottes benötige stets gute Kenntnis der Schrift, damit es gerade auch dieser schwierigen Zeit standhalten könne. Eine solche Ortskirche, die unter der kommunistischen Sichel ihr Leben gestalten muss, brauche tapfere Zeugen des Glaubens. Davídeks Ziel nach seiner Gefängnisentlassung 1964 war eine umfassende Pastoral, die über die Grenzen der Gemeinde hinausging und die zweifelnden Suchenden dort aufsuchte, wo auch immer sie im Leben standen.

Für Davídek war Teilhard de Chardin nicht nur ein bemerkenswerter Denker, über dessen Ideen er interessierte Zuhörer in den geheimen Wohnseminaren der tschechischen Untergrundkirche aufgeklärt hatte. Davídek war entschlossen, Teilhards theologisch-evolutionäre Theologie auch in konkrete pastorale Formen umzusetzen. So war der französische Jesuit für ihn der Wegweiser der zukünftigen Gestalt der katholischen Kirche, ein moderner Prophet, dessen Ideen zwingend umgesetzt werden müssten, damit die Menschheit ihren Lauf hin zum Punkt Omega (Davídek sprach von *Parusie-Geschehen*) beschleunigen könne.[186] Ich gehe im Folgenden davon aus, dass Davídeks Vision für die Kirche im Verborgenen die gelebte Akkommodation von Teilhards Theologie in den tschechischen theologischen und pastoralen Kontext war. Die Kenntnis des immensen Einflusses, den die Teilhardsche Theologie ausübte, wirft ein neues Licht auf Davídeks eigene theologische Gedankenwelt. Aus ihr heraus werde ich zudem versuchen, einige Davídeks umstrittenen amtstheologischen Entscheidungen neu zu bewerten.[187]

Ähnlich wie Teilhard de Chardin berührte Felix M. Davídek auf dem Weg zum Idealbild der (Untergrund-)Kirche die Grenzen der damaligen Auslegung der Kirchenlehre. Aber anders als Teilhard war er bereit, für die Verwirklichung seiner Vision die Überschreitung der Kirchendisziplin in Kauf zu nehmen.[188] Die Kirche – vor allem in der Person ihrer ordinierten Amtsträger – dürfe in der Krisenzeit nicht warten, sondern müsse handeln. Davídek warf den Repräsentanten der offiziellen Verwaltungsorgane der Kirche Passivität oder gar den Rückzug aus ihrer Verantwortung vor. Er dagegen war überzeugt, von Anfang an im Hier und Jetzt als Christ zum

[185] Vgl. Kap. 3.4.2 und Davídeks (Bischofs-)Weiheintention im Kap. 3.5.
[186] Zur Parusiebeschleunigung vgl. Kap. 3.3.2.3.
[187] Vgl. Kap. 3.5.
[188] Davídek entsetzte sich sowohl der frühen Kritik seines Diözesanbischofs als auch der später gekommenen Weisungen der Abgesandten der römischen Kurie. In seinem Handeln bestärkte ihn die Auffassung, die römische Kurie kenne die konkrete Situation der tschechischen Untergrundkirche nicht ausreichend genug, um sinngebend über sie entscheiden zu können. Vgl. Davídeks Verständnis der besonderen kirchenrechtlichen Befugnisse im Kap. 2.3.1 und seinen Werdegang im Kap. 3.1.

Handeln verpflichtet zu sein – auf das Risiko hin, eigene Fehler später korrigieren zu müssen:

> „Die Kirche schließt heute nicht auf, obwohl sie die Schlüssel hat, sondern rasselt nur mit ihnen, wie der Kerkermeister in Mírov. Das ist eine schreckliche Verantwortung. Öffnen muss sie sich, auch trotz möglicher Irrtümer, die daraus entstehen können. Das sage ich auch über mich selbst."[189]

Davídek kritisierte jegliche Verhaltensformen als unzureichend, die nicht aktiv am herrschenden *status quo* der Lage der Kirche rüttelten: der Verweis auf Gottes Willen reiche nicht, die Flucht ins Spirituelle oder die Kampfgebete ebenfalls nicht. Dies seien nur spirituell verklärte Formen der verhüllten Verantwortungslosigkeit, in denen man sich ins Warten flüchte. Das Warten in allen seinen Formen avancierte in Davídek Theologie zu einer besonders gefährlichen theologischen Kategorie:

> „Davídek ist der Feind des Wartens. Mit seinem ganzen Wesen glaubte er, dass das Böse, dass der Teufel keine Zeit hat, und deshalb müssen nach Davídeks Überzeugung wir dementsprechend vorbeugend handeln. Auf einem Seminar über das Böse sagt [Davídek], dass der Teufel der größte Feind der Parusieannäherung ist."[190]

Die Parusie und die Notwendigkeit ihrer Annäherung rückten nach Aussagen der Koinótés-Mitglieder immer mehr in den Mittelpunkt von Davídeks Theologie.

Wie Teilhard de Chardin starb auch Felix M. Davídek „im Exil". Nur war es für ihn vielmehr eine freiwillige bzw. selbstgewählte innere Abgeschiedenheit, in die er sich selbst hineinmanövrierte, nachdem er auch innerhalb der Koinótés-Gemeinde teils kompromisslos seine theologische Vision für den tschechischen Untergrund umzusetzen versuchte.

---

[189] Fiala/Hanuš, Verborgene Kirche (dt. Ausgabe), 73. Mírov ist eine mittelalterliche Burg, die im 17. Jh. zu einer mächtigen barocken Festungsanlage ausgebaut wurde. Seitdem befindet sich darin eines der berüchtigtsten Gefängnisse in Tschechien.

[190] Mikeš, Biskup Felix Maria Davídek [Bischof Felix Maria Davídek], in: Lenka Karfíková u. a. (Hg.), Život se tvoří z přítomné chvíle [Das Leben schafft sich aus dem gegenwärtigen Augenblick.], 81–102, 93.

3.3.2 Die Übertragung von Teilhards Evolutionstheorie in den Kontext der Untergrundkirche

3.3.2.1 Davídeks Begeisterung für die evolutive Weltanschauung

Die Schrecken des Zweiten Weltkrieges, die aggressive atheistische Propaganda der kommunistischen Regimes, die politischen Schauprozesse der fünfziger Jahre – all das ließ unter den katholischen Gläubigen in der Tschechoslowakei die Atmosphäre der Angst wachsen.[191] Die Passivität im Bangen ums Überleben der tschechischen katholischen Ortskirche prangerte Davídek von Anfang an als die entblößte Quelle der Erlahmung der Kirche in der Tschechoslowakei an.[192] Bei der Suche nach der Überwindung dieser Angst – die Angst ist eine sehr empfindliche Stelle Davídeks Theologie – kommt ihm die Teilhardsche Grundhaltung der Hoffnung sehr entgegen; nicht nur die Drohungen und Gefahren der Zeit zu sehen, sondern auch die Möglichkeiten und Verheißungen. Für Davídek stellt das Werk Teilhards *die* erfolgreiche Synthese einer modernen Weltsicht dar. Die Überwindung der menschlichen Angst scheint für ihn der springende Punkt der Teilhardschen Theologie gewesen zu sein. Die Angst wird zum Ausschlusskriterium für das Engagement in der Untergrundkirche:

> „Denen, die Angst haben: (…) Unter Angst lässt sich nicht arbeiten. Diese Menschen könnten sich nicht frei entscheiden. Deswegen rufe ich sie dazu auf (…), dass sie sich von der gesamten ‚zweiten Linie' [= Davídeks Untergrundkirche; P.S.] fern halten."[193]

Auch in diesem Aspekt lehnt sich Davídek an Teilhard an. Die Angst wird von diesem als Konter-Evolution entlarvt, die Angst sei die mentale und geistliche Blockade des Menschen.[194] Stattdessen gründet Teilhards Theologie auf einem existentiellen Vertrauen und Fortschrittsoptimismus, die der Angst entgegengesetzt werden. Die Christen müssen den Weg aus ihrer Angst finden, um am Beispiel der Apostel diese Welt umgestalten zu können. Davídek überträgt das Teilhardsche Denken zwangsläufig auf den

[191] Vgl. Kap. 2.2 dieser Arbeit.

[192] Vgl. Felix M. Davídek, Activitas, in: Fiala/Hanuš, Skrytá církev [Verborgene Kirche] (tsch. Originalausgabe), Anlage mit Originaltexten von Felix M. Davídek, 240–242.

[193] Felix M. Davídek, O koncilu Božího lidu [Über das Konzil des Gottesvolkes], in: Fiala/Hanuš, Skrytá církev [Verborgene Kirche] (tsch. Originalausgabe), Anlage mit Originaltexten von Felix M. Davídek, 320–322.

[194] Vgl. Thomas Broch, Denker der Krise – Vermittler der Hoffnung. Pierre Teilhard de Chardin, Würzburg 2000, 37 f.

tschechischen Kirchenkontext, er führt es aber auch weiter, indem er nach Möglichkeiten für einen wahren Fortschritt gegen den „Anti-Geist" des Atheismus sucht. Felix Maria Davídek teilt also den Fortschrittsoptimismus von Teilhard de Chardin und ist überzeugt davon, dass dessen Evolutionslehre der entscheidende Lösungsansatz für die Kirche in der Tschechoslowakei ist.[195]

In dem französischen Jesuiten, Theologen und Paläontologen sieht Davídek einen Visionär der Einheit, der in der Evolution nichts Zufälliges sieht, sondern sie als eine Bewegung hin zu immer komplexeren Organisationsstrukturen deutet. Davídek übernimmt von Teilhard nicht nur viele seiner Schlüsselbegriffe, sondern sogar dessen teils ungewöhnliche Schreibweise wie die Hervorhebungen durch Großbuchstaben. Diese Eigentümlichkeiten erschwerten dem tschechischen Zuhörer und Leser, dem die Gedankenwelt Teilhards zunächst vollkommen unbekannt war (und bis heute oft ist!), das Verständnis von Davídeks Werk.

Teilhard und in seiner Nachfolge auch Davídek verstehen Evolution als eine Entwicklung des menschlichen Bewusstseins: Nicht nur die Materie, sondern auch das menschliche Bewusstsein entwickle sich zu immer größerer Komplexität und das lasse sich auch physisch abbilden. Diese neue, „denkende Schicht", die sich über der Biosphäre erhebt, wird von Teilhard als „Noosphäre" bezeichnet.[196] Die Menschheit überlagert die Biosphäre, sie ist kohärenter, geschlossener, zentrierter und reflektierter.[197] Sie ist ein Teil der innerweltlichen Energie, die mit ihrem geschichtlichen, evolutiven Wesen den Weg in die überweltliche Zukunft weist. Das Ziel der Evolution, die sich in der voranschreitenden Bewegung aller Elemente in der Welt erspüren lässt, ist der Punkt Omega. Die evolutive Entwicklung lässt sich auch in der Noosphäre beobachten: in Form von sozialen Organisationen, in Staatsformen, in dem Aufkommen der Kulturen und Zivilisationen, in gemeinsamer Forschung, Verantwortung und im leidenschaftlichen Engagement für den Fortschritt der gesamten Menschheit. Der heute sozialisierte Mensch ist der komplexen Weltvernetzung fähig, er lebt schon seit Jahrzehnten in einer globalisierten Welt.[198] Für Teilhard und Davídek ist die zunehmende, erfolgreiche Organisation ein Zeichen dafür, dass die Menschheit dem Gipfelpunkt Omega näher kommt: „Der Prozeß ‚fort-

[195] Die ersten direkten Verweise auf Teilhardsche Theologie finden wir in Davídeks Werk bereits im Jahr 1964 – dem Jahr seiner Gefängnisentlassung in Davídeks Essay „Activitas". Vgl. Felix M. Davídek, Activitas, in: Fiala/Hanuš, Skrytá církev [Verborgene Kirche] (tsch. Originalausgabe), Anlage mit Originaltexten von Felix M. Davídek, 240–242, hier 240.

[196] Adolf Haas, Teilhard-de-Chardin-Lexikon, Band II, Freiburg i.B. 1971, 202.

[197] Ebd., 201.

[198] Vgl. Broch, Denker der Krise, 37 ff.

schreitender Vermenschlichung der Menschheit' ist nicht unbegrenzt; er strebt – in welchen Zeitdimensionen auch immer betrachtet – auf ein Ziel hin, auf einen Gipfelpunkt geschichtlicher Vollendung. Teilhard nennt ihn den ‚Punkt Omega'"[199]. Der Punkt Omega „wird zum einen verstanden als innergeschichtliches Ziel des kosmischen und menschheitlichen Reifeprozesses (...), zum anderen bedeutet er aber auch die eschatologische Vollendung der Welt in Gott – Gott selbst, transzendent, personal, Liebe in Vollendung"[200]. Teilhard identifiziert Omega mit dem Christus-Universalis der Offenbarung:

> „Ich glaube, daß das Universum eine Evolution ist. Ich glaube, daß die Evolution auf den Geist hingeht. Ich glaube, daß der Geist sich im Personalen vollendet [später fügt Teilhard hinzu: im Menschen; Anm. durch P.S.]. Ich glaube, daß das höchste Personale der Christus Universalis ist."[201]

Beurteilt an Davídeks schriftlichem Nachlass gelang es ihm gut, dieses Teilhardsche Denken in groben Zügen zu durchdringen und in eigenen Worten unverfälscht wiederzugeben. Teils bewusst, teils vermutlich unbemerkt setzte er in der Interpretation eigene Schwerpunkte. Bei der genauen Lektüre der Schriften Davídeks fallen zwei grundlegende Sinnverschiebungen auf, die schwerwiegende Konsequenzen für Davídeks Kirchenentwurf im Untergrund mit sich brachten: die vorausblickende Zukunftsskepsis und die Notwendigkeit der Parusiebeschleunigung. Beide lassen sich positiv als Weiterführungen oder negativ als Vereinseitigungen deuten. Sie bedingen sich gegenseitig und entwickeln zugleich eine starke Eigendynamik. Sie widersprechen dem geistlichen Vermächtnis Teilhard de Chardins nicht, sie knüpfen daran sogar an, verlassen aber den Binnenraum seines Gedankenkreises.

3.3.2.2 Davídeks erste Sinnverschiebung: Die vorausblickende Zukunftsskepsis

Es ist zunächst Teilhards Kontingenz-Begriff, der sich bei Davídek in Form einer existentiellen Sorge um die Menschheit zugespitzt wird. Der französische Jesuit begegnet trotz seiner eigenen Kriegserfahrung der menschlichen Zerbrechlichkeit mit Vertrauen auf die Zukunft:

---

[199] Broch, Denker der Krise, 23.
[200] Broch, Denker der Krise, 24.
[201] Zitat von Teilhard de Chardin. Gesehen in: Broch, Denker der Krise, 26 (in Anm. 21).

> „Es ist das Zentrum von Teilhards Lebenswerk, daß er dieser existentiellen Angst der Zeitgenossen, die er geradezu als ein ‚Phänomen der Konter-Evolution' betrachtet, die Begründung eines ‚existentiellen Vertrauens' entgegensetzen will. Die Krise der Gegenwart mit all ihren Wirren und Schrecken, die den Menschen zutiefst ängstigen, mit ihren Kriegen, mit ihren sozialen, politischen, wirtschaftlichen Umwälzungen, mit ihrem Zerbrechen aller bisherigen weltanschaulichen Traditionen und Sicherheiten, ist – er wird nicht müde, das zu betonen – nicht Grund zu Angst und Hoffnungslosigkeit; sie eröffnet vielmehr Ausblick und Hoffnung. Die Wirrnisse sind nicht Todessymptome, sondern Kennzeichen einer ‚Geburtskrise', einer ‚Wachstumskrise'; sie sind die Wehen, welche die Menschheit der Gegenwart in ihrem Bemühen, eine neue Seele zu finden, durchstehen muß."[202]

Im Gegensatz zu Teilhard de Chardin, der Anfang der fünfziger Jahre den gesamteuropäischen Neuaufbau erlebt hatte, wurde Felix M. Davídek zuteil, nach der Geißel der zwei Weltkriege auch noch das Wüten des kommunistischen Regimes über sich und seine Heimat hereinbrechen zu sehen. Vielleicht blieb gerade deswegen die Hoffnung auf einen evolutiven Umschwung, der auch ohne das konkrete menschliche Zutun kommen werde, bei Davídek aus. In den bis jetzt zugänglichen Quellen der Theologie Davídeks erscheint das Kommen des Reiches Gottes jedenfalls stets durch das menschliche Zutun (Davídek sprach von *actio*) konditioniert.

Mit seiner düsteren Zukunftserwartung stand Davídek in den sechziger und siebziger Jahren des 20. Jahrhunderts unter den Theologen hinter dem Eisernen Vorhang keinesfalls isoliert da.[203] Davídek hegte kaum Hoffnung auf Veränderung der politischen Verhältnisse, und das trotz der langsamen Entspannung in den sechziger Jahren. Durch die gewaltsame Unterdrückung des Prager Frühlings 1968, in der die kirchenpolitischen Rehabilitationen und Lockerungen des kirchlichen Lebens zurückgenommen wurden, fühlte Davídek sich in seiner pessimistischen Einschätzung hinsichtliche Stellung der Kirche in den kommunistischen Ländern bestätigt. Die durch das kommunistische Regime systematisch gesteuerte Drosselung des katholischen Kirchenlebens deutete Davídek als einen gefährlichen Sterbeprozess, dem seine ‚zweite Linie' – die katholische Kirche im Untergrund – dringend entgegenwirken muss: „Die Kirche aber darf nicht sterben! Des-

---

[202] Broch, Denker der Krise, 37.

[203] Vgl. Oto Mádrs „Modus moriendi der Kirche" und „Wie die Kirche nicht stirbt" im Kap. 4.2 dieser Arbeit.

wegen wurde mit dem Aufbau dieses Systems [= Untergrundkirche; P.S.] begonnen."[204]

Eine Hoffnung auf die bessere Zukunft der Kirche und der Menschheit stellte für Davídek lediglich die bewusst vorangetriebene Parusiebewegung dar – Davídeks zweite, entscheidende Weiterführung Teilhardscher Theologie. An die Stelle des Teilhardschen Vertrauens auf die der Menschheit und dem Kosmos „einprogrammierte" evolutive Bewegung, trat bei Davídek die Bedingung, den richtigen Weg hin zur Parusie bewusst zu suchen, aktiv mitzugestalten und – schärfer formuliert – gar ‚beschleunigen' zu müssen.

3.3.2.3 Davídeks zweite Sinnverschiebung: Die Parusiebeschleunigung

Während Teilhard de Chardin von einer Reifung des Menschen, der „Anthropogenese" hin zu „Hominisation" („Vermenschlichung") ausgeht,[205] wird bei Davídek die bewusst gelebte „Parusiebeschleunigung" zur Bedingung der Rettung der Menschheit. Teilhard de Chardin erwartet von der Zukunft das Reifen der Menschen hin zum Ultra-Humanen, was dank der Konvergenz geschieht – einer Eigenschaft, die der Menschheit ohne ihr eigenes Zutun inne wohnt. Der Mensch muss dafür lediglich an die Menschheit glauben.[206] Felix M. Davídek bejaht diese Überzeugung, für ihn bildet sie aber nur den Ausgangspunkt, die Prämisse für die unentbehrliche Pflicht, die Not-Wendigkeit einer gezielten Bewegung der Menschheit der Parusie entgegen. Der gläubige Mensch muss durch seine eigene bewusste angstfreie Lebensgestaltung den richtigen „Vektor" für die Bewegung hin zum Punkt Omega finden. Jegliche „Elementarität, Empirie, mangelnde Fachkundigkeit, Desorientierung, Desinformationen" müssen ausgeschlossen werden, damit „HIC ET NUNC (hier und nun): IN ‚DIESEM' Augenblick ANGEFANGEN WIRD."[207] Davídeks Anspruch ist kein geringerer, als die Kirche in der Tschechoslowakei ausdrücklich zu retten. In dem Manuskript „Theologie der Parusie" vom Anfang der siebziger Jahre beschreibt Davídek einen detaillierten Programmplan für die von ihm gegründete Koinótés-Gemeinde:

[204] Felix M. Davídek, Teologie teorie řízení [Theologie der Leitungstheorie], in: Fiala/Hanuš, Skrytá církev [Verborgene Kirche] (tsch. Originalausgabe), Anlage mit Originaltexten von Felix M. Davídek, 294–310, hier 298.

[205] Beide Begriffe vgl. Haas, Teilhard-de-Chardin-Lexikon, Band I und II, Freiburg i.B. 1971.

[206] Vgl. Stichwort „Mensch" bei Haas, Teilhard-de-Chardin-Lexikon, Band II., 135.

[207] Felix M. Davídek, Teologie parusie [Theologie der Parusie], in: Fiala/Hanuš, Skrytá církev [Verborgene Kirche] (tsch. Originalausgabe), Anlage mit Originaltexten von Felix M. Davídek, 248–269, hier 255.

„Es wird eine Bestrebung
1) alle actio in die parusiale Richtung zu lenken (...)
2) diese Ausrichtung zeitlich zu beschleunigen;
3) sie [die actio] zu leiten – sie zu organisieren (bei dem Einzelnen, in der Gesellschaft).
Ausrichten, transformieren, leiten – organisieren:
- damit ist der Inhalt für eine ars regnandi gegeben (und in ihm – ausführlicher – zugleich ars vivendi, ars amandi, ars moriendi).
Und von dort der Blick auf die Heiligung [des Menschen] (sich selbst heiligen):
- nur die parusiale Bewegung heiligt, lässt heilig werden,
da lediglich diese Bewegung den Menschen der Vollkommenheit näher bringt, zur Ganzheit, zur Vollkommenheit, welche alle nur Synonyme des Heils sind.
Also nur die parusiale Bewegung ist die Bewegung zur Heiligkeit, lässt heilig werden"[208]

Davídek befürchtet, das Christentum könnte seine prägende und gestaltende Kraft und Bedeutung verlieren. Es ist keine politische, sondern vielmehr eine spirituelle, kosmische Bedrohung – mit dem Ausdruck *kosmisch* wird auf die Verwandtschaft der menschlichen Existenz mit dem evolutiven Universum hingewiesen. Es ist die Angst vor der Verfinsterung des Himmels als Folge der menschlichen Faulheit, des Egoismus und der Mutlosigkeit, die Davídeks pastoralem Plan noch weitere Dynamik schenkt. Deswegen ruft er zu einem unbedingten, sofortigen Aufbruch auf:

„Koinótés beginnt immer
sofort,
mit den Mitteln, die momentan zur Verfügung stehen,
mit ganzheitlichem Konzept,
auch mit dem Risiko eines totalen Misserfolgs,
in der Suche nach persönlicher Vollkommenheit
in den göttlichen Tugenden und
in den parusialen Tugenden.
Koinótés beginnt,
damit die Schöpfung sich
ANDAUERND
der Parusie nähert."[209]

[208] Ebd., 249.
[209] Ebd., 269.

Wenn der Mensch sein Gespür für die evolutive Dynamik verlöre, verkomme sein Leben zur Belanglosigkeit. Teilhards Gebot der Stunde ist die Hoffnung auf Einmütigkeit, auf die Suche nach Gemeinsamkeit der Menschen, die „ihre Seele auf eine größere Zukunft als sie selbst hin wagen".[210] Aus Davídeks Anpassung Teilhards Lehre für den tschechischen Kontext resultiert daraus die unmissverständliche Kampfansage der tiefen menschlichen Existenzangst gegenüber, die die Parusie in weite Ferne rücken lässt und gleichzeitig der sofortige parusiale Aufbruch. Aber was verbindet Felix M. Davídek mit dem Parusiebegriff und wie soll die „Beschleunigung der Parusie" konkret aussehen?

3.3.3 Der evolutionstheoretische Entwurf für die Ekklesiopraxis

3.3.3.1 Der Apostolat der Parusie

3.3.3.1.1 Die Parusie und der Omega-Punkt bei Teilhard de Chardin

Felix M. Davídek lehnte die volkstümliche Vorstellung der Parusie als eines plötzlich hereinbrechenden Weltendes ab. Dabei knüpft er vermutlich ebenfalls an sein theologisches Vorbild Teilhard de Chardin an, der in dem seinem ersten wegweisenden Werk „Der Mensch im Kosmos" die Überzeugung äußert:

> „In dem Maße jedoch, wie diese vielfachen Katastrophen eine Vorstellung von verfrühtem Unfall oder Niedergang beinhalten, glaube ich, im Vertrauen auf unsere Kenntnis der Geschichte der Evolution sagen zu können, dass wir nichts von ihnen zu befürchten haben."[211]

Die Parusie bedeutet sowohl für de Chardin als auch für Davídek vielmehr den existentiellen Horizont der menschlichen Vollendung durch das Erreichen des Punktes Omega. Aber hier scheint aber Davídek ein anderes Verständnis vom Punkt Omega und der Parusie entwickelt zu haben. Nach Teilhard de Chardin ist die Energie, die zum Erreichen des Punktes Omega führt, in dem Menschen selbst verborgen. Zwar befindet sich auch für ihn die Welt in einer Bewegung auf den endzeitlichen Punkt Omega hin, aber diese Bewegung (die *Zentro-Komplexität*) wird von Gott selbst bewirkt. Für

[210] Zitat gesehen in: Broch, Denker der Krise, 69 (Anm. 135).

[211] Teilhard de Chardin, Der Mensch im Kosmos, München 1959, 270. Es ist vermutlich nicht mehr möglich zu ermitteln, welche Werke Teilhards de Chardin Davídek zur Verfügung standen und welche er nur indirekt als Zitate kannte.

den Jesuiten ist das Zunehmen der Organisiertheit der Welt ein Zeichen dafür, dass sich die Welt in dieser Bewegung befindet, und diese auf die Vollkommenheit hin gesteuert wird. Teilhard ist aber der Gedanke fremd, die Menschheit müsse selbst aktiv zu der Organisiertheit ihrer Welt durch Verbesserung der eigenen Kommunikation und Organisation beitragen. Für Teilhard ist es die Liebe, die einerseits das endzeitliche Ziel darstellt und andererseits gleichzeitig in jedem Menschen bereits verwirklicht ist: in Jesus Christus. So ist Jesus Christus, die vollkommene Liebe, das Ziel und auch der Weg. Jesus Christus ist für Teilhard de Chardin der Punkt Omega, das Ziel und der Motor der Evolution.[212]

3.3.3.1.2 Die Beschleunigung der parusialen Vorwärts-Bewegung bei F.M. Davídek

Ich meine in Felix M. Davídeks Nachlass eine Verschiebung der Bedeutung der ursprünglichen Teilhardschen Fachbegriffe zu sehen. Gerade dem Erwecken der Energie, die zum Erreichen des Punktes Omega führen kann und die nach Teilhard in der Menschheit verborgen ist, gilt Davídeks Hauptinteresse. Das ist der Moment für Davídeks ekklesiologischen Quereinstieg in Teilhards Theologie. Teilhards Theorie der Zentro-Komplexität bekommt durch Davídeks Übertragung auf die Ekklesiologie im Kontext der tschechischen Untergrundkirche eine neue Dynamik, weil Davídek von der Möglichkeit einer aktiven Mitgestaltung durch die Menschen selbst, einer bewussten Beschleunigung (!) der Hominisation überzeugt ist. Als Mittel von Übertragung Teilhards Evolutionstheorie in seine Kirchengestaltung bedient er sich einer eigens von ihm geschaffenen Kategorie „der wahren Kunst der Führung". In der *ars regnandi* sollen solche Instrumente der Pastoral aus der Tradition der Kirche wiederbelebt werden, die den Stillstand der verängstigten Kirche in der Tschechoslowakei helfen zu überwinden. In der *ars regnandi* soll den Mitgliedern der Untergrundgemeinde Davídeks eine solche geistliche Leitung zugutekommen, die sie als Christinnen und Christen reifen lässt. Davídeks Faszination für durchdachte Leitungsformen (sowohl der Kirche als sozialem System als auch der einzelne Gläubige als Individuum) bekommt durch eine solche Interpretation Teilhards ihre Berechtigung bzw. erscheint als theologische Bestätigung für Davídeks Ekklesiologie für den Untergrund. Die durchdachten Organisationsformen und die bewusst gestaltete *ars regnandi* (und eben nicht die Liebe) sind die Motoren der Parusie, die der Mensch selbst zünden muss.

Davídek räumt der Menschheit nicht nur die Fähigkeit ein, selbsttätig die Bewegung zur Parusie hin zu steuern, sondern ist davon überzeugt, dass sie

[212] Vgl. ebd., 305.

die Parusie – den Punkt Omega – sogar schneller erreichen könnte. Alle parusialen Bewegungen (Bewegungen auf die Parusie hin, die eine Parusie-Relevanz besitzen) müssen als solche bewusst wahrgenommen und ausgerichtet werden. Davídek fordert die Menschen geradezu offen, direkt und vielleicht etwas ungeduldig zu einer „Bewegung der organischen und sozialen Vereinigung" (Teilhard spricht von *organischer Einheit*) auf, die „als Ziel nicht nur das Überleben des menschlichen Individuums und der gesamten Gattung Homo hat, sondern vor allem eine höhere Form des Lebens, DIE SUPERHOMINISATION".[213] Der Christ ist nach Davídeks Überzeugung eigens dazu berufen, zu einer bewussten Beschleunigung auf dem Weg zum eschatologischen Ziel, zur Parusiebeschleunigung, beizutragen: „Der Christ ist verantwortlich für die Geschwindigkeit – für das Gefälle der Verwirklichung."[214] Wegen des drohenden Stillstandes duldete Davídek keine Verzögerungen auf dem eingeschlagenen Weg:

> „ES IST AUSGESCHLOSSEN, SICH DER SACHE NICHT ANZUNEHMEN. Es ist ausgeschlossen, zu ZÖGERN, denn ES GIBT EIN RISIKO, ‚dass morgen (die Bewegung der menschlichen Gesellschaft) zum Stehen kommt', denn es fehlt eine ausreichende Vision, die der Ungewöhnlichkeit und der Vielseitigkeit des Bestrebens angemessen ist"[215]

Aus den Texten Felix M. Davídeks strahlt die Faszination für diese „Hominisation" des Menschen. Darunter versteht er die bewusste Selbstausrichtung des Menschen, der über sich selbst hinauswachsen kann und muss, der sich den Wirren des kollektiven Ungeheuers stellen muss. Die von Davídek stets geforderte Hominisation und Sozialisation des Menschen erscheint fast wie eine Forderung nach einer Neuschaffung des Menschen. Wie sich diese Postulate in seiner Amts- und Weihetheologie niederschlugen, wird im Folgenden noch deutlich sichtbar.

3.3.3.1.3 Die individuelle und kollektive parusiale Bewegung in der Koinótés-Gemeinde

Jede durch Menschen ausgeübte Tätigkeit kann nach Davídek eine parusiale Qualität gewinnen, wenn sie „organisch eingegliedert ist; wenn sie bewusst

[213] Ebd., 241. Davídek möchte höchstwahrscheinlich lediglich die Vorstellung zum Ausdruck bringen, dass der Mensch über sich hinauswachsen muss. (Ins Deutsche wird dieser Teilhardsche Begriff als „Ultra-Hominisation" übertragen.)

[214] Ebd., 240.

[215] Ebd., 241, Davídek zitiert de Chardin. Großbuchstaben von Felix M. Davídek.

eine organische Einheit der parusialen Bewegung der Menschheit wird".[216] Um diese individuelle Vorwärts-Bewegung auf die Parusie hin möglichst effektiv zu gestalten, möchte Davídek eine „komplexe Spiritualität" entwickeln, die „im Einklang mit der kosmischen Bewegung steht und die mit der Hilfe Gottes stets an dem Herausbilden einer neuen menschlichen Psyche arbeitet".[217] In diesem Sinne versteht er auch den *ora et labora* Grundsatz der Benediktus-Regel, der das Gleichgewicht zwischen dem Arbeits- und Gebetsleben des Menschen zusammenhält. Beide, die Arbeit und das Gebet, richtet Davídek auf Gott und verknüpft sie mit dem Teilhardschen Postulat der steten Bewegung der Schöpfung zu ihrem Ziel.

In Davídeks Schrift „Activitas" spielt schließlich die Liebe eine wichtige Rolle. Doch während für Teilhard die Liebe bereits im Herzen der Menschen in Jesus Christus vollkommen verwirklicht ist (die das Reich Gottes vorwegnimmt), ist sie für Davídek eine von den Menschen hervorbringende Aufgabe, die Koinótés zu leisten hat:

> „die Menschheit zu lieben in Gestalt einer kontinuierlichen, organisierten Lösung (in Zeit und Raum) durch die Bewegung des Menschen und der Menschheit – durch eine parusiale Bewegung"[218].

Koinótés soll, so Davídek, durch die *ars regnandi*, die Kunst des richtigen Leitens, all ihr Tun dem Apostolat der Parusie widmen:

> „IN „DIESEM" Augenblick BEGINNEN (Koinótés).
> BEGONNEN wird also STETS:
> SOFORT (ohne Verzögerung, allgemein: in jedem Augenblick).
> MIT DEN MITTELN, DIE JEDEM AUGENBLICK ZUR DISPOSITION STEHEN.
> MIT TOTALER (integraler) KONZEPTION (...)
> AUCH BEI DEM RISIKO TOTALEN (im soziologischen Sinn des Wortes) MISSERFOLGES (sog. „klar ersichtlichen Misserfolges") -
> IM EINÜBEN DER PERSÖNLICHEN VOLLKOMMENHEIT IN DEN GÖTTLICHEN TUGENDEN. IM EINÜBEN DER PERSÖNLICHEN VOLLKOMMENHEIT IN DEN PARUSIALEN TUGENDEN."[219]

---

[216] Felix M. Davídek, Teologie parusie [Theologie der Parusie], in: Fiala/Hanuš, Skrytá církev [Verborgene Kirche] (tsch. Originalausgabe), Anlage mit Originaltexten von Felix M. Davídek, 248–269, hier 250.

[217] Ebd., 241.

[218] Ebd., 250.

[219] Ebd., 256.

3.3.3.2 Die Kunst des Leitens: Die Beziehung zwischen Autorität und Gehorsam

Mit akribischer Genauigkeit arbeitete Felix M. Davídek daran, seine parusiale Theologie in die pastorale Praxis zu „übersetzen".[220] Im Mittelpunkt des Gemeindelebens stand zunächst ein Begleitungsprozess, welcher ausdrücklich frei vom blinden Gehorsam sein sollte. Im Gegenteil sollte ein reifes Verhältnis zur Autorität der erste Baustein auf dem Weg zur geistlichen Reifung sein:

> „Die Reife in Freiheit ist unbedingt auch die Reife in Bezug auf die Autorität. Diese Frage ist so schwerwiegend, da sie hinsichtlich ihrer Aktualität so bedeutend ist (...) Vollkommen frei zu sein bedeutet; unbedingt; die Autorität vollkommen mitzugestalten. Hier wird die kreative Beziehung zur Autorität betont (...) Die Menschheit leidet in der eisernen Klemme der Autorität, die mechanisch gestaltet wird, mechanisch wirkt, in barbarischen Despotien, (...) und in Republiken und Demokratien mechanisch zur Geltung gebracht wird. (...) Wie viel von der kreativen Autorität, der nicht mechanischen, also der nicht absurden, sondern der bewusst gestalteten, ist bei der ‚kirchlichen Autorität' zu finden?"[221]

Die Macht der geistlichen Autorität soll diejenigen, die sich durch sie begleiten lassen, ermächtigen und stärken, nicht erschlagen:

> „DIE AUTORITÄT, IHR WAHRER WERT (...) IST NICHT VON DER MENGE DER DEKRETE, KODEXE, INSTRUKTIONEN, MONITÄTEN ETC. ETC. ABHÄNGIG, SONDERN DAVON, WIE VIELE MENSCHEN SICH DURCH SIE FREIWILLIG LEITEN LASSEN. – DAS HEISST, WIE VIELE MENSCHEN IN SIE HINEINGEHEN, INDEM SIE SIE AKTIV UND FREIWILLIG UNTERSTÜTZEN, MITGESTALTEN, VERSTÄRKEN, VOLLENDEN (...) Alles andere ist die FIKTION DER AUTORITÄT; je härter, repressiver sie eingefordert wird (...), desto weniger ist solche ‚Autorität' imstande zu leiten."[222]

Davídek verbot es seinen Gemeindemitgliedern, einer Autorität zu folgen, dessen Hinweisen sie kein Vertrauen schenken konnten: „Die Leitung

[220] Vgl. dazu das folgende Kap. 3.4.

[221] Felix M. Davídek, Teologie parusie [Theologie der Parusie], in: Fiala/Hanuš, Skrytá církev [Verborgene Kirche] (tsch. Originalausgabe), Anlage mit Originaltexten von Felix M. Davídek, 248–269, hier 252.

[222] Ebd., 253.

ist die Gewährung von Freiheit."[223] Davídek verwurzelte seine Sicht der Autorität christologisch, indem er von jeder Autoritätsperson (ordinierter Amtsträger!) ein vorbildliches Leben bis hin zum Risiko des eigenen Todes forderte.[224] Die Erziehung zur Freiheit, zur freien Gewissensbildung, zur verantwortlichen Einsichts- und Entscheidungsfähigkeit sowie zu kritischer Urteilsfähigkeit waren die erklärten Ziele seines Bildungsprogramms im Untergrund. Die Pastoral profilierte sich zu einer Art theologischem Prophylaxe-Programm, mit Hilfe dessen die Gläubigen der kommunistischen Ideologie wirksamer hätten begegnen können.

3.3.4 Die eschatologische Theologie der Hoffnung auf Vollendung

Wie für Teilhard de Chardin verbindet sich auch für Felix M. Davídek mit dem christlichen Glauben eine große Hoffnung auf die Vollendung der Welt. Ähnlich wie Teilhard begründet auch Davídek diese Annahme zunächst nicht mit Gottes Verheißungen, sondern mit naturwissenschaftlicher Empirie. Während früher die innerweltlichen Bewegungen auseinanderliefen, meint Davídek zusammen mit de Chardin jetzt eine Konvergenz auf den Punkt Omega zu beobachten. Eine bewusste Wahrnehmung und Mitarbeit an dieser Entwicklung des Kosmos hin zur Parusie war für Felix M. Davídek unentbehrlich. Er war überzeugt von dem Zusammenklang der Teilhardschen Evolutionslehre mit der von ihm vorgenommenen ekklesiologischen und pastoralen Übertragung auf die Situation der Kirche in der Tschechoslowakei.

Überraschend mag die Erkenntnis nicht sein, dass der für Davídek grundlegende Gedanke einer leidenschaftlichen Mitarbeit der Menschen an der Fortführung und Vollendung der Schöpfung Teilhards Weltanschauung abgeleitet ist. Verblüffend dagegen ist die Feststellung, dass Davídeks Bezeichnung „Parusiebeschleunigung" doch einen gewissen Rückhalt im Werk Teilhards findet. In Teilhards Mitte der zwanziger Jahre verfassten, aber in Deutschland erst 1962 in der Übersetzung von Josef V. Kopp erschienenen Schrift „Der göttliche Bereich" findet sich die Aufforderung:

[223] Vgl. Felix M. Davídek, Axiologie a ars regnandi [Axiologie und ars regnandi]. Mitschrift der Vorlesung bisher nicht publiziert; Privatarchiv von L. Javorová, 2 Seiten. Zitat gesehen in: Fiala/Hanuš, Verborgene Kirche (dt. Ausgabe), 61.

[224] Felix M. Davídek, Teologie parusie [Theologie der Parusie], in: Fiala/Hanuš, Skrytá církev [Verborgene Kirche] (tsch. Originalausgabe), Anlage mit Originaltexten von Felix M. Davídek, 248–269, hier 254.

> „Um sein Kommen zu beschleunigen, wollen wir uns nun bemühen, jenen Vorgang, durch den die heilige Gegenwart in uns wächst und sich entwickelt, besser zu begreifen; und um den Fortschritt mit größerem Verständnis fördern zu können, wollen wir die Geburt und das Anwachsen des Göttlichen Bereiches zunächst in uns, dann in der Welt um uns herum betrachten."[225]

Weil Davídek in seinen Vorlesungen auf dieses Teilhard Werk verweist, kann angenommen werden, dass er den Begriff der Parusiebeschleunigung als eine legitime Weiterentwicklung von Teilhards Aufforderung zur Beschleunigen des Kommens Jesu Christi betrachtete. Aber im Unterschied zum französischen Jesuiten scheint für Davídek die Parusie, das Kommen des Reiches Gottes, kaum eine präsentische, sondern überwiegend nur eine eschatologische Qualität zu haben: Die Bitte „Dein Reich komme!" war für Davídek in „Activitas" gleichbedeutend mit: „Die Parusie komme!"[226] In ihr wird zukünftig alles vollendet, ergänzt und erfüllt. Das Universum und der Mensch befinden sich in einem Dauerzustand der Verwirklichung hin zu einem höheren Stadium. Durch das unermüdliche spirituelle Engagement der Christen, das auf die Parusie ausgerichtet ist, werde die Welt geheiligt. Diese „parusiale Bewegung" ist aber eher nicht als der Anbruch des Reiches Gottes im Hier und Jetzt zu verstehen, sondern eher als eine menschliche Aktivität, die zur Parusie hin führt. Gottes Herrschaft ist für Davídek nicht politischer, sondern theologisch-dynamischer Natur. Überall, wo Christen mit Disziplin und Charisma an der präsentischen Verwirklichung des Reiches Gottes arbeiten, beschleunigt sich die Geschwindigkeit, mit der sich die Menschheit dem Punkt Omega nähert.

Wie ist Davídeks Rezeption der Endzeitlichkeit bei Teilhard de Chardin zu verstehen? Im ersten Schritt setzte Davídek eigene theologische Akzente: Auf den gegebenen düsteren Erwartungshorizont für die tschechische Kirche wird mit der Möglichkeit (besser: Notwendigkeit) der richtigen Ausrichtung des Menschen, der gesamten Ortskirche auf die Parusie hin geantwortet. Im zweiten Schritt, der im Folgenden rekonstruiert werden soll, überträgt Davídek diese neue Weltanschauung in seine Ekklesiologie: Sowohl Ekklesiologie als auch Pastoral sollen auf die Parusie hin zulaufen, um sie sogar zu beschleunigen. Dies betrachtet Davídek als die Schlüsselaufgabe

[225] Teilhard de Chardin, Der Göttliche Bereich, Freiburg i.B. 1962, 152. In der Theologie von Teilhard de Chardin befindet sich allerdings keine Weiterführung des Gedankens einer konkreten Möglichkeit der Parusiebeschleunigung. Für diesen freundlichen Hinweis bin ich dem Vorsitzenden des deutschen Arbeitskreises Teilhard de Chardin Dr. Josef Richter dankbar.

[226] Felix M. Davídek, Activitas, in: Fiala/Hanuš, Skrytá církev [Verborgene Kirche], 240.

aller Christen, insbesondere seiner Koinótés-Untergrundgemeinde. Das Gleichgewicht zwischen der Katechese für alle Gemeindemitglieder und der geistlichen Begleitung jedes einzelnen war Davídek ein Anliegen. Sein Ziel war nicht nur die Architektur der Untergrundkirche. Denselben Stellenwert erfuhr von Davídek auch die Begleitung jedes Einzelnen Gemeindemitglieds auf seinem Weg der geistlichen Reifung, auf der Suche nach einer authentischen christlichen Spiritualität. Diese beiden Bewegungen – die kollektive und die individuelle – müssen parusiale Qualität gewinnen.

Es ist kaum möglich zu überprüfen, welche Grenzen Davídek den Hoffnungsperspektiven, die er mit Teilhard teilte, und dem Fortschrittsoptimismus setzte. Für Davídek bedeutete die Teilhardsche Deutung der Heilsgeschichte von Beginn an das geeignetste Deutungsmuster für die Lage Kirche in der Tschechoslowakei. Ob Davídek bewusst war, dass sie unter dem spezifischen Kennzeichen des Selbstverständnisses des Menschen der Moderne stand, ist schwierig zu ermitteln. Aufgrund der Vehemenz, mit der Davídek sie zur eigenen Sache machte, ist es eher schwierig anzunehmen, dass er auch ihre Grenzen erkannte. Es ist allerdings vorstellbar, dass Davídek die Theologie seines Vorbilds selbst in dem von Teilhard de Chardin beschriebenen Evolutionsprozess ansiedelte – dann als die Theologie, auch heute aktueller ist denn je zuvor, da sie den Lauf der Menschheit am überzeugendsten verstehen und deuten kann. Und: weil die Kenntnis über diese Theologie am effektivsten von allen anderen Theologien dazu verhelfen kann, sich dem Punkt Omega, der Parusie, zu nähern.

3.4 Ekklesiologie und Gemeindeaufbau im Untergrund als Ausdruck der parusialen Gesinnung

Wie übertrug Felix M. Davídek seine Rezeption Teilhard de Chardins in den Gestaltungsprozess der tschechischen Untergrundkirche? In diesem Kapitel soll also nachvollzogen werden, wie er die parusiale Theologie in seine Selbstwahrnehmung als Theologe und Seelsorger im Verborgenen einbettete.

Felix M. Davídek hat nie einen Gesamtentwurf seiner Ekklesiologie formuliert. Sein Kirchendenken ist dennoch gut rekonstruierbar – aus den von ihm überlieferten Handschriften und aus den Mitschriften seiner Schüler. Indirekt lässt sich darauf auch aus seiner Gemeindegestaltung schließen, die das Erfahrungsfeld und die erste Erprobung seiner Ekklesiologie hätte werden sollen. Der Grund für die Dürftigkeit der Quellenlage ist nicht nur in den bereits an anderer Stelle erwähnten komplizierten Umständen der stetigen Geheimhaltung aller Untergrundaktivitäten zu suchen. Für Davídek stand die Aufgabe als Hirt in der Verborgenen Kirche an erster Stelle. Er verstand sich als Seelsorger, nicht als Theologe, der eine akademische Arbeit mit wissenschaftlichem Anspruch betreibt. Der Maßstab für Wesen und Leben der Kirche war in erster Linie nicht die Auslegung der Rechtgläubigkeit der Gesamtkirche, sondern ein Versuch, Kirche da denken und leben zu können, wo die gewohnten dogmatischen Sicherheiten ins Wanken geraten waren.[227] Davídeks Erfahrung der Gesellschaft der kommunistischen Tschechoslowakei in den fünfziger Jahren ließ ihn gut über die Tiefe ihrer Entchristlichung Bescheid wissen. Er scheint überzeugt gewesen zu sein, dass der christliche Glaube und die tschechische katholische Ortskirche nur dann überhaupt überleben konnten – das Überleben verdient haben! – wenn sie von Grund auf reformiert würden. Davídeks Programm war auf den ersten Blick sehr pragmatisch: im kleinen Maßstab zu zeigen, dass ein solcher Versuch möglich, notwendig und heilsam ist.

Die Grundlagen des christlichen Glaubens standen für Davídek fest, er wollte sie nicht einer experimentellen Überprüfung unterstellen. Es ging ihm nicht um die Reform des Wesens, sondern um die Reformulierung der Formen des katholischen Glaubens: sowohl in der Gemeinde als auch in der christlichen Spiritualität. Davídek gab sich nicht mit dem Topos der unverzagten Treue zufrieden, das für das katholische Christentum in der Tschechoslowakei der fünfziger Jahre typisch war, sondern suchte nach dem konkreten Ausdruck des katholischen Glaubens im Hier und Jetzt.[228] Er lebte nicht aus seiner Vergangenheit, sondern in der Gegenwart oder noch besser: in seiner Zukunftsvision des Christentums. So wollte er keine neue Theologie kreieren, sondern um neue Wege für eine lebendige Gegenwart

---

[227] Der polnische Priester Walerian Bugel fasst Davídeks hermeneutische Vorgehensweisen sinngemäß so zusammen: 1. Davídek stand unter einem direkten Einfluss von Teilhard de Chardin. 2. Davídek war ein praktischer Denker. 3. Davídek war nicht in der Lage eines akademischen Theologen, der zuerst die gesamte theologische Grundlagenforschung betreiben konnte. 4. Davídek Stärke war die Synthese, nicht die Betrachtung der einzelnen *quaestiones*. 5. Davídek pflegte ein dynamisches Vestädnis der Tradition. 6. Davídek strebte einen Gesamtblick, der in Richtung der Bejahung der Vollendung der Parusie. Vgl. Walerian Bugel, Biskup Felix Maria Davídek – prorok paruzjalności Kościoła (nie tylko) podziemnego [Bischof Felix Maria Davídek – Der Prophet der Parusiefähigkeit der (nicht nur) Verborgenen Kirche]. In: Karol Klauza u. a. (Hg.), Więksi i mniejsi prorocy Europy Środkowo-Wschodniej XX wieku, Lublin 2003, 29–41, 37.

[228] Vgl. Jan Sokol, Teilhard tehdy a dnes [Teilhard damals und heute], in: Teologie a společnost 2 (2005) 14: „Gerade diese Haltung war uns vertraut aus dem katholischen Milieu der fünfziger Jahre, wo es viel unverzagter Treue und wirklichem Heldentum gab, dafür aber nur wenig von wirklichem, das heißt auch freien und ruhigen Glauben, überzeugten [Glauben; P. P.-S.] und daher auch ohne jeglichen Krampf."

der Christen in der damaligen, verwandelten Zeit, um die Beziehung neuer, unerprobter Gedanken zur alten, bewährten Tradition ringen.[229]

Der oben beschriebene neue Blick auf die Aufgaben der Kirche und das Verständnis von Gemeinde als einer auf die Parusie hin lebenden Christengemeinschaft verleiteten Davídek dazu, seinen Schwerpunkt auf die Gestaltung der Ekklesio*praxis* im Untergrund zu legen. Mit der Reflexion über das Leben der Kirche (im Untergrund) überprüfte und korrigierte Davídek schrittweise auch seine Ekklesiologie.[230] Diese bietet keinen einfachen Übersetzungsvorgang im Sinn von Anpassung an lokale Gegebenheiten an, sondern ist um die Einbeziehung der Situation in den theologischen Prozess von Anfang an bemüht. Seine Ekklesiologie bleibt im Austausch mit der Pastoral und umgekehrt.

3.4.1 Davídeks theologische Methode und der Aufbau seiner Vorträge

Trotz der beschränkten Möglichkeiten war Davídek sehr bemüht, die Neuentwicklungen in der Theologie im Ausland zu verfolgen.[231] Neben der Werke Teilhard de Chardins befanden sich im Verzeichnis der Bücher aus Davídeks Nachlass zahlreiche Monographien von Koryphäen der Theologie des 20. Jahrhunderts: Hans Urs von Balthasar, Wolfgang Beinert, Leonardo Boff, Gisbert Greshake, Romano Guardini, Herbert Haag, Walter Kasper, Hans Küng, Pinchas Lapide, Norbert Lohfink, Henri de Lubac, Karl Rahner, Edward Schilleebecks, Max Seckler, Raymund Schwager und vielen anderen.[232] Felix M. Davídek suchte nicht nach pragmatischen *ad hoc*-Lösungen, sondern wollte seine neuen Entscheidungen auf festem theologischem Boden verankert wissen. Er leistete mehr als nur eine Aufbereitung des von ihm erworbenen Wissens für interessierte Gemeindemitglieder im Untergrund. Am Beispiel der Modifizierung der Teilhardschen Theologie konnten

---

[229] Vgl. Jan Franc, privates Zeugnis (Archiv der Autorin): „Davídek gestaltete nämlich keine neue Theologie, sondern suchte lediglich nach neuen Wegen Theologie zu verstehen."

[230] Die Belege hierfür dürfte die Veröffentlichung des gesamten Nachlasses bringen, welche neue Forschungsmöglichkeiten in Bezug auf die genaue Genese Davídeks Theologie eröffnen könnte.

[231] Die Beschaffungswege waren unterschiedlich, meist erstellte Davídek eine Wunschliste der Neuanschaffungen, nach der seine Vertrauten während ihrer Auslandsreisen einkauften. Vgl. das persönliche Zeugnis von Ursula Sieber: Josef Osterwalder, Der verratene Bote. Begegnung mit Jan Georg Pojer (6. Februar 1934–20. August 2006) nach seiner Flucht in die Schweiz, in: Erwin Koller, Hans Küng u. a. (Hg.), Die verratene Prophetie, 158–168, 163.

[232] Ein nicht verifiziertes Verzeichnis der Publikationen, die sich in Davídeks Besitz befanden („Library of Bishop F. M. Davidek"), listete auf seiner Internetauftritt Petr Blaha: http://www.distanceuni.ch/cyberuni/theologie/library/index.php (Zuletzt gesehen am 4. November 2014)

wir beobachten, dass Davídek selbstständig zu einer Vorauswahl von Autoren, Themen und Gedanken imstande war.

Davídek legte seinen Hörern aktuelle Erkenntnisse aus Dogmatik, Pastoral, Moraltheologie, aber auch Psychologie, Religionswissenschaft, Medizin, Biologie, Evolutionstheorie und Anthropologie vor. Er tat es nicht, indem er über die einzelnen Theorien und Ergebnisse sprach, sondern indem er versuchte, in Form von kompakten Vorträgen seinen Zuhörern eine Synthese der Ergebnisse dieser Wissenschaftsstränge vorzulegen. Sein wichtigstes Kriterium für die Referenzwürdigkeit scheint zumeist die Relevanz für die Situation der tschechischen Kirche zu sein. Er ist bestrebt, aus der Quellenliteratur die Kernaussagen herauszuarbeiten und auch mögliche Gegenargumentation zu seiner eigenen These darzulegen. Die heute in Stein gemeißelte, damals aber verpönte oder gar als gefährlich angesehene Interdisziplinarität schien ihm zu seiner Zeit schon ein Muss. Er nutzte die Kenntnisse anderer akademischer Disziplinen, um seine theologische Argumentation zu untermauern. Als befremdlich wurde allerdings – wohl ähnlich wie bei Teilhard de Chardin – vor allem die Verflechtung der unterschiedlichen wissenschaftlichen Fachsprachen in seinen Vorträgen und Werken empfunden. Davídek hatte gewiss ein wachsames Bewusstsein für die wissenschaftliche Methode:

> „[M]öchte ein Wissenschaftler sich im Rahmen seiner Forschung auch der Philosophie widmen, [ist es notwendig,] dass er sich mit den Objekten und mit der Methode der philosophischen Arbeit gut bekannt macht; damit, wenn er auf dem Gebiet der Philosophie arbeitet, nicht das Gefühl bekommt, dass es reiche, das Arbeitsfeld zu wechseln aber die Methode beizubehalten."[233]

Inwieweit sich Davídek des Problems bewusst war, dass er die Sprache anderer Wissenschaften (vor allem Natur- und Wirtschaftswissenschaften) in die theologische implementiert, ist offen. Ich habe hierzu keine Stellungnahme seinerseits gefunden. Davídeks Sprachkompetenz, das Abbild und der Aufbau seiner Vorträge verdienen jedoch noch mehr unsere Aufmerksamkeit.

Aus den erhaltenen Mitschriften der Vorträge wird deutlich, dass er gerade in der Rolle des Redners häufig sprunghaft die theologische Schaubühne seiner Erörterungen verließ, um sich des Vokabulars einer anderen

[233] Felix M. Davídek, Křesťanský světový názor [Die christliche Weltanschauung], in: Fiala/Hanuš, Skrytá církev [Verborgene Kirche] (tsch. Originalausgabe), Anlage mit Originaltexten von Felix M. Davídek, 221 f.

akademischen Disziplin zu bemächtigen und es für seine theologischen Fragestellung dienlich zu machen. Anschließend schloss er noch einen oder mehrere weitere Exkurse in andere Fachgebiete an, um letztlich seine Hörer am Beginn seiner rhetorischen Abzweigung abzuholen.[234] Die Kombination aus dieser etwas unglücklichen Vortragsart und dem recht hoch angesiedelten Erwartungshorizont an sein Publikum ließ Davídeks Vorlesungen sehr anspruchsvoll sein. Diese besondere, fachübergreifende Denk- und Auffassungsart, die sich sowohl in Davídeks Schriften und als auch in den aufgezeichneten Reden abzeichnet, bildet einen besonderen Charakterzug seiner Theologie. Als Davídek eine besondere Affinität zur Weltanschauung von Teilhard de Chardin entwickelte, kam noch der von dort gewonnene parusiale Sprachduktus hinzu. Es drängt sich die Frage auf, wie viel von Davídeks Theologie seine Hörerinnen und Hörer bzw. die Koinótés-Mitglieder verstanden haben. Es gibt Stimmen, die trotz ihrer Sympathie zu Davídeks Werk diesbezüglich sehr skeptisch sind:

> „[I]ch bin überzeugt, dass niemand von den Hörern der Seminare den Kern Teilhards Ansichten verstanden hat und deren Auswirkungen auf das eigene und das gesellschaftliche Leben. Mir erschien es zu künstlich und zu oberflächlich. Vater Davídek hat ihn wohl verstanden, aber die anderen täuschten das Interesse nur vor und wiederholten angelernte Formulierungen."[235]

Davídeks war trotz eines Sprachfehlers ein überzeugender Redner. Sein Duktus fällt aber dem heutigen Leser mancherorts als sehr pauschal und unscharf auf, seine Formulierungen lassen teils einen sehr weiten Interpretationsraum zu.[236] Andererseits bediente sich Felix M. Davídek sowohl in seinen Texten als auch im gesprochenen Wort oft einer komplizierten Syntax, die zudem noch mit einigen thematischen Abschweifungen kom-

[234] Über diese Vortragsart berichten auch Fiala/Hanuš, die einen Teil der Tonbänder mit Davídeks Vorträgen transkribierten.

[235] Michal Černý, Život podzemní církve na Moravě na příkladu konkrétních osobností [Das Leben der Untergrundkirche in Mähren am Beispiel konkreter Persönlichkeiten]. Bakalářská práce na UPCE CMTF, Olomouc 2012 [Bachelorarbeit an der Katholisch-Theologische Fakultät der Universität Olmütz], Anlage: Interview mit Josef Šik, 59.

[236] Davídek war ein Meister rhetorischer Sprachfiguren. Die von ihm mit Vorliebe gebrauchten Verallgemeinerungen (Bsp. „Die meisten Gläubigen werden an ihrem (vom Staat gelenkten) Desinteresse sterben.") standen nicht für Davídek als Dogmatiker, sondern für Davídek, der mit zugespitzten Formulierungen („Die Leitung in der Kirche, das ist Manipulation von Menschen.") versuchte, seine Zuhörer wachzurütteln bzw. Aufmerksamkeit für bestimmte Themen zu erringen.
Beide Zitate in: Felix M. Davídek, Teologie teorie řízení [Theologie der Leitungstheorie], in: Fiala/Hanuš, Skrytá církev [Verborgene Kirche] (tsch. Originalausgabe), Anlage mit Originaltexten von Felix M. Davídek, 294–310, hier 294 und 299.

biniert wurde. Die Auffassungsschwierigkeiten seiner damaligen und heutigen Leser sind schließlich auch darauf zurückzuführen, dass Davídek sich der Fachsprache mehrerer akademischer Disziplinen und spezieller Diskurse bediente, jedoch in seinen Vorträgen selten eine fachsprachliche Übersetzungs- und Erklärungsarbeit leistete. Trotz seiner komplizierten Vortragsart oder vielleicht gerade deswegen ließ Davídek die theologische Rede nie zu einer Floskelsprache verkommen. Im Gegenteil war es für ihn kennzeichnend, auch umstrittene Themen in aller Deutlichkeit anzusprechen. Er schenkte sein Interesse vor allem den Fragen zum Wesen und Auftrag der Kirche bzw. des kirchlichen Amtes.

3.4.2 Davídeks erkenntnisleitenden Intentionen in der Ekklesiologie

Meiner Meinung nach lassen sich in Davídeks Werk vier leitende ekklesiologische Intentionen festmachen: (1) die Notwendigkeit des Strebens der Kirche auf die Parusie hin, (2) die bevorzugt soziologische Deutung der Kirche und der Gemeinde, die in (3) das *ars regnandi*-Gemeindeleitungskonzept mündet, und nicht zuletzt (4) die besondere Gewichtung des sakramentalen, ordinierten Dienstes in der Kirche und für die Kirche.

3.4.2.1 Der Weg zur Parusie: Disziplin, Charisma und Mut zum Risiko

Felix M. Davídek hob den hohen Stellenwert der klugen Behutsamkeit in der Notsituation der tschechischen Kirche hervor. Gleichzeitig erklärte er aber, dass die gebotene Vorsicht für die Kirche nicht hinderlich werden sollte, wenn sie sich in „neuen Lagen und Situationen, die für die Kirche unbekannt und neu sind“, befindet.[237] Dieses Postulat gewinnt in Bezug auf die Lehramtsfrage in der verfolgten tschechischen Kirche eine besondere Bedeutung. Felix M. Davídek wurde in der tschechischen katholischen Untergrundkirche zu einem der heftigsten Kritiker der drohenden Entfremdung des kirchlichen Lehramtes vom Kirchenvolk. Auf eine polemische Art setzt er sich mit der sich abzeichnenden ideellen und materiellen Verkernung des kirchlichen Leitungsamtes auseinander:

> „Das Misstrauen vieler Purpuraten und Bischöfe zum Neuen, direktes und indirektes Hinhalten der Entwicklung, Misstrauen gegenüber unüblichen

[237] Felix M. Davídek, Teologie parusie [Theologie der Parusie], in: Fiala/Hanuš, Skrytá církev [Verborgene Kirche] (tsch. Originalausgabe), Anlage mit Originaltexten von Felix M. Davídek, 264.

Vorgehen bei Problemlösungen der Apostelarbeit (so beispielsweise das Gesetz über Arbeiterpriester), Misstrauen den Menschen gegenüber (...) und ebenso das Misstrauen der Wissenschaft gegenüber, und das gleiche Misstrauen zu den neu aufgestellten philosophischen und theologischen Fragen hin zur klassischen Ghettoisierung (...), ostrakisierende und tötende Begriffsstutzigkeit, Begriffsstutzigkeit den Nöten der stets in den Zukunftsraum fortschreitenden Welt und mit ihr auch der Kirche gegenüber, Begriffsstutzigkeit dem gegenüber, was von der Kirche verlangt und zu Recht erwartet wird, dieses Misstrauen und seine ganze Psychologie – das alles bedeutet Auf-Abstand-Gehen von der gesunden Suche, und die Ätiologie dieser Psychologie (...) kann nirgendwo sonst gesucht werden als in den gestörten Strukturen des Grundverständnisses des geistlichen Lebens (...) [Statt dessen] neigt man immer mehr zu einer materiellen Sicherheit (die juristisch-politische und wirtschaftliche Absicherung der Kirche; für den internen, ‚persönlichen' psychischen Sektor ist es wiederum vor allem die kanonische Absicherung; zu dieser Frage siehe wieder den Passus über die Autorität), die man historisch betrachtet als die aktuellste ‚Sicherheit' empfunden hat, und daher lebensnotwendiger als allein den Tiefgang in die Tiefe des Glaubens, der Hoffnung und der Liebe. Aus dem allem ergibt sich die weitläufige Unbestimmtheit in der Lösung der gegenwärtigen Probleme der Welt und seiner Nöte (...), und die durch eine positive Lösung unangetastete Problematik der Kirche als einer offenen Gemeinschaft, die Abwehr der Selbstkritik und des aufrichtigen Bekennens von eigener Schuld und Unterlassungen, ein unrealistisches und den Menschen (und zugleich auch Gott als seinen Schöpfer) unterschätzendes Misstrauen in eine reifende und erwachsene Menschheit."[238]

Als Gegenpol zu einer solchen inneren Starrheit stellte Davídek das dynamische Modell des Reiches Gottes vor. Statt die schwierige Lage der tschechischen Kirche zu verdecken oder gar zu bestreiten, statt zu resignieren oder sich in die ins Private gekehrte Frömmigkeit zurückzuziehen, rief Davídek seine Gemeinde zur Disziplin im Dienst am Reich Gottes auf. Das Reich Gottes kann überall wachsen, sein Gedeihen ist allerdings auf menschliches Zutun (Davídek sprach von parusialer Bewegung) angewiesen. Die Untergrundkirche soll sich von den Schrecken der Zeit nicht überwältigen lassen, sondern gegen die drohende geistliche Erlahmung, die

[238] Ebd., 264.

von innen und von außen die Kirche bedroht, in die Offensive gehen, „damit Gott wirklich herrschen kann".[239]

Die Voraussetzung für die Arbeit im Untergrund war für jeden Einzelnen eine klar formulierte Bereitschaft, sich in ständiger Gefahr zu befinden und dieses Risiko einzugehen.[240] Die Forderung dazu war nicht nur in Davídeks Denkart von Beginn an bereits tief verankert, er sah sich darin auch durch die Teilhardsche Theologie bestätigt. Die Angst muss mit der geordneten Disziplin und dem Mut zum Risiko getilgt werden.

Die Parusiebeschleunigung scheint nur eine der Säulen der Ekklesiologie Davídeks gewesen zu sein. Die prinzipielle Möglichkeit einer Bewegung der Menschheit, die eine parusiale Wirkung hat, gründete in Davídeks Überzeugung, dass jede Kirche vor Ort die besonderen Gaben des Heiligen Geistes empfängt. Pfingsten erinnerte Davídek an die Sendung des Heiligen Geistes als Gründungsmoment der Kirche. Der Raum für das Wirken des Heiligen Geistes dürfe in der Kirche nicht verkleinert werden, indem sie als religiöses Objekt glorifiziert oder mystifiziert werde:

> „[wir dürfen nicht] an der Kirche (...) nur ihre leuchtende, helle Seite sehen, die sie durch die Reinheit der Evangelien empfängt, sondern wir müssen auch den finsteren Teil sehen, den unbegreiflichen, ärmlichen, der ihre Hoheit dauerhaft überschattet und ihren übersinnlichen Auftrag in den Augen der Menschen manchmal äußerst problematisch erscheinen lässt."[241]

In diesem Zitat umklammert Davídek für seine Zeit in ungewohnter Schärfe zwei Grundsteine seiner Ekklesiologie: Einerseits wird dem Gottesvolk durch die Gaben des Heiligen Geistes die Unverirrlichkeit im Glauben garantiert, andererseits muss und kann die institutionelle Kirche nicht frei von Fehler oder Irrtum sein. Diese Prämisse legitimierte die behutsame Erneuerung der Ekklesiopraxis. Und sie eröffnete die Sicht auf Kirche als einer Organisation, in der die Leitungsstruktur eine unersetzliche Rolle spielt. Felix M. Davídek fing früh an, die Kirche bzw. die Kirchengemeinde auch unter soziologischen Koordinaten betrachten.

---

[239] Felix M. Davídek, Konkrétní spirituální práce [Die konkrete spirituelle Arbeit], in: Fiala/Hanuš, Skrytá církev [Verborgene Kirche] (tsch. Originalausgabe), Anlage mit Originaltexten von Felix M. Davídek, 237.

[240] Das Risiko bestand vor allem darin, dass man entdeckt und verhaftet wurde und dass alle Familienangehörigen, auch Kinder, anschließend zur Rechenschaft gezogen wurden.

[241] Felix M. Davídek, Ad tres fratres, in: Fiala/Hanuš, Skrytá církev [Verborgene Kirche] (tsch. Originalausgabe), Anlage mit Originaltexten von Felix M. Davídek, 242–248, 246.

3.4.2.2 Die Kirche und die Gemeinde als soziologische Kategorie: Leitung und Macht

Felix M. Davídek betont vielerorts, dass die Gemeinde auch eine „soziologische Kategorie" und ein „soziologisches System" sei, das sich als solches „konkrete, reale Ziele setzen sollte" – einen durchdachten, von allen Gläubigen getragenen Pastoralplan.[242] Ihn interessierte die soziologische Gestalt der Kirche, um durch die Erkenntnisse über die Planung, Organisation und Führung gewinnorientierter Unternehmen die soziologischen Systemschwächen der Kirche zu entlarven und zu überwinden. Die Initialfaktoren für diese Kirchensicht lagen nicht nur in der radikalen Ablehnung Casarolis *modus-moriendi*[243], sondern vermutlich vor allem in dem Teilhardschen Ideal der Welt als organischer Einheit. In je höherem Grad der organischen Ordnung sich die Welt befinde, desto näher ist sie der kommenden Parusie.

Felix M. Davídeks intensives Interesse an der Leitungstheorie bewegte ihn sogar dazu, wieder ein Studium aufnehmen. Er schloss es mit einer Dissertationsschrift zur Organisationslehre ab, mit der er 1971 an der Wirtschaftsuniversität in Bratislava promoviert wurde.[244] Davídek arbeitete im eigenen Wortlaut an einem „systemisch[en] Zugang zur Leitung von Koinótés".[245] Die Koinótés-Gemeindemitglieder sollten von der Übertragung der Erkenntnisse der Leitungstheorie auf die tschechische Ortskirche profitieren. Diese Leitungsart sollte ihnen dazu verhelfen, sich zu wachsamen Christen zu entfalten, die selbstständig nach neuen Formen der Evangelisierung suchten. Die Gläubigen sollen in ihrem Verantwortungsbewusstsein für sich selbst, ihre Mitmenschen und die Kirche gestärkt werden.

Den Kern der Überlegungen Davídeks zur Gemeindeleitung bildeten die Frage nach der legitimen und fruchtbaren Ausübung des kirchlichen Lei-

---

[242] Vgl. Mitschrift Davídeks Vorlesung zur Theologie der Leitung: Felix M. Davídek, Teologie teorie řízení [Theologie der Leitungstheorie], in: Fiala/Hanuš, Skrytá církev [Verborgene Kirche] (tsch. Originalausgabe), Anlage mit Originaltexten von Felix M. Davídek, 294–310.

[243] „Die Kirche aber darf nicht sterben. (…) Es wäre der größte Irrtum, wenn wir das Gehorsam der Kurie gegenüber mechanisch verstehen würden: Instruktionen empfangen und zum Vollzieher der eigenen Beerdigung werden. Sie lässt sich nämlich ohne Rücksicht auf die Nöte der Ortskirche leiten. Die Ortskirche darf es sich nicht leisten, die Instruktionen zum eigenen Tod zu empfangen." Ebd., 299.

[244] Vgl. der Text und die Anmerkungen im Kap. 3.1.1

[245] Vgl. den Titel seiner Vorlesung zur Leitung in der Koinótés-Gemeinde: Felix M. Davídek, Systémový přístup k řízení Koinótés [Systemischer Zugang zur Koinótés-Leitung Theologie der Leitungstheorie], in: Fiala/Hanuš, Skrytá církev [Verborgene Kirche] (tsch. Originalausgabe), Anlage mit Originaltexten von Felix M. Davídek, 310–316.

tungsamtes und die damit zusammenhängende Frage nach dem Stellenwert der Macht im kirchlichen Amt:

> „Ich bin nicht deswegen dort [in der Gemeinde], um zu befehlen, sondern damit ich diene. Die dienende Rolle [des Amtsträgers]. Das muss nicht nur die [dienende Rolle] in Richtung eines Einzelnen, sondern auch der ganzen Gemeinschaft sein."[246]

Die Untergrundgemeinde müsse nach Davídek mehr als nur das Supplieren der Ausfälle im offiziellen katholischen Gemeindenetz sein. Sie ist nicht nur die Alternative aus Not, sondern hat ihr eigenes Selbstverständnis. In Davídeks Ekklesiologie scheint das missionarische Verständnis der Kirche bzw. der Gemeinde tief verankert gewesen zu sein. Er forderte sogar ausdrücklich, die ideale Untergrundgemeinde solle keinen schützenden Wall um sich stehen haben. Selbstverständlich mussten die Treffen im katholischen Untergrund in Verborgenheit bleiben, doch sollte die Gemeinde dessen ungehindert aktiv Zeugnis ablegen und die Evangelisierung anstreben. Für Interessierte sollte sie immer offen sein.

Zu einer solchen Modellgemeinschaft für alle Schwesterkirchen im Untergrund sollte die Brünner Koinótés werden, die Felix M. Davídek selbst gründete.[247] Ihre Existenz und ihre Zusammenkünfte waren geheim, die Orte wechselten. Dennoch war Koinótés keine geschlossene Gemeinschaft. In den Interviews, die Peter Sepp mit den ehemaligen weiblichen Mitgliedern der Brünner Koinótés-Gemeinde führte, wird ihr Selbstverständnis beschrieben als

> „offen für wen auch immer, für die, die eigentlich nicht dazu gehören, die sie erkennen … weil hier [in der damaligen Tschechoslowakei] diese offizielle Kirchenstruktur überhaupt nichts konnte"[248]

[246] Felix M. Davídek, Naše spiritualita [Unsere Spiritualität], in: Fiala/Hanuš, Skrytá církev [Verborgene Kirche] (tsch. Originalausgabe), Anlage mit Originaltexten von Felix M. Davídek, 328–331, hier 330.

[247] Ob es sich hierbei mehr um „Schwesterkirchen" oder doch eher um „Tochterkirchen" handelte, ist eine schwierige Frage. Amtstheologisch bzw. in der apostolischen Sukzession waren es oft Tochterkirchen (geleitet von Priestern, die von Davídek geweiht worden sind), andere aber gehörten später in die Jurisdiktion der von Davídek geweihten Bischöfe. In den Lehrfragen waren sie vermutlich nicht unterstellt, da jede Gemeinde ihre eigene Struktur an die vorhandenen pastoralen Bedingungen anpassen musste. Der gelungene Anpassungsvorgang war Davídek sehr wichtig.

[248] Peter Sepp, Geheime Weihen. Die Frauen in der verborgenen tschechoslowakischen Kirche Koinótēs. Ostfildern 2004, 28. In diesem Zusammenhang wird Koinótés von einigen vereinzelten ehemaligen Mitgliedern in eine Analogie zur Urkirche gestellt. Bei Davídek selbst befinden sich hierzu keine Hinweise – er vergleicht Koinótés nicht mit der Urkirche. Eine

Koinótés entstand als eine pastorale Weiterführung des Unterrichts für die potentiellen Priesteramtskandidaten im Untergrund, wie ihn Davídek noch vor seiner Verhaftung erteilte. Sie wuchs in den sechziger und siebziger Jahren immer mehr zu einer Kirchengemeinde zusammen. Die ehemaligen Mitglieder beschreiben sich als Gläubige, die „Interesse am Leben der Kirche als ‚lebendige Glieder' hatten"[249]. Die sozialen Beziehungen in ihr waren geschwisterlich, aber nicht grobkörnig aktivistisch.[250] Die Untergrundgemeinden, die dem Netzwerk um Felix M. Davídek entsprungen sind, zeigten sich durchaus gesellschaftlich heterogen – ihre Mitglieder stammten aus unterschiedlichen Lebenskontexten. Sie war nicht enggefasst, alles schien im Fluss. Und genau das entsprach Davídeks weitgefasstem Gemeindebegriff.[251] Davídek scheint besonders darauf geachtet zu haben, dass die Gemeinde in ihrer Atmosphäre, ihrem pastoralen Stil nicht zu einem verdorrten Milieu verkam, dessen Hauptsorge sich selbst galt. Denn das wäre das Gegenteil von Davídeks Idee der Parusiebeschleunigung gewesen. Es blieb nicht bei der Proexistenz der Gemeinde für die Anderen. Davídek rief jeden einzelnen dazu auf, entschlossen nach neuen Wegen der Evangelisierung in seinem eigenen Alltag suchen. František Mikeš, ein Mitglied der Koinótés-Gemeinde, erinnert sich an seine erste Begegnung mit Davídek:

> „Das erste (…) Treffen mit dem Neuen in [Davídeks] Theologie war für mich diese unerwartete Frage: ‚Was machst Du?' Ich sage ihm[:] Chemie[.] [U]nd er antwortet darauf[:] [A]lso wirst du dich jetzt auch damit beschäftigen, wie man sie theologisiert."[252]

mögliche Erklärung dafür, dass seine Schüler es nach 1989 taten, könnte ein gewisses Schutzmechanismus sein, um die harsche Kritik an Davídeks Theologie und Pastoral abzuwehren und der Koinótés mehr Würde zu verleihen. Damit ist nicht gesagt, dass Koinótés keine Parallelen zu dem Leben der Urkirche aufwies, sondern lediglich, dass Davídek erste theologische Leitidee vermutlich nicht das Beispiel der Urgemeinde war, sondern seine parusiale Theologie.

[249] Ebd., 29.

[250] Vgl. die Ausführungen von Sepp.

[251] So zählen alle Christinnen und Christen dazu, nicht nur die, die seine Seminare besuchten, sondern auch die von ihm geweihten Priester mit ihren Gemeinden, überall, wo sich das Kirchenleben sakramental entfacht hat. Die Koinótes im engen Sinn war die Gemeinde, die Davídek selbst gründete. Im weiten Sinn werden auch die Neugründungen bzw. die Tochterkirchen der Brünner Koinótés-Gemeinde (also das gesamte Untergrundnetzwerk, das auf Davídek zurückgeht) als Koinótés bezeichnet.

[252] Mikeš, Biskup Felix Maria Davídek [Bischof Felix Maria Davídek], in: Lenka Karfíková u. a. (Hg.), Život se tvoří z přítomné chvíle. [Das Leben schafft sich aus dem gegenwärtigen Augenblick], 81–102, 89.

Mikeš wurde dazu aufgefordert, den Glauben und ausdrücklich auch die Theologie als in seinem Beruf als Chemiker zu leben. Die gesamte Koinótés sollte das geistliche Leben und die räumlichen Grenzen der offiziellen Pfarrgemeinden in vielerlei Hinsicht sprengen. Felix M. Davídek sah Koinótés in der Tradition der Kirche fest verankert. Das traditionalistische, defensive Verständnis des Heiligen, das vor der Profanität dieser Welt geschützt werden soll, war ihm fremd. Er war Verfechter einer offensiven Glaubenskunde: durch das Zeugnis der Christen soll Christus als Licht in die Welt hineingetragen werden. Auch darin spiegelt sich die Notwendigkeit der Vorwärts-Bewegung, wie sie oben beschrieben wurde. Die Koinótés baute einerseits auf einem kleinen Kern der aktiven Christinnen und Christen im Untergrund, andererseits wehrte ihr aufstrebender Pastoralplan sich gegen die innere Verkernung der Gemeinde.

Die Gemeinde galt für Davídek als *die* Basiswirklichkeit der Kirche: „Die Kirche braucht Gemeinden."[253] Die Gemeinde stellt die örtliche Vergegenwärtigung der Universalkirche dar. Besonders wichtig war für Davídek die Überzeugung, dass die Untergrundkirche ein Teil der Gesamtkirche sei, eine „zweite Linie" zu den öffentlichen Kirchenstrukturen in der Tschechoslowakei. Jede Gemeinde bildet für Davídek zugleich ein Teil der Universalkirche:

> „Die Kirche breitet sich wie jede heutige Gesellschaft aus und reproduziert sich in Mikrosozietäten, das bedeutet in kleinen schöpferischen Einheiten. Und die kleinen schöpferischen Ganzheiten werden vor allem kleine, sog. ‚Pfarreinheiten' werden, oder sei es auch Fabrik- oder Studenteneinheiten usw., rein nach Neigung."[254]

Davídek ging es dabei nicht um das Einräumen des ontologischen und zeitlichen Vorrangs für die Universalkirche oder für die Einzelkirchen, seine Leitidee war vielmehr auch hier die möglichst effektive Ausrichtung der Kirche auf die Parusie hin, die auf neue Formen der Pastoral angewiesen ist. Heute ist für viele geläufig, für andere immer noch irritierend, was für Davídek selbstverständlich war, nämlich die Überzeugung, dass sich alle Gläubigen an der Gestaltung oder gar Leitung der Gemeinde beteiligen lassen können und wollen (und sogar müssen!). Davídek genauso wie die gesamte tschechische Untergrundkirche kennen nicht die distanzierten

[253] Felix M. Davídek, Pastorální praxe v oboru morálky [Pastoralpraxis im Bereich der Moral [-theologie]], in: Fiala/Hanuš, Skrytá církev [Verborgene Kirche] (tsch. Originalausgabe), Anlage mit Originaltexten von Felix M. Davídek, 331–341, hier 333.

[254] Ebd., 333.

Christen, die Religion als ihre Privatangelegenheit oder als Sache ihrer ganz persönlichen Freiheit betrachten. Die Kirche im Untergrund kannte nicht das Phänomen der hohen Zahl der getauften Christen, die dem Gottesdienst fernbleibenden und zu ihrem Glauben und der Kirche indifferent stehen. Zu Felix M. Davídeks Pastoralplan gehörten die Beteiligung am Gemeindeleben und die Entsendung jedes Einzelnen für konkrete pastorale und Aufgaben der Evangelisierung unmissverständlich dazu.[255] Die persönlichen Zeugnisse der ehemaligen Mitglieder der Untergrundkirche belegen zudem den Erfolg von diesen Bemühungen:

> „In dieser Zeit, als ich in dieser Gemeinde [Koinótés] begann zu fungieren, habe ich viel [Theologie; P.S.] studiert, mein geistliches Leben hat sich vertieft. Ich spürte (…), dass sich eigentlich auch durch diese Gemeinde erstaunlicherweise meine Einstellung zu Gott, zu meinem Glauben, zur Verantwortung für meinen Glauben vertieft hat – und eigentlich die apostolische Sendung jedes Christen, dort habe ich es erfahren, eigentlich die Verantwortung. Nicht nur sich heilen, sondern dass mein Heil durch das Heil von anderen Menschen geschieht und dies hat mich irgendwie, würde ich sagen, auch in meinem Leben geführt, dass ich mich mehr in meinem eigenen Glauben oder inmitten der eigenen Familie oder unter Menschen auf dem Arbeitsplatz, mit welchen man sich im Alltag trifft, engagiere."[256] und „Er [Davídek; P.S.] half uns, persönlich reif zu werden, er öffnete uns die Augen in die Welt der Fülle des Menschen […] Der Geist (…) des unaufhörlichen Studierens, Reifens, die Möglichkeit, ständig etwas Neues zu gewinnen, neue Kontakte einzugehen und alles – eine solche parusiale Richtung"[257]

In den vielen persönlichen Zeugnissen, die Peter Sepp für seine Dissertation an der Wiener Katholisch-Theologischen Fakultät in den Jahren 2000 und 2001 sammelte, häufen sich im Bezug auf das Gemeindeleben signifikant die Stichworte „Verantwortung", „apostolische Sendung" und „parusiale Richtung". Davídeks Rückbesinnung und Neuentdeckung des gemeinsamen Priestertums fand seinen konkreten Niederschlag im Entwurf einer solchen Gemeindeleitungsstruktur, die kein autoritäres Entscheidungsmonopol sein sollte, sondern ein Ausdruck der Gemeinschaft aller in Christus. Jeder Mensch ist von Gott berufen, vor ihm zu stehen, und die Kirche ist, um der Treue zum Evangelium willen, verpflichtet, jeden ein-

[255] Dies bestätigt sowohl das persönliche Zeugnis von Mikeš (siehe oben) als auch die Interviews, die Peter Sepp in seiner Fallstudie im Jahr 2000 und 2001 durchführte. Vgl. Sepp, Geheime Weihen, 69–76.
[256] Sepp, Geheime Weihen, 93. Interview Nr. 16.
[257] Ebd., 93. Interview Nr. 2.

zelnen Christenmenschen zu hören und ihn auf seinem Weg zu Gott zu begleiten. Die tschechische Kirche müsse ihr Sendungsbewusstsein stärken und zugleich ihr Wesen als Werkzeug Gottes vergegenwärtigen:

> Die Kirche „leidet in uns darin, dass sie bei uns kein Werkzeug ist. Verfolgt wird die Kirche bei uns durch Organe des Staates (...); ansonsten ist die Kirche bei uns [aber] schon lange kein Werkzeug mehr. Das ist unsere größte Tragödie, dass bei uns die Kirche verfolgt wird buchstäblich für NICHTS [Kirchenverfolgung, obgleich die Kirche kein Werkzeug des Evangeliums mehr ist; P.S.].“[258]

Mit ähnlich ironischer Spitze prangerte Davídek an vielen Stellen seiner Vorträge die Verharmlosung der Radikalität des Evangeliums an. Das Evangelium werde überall dort verwässert, wo Gläubige zusammen mit den Leitungsämtern der Kirche ihr Sendungsbewusstsein, ihren Auftrag, Werkzeug Gottes im Dienst der Heiligung der Welt zu stehen, vergessen.

Für seine Gemeindetheologie wählt Davídek im Einklang mit Teilhard de Chardin einen anthropozentrischen Fokus. Er geht von jedem einzelnen Gläubigen aus, fragt danach, wie seine Gaben in der gesamten Kirche und allen einzelnen Kirchengemeinden zu entfachen sind, damit er zur Parusiebeschleunigung beitragen kann. Der Christ müsse zuerst die heiligende Botschaft Jesu Christi für sich selbst entdecken, um anschließend die Welt heiligen zu können. Jedem muss sein Charisma, seine besondere Aufgabe in der Verkündigung bewusst werden, damit die bisher ziellosen Kräfte auf den Punkt Omega gerichtet werden können. Die intensivste und schnellste Bewegung des menschlichen Geschöpfs zu Gott stellt für Davídek die „tägliche Bemühung um Gebet und Arbeit vor Gottes Angesicht“.[259] Alle Menschen, allen voran die Christen, sind für die Beförderung der ganzen Menschheit hin zu Gott verantwortlich. In Davídeks uneingeschränkt evolutiver Sicht der Welt ist es die katholische Kirche, derer Aufgabe es ist, zu einer „evolutiven Soziätät“ zu werden.[260]

Davídeks auch profane Sicht der Kirche birgt Chancen und Gefahren. Sie dient dazu, schonungslos die ausgehöhlten Frömmigkeitsformen zu benennen: „Keinesfalls möchten wir etwas am Leben erhalten, damit es

[258] Felix M. Davídek, Obsah noviciátní práce [Der Inhalt der Noviziatarbeit], in: Fiala/Hanuš, Skrytá církev [Verborgene Kirche] (tsch. Originalausgabe), Anlage mit Originaltexten von Felix M. Davídek, 322–328, hier 326.

[259] Felix M. Davídek, Activitas, in: Fiala/Hanuš, Skrytá církev [Verborgene Kirche] (tsch. Originalausgabe), Anlage mit Originaltexten von Felix M. Davídek, 240.

[260] Vgl. Davídeks Vortrag „Theologie der Parusie“ in: Fiala/Hanuš, Skrytá církev [Verborgene Kirche] (tsch. Originalausgabe), Anlage mit Originaltexten von Felix M. Davídek, 248–269.

überlebt. Wir sind kein Selbsterhaltungssystem."[261] Bemerkenswerterweise motivierte vermutlich gerade die Sicht der Kirche als Organisation Davídek zur hohen Wertschätzung des Kirchenrechts.[262] Andererseits kann die soziologische Kirchenbetrachtung das theologische Kirchenverständnis nicht ersetzen, sondern nur fruchtbar ergänzen. Im Zweifelsfalle könnte eine rigide soziologische Kirchensicht die Relevanz der Ekklesiologie und pastoralen Theologie soweit untergraben, dass die Gemeinde-(Leitungs-)-Strukturen und Ämter den jeweiligen kultur-soziologischen Kriterien folgen würden statt ein Abbild des Gründungswillens Jesu Christi zu sein. So könnten die „Architektur" der Kirche, ihrer Ämter und Leitungsstrukturen einen höheren Stellenwert erwerben, als ihre tatsächliche Sendungsaufgabe, nämlich die Pro-Existenz der Kirche am Beispiel der Pro-Existenz Christi.

Davídeks Ekklesiologie bewegt sich genau an der Grenze zwischen der Faszination für die Steuerungsmöglichkeiten und dem Bewusstsein für das gemeinsame Priestertum aller Gläubigen: „Ekklesiologie – die gesamte Kirche leitet. Dienste! Von dem hierarchischen bis zum charismatischen."[263] Dies lässt sich im folgenden Kapitel am Beispiel von Davídeks Faszination für die „Kunst des Leitens" noch genauer dokumentieren. Dort verleiht Davídek seinem Idealbild der christlichen Gemeinde eine konkrete Gestalt.

3.4.2.3 Von der *ars regnandi* zu kirchlichen Leitungsämtern: Das gemeinsame und das sakramentale Priestertum

Davídek etablierte in seiner Theologie die Kunst des Leitens als Umschreibung des Weges zur Heiligung der Welt. Ihre Anwendung fand die *ars regnandi* sowohl in Davídeks Entwurf zur Gemeindeleitung als auch in der individuellen Seelsorge in Form von geistlicher Begleitung. Beide Begleitungsformen – die gemeinschaftliche und die individuelle – spielten in Davídeks Theologie und Pastoral eine entscheidende Rolle. Damit sie des Begriffes *ars* würdig ist, müsse sie frei von Machtausübung sein:

---

[261] Felix M. Davídek, Teologie teorie řízení [Theologie der Leitungstheorie], in: Fiala/Hanuš, Skrytá církev [Verborgene Kirche] (tsch. Originalausgabe), Anlage mit Originaltexten von Felix M. Davídek, 299.

[262] Da es sich um eine Form handelte, die zu einer stets besseren Organisation der Kirche führen sollte. Dennoch war es für Davídek in erster Linie ein von der Kirche selbst gesetztes Recht, und so dem unabänderlichen und unmittelbar bindenden göttlichen Recht unterlegen. Vgl. siehe unten die Ausführungen zur Frauenordination.

[263] Felix M. Davídek, Teologie teorie řízení [Theologie der Leitungstheorie], in: Fiala/Hanuš, Skrytá církev [Verborgene Kirche] (tsch. Originalausgabe), Anlage mit Originaltexten von Felix M. Davídek, 294–310, 295.

„[Die Leitung] darf weder eine physische, noch eine geistliche oder sonstige Beherrschung oder Ausnutzung der Macht sein (...) Das Leiten darf ich nicht als eine Angelegenheit des ‚Herrschens' auffassen. Das Leiten, damit es ars ist (gerade das macht die ars aus) muss frei sein: Die Leitung ist die Gewährung von Freiheit. Jede Kunst entsteht und wächst in der inneren Freiheit dessen, der sie schafft."[264]

Die von Davídek vehement geforderte aktive Mitwirkung des ganzen Volkes Gottes an der Sendung der Kirche sollte in der Koinótés-Gemeinde die Gestalt der pluralen Leitung annehmen. Die Vision der Gemeindeleitung wollte er in der Koinótés in einem Leitungsteam verwirklichen, dem in der Aufbauphase zunächst seine unmittelbaren Mitarbeiter angehörten. Das Team sollte „je nach Bedarf nicht nur zur Planung und Verteilung der Aufgaben" zusammenkommen, sondern auch zusammen „bete(n) und gemeinsam die Eucharistie feier(n)".[265] Für die zukünftige Besetzung erarbeitete Davídek strikte Anweisungen, die in den Mitschriften seiner Vorlesung *Axiologie und ars regnandi* festgehalten worden sind:

„1. Das Leitungsteam soll sowohl einen männlichen als auch einen weiblichen Bestandteil haben und zwar auf dem gleichen Führungsniveau.
2. Im Leitungsteam sollen die Vertreter wenigstens zweier Generationen sein, immer aber die Vertreter der kommenden Generation (in ihr ist nämlich das ‚Neue' spezifisch anwesend, was für die Entwicklung zur Parusie wichtig ist), und es sollen nicht nur Kleriker und Ordensleute enthalten sein, sondern auch Laien.
3. Alle, die in einer Führungsposition sind (das gilt für diejenigen, die innerhalb der Koinótés für eine Sozietät zuständig waren) sollen immer für einen Zeitraum von fünf Jahren gewählt werden, und von ihnen wird erwartet: a) die Fähigkeit, eine neue Situation schnell auszuwerten; b) die Kunst, ihre Funktion zur rechten Zeit abzugeben.
4. Auf die Führungsposition müssen die Menschen vorbereitet werden.
5. Wenn eine Sozietät genug gewachsen ist, d.h. in ihr schon einige spezifische Subsozietäten existieren, die mit ihrem eigenen Programm ausgefüllt sind, ist es notwendig, diesen Subsozietäten die Autonomie zu geben.
6. Das Leitungsteam soll nicht die autonome Entwicklung dieser Subsozietäten behindern."[266]

[264] Felix M. Davídek, Axiologie a ars regnandi [Axiologie und ars regnandi]. Mitschrift der Vorlesung bisher nicht publiziert; Privatarchiv von L. Javorová, 2 Seiten. Zitat gesehen in: Fiala/Hanuš, Verborgene Kirche (dt. Ausgabe), 61. Leicht korrigierte Neuübersetzung.
[265] Sepp, Geheime Weihen, 31.
[266] Ebd., 32. Mit „Sozietäten" meint Davídek einzelne Kirchengemeinden.

An Texten wie diesem sticht besonders hervor, wie wichtig es Davídek war, dass das Leitungsteam die Verhältnisse in Koinótés wiederspiegelt: das Zahlenverhältnis zwischen Frauen und Männern, die Altersstruktur etc. Dies sollte der Entfremdung der Mitglieder des Leitungsteams von dem Lebensraum ihrer Gemeinde vorbeugen. Das Hören auf die Erfahrung der jungen Christen sollte „das Neue", das in ihnen spezifisch anwesend sei, für die ganze Gemeinde zugänglich machen. Für seine Zeit revolutionär war die Einführung einer geschlechtsbezogenen Quotenregelung bei der Besetzung dieses Gremiums.[267]

In Davídeks Theologie der Gemeindeleitung tun sich viele amtstheologische Fragen auf. War mit der Einführung des Leitungsteams in der Gemeinde das Recht der Laien auf das aktive Mitwirken Ausdruck von Davídeks theologischer Überzeugung, dass das ganze Volk Gottes an der Sendung der Kirche mitwirken soll *oder* war sie vielmehr ein Ausdruck der pragmatischen Notwendigkeit, die sich aus der Notwendigkeit einer möglichst wirkungsvollen Beschleunigung der Parusie ergab? Welche Dienste und Ämter wurden damit faktisch übertragen, und welche Grenzen erfuhr das Engagement der Gläubigen in den Amtsstrukturen der Untergrundkirche? Welches Stimmrecht hätten die einzelnen Gemeinderat-Mitglieder wirklich erhalten sollen? In welcher Situation wurde Davídek als Bischof ein (begründungspflichtiges?) Vetorecht zuerkannt? Wer war befähigt, die sog. Subsozietäten, die Schwester- bzw. Tochtergemeinden der Koinótés, zu leiten? Welche Rolle spielten dabei die Ordinierten und welche die Nichtordinierten, waren sie in ihren Leitungsaufgaben gleichgestellt?

Diese spannenden Fragen lassen sich aus dem (bisher zugänglichen) Nachlass Davídeks nur unbefriedigend beantworten. Die aktive Lebenszeit der Koinótés-Gemeinde war auf jeden Fall zu kurz, um Davídeks Vision in der Ekklesiopraxis ausreichend zu erproben. Die Forderung nach einem Leitungsteam scheint ein pastoral motivierter Versuch gewesen zu sein, einen weiten Raum für das Gemeindeleben im Untergrund zu schaffen, in dem das Subsidiaritätsprinzip und die Berufung aller Christen zur tätigen Mitgestaltung des Reiches Gottes hier und jetzt gegeben sein sollten. Das Leitungsteam hatte nicht zuletzt auch dabei geholfen, dass jeder Gläubige in seinem christlichen Selbstbewusstsein und mit seinem Evangelisierungsauftrag zur Bildung von neuen selbstständigen „Subsozietäten" beiträgt.[268]

[267] Ebd., 32.

[268] Als Subsozietäten bezeichnete Davídek sowohl die Hauskreise bzw. weitere pastoralen Organe der Koinótés-Gemeinde als auch die von ihm geforderten neuen Formen der Seelsorge wie Hochschulpastoral oder Gefängnisseelsorge, die er seinen Schülern als besondere pastorale Missionsaufgabe auftrug.

Es bleibt letztlich auch schwierig zu bestimmen, ob das Leitungsteam lediglich ein Beratungsorgan für die Förderung der Vollzüge des kirchlichen Lebens sein sollte oder ob es Mitentscheidungsrechte bzw. das gleiche Stimmrecht wie der Kleriker innehaben sollte, der dieser Gemeinde vorstand. Bezeugt ist auf jeden Fall seine Entscheidungskraft, die über das pastorale Programm von Koinótés hinausging und die Leitungsfragen zumindest betraf. So ließ Davídek 1971 von diesem Leitungsteam seine Entscheidung billigen, drei von ihm geweihte Bischöfe aus seiner eigenen bischöflichen Jurisdiktion zu entbinden.[269] Daraus wird einerseits deutlich, dass es sich in Davídeks Augen um ein eigenständiges Gremium handelte, das die Kompetenzen des Laienapostolats überstieg, nicht aber, ob und wie er dieses Leitungsteam in die hoheitlichen Kompetenzen seines Bischofsamtes mithineinwirken ließ. Letztendlich bleibt also die Frage nach der theologischen und pastoralen Entscheidungskraft dieses Mitwirkungsorgans trotz allem offen.[270]

Davídeks parusiale Theologie zusammengesehen mit seinem *ars regnandi* Leitungskonzept, ergibt in der Gesamtschau: Die Koinótés-Gemeinde sollte dank der Ausschöpfung aller Mittel der *ars regnandi* (in Davídeks Fachterminologie formuliert) zum „Nukleon der Zukunft" werden, zu einer die Parusie mitfördernden Gemeinschaft. Koinótés' Gemeindemitglieder sollten in ihren familiären und beruflichen Alltag weitere Personengruppen parusial ausrichten können. Zu der Gemeindeseelsorge kamen die von Davídek geforderten neuen Formen der Kategorialseelsorge hinzu: Hochschulpastoral, Fabrik- und Gefängnisseelsorge, die er als „neue Bewegungen eines allgemeinen Ablaufs der Evolution"[271] deutete. Für die Beförderung der Parusie können dahinfolgend alle beitragen, die „die Bewegung des

[269] Es ist aber auch vorstellbar, dass Davídek dieser seiner Entscheidung durch die Billigung durch das Leitungsteam lediglich mehr Dramatik verleihen wollte. Zudem wird aus den Aussagen Davídeks Generalvikarin Ludmila Javorová, die auch Mitglied des Leitungsteams war, deutlich, dass das Leitungsteam sich stets im Schatten der Wirkung der Persönlichkeit von Felix M. Davídek befand. Vgl. weiter unten in diesem Kapitel.

[270] Man könnte vermuten, dass es Unterschiede zwischen der ursprünglichen Zielvorstellung und der konkreten Ausführung gegeben hatte. Über die Erprobungsphase kam dieses Organ wohl nicht hinaus, weil große Teile Davídeks Koinótés-Gemeinde nach 1970 selbstständig agierten.

[271] Felix M. Davídek, Axiologie a ars regnandi [Axiologie und ars regnandi]. Zitat gesehen in: Fiala/Hanuš, Verborgene Kirche (dt. Ausgabe), 61. Davídek orientiert sich ausdrücklich am Beispiel der französischen Arbeiterpriester und überträgt jedem Einzelnen seiner Gemeindemitglieder, die sich von ihm geistlich begleiten ließen, einen besonderen Auftrag, eine „Mission" für die eigene Arbeitswelt, in der man durch Gespräche und Handlungen evangelisieren sollte.

Neuen leiten oder die Bedingungen dafür schaffen, ob sie nun im Bereich der Wirtschaft oder der Wissenschaft (...) [arbeiten]".[272]

Wenn Davídeks Ziel der Entwurf einer Architektur der Untergrundkirche war, dann hielt er die *ars regnandi* offenkundig für das wirksamste Mittel ihrer spirituellen Gestaltung, um „die gesamte *actio* bestmöglich *ad parusiam* [zu bewegen]".[273] Das Leitungsteam und das Stärken der Gläubigen und ihrer Mitwirkungsrechte auf allen Ebenen der Kirchenleitung waren also in erster Linie wirksame Mittel zum Lenken des Geschichtsstromes auf die Parusie hin. Der kommuniale Gedanke scheint für Felix M. Davídek nur insoweit eine Rolle zu spielen, als er ihn in sein parusiales Kirchenmodell hineinfügen konnte.

Diese Deutung von Davídeks Gemeindetheologie fügt sich gut in das Gesamtbild seiner Amtstheologie. Denn wie wir unten sehen werden, schrieb Felix M. Davídek dem sakramentalen Amt in der Kirche indirekt eine derart unersetzliche und außerordentliche Rolle in der Heilsgeschichte zu, dass das Teilen des Leitungsamtes mit Nicht-Geweihten vermutlich nur mit Einschränkungen möglich gewesen wäre. Die Stärkung der Mitwirkungsrechte der Laien in der Koinótés-Gemeinde bedeutete daher keine systematisch-theologische bzw. kirchenrechtliche Revision der Leitungsfunktion des ordinierten Gemeindeleiters. Vielmehr war es vermutlich ein Versuch, der übertriebenen Priesterzentrierung bzw. dem drohenden (auf Davídek selbst bezogenen?!) Personenkult entgegenzuwirken, indem der je eigene Anteil der anderen Gläubigen zum Tragen kommen sollte.[274]

An Davídeks Entscheidungsprozess bezüglich der (Un-)Möglichkeit der Frauenordination wird sich im Kommenden zeigen, wie fragil in Wirklichkeit die Leitplanken seines Tuns waren, das sich aus seiner Ekklesiologie ergab. Davídeks eigenwilliges Vorgehen in dieser Sache – gerade auch gegen die Entscheidung der Mehrheit – wird uns im Folgenden den Blick auf die große Diskrepanz zwischen dem ekklesiologischen Idealkonzept und seiner tatsächlichen pastoralen Realisierung unverstellt öffnen. Einen konkreteren Einblick in die Pastoral in der Koinótés-Gemeinde erhält der Leser an dieser Stelle durch die Klärung von Davídeks Sakramententheologie und der sich daraus ergebenden besonderen Rolle der Kleriker.

---

[272] Ebd., 61.

[273] Felix M. Davídek, Teologie parusie [Theologie der Parusie], in: Fiala/Hanuš, Skrytá církev [Verborgene Kirche] (tsch. Originalausgabe), Anlage mit Originaltexten von Felix M. Davídek, 250.

[274] Die Zeugnisse der Koinótés-Mitglieder und die Geschichte dieser Gemeinde selbst weisen stark darauf hin, dass es trotz allem Davídek war, der allein die unanfechtbare Autorität in der Koinótés blieb. Vgl. Sepp, Geheime Weihen, 97. Hier zeigen sich einige der im Jahr 2000/2001 befragten Frauen der „blinden Bewunderung der Menschen, die sich in dem engsten Kreis um Pater Davídek bewegt haben" sehr kritisch gegenüber.

3.4.2.4 Die Sakramente als Gnadenquelle und ‚Motor' zur Beschleunigung der Parusie

Felix M. Davídek verschärfte das Profil des Priesters als Amtsträger bzw. alleinigem Gemeindeleiter hin zu dem eines spirituellen Begleiters auf dem geistlichen Weg jedes einzelnen Christen. Nach Davídeks Überzeugung spielten in der geistlichen Reifung jedes Einzelnen zwei Sakramente eine wesentliche Rolle: die Eucharistie und das Bußsakrament. Meiner Meinung nach sind die Quellen von Koinótés' missionarischer und diakonischer Haltung gerade in der hohen Wertschätzung dieser zwei Sakramente zu suchen.[275] Die tägliche Feier der Eucharistie und das Bußsakrament, eingebunden in die individuelle geistliche Begleitung, spielen in der Spiritualität von Felix M. Davídek eine zentrale Rolle. Eine solche Gemeinschaft intensiven sakramentalen Lebens, zu der Koinótés sich entwickeln sollte, musste nach Davídeks Ansicht aus der Gnade dieser Sakramente wachsen.

Der einzig mögliche Vorsteher der Eucharistie bzw. Spender des Sakramentes der Versöhnung ist in der katholischen Kirche ein Kleriker. Wie brachte Davídek seine radikale Forderung nach der gemeinsamen Leitung aller Getauften („die gesamte Kirche leitet. Dienste!"[276]) mit der unabdinglichen Rolle des Priesters als Vermittler der sakramentalen Gnade in Einklang? Wie sollte die Ekklesiopraxis der Koinótés-Gemeinde aussehen, die diese scheinbaren Gegensätze in Davídeks Ekklesiologie zusammendenken sollte?

3.4.2.4.1 Die Eucharistie und das Bußsakrament

Das priesterliche Charisma zeichnete sich für Felix M. Davídek sowohl durch den sakramentalen Dienst als auch durch die spirituelle Dimension, die in seiner Gemeindetheologie eine große Rolle spielte, aus. Der Priester im Untergrund war der Seelsorger schlechthin, der die Glaubenden auf ihrem Weg des geistlichen Fortschritts begleitete. Nur die Gemeindemitglieder, die sich bewusst auf diesen Weg machen, können in der Kirchengemeinde und in ihrer Arbeitswelt der Parusie den Weg vorbereiten. Auf diesem Weg der

[275] Dies ist nicht nur aus dem schriftlichen Nachlass Davídeks ersichtlich, in dem der Sakramentenlehre und praktischen pastoralen Anweisungen (z. B. zum Ablauf des Sakramentes der Buße) ein großer Raum gewidmet wird. Auch die Zeugnisse der Zeitzeugen bestätigen indirekt diese These. Sepp berichtet in der Auswertung seiner empirischen Studie der Koinótés-Gemeinde: „Es wurde sichtbar, dass für die Befragten die Sakramente einen sehr hohen Wert haben." Sepp, 96.

[276] Felix M. Davídek, Teologie teorie řízení [Theologie der Leitungstheorie], in: Fiala/Hanuš, Skrytá církev [Verborgene Kirche] (tsch. Originalausgabe), Anlage mit Originaltexten von Felix M. Davídek, 295.

geistlichen Reifung also sind die Eucharistie und das Sakrament der Buße die zwei wichtigsten Säulen von Felix M. Davídeks individueller Pastoral.

Die Eucharistie bedeutete für Davídek „notwendige Speise oder Motor zur Beschleunigung der Parusie".[277] Dieses Sakrament „durfte nie ausgelassen werden",[278] da es „den Generator der Spiritualität"[279] darstellt. Die Eucharistie war für ihn *die* Quelle des geistlichen Lebens. Jede nächtliche Vorlesung[280] Davídeks wurde mit der Eucharistiefeier eingeleitet. Sie spielte in seinem Kirchenverständnis den konstituierenden, gemeindebildenden Charakter. In der Opferung der Früchte der Erde und der menschlichen Arbeit, in ihrer Verwandlung in Christus und schließlich in dem Empfangen dieser Gaben durch den Menschen sah Felix M. Davídek eine sakramentale Dynamik, die den Rhythmus der ganzen christlichen Existenz und den kosmischen Lauf widerspiegelt. Das gemeinsame Feiern der Eucharistie bewahre die Gläubigen vor individualistischen Verkürzungen. Vor allem aber sei die Messe die eschatologische Vorwegnahme der himmlischen Vollendung, der Vergöttlichung der Welt, der Parusie. In ihr wird die Welt durch das Lob des Schöpfers eins und heil. Der Vollzug der Eucharistiefeier hat parusiale Qualität. Und sie hat eine kosmisch-universale Dimension – in dieser Hinsicht hatte die Eucharistie für Felix M. Davídek eine ähnliche Bedeutung wie für Teilhard de Chardin. Doch Davídek schreibt ihr noch eine weitere folgenschwere Bedeutung zu: Die Eucharistie dient vorzüglich der Gnadensicherung.

Ein zweites wichtiges Instrument von Davídeks Pastoral war das Sakrament der Buße. Davídek bezeichnete es als „Kanal der Heiligkeit". In seinen seinen Erörterungen, in den Schriften und in den Notizen aus seinen Vorträgen nimmt die Anleitung zur entsprechenden geistlichen Begleitung einen großen Platz ein. Davídek bettete das eine (das Bußsakrament) in das andere (geistliche Begleitung) ein. Aus der empirischen Forschung von Peter Sepp geht hervor, dass Davídek bereits sehr früh überzeugt war, dass „das

[277] Mikeš, Biskup Felix Maria Davídek [Bischof Felix Maria Davídek], in: Lenka Karfíková u. a. (Hg.), Život se tvoří z přítomné chvíle. [Das Leben schafft sich aus dem gegenwärtigen Augenblick], 81–102, 89.

[278] Ebd.

[279] Felix M. Davídek, Teologie teorie řízení [Theologie der Leitungstheorie], in: Fiala/Hanuš, Skrytá církev [Verborgene Kirche] (tsch. Originalausgabe), Anlage mit Originaltexten von Felix M. Davídek, 306.

[280] Nicht alle Teilnehmerinnen und Teilnehmer konnten Davídeks Vorträgen bis zum Schluss folgen, weil ihnen die geistigen und körperlichen Kräfte fehlten: "Er [Davídek] nahm sich dann noch einer weiteren Aktion an[.] [W]enn früh angefangen wurde, dann war es um 22 oder 23 Uhr und es zog sich so bis 2 oder 3 Uhr in der Nacht. Da schliefen die Menschen schon ein, fielen um, aber das störte ihn keineswegs." Černý, Život podzemní církve na Moravě na příkladu konkrétních osobností [Das Leben der Untergrundkirche in Mähren am Beispiel konkreter Persönlichkeiten]. Anlage: Interview mit Radomil Kaláb, 68.

Bußsakrament für das persönliche Wachstum in der Heiligkeit noch besser [als bisher in der Kirche üblich; P.S.]" genutzt werden könnte.[281] Um das Bußsakrament fruchtbarer für die Gläubigen und die Kirche zu gestalten, entwickelte Felix M. Davídek sogenannte „Schémata". Bei den „Schémata" handelte es sich um ausführliche Beichtanleitungen. Sie gehörten zu den wichtigsten Instrumenten individueller Seelsorgearbeit in der Koinótés-Gemeinde. Diese stellten eine Art Stütze für den Fortschritt auf dem eigenen geistlichen Weg dar:

> „Jenen, die sie [Beichtanleitungen] auch benutzten, war er [Davídek] selbst wenigstens drei Monate lang der Beichtvater. Ludmila Javorová erwähnt, dass es von diesen Hilfen vier verschiedene Typen gab. (...) Je nach Fortschritt im geistlichen Leben wurden sie angewendet. Wobei die erste, die eher eine allgemeine Anleitung zum geistlichen Leben bot, für die bestimmt war, die sich erst mit dem angefangenen geistlichen Weg vertraut machten. Die vierte Hilfe war wiederum für die bestimmt, die den mystischen Weg einschlugen. Die Schémata wollten den Betroffenen eine konkrete Hilfe zur Entfaltung der persönlichen Heiligkeit bieten, dennoch schrieben sie nicht nach Art einer detaillierten Anweisung die einzelnen Schritte vor. Felix M. Davídek betonte, dass jeder mit ihnen je nach der eigenen Möglichkeit und Verantwortung individuell arbeiten sollte. Freiheit und Freude waren dabei die wichtigsten Merkmale, die das Wachstum eines richtigen geistlichen Lebens kennzeichnen sollten. Das Neue an diesen Schémata war – wenigstens nach den Aussagen mancher Frauen –, dass sie sich nicht auf die ‚Unterdrückung der Sünden konzentrierten', sondern auf die Entdeckung der eigenen Kräfte, die zur Entfaltung des gesamten Menschen führen sollten."[282]

Davídeks Ziel scheint es gewesen zu sein, durch die Beichtanleitungen den Menschen in seiner Ganzheitlichkeit zu erfassen und zu erreichen, ihn nicht nur auf seine Sündhaftigkeit zu reduzieren. Das Ziel der Anleitungen bestand in der Einführung ins Gebetsleben und der Befähigung zum christlichen Apostolat. Diese von Davídek praktizierte individuelle Pastoral sollte den Grundstein für die geistliche Reifung der Mitglieder legen, damit sie dank dessen später durch ihr christliches Zeugnis in den Familien- und Berufsalltag geben können. Gut ausgebildete Priester, die eine gewisse persönliche Reife erreichten, bildeten die Grundvoraussetzung für eine solche individuelle Pastoral, die auf geistliche Begleitung fokussierte war.

---

[281] Sepp, Geheime Weihen, 47.
[282] Sepp, Geheime Weihen, 47.

3.4.2.4.2 Die Priesterweihe

Die geistliche Begleitung sollte in der engen Verbindung mit dem Bußsakrament die parusiale Bewegung auf der individuellen Ebene vorwärts treiben. Für Felix M. Davídek stand ebenso fest, dass die gnadenreiche Vergegenwärtigung des Kreuzesgeschehens in der Eucharistiefeier nur dank des Weiheamtes möglich ist. An dem sakramentalen Weiheamt war nicht zu rütteln, das galt für Davídek nicht nur im Hinblick auf seine Unentbehrlichkeit für die individuelle Pastoral, sondern vor allem im Blick auf die Verwaltung des Eucharistiesakramentes.

Da die zwei Sakramente – Beichte und Eucharistie – im Mittelpunkt von Davídeks Gemeindeaufbau standen, musste das Weihepriestertum in seiner Ekklesiologie eine nicht zu ersetzende Schlüsselrolle spielen. Diese Annahme wird durch die Mitschriften seiner Vorlesungen bestätigt. In der „Theologie der Leitungstheorie" erklärte Davídek im Jahr 1974, dass „der Priester an bestimmten Stellen unersetzlich ist"[283] Bereits im Flugblatt zu Davídeks Primiz 1945 wird dem Dienst des Priesters ein sehr hoher Stellenwert beigemessen:

> „Du sagst, man bräuchte keinen Priester, man bräuchte kein Gebet. Und wer gewinnt für dich die Hoffnung auch in solchen Augenblicken, wenn für uns Menschen alles verloren scheint? Hier eine Inschrift aus dem Konzentrationslager: ‚Was im Menschen zuletzt stirbt, ist die Hoffnung.' Glaube aber nicht, dass sie in neunundneunzig Fällen von hundert gestorben wäre, wenn ein Priester dort gewesen wäre mit seiner Liebe, mit der Liebe zu Gott und den Menschen."[284]

Bemerkenswert ist die Wiederholung dieses Motivs der Unentbehrlichkeit und der selbstlosen Aufopferung des Priesters noch 43 Jahre später in Davídeks Todesanzeige. Felix M. Davídek entwarf sie für sich selbst. Er bediente sich dabei eines Zitates von Teilhard de Chardin:

> „Da ich Priester bin, möchte ich der erste sein, dem bewusst wird, was die Welt liebt, welches Ziel sie verfolgt, woran sie leidet; der erste, der sucht, sich

[283] Felix M. Davídek, Teologie teorie řízení [Theologie der Leitungstheorie], in: Fiala/Hanuš, Skrytá církev [Verborgene Kirche] (tsch. Originalausgabe), Anlage mit Originaltexten von Felix M. Davídek, 306.

[284] Fiala/Hanuš, Skrytá církev [Verborgene Kirche] (tsch. Originalausgabe), 27. Es handelt sich um Davídeks Anzeige zur Primiz. Diese wurde nur in der tschechischen Originalausgabe abgedruckt.

sympathisiert, sich Sorgen macht: der erste, der sich öffnet und sich opfert. (P. Teilhard de Chardin).“[285]

Der Rolle des geweihten Priestertums und der Ausbildung der zukünftigen Priester widmete Davídek höchste Aufmerksamkeit. An die Priesteramtskandidaten erhob Davídek einen sehr hohen Anspruch. Er bestand nicht nur in der Forderung einer steten Risikobereitschaft, die der Kleriker für die sich ihm Anvertrauten auf sich nehmen muss, sondern auch in der Bereitschaft der gänzlichen Hingabe des Priesters für die Gläubigen. Davídek vertiefte diese seine Überzeugung hin zu der Erkenntnis, die zum Ausgangspunkt seiner Amtstheologie wurde: Das Priesteramt wurde uns „ohne dass es einer von uns verdient hätte […], bedingungslos gegeben, und das nur für die anderen“[286]. Die dienende Aufgabe des Priesteramtes und die Notwendigkeit, sich den neuen pastoralen Herausforderungen zu stellen, faszinierten Davídek bereits als Jungpriester – lange bevor er begann, das Konzept des kirchlichen Lebens im Untergrund zu entwerfen. Die Kirche und das Priesteramt als Dienst am Menschen standen von Beginn an im Mittelpunkt seines Denkens und Lebens. Später kam vermutlich noch die Überzeugung dazu, dass dem Priester in der Parusieannäherung eine besondere Rolle zukommt.[287]

Bei der Betrachtung von Davídeks Ekklesiologie und Ekklesiopraxis entsteht allmählich das Bild einer perfekt organisierten geistlichen ‚Fabrik‘ der Frömmigkeit: mit glasklarer amtstheologischer Gliederung, mit glasklarem geistlichen Programm für jeden Einzelnen und für die gesamte Gemeinde – und mit glasklarem Ziel: dem raschen Entgegenschreiten der Parusie.

Wenn wir Davídeks vielbedeutenden Aufruf „Ekklesiologie – die gesamte Kirche leitet. Dienste! Von dem hierarchischen bis zum charismatischen“[288] lesen, können wir ihn angesichts des oben Beschriebenen nicht mehr als Plädoyer für die Nivellierung des Weihestandes deuten. Vielmehr bediente sich Davídek wie mancherorts sonst dieser rhetorischen Zuspitzung, um seine negative Erfahrung mit misslingender Kirchenleitung anzuprangern. Andererseits lässt sich in den bisher zugänglichen Quellen, die einen Einblick in die Ekklesiopraxis von Koinótés gewähren, kein einziger

[285] Fiala/Hanuš, Die Verborgene Kirche (dt. Ausgabe) 170. (Davídeks Todesanzeige)

[286] Felix M. Davídek, Ad tres fratres, in: Fiala/Hanuš, Skrytá církev [Verborgene Kirche] (tsch. Originalausgabe), Anlage mit Originaltexten von Felix M. Davídek, 244.

[287] Vgl. das folgende Kapitel 3.5.

[288] Felix M. Davídek, Teologie teorie řízení [Theologie der Leitungstheorie], in: Fiala/Hanuš, Skrytá církev [Verborgene Kirche] (tsch. Originalausgabe), Anlage mit Originaltexten von Felix M. Davídek, 295.

Fall finden, in dem Davídek die endgültige Entscheidungskraft des ordinierten Amtsträgers ausdrücklich außer Kraft gesetzt hätte. Es stellt sich letztlich die Frage, ob die Leitungs- und Entscheidungsrolle in der Ekklesiopraxis von Davídeks Untergrundkirche faktisch nicht doch der Amtsträger übernahm – schon aufgrund seiner unersetzlichen Rolle als spiritueller Begleiter und sakramentalem Gnadenvermittler. Prototypisch tat es Felix M. Davídek selbst für den Kreis seiner engen Mitarbeiter in der Brünner Koinótés-Gemeinde. Auf jeden Fall muss an dieser Stelle notiert werden, dass Davídeks Versuche, Leitungspositionen in Gemeindegremien mit Laien (ausdrücklich auch Frauen) zu besetzen in seiner eigenen pastoralen Praxis offenbar häufig scheiterten. Auch die Interviews mit den ehemaligen Mitgliedern der Koinótés liefern hierfür Belege:

> „Sie selbst [Ludmila Javorová; P.S.] sollte eine tragende Funktion für die Bewahrung der Spiritualität dieser ‚Gemeinschaft innerhalb der Koinótés' [innerhalb des Leitungsteams; P.S.] haben, aber in der Praxis hat sich dies nicht durchgesetzt. Als Ursachen dieses Misserfolges wurden von ihr drei Tatsachen angesprochen: 1. Felix M. Davídeks dominante Persönlichkeit (…); 2. die Unreife der Männer in der Koinótés, eine Frau (…) als geistliche Leiterin anzunehmen; 3. die äußeren Umstände – es war schon schwierig genug, die Treffen der Koinótés (Vorlesungen und Seminare) zu organisieren."[289]

3.5 Amtstheologie im Untergrund als Ausdruck der parusialen Gesinnung

Wie wir bisher erkennen konnten, bestand das Konzept des Glaubenlebens im Verborgenen vor allem im gemeinsamen Feiern der Eucharistie und der individuellen geistlichen Begleitung – beides eingebettet in eine sehr intensive Bildungsarbeit, die sich nicht nur auf die Theologie beschränkte, sondern deutlich umfassender konzipiert wurde. Der erste Träger und Multiplikator dieser Pastoral war Felix M. Davídek selbst. Um dieses pastorale Konzept in die Praxis der Koinótés-Gemeinde umzusetzen und vor allem auch ihr Wachstum zu ermöglichen, war eine konstant hohe Priesterzahl zwingend notwendig. Die Weihetätigkeit in der Verborgenen Kirche war nicht nur ein legitimes Anliegen, sondern zweifelsfrei auch eines der Hauptziele der katholischen Untergrundbewegung. Doch das Priesterbild

[289] Sepp, Geheime Weihen, 31.

von Felix M. Davídek wich in vielerlei Hinsicht von dem damals gängigen ab.

3.5.1 Die eingeschränkte Zölibatspflicht

Entgegen der disziplinarischen Vorschrift des Pflichtzölibates in der lateinischen Kirche ließ Felix M. Davídek auch die Männer zum Priesteramt zu, die bereits das Sakrament der Ehe empfangen hatten. Eine geschlechtliche Enthaltsamkeit in solchen Klerikerehen forderte Davídek nicht. Ein Priester, dessen Ehefrau sterbenskrank war, empfing von Davídek sogar die Bischofsweihe.[290] Die Aufhebung des Zölibates wurde nach der politischen Wende 1989 als eine der bedenklichsten theologischen Entscheidungen bzw. kirchenrechtlichen Irregularitäten behandelt. Die Ordination verheirateter Männer wurde als unerlaubt und als von der Weltkirche trennend kritisiert, da nicht in der Tradition der lateinisch-katholischen Kirche verankert.[291]

3.5.1.1 Die Tradition des nichtzölibatären Klerus in der unierten griechisch-katholischen Kirche mit byzantinischem Ritus in der Tschechoslowakei

Die Tradition des nicht-zölibatären Priestertums kannte Felix M. Davídek zunächst vor allem aus der Ekklesiopraxis der mit Rom unierten Ostkirchen. In Böhmen und Mähren, aber vor allem in der Slowakei lebten zahlreiche Gläubige und Kleriker der unierten Griechisch-katholischen Kirche.[292] Auf

[290] Stanislav Krátký, einer der von Davídek geweihten Bischöfe, versucht diese Ausnahme mit dem Verweis auf den jüngsten Bruder von Basilius von Caesarea zu entschuldigen: „Zum Beispiel der Vater [sic!] des heiligen Basilius war ein verheirateter Bischof und das war damals keine Ausnahme." Stanislav Krátký, K plnosti. [Zur Erfüllung] 87. Krátký meint vermutlich Gregor von Nyssa, den jüngsten Bruder des Basilius von Caesarea.

[291] Im Zuge der bevorstehenden Entscheidung über die Gültigkeit Davídeks Weihen forderte der apostolische Nuntius in Prag Giovanni Coppa 1991 den Prodekan der Katholisch-Theologischen Fakultät in Prešov (Slowakei) Ján Krajňák auf, sich zu dieser Weihepraxis in der Untergrundkirche zu äußern. Aus Krajňáks Stellungnahme wird die Tiefe des Schmerzes über die apodiktisch schneidende Umgangsweise deutlich: „alle diese Brüder waren mit nicht geringen Risiken für den Priesterdienst als Arbeiterpriester ordiniert, die nicht nur sie, sondern auch ihre Ehefrauen und Familien bereit waren auf sich zu nehmen – für die Ecclesia in silentio – orientalis ritus (…) Wenn jemand denkt, dass wir Verzeichnisse hätten anfertigen müssen und diese im Voraus nach Rom senden sollten, derjenige versteht nicht, dass es die Selbstzerstörung gewesen wäre und versteht nicht oder es vor sich selbst nicht gestehen möchte, dass die Kirche bei uns in extremissimis extremis lebte." Zitat gesehen in: Fiala/Hanuš, Skrytá církev [Verborgene Kirche] (tsch. Originalausgabe), 89.

[292] Die griechisch-katholische Kirche in der Slowakei gehört zu den unierten Kirchen des byzantinischen Ritus. Sie ist Anfang des 20. Jahrhunderts aus der Ruthenischen Kirche her-

einer unter dem kommunistischen Druck inszenierten Kirchensynode wurde diese katholische Teilkirche verboten. Alle ihre Gläubigen wurden amtlich für orthodox erklärt. Ihre Bischöfe wurden gemeinsam mit vielen Priestern dieser Kirche inhaftiert, manche zusammen mit ihren Familien in die Sowjetunion deportiert. Zwar brachte der Prager Frühling 1968 gewisse Lockerungen für die katholische Kirche, ein organisatorischer Wiederaufbau der griechisch-katholischen Kirche auf dem Gebiet der Tschechoslowakei blieb jedoch praktisch unmöglich.

Die möglichst tatkräftige Unterstützung dieser unierten griechisch-katholischen Kirche gehörte zum festen Bestandteil der Pläne von Felix M. Davídek für die Kirche im Verborgenen. Er selbst weihte 1968 Ivan Ljavinec, einen Priester dieser Kirche, zum Bischof, der mit Erfolg für die Wiederzulassung der Ostkirchen nach byzantinischem Ritus kämpfte. Ljavinec wurde 1969 Pfarrer (und im Geheimen auch Bischof) an der Prager St.-Clemens-Kirche – einer Gemeinde der erneuerten griechisch-katholischen Kirche.[293] Aus dieser griechisch-katholischen Kirche kannte Davídek also den frei gewählten Zölibat.

Davídeks Entscheidung, das Leben im Zölibat als kein theologisches bzw. verpflichtendes Kriterium für den Zugang zum Priesteramt einzusetzen, hatte für seinen Teil der Verborgenen Kirche bedeutende Konsequenzen. Davídek gliederte seine Priesteramtskandidaten ohne Zölibatsverpflichtung in die oben erwähnte unierte griechisch-katholische Kirche ein und weihte sie anschließend als Biritualisten im Ostritus. Sie sollten die Eucharistie sowohl im römischen als auch im byzantinischen Ritus feiern (dürfen/können). Felix M. Davídek schien davon überzeugt gewesen zu sein, dass er mit diesen Weihen die griechisch-katholische Schwesterkirche stärke.[294]

---

vorgegangen. Der Sitz des Bistums befand sich in Prešov (Slowakei), weil die Mehrheit ihrer Mitglieder in der Ostslowakei lebte. Das Bistum ist ursprünglich aus der griechisch-katholischen Kirche in der Ukraine hervorgegangen.

[293] Im Jahr 1996 ist Ljavinec als Bischof des neu gegründeten tschechischen Exarchat in Prag eingesetzt worden. Zuvor wurde er *sub conditione* (vgl. Kap. 2.4) wieder geweiht – seine (erneute) Bischofsweihe fand am 30. März 1996 in der Basilika San Clemente al Laterano in Rom statt.

[294] Ob die Weihen im byzantinischen Ostritus lediglich eine pragmatische Umgehung des römisch-katholischen Kirchenrechts waren, gilt als umstritten. Während Liška (Liška, Jede Zeit ist Gottes Zeit, 89) den Biritualismus als eine illegitime Instrumentalisierung dessen als Zölibatdispens leidenschaftlich verurteilt, verteidigen Davídeks enge Mitarbeiter diese Davídeks Entscheidung als theologisch gut durchdacht und auf dem Boden christlichen Tradition der slawischen Länder fest verankert. Der Biritualismus habe nach Krátký in Böhmen und Mähren eine lange Tradition. Schon zu den Zeiten der Slawenapostel Kyrill und Methodius lebten diese zwei Riten nebeneinander. Sowohl der hl. Wenzel als auch der hl. Adalbert feierten die Liturgie in beiden Riten. Zudem sollten die von Davídek geweihten

Gleichzeitig betrachtete er den von ihm mit diesen Weihen gegründeten unierten Zweig der Untergrundkirche als einen Vorreiter der Erneuerung der Zölibatsbestimmungen für den lateinischen Teil der katholischen Kirche.

3.5.1.2 Die drei Entscheidungskriterien für die Einrichtung eines zölibatfreien Klerus

Welche Faktoren beeinflussten Davídeks Entschluss, nichtzölibären Männern die Priesterweihe zu spenden? Nach der Sichtung der Quellen lassen sich drei Kriterien festmachen.

Eine wesentliche Rolle spielte vermutlich (1) Davídeks Sympathie und die Vorbildfunktion der verfolgten griechisch-katholischen unierten Kirche in der Tschechoslowakei. Die von Davídek im byzantinischen Ritus ordinierten Männer sollten auch außerhalb der römisch-katholischen Kirche zur Verstärkung der Amtsstrukturen der griechisch-unierten Kirche auf dem Gebiet der Tschechoslowakei dienen. Auch der gesellschaftliche Kontext und die damit verbundenen Konspirationsverhältnisse (2) trugen zu Davídeks Entschluss bei: Verheiratete Männer wurden zunächst von der Geheimpolizei des Priesteramtes nicht verdächtigt, so dass sie ihrem Dienst in und außerhalb der Untergrundgemeinden länger nachgehen konnten, ohne entdeckt und verhaftet zu werden.[295] Dennoch gehörte auch diese Tatsache nicht zum Kern von Davídeks theologischer Argumentation. Ausschlaggebend für den Beschluss, auch verheiratete Männer zu Priestern zu weihen, scheint (3) Davídeks persönliche theologische Überzeugung, dass der Zölibat nicht zu den wesentlichen, unabdingbaren Merkmalen des priesterlichen Dienstes gehört. Der entscheidende Grund lag also auf einer tieferen Ebene als der Davídek bekannten ekklesiopraktischen der unierten Ostkirchen. Davídek begründete diese Entscheidung mit seiner Überzeu-

---

Birutualisten nicht nur scheinbar, sondern tatsächlich in der unierten Kirche beheimatet sein. Vgl. Krátký, K plnosti [Zur Erfüllung] 83.
Ob der Übergang vom römischen ins byzantinische Ritus auch ohne die Erlaubnis des Heiligen Stuhls mit dem Hinweis auf die besonderen Befugnisse der tschechischen Untergrundkirche auch kirchenrechtlich legitim waren, ist strittig. Bischof Jan Blaha, Davídeks Weihespender, befürwortet dies mit dem Verweis auf das Epikie-Prinzip. Gesehen bei: Liška, Jede Zeit ist Gottes Zeit, 93.

[295] Fiala/Hanuš, Die Verborgene Kirche (dt. Ausgabe) 81.
Davídek war der Meinung, dass das Erklimmen der menschlichen Reife zusammen mit dem Ablegen des Infantilismus im Eheleben zwar ohne Garantie aber dennoch oft leichter gelingt als im zölibatären Leben. Felix M. Davídek, Teologie teorie řízení [Theologie der Leitungstheorie], in: Fiala/Hanuš, Skrytá církev [Verborgene Kirche] (tsch. Originalausgabe), Anlage mit Originaltexten von Felix M. Davídek, 305.

gung, dass das durch die frühe Kirche überlieferte Charisma des Zölibats nicht an die Berufung zum Priesteramt gebunden ist. Er forderte seine Priesteramtskandidaten und die ganze Untergrundkirche dazu auf,

> „sich dessen bewusst werden, dass der Zölibat ein charismatisches Geschenk ist, und daher ist es amoralisch, wenn jemand, der obwohl er eine Berufung [für das Priesteramt, P.S.] hat, zu dem charismatischen Geschenk des Zölibates über den Kodex des Kirchenrechtes gezwungen wird. Das sehen wir auch heute. Aus den Statistiken weiß man, dass es einen großen Rückgang des Priesterstandes gibt, obwohl bei vielen älteren Männern (viri probati) das Geschenk der Berufung vorhanden ist."[296]

Demzufolge war Felix M. Davídek überzeugt, dieses priesterliche Charisma auch bei Männern zu finden, die in der Ehe lebten. Andererseits brachte er aber dem Charisma des Zölibats eine sehr hohe Wertschätzung entgegen (!), wenn es tatsächlich vorhanden ist. In diesem Fall forderte Davídek von den Geweihten, sich in ihrem Gewissen dieser Gabe aufs Höchste verpflichtet zu fühlen und vollkommen enthaltsam zu leben. Die unbedingte Forderung des zölibatären Lebens für Priester lehnte er – auch mit kritischen Hinweisen auf die Geschichte der Religiosität im Mittelalter ab, in der das verzerrte Bild von Keuschheit den vermeintlich unreinen nichtzölibatären Priester sein Amt nicht verwalten ließe.[297]

Schließlich war Felix M. Davídek überzeugt, dass das Beharren auf der Spiritualität des ehelosen Priestertums in bestimmten extremen Situationen (zunächst nur temporär) nicht durchzuhalten sei. An dieser Stelle finden wir Argumente für einen frei gewählten Zölibat, die im Wesentlichen bis heute gleich geblieben sind: Im Mittelpunkt jeder Pastoral solle die Feier der Eucharistie stehen, und diese darf doch nicht vom Mangel an zölibatären Priestern abhängig sein.[298] Gerade in Bezug auf die tschechische Ortskirche

[296] Felix M. Davídek, Čistota a celibát [Keuschkeit und Zölibat] in: Fiala/Hanuš, Skrytá církev [Verborgene Kirche] (tsch. Originalausgabe), Anlage mit Originaltexten von Felix M. Davídek, 289–294, hier 293.

[297] Ebd., 292 f. Davídek lehnt die Spiritualität der Ehelosigkeit allerdings keineswegs vollkommen ab, sondern äußert der klösterlichen Keuschheitsgelübde gegenüber eine sehr hohe Wertschätzung gegenüber.

[298] Vgl. Stanislav Krátký, O skryté církvi. Rozhovor s Otcem biskupem prof. Stanislavem Krátkým [Über die Verborgene Kirche. Gespräch mit Bischof Prof. Stanislav Krátký], in: Proglas 4 (1992) 11–17, 15: „Das Hauptmotiv für die Gründung des griechisch-katholischen Zweiges waren der Kontakt mit dem Osten (…) und die Eucharistie. Wäre ich im Gefängnis gewesen, so wäre es mir nicht darauf angekommen, ob mir die Eucharistie von einem verheirateten Menschen gereicht worden wäre oder die Wandlung von einem verheirateten oder unverheirateten Priester vollzogen worden wäre. Die Koexistenz des westlichen und östlichen Ritus ist beispielsweise in der Slowakei selbstverständlich. (…) Wer das nicht

erwartete sich Davídek von der Evangelisierung aus dem Untergrund mit Hilfe von nicht-zölibatären Priestern einen Durchbruch. Die geweihten verheirateten Männer sieht er mitten in ihrem weltlichen Beruf als wirkliche „Arbeiterpriester" in Anlehnung an die gleichnamige Bewegung in den zwanziger und dreißiger Jahren des 20. Jahrhunderts in Frankreich und Belgien.[299] Davídeks Fokus lag dabei nicht auf der Verbindung von Handarbeit und Priestertum, sondern auf dem dahinterstehenden Prinzip der grundsätzlichen Vereinbarkeit von zivilem Beruf und Priestertum. Mit diesem Postulat stand er im katholischen Untergrund nicht allein.[300] Zahlreiche katholische Priester in der Tschechoslowakei, die von den kommunistischen Aufsichtsorganen keine Zulassung für ihren geistlichen Beruf bekamen, mussten schließlich wegen der Arbeitspflicht einem zivilen Beruf nachgehen. Davídek scheint aber einer der ersten zu sein, der die Idee des Arbeiterpriesters mit der des freiwilligen Zölibates verband und in ihr nicht nur eine erzwungene, auf Zeit beschränkte Anpassung sahen, sondern eine theologisch begründete tragende Perspektive für die zukünftige Gestaltung des Priesteramtes.

3.5.2 Die Typologie des Klerus im Untergrund

Das Idealbild des Geweihten in Davídeks Untergrundkirche stellte den Dienst, die Entlastung und das Bestärken der Gläubigen entschlossen in den Mittelpunkt der pastoralen Arbeit. In seinem Vortrag über die Theologie der Leitung beschreibt Davídek die „wahre Autorität" als solche, die „nicht befehlen darf", sondern „schweigend ins System gewählt wurde, weil sie entscheidet und die Lasten abnimmt".[301] Trotz Davídeks Begeisterung für die Organisation der Kirche im Untergrund sah er die Aufgabe der Geweihten eindeutig nicht in der Verantwortung der reibungslos ablaufenden Gemeindeprozesse, sondern vielmehr in der Rolle geistlicher Vorbilder und

---

versteht, der kann darin eventuell umstürzlerische Aktivitäten sehen." Dieser zitierte Abschnitt wurde ebenfalls abgedruckt in Fiala/Hanuš, Die Verborgene Kirche (dt. Ausgabe), 80 f.

299 Vgl. Fiala/Hanuš, Verborgene Kirche, 73–77.

300 Nicht nur Davídek war davon überzeugt, dass die Priester und Bischöfe in der Zukunft zivilen Berufen werden nachgehen müssen. Auch Josef Zvěřina, der zusammen mit Davídek und Mádr zum theologischen Dreigestirn der Untergrundkirche gehörte, war für seinen Satz bekannt: „Der Bischof der Zukunft ist der mit einem Rechenschieber in der Hand." Soll heißen: Der Bischof der Zukunft ist einer mit zivilem Beruf. Zeugnis von Pavel Hradilek. Privatarchiv der Autorin.

301 Fiala/Hanuš, Skrytá církev [Verborgene Kirche] (tsch. Originalausgabe), Anlage mit Originaltexten von Felix M. Davídek, 308.

als charismatischer Begleiter. Unter diesem Blickwinkel scheinen die Bestrebungen nach mehr Synodalität in der Gemeinde wie ein Versuch, die Spiritualität des Priesteramtes vor der Überfrachtung durch organisatorische Aufgaben zu schützen.

3.5.2.1 Der Priester als geistlicher Begleiter und Garant der Sakramentalität

Das Einnehmen einer missionarischen, dienenden Haltung war die erste Anforderung Davídeks an die von ihm geweihten Priester. Sie sollten nicht Verwalter der ihnen anvertrauten Gläubigen bzw. Gemeinden bzw. Aufgaben sein, sondern dem Volk Gottes dienen, indem sie mit eigener glaubhafter Spiritualität den Christen ein Hirte sind. Der Priester erkannte sich in Davídeks Amtstheologie als „Ältester" bzw. als liturgischer Vorsteher der Gemeinde. Er war der Hauptverantwortliche für die Verkündigung, aber auch für die oben beschriebene geistliche Begleitung jedes Einzelnen. Er sollte seine Aufgaben in der Haltung eines bescheidenen Dieners, nicht eines allen überlegenen Herrschers wahrnehmen.

Davídeks Verständnis der herausragenden Aufgabe des Priestertums in der katholischen Kirche erklärt letztlich auch die hohe Zahl der von ihm geweihten Kleriker. Nach heutigem Wissensstand waren es bis zu 160 Männer, die von Felix M. Davídek die Priesterweihe empfingen, und 17 Männer, die er zu Bischöfen weihte.[302] In diesem Kontext überrascht Davídeks Feststellung nicht: „[D]ie wichtigste Substruktur beziehungsweise Subsystem [ist] das dynamisch wachsende Subsystem der Hierarchie (Priester)."[303]

Theologisch bereichernder als die Suche nach der endgültigen Zahl der von Davídek vorgenommenen Weihen wäre die Diskussion über seine Beweggründe. Warum baute Felix M. Davídek trotz seiner harschen Amts- und Hierarchiekritik seine Koinótés-Untergrundkirche auf dem Priesteramt auf? Um diese Frage zu klären hilft ein näherer Blick auf eine zweite wichtige Profillinie in seinem Priesterbild. Der Priester als *sacerdos* stellt für Davídek den entscheidenden Mittler der sakramentalen Gnade dar. Er wird durch seine Teilnahme am Priesteramt Christi dazu berufen, Sakramente zu verwalten. Hierbei darf, wie oben nachgewiesen, nicht außer Acht gelassen werden, dass die Eucharistie und das Sakrament der Buße im Zentrum von Davídeks Spiritualität standen. Davídek legt den Fokus auf die kultische

302 Die endgültige Zahl der Weihen lässt sich vermutlich nicht mehr rekonstruieren. In vielen einschlägigen Publikationen (z. B. Fiala/Hanuš) wird keine Angabe gemacht. Vgl. auch Kap. 3.1.3.

303 Fiala/Hanuš, Skrytá církev [Verborgene Kirche] (tsch. Originalausgabe), Anlage mit Originaltexten von Felix M. Davídek, 312.

Funktion des Priestertums – der Priester als Vollzieher einer heiligen Handlung. Um die Quellen der Heiligung und Heiligkeit für die Menschen fruchtbar zu machen, um der parusialen Ausrichtung willen, benötige es das sakramentale Priesteramt. Das schließt nicht aus, dass Davídeks Gemeindetheologie sich durch große Synodalitätsbestrebungen auszeichnet. Jedoch kann aus Davídeks Forderungen nach mehr Synodalität in der Kirche, bzw. aus seiner Kritik an der zu geringen Beteiligung der Gläubigen an den Entscheidungsprozessen der Kirche, nicht kurzgeschlossen werden, Davídeks Amtstheologie neige zur Nivellierung des sakramentalen und des gemeinsamen Priestertums. Gerade gegen diese Vermutung spricht eindeutig Davídeks hohe Wertschätzung der besonderen Aufgabe des geweihten Priestertums, wie auch die folgenden Beobachtungen bestätigen.

Davídek scheint die priesterliche Vollmacht von ihrer einzigartigen Teilhabe am dreifachen Amt Christi abzuleiten.[304] Das Wesentliche am priesterlichen Dienst in der Kirche, was ihn von der Verpflichtung der Laien unterschied, scheint für Davídek gerade die sakramentale Vollmacht zu sein. Sie findet ihren dichtesten Ausdruck in der Feier der Eucharistie. In der Koinótés-Gemeinde war sie des Weiteren auch für die geistliche Begleitung unersetzlich, weil sie in das Sakrament der Versöhnung eingebunden war, das nur ein Priester spenden kann.

Nicht zuletzt gab Davídek vielen von ihm geweihten Priestern einen besonderen missionarischen Auftrag:

> „Er [Davídek] hatte die Tendenz seine Priorität zu setzen (…) hin zur Missionsarbeit. Dass die Kirche missionarisch wird. Das tat der Sache keinen Abbruch, dass sie [die Untergrundkirche] geheim war, weil man ihn [den missionarischen Auftrag] nicht gleich in die Welt hinausposaunen muss, man kann ihn in den individuellen Leben der einzelnen Menschen wirken lassen."[305]

Die Missionsarbeit bedeutete für Davídek keine schlichte Bekehrungsarbeit in der tschechischen Gesellschaft, sondern vor allem das bewusste Glaubenszeugnis im Alltag. Gerade auch die geweihten Mitglieder von

[304] Vgl. Die dogmatische Konstitution über die Kirche „Lumen Gentium" 31,1. In: Kleines Konzilskompendium 105–200. (= LG.) Vgl. auch Peter Hünermann, Theologischer Kommentar zur dogmatischen Konstitution über die Kirche Lumen gentium. In: Peter Hünermann, Bernd Jochen Hilberath, Herders Theologischer Kommentar zum Zweiten Vatikanischen Konzil. Bd. 2, Freiburg-Basel-Wien 2004, 263–582.

[305] Michal Černý, Život podzemní církve na Moravě na příkladu konkrétních osobností [Das Leben der Untergrundkirche in Mähren am Beispiel konkreter Persönlichkeiten], Anlage: Interview mit Radomil Kaláb, 69.

Koinótés sollten ihr Sendungsbewusstsein wahrnehmen und konkret gestalten. Deswegen bekamen die von Davídek geweihten Priester meist ein bestimmtes Wirkungsfeld, das nicht ortsgebunden, sondern an die „besondere Aufgabe“ gerichtet war. Es konnte die bewusste apostolische Umgestaltung des beruflichen Alltags auf dem (zivilen) Arbeitsplatz sein; in mehreren Fällen entsandte Davídek die von ihm geweihten Priester ins Ausland, damit sie dort konkrete pastorale Projekte aufbauen. Davídek mutete seinen Mitarbeitern viel zu, sein Ziel war es, ihnen Entscheidungsfreiheit zu geben, die konkrete Gestalt der Kirche vor Ort selbstständig weiter zu gestalten. Die von Davídek geweihten Priester sollten im Idealfall imstande sein, vor Ort, aber nicht unbedingt nach dem üblichen Ortsprinzip in einer Art Hauskirche Menschen zu versammeln und nach dem *ars regnandi* Prinzip leiten.

3.5.2.2 Der Bischof als Missio-Beauftragter und Garant der apostolischen Sukzession

Den letzten sicheren Anker für den Aufbau der Weihestruktur der Kirche im Untergrund stellte das Bischofsamt dar. Felix M. Davídek verstand sich als das Oberhaupt und der Ordinarius der gesamten tschechischen Untergrundkirche, die durch seine Weihetätigkeit entstand. Für Davídek waren die von ihm ordinierten Bischöfe zugleich auch die ruhenden Garanten der Weihekontinuität für den plötzlich eintretenden Fall extremer Bedrohung.

Ähnlich wie die Gemeindemitglieder wurden auch die Priester und Bischöfe ausdrücklich ermutigt, die Kirche dort von Neuem wiederaufzubauen, wo sie faktisch nicht mehr existierte. Die zu Bischöfen geweihten Priester wurden von Davídek oft zusätzlich mit einer besonderen Missionsaufgabe betraut.[306] Sie sollten zum Beispiel für Gebiete zuständig sein, die einer Neuevangelisierung bedurften, oder auf ein bestimmtes Gebiet der kategorialen Seelsorge ihren pastoralen Schwerpunkt legen.

Entgegen mancher Vergleiche mit der Kirche im frühen Christentum scheinen die Bischöfe in Davídeks Koinótés nicht hauptsächlich mit der Leitung einer oder mehrerer Gemeinden betraut zu sein. Auch der Aufbau einer alternativen katholischen Hierarchie im Untergrund scheint nicht im Vordergrund von Davídeks Bischofsweihen zu stehen. Vielmehr befinden sich in seinem Nachlass Hinweise darauf, dass das Episkopat im Untergrund (1) eine besondere Mission übernahm und (2) den sicheren Garanten der

[306] Vgl. z. B. das Zeugnis Davídeks engen Mitarbeites, Untergrundbischofs Stanislav Krátký, K plnosti. [Zur Erfüllung], 92.

apostolischen Sukzession für die verborgenen katholischen Kirchenstrukturen darstellte.

Davídek betrachtete die von ihm geweihten Bischöfe vordergründig als potentielle (!) „Missionsbischöfe" – sie sollten die treibende Expansionskraft der Untergrundkirche werden. Nur in dieser Perspektive lassen sich die ungewöhnlichen Einschränkungen im Votum erklären, mit denen Felix M. Davídek viele der von ihm gespendeten Bischofsweihen versah: Er erlaubte den von ihm geweihten Bischöfen die Ausübung des Bischofsamtes nur für den Fall einer akuten Bedrohung oder Inhaftierung anderer Bischöfe, die bereits in der Untergrundkirche öffentlich und aktiv ihr Amt ausübten:

> „die Vollmacht der von Davídek geweihten Bischöfe war eingeschränkt. Davídek selbst verstand sich als Ordinarius der ganzen Struktur, dessen Rechtsbefugnisse durch J. Blaha legitimiert waren. Die weiteren [von ihm geweihten; P.S.] Bischöfe betrachtete er als Auxiliarbischöfe, deren Vollmächte sich auf konkrete Aufgaben bezogen. Die Bischöfe durften beispielsweise die Priesterweihe erst nach Rücksprache mit Davídek spenden, dessen Zustimmung auch für alle anderen wichtigen Entscheidungen erforderlich war."[307]

Es scheint möglich zu sein, dass Felix M. Davídek auch im Falle der Bischofsweihen die Strategie der „sakramentalen Vorratskammer" verfolgte. Doch muss der These widersprochen werden, für die von Davídek geweihten Bischöfe gäbe es kein pastorales Wirkungsfeld.[308] Vielmehr scheint Davídek darauf bedacht zu sein, diese Bischöfe weiterhin als Priester in den Untergrundgemeinden arbeiten zu lassen. Sie sollten lediglich ihr Bischofsamt geheim halten – bis ihre Zeit kam und sie nicht nur als Priester, sondern auch als Bischöfe ihre Aufgaben im Untergrundnetzwerk übernehmen konnten.[309]

[307] Fiala/Hanuš, Die Verborgene Kirche (dt. Ausgabe) 112. Berichtigte Übersetzung. Bischof Jan Blaha war der Weihespender Davídeks.

[308] So z. B. Liška, Jede Zeit ist Gottes Zeit, 92 f.

[309] Diese theologisch und kirchenrechtlich eher unkonforme Weihestrategie Davídeks wird von manchen auf das Trauma des Einmarsches der Truppen des Warschauer Paktes in die Tschechoslowakei 1968 versucht zurückzuführen. Er habe in den sechziger und siebziger Jahren die Massendeportation vieler Geistlicher aus der Tschechoslowakei nach Sibirien befürchtet. Aus der jüngsten kommunistischen Geschichte waren solche Deportation von Geistlichen bereits aus einem anderen kommunistischen Staat – der Ukraine – bekannt. Für die Möglichkeit der Erlahmung der offiziellen Strukturen der katholischen Kirche durch eine solche Vertreibung rüstete sich Davídek mit einer hohen Zahl der ordinierten Amtsträger. Vgl. Fiala/Hanuš, Die Verborgene Kirche (dt. Ausgabe) 84; Liška, Jede Zeit ist Gottes Zeit, 89–112.

Davídeks Praxis der Beschneidung der Leitungsvollmacht des Bischofsamtes deutet darauf hin, dass nicht nur die Bezeugung der Apostolizität der Kirche im Vordergrund seines Interesses stand, sondern auch der sichere Erhalt der Tradition und der apostolischen Sukzession. Auch hier liegt die Antwort nah, dass die gnadentheologische Vollmacht eines ordinierten Amtsträgers den amtstheologischen Stand des Bischofsamtes in der Tradition der Kirche in den Schatten stellte. Eine weitere Anfrage an Davídeks Amtstheologie, die unbeantwortet bleibt, ist, inwieweit er diese aus der theologischen Sicht nicht unbedenkliche Weihepraxis nur punktuell für die Schieflage der Kirche in der Tschechoslowakei als geeignet erachtete. Davídeks Ringen um die Gestalt seiner Koinótés-Gemeinde war auch ein Ringen um die Gestalt des kirchlichen Amtes. Dies lässt sich schließlich am Beispiel der Frauenordination noch besser aufzeigen.

3.5.3 Das Weiheamt für Frauen

Davídeks Entscheidung, die Möglichkeit der Weihe von Frauen in der tschechischen Untergrundkirche zu diskutieren, reifte erst im Jahr 1970 und mündete nach sechs Wochen Gremienarbeit in eine Pastoralsynode, die er an Weihnachten 1970 einberief. Die Frauenfrage selbst beschäftigte Davídek aber bereits viel früher.[310] Die Stellung der Frau in der Kirche und in der Gesellschaft, ihre gegenwärtige Benachteiligung, ihr zukünftiges Potential – dies alles waren für Davídek keine ausschließlich theologischen Fragen. Er stellte die Frauenfrage in einen weiteren Kontext, als es der der tschechischen Untergrundkirche war. Sie war für ihn auch eine brennende anthropologische, soziologische und geschichtliche Frage. Frauenordination als Thema in der Theologie Davídeks sprengt daher das Phänomen Koinótés.

In diesem Kapitel werden zuerst die pastoralen Beweggründe aufgesucht, die Felix M. Davídek dazu bewegten, die Frauen als Priester zu weihen. Im Anschluss wird seine theologische Argumentation für das Frauenpriestertum rekonstruiert, wie sie Davídek auf der von ihm eigens berufenen Pastoralsynode vorbrachte.[311] Zum Schluss werde ich versuchen, Davídeks Plädoyer für die Weihe von Frauen in den Gesamtkontext seiner Ekklesiologie einzubetten. In diesem Kapitel steht nicht die Geschichte der Frau-

[310] Vgl. Fiala/Hanuš, Die Verborgene Kirche (dt. Ausgabe) 87.

[311] Die genaue Chronologie der Pastoralsynode ist nachzuschlagen bei: Fiala/Hanuš, Verborgene Kirche (dt. Ausgabe), 87–102 bzw. Liška, Jede Zeit ist Gottes Zeit, 105–112. Liška bleibt inhaltlich auf der Ebene von Fiala/Hanuš, vertritt aber eine äußerst kritische Sicht Davídeks Theologie, die bei seiner Interpretation der Frauenordination offenbar wird.

enordination in der Koinótés im Vordergrund, sondern die Frage, in welcher Beziehung die Forderung nach dem Frauenpriestertum zu Davídeks parusialen Auffassung der Kirche steht. Schon an dieser Stelle kann aufgrund unserer bisherigen Analysen die These aufgestellt werden, die Einführung der Ordination von Frauen in der katholischen Kirche stellte für Davídek einen wichtigen Schritt auf dem Weg zur Parusie.

3.5.3.1 Pastorale Not als Initialzündung? – Die Zeugnisse aus der Koinótés

Die Frauenordination war in den sechziger Jahren, kurz nach dem Zweiten Vatikanischen Konzil, Gegenstand heftiger Diskussionen in Theologie und Kirche.[312] In Davídeks Befürwortung der Weihe von Frauen spiegelten sich aber noch mehr als nur die Aspekte des damaligen theologischen Diskurses. In den Erinnerungen von Ludmila Javorová, der ersten von Davídek geweihten Frau, war der pastorale Notstand der tschechischen katholischen Kirche der Auslöser von Davídeks Überlegungen.[313] Im Gefängnis wurde Davídek mit der Lage der dort inhaftierten weiblichen Häftlinge konfrontiert. Die Katholikinnen, oft Angehörige weiblicher katholischer Ordensgemeinschaften, lebten dort jahrzehntelang in der gesellschaftlichen und sakramentalen Isolation. Javorová behauptet in ihrer Autobiographie, dass die Weihe von Frauen vor allem dem Zugang der Frauen zu den Sakramenten ermöglichen sollte. Davídek habe schon im Gefängnis diesem Problem Abhilfe verschaffen wollen:

> „Als sie Davídek für eine gewisse Zeit in ein Gefängnis brachten, in dem auch Frauen ihre Strafe abbüßten, dachte er als Priester auch an sie. (...) Unerschrocken schrie er Richtung Mauer: ‚Ego te absolvo..., im Namen des Vaters und des Sohnes und des Heiligen Geistes.' Die, die ihn hörten und wussten, was diese Formulierung bedeutet, verstanden, dass sie sie [die Absolution, P.

[312] Davídek kannte die Konzilsdiskussion aus dem ausländischen Rundfunk. Vgl. Miriam T. Winterová, Z hlubin bezedných [Aus der abgründigen Tiefe], 104.

[313] Ludmila Javorová (*1932 in Brünn), die aus demselben Ort wie Davídek stammt, kannte Davídek seit ihrer Kindheit. Sie war die erste von ihm geweihte Frau und auch die einzige, die nach 1989 in die Öffentlichkeit trat. Sie bekleidete noch vor ihrer Ordination und bis zu Davídeks Tod das informelle Amt seiner Generalvikarin. Ludmila Javorovás Zeugnis über ihren theologischen Lehrer und Bischof Davídek wurde in Form einer autorisierten Biographie veröffentlicht in: Miriam Winter, Out of the Depths (a biography of Ludmila Javorová) New York 2001. In tsch. Übersetzung: Miriam T. Winterová, Z hlubin bezedných. Příběh Ludmily Javorové vysvěcené na římskokatolického kněze [Aus der abgründigen Tiefe. Die Geschichte von Ludmila Javorová, geweiht zum römisch-katholischen Priester], Brno 2003. Mit der Rolle der Frauen in Koinótés befasste sich Peter Sepp in seiner Dissertation: Peter Sepp, Geheime Weihen. Die Frauen in der verborgenen tschechoslowakischen Kirche Koinótés, Ostfildern 2004.

S.] auf sich beziehen können. Davídek erteilte ihnen die Absolution ad hoc, da diese Frauen im Strafvollzug keinen Zugang zum Sakrament der Buße und anderen Sakramenten, eingeschlossen der Eucharistie, hatten."[314]

Die Sorge um den Sakramentenzugang für die weiblichen Gefangenen war aber nur eine mögliche pastorale Initialzündung. Die eigene Argumentation Davídeks für das Frauenpriestertum, die aus seinem schriftlichen Erbe rekonstruierbar ist, lässt vermuten, dass seine Beweggründe vielmehr systematisch-theologischer als pastoraler Natur waren.

3.5.3.2 Die Weihe von Frauen als Traditionserneuerung und Emanzipation – Davídeks eigenständige theologische Argumentationsführung

Das Thema Frauenordination nimmt im theologischen Nachlass von Felix M. Davídek – ähnlich wie die Diskussion um den Zölibat – eine besondere Stellung ein.[315] Schon vor der Synode in Kobeřice sprach sich Davídek für die Weihe von Frauen aus. Ich versuche seine Argumentation aus einem der mitnotierten Vorträge zu rekonstruieren. Wenn man dies tut, ergeben sich drei Argumentationsschritte:

1. Davídek sieht die Frau in der heutigen Gesellschaft dem Mann gegenüber als benachteiligt an. Er findet nicht nur biblische, sondern auch kirchen- und kulturgeschichtliche Meilensteine der Geschichte, die zu dieser Benachteiligung führten.

2. Im Anschluss daran erarbeitet Davídek eine systematisch-theologische Sicht auf das Frauenpriestertum.

---

[314] Winterová, Z hlubin bezedných. [Aus der abgründigen Tiefe], 66. Dieses Zeugnis wurde auch vielfach mündlich überliefert. Ebenfalls ist der Austausch zwischen Davídek und der Generaloberin der Kongregation der Barmherzigen Schwestern vom hl. Karl Borromäus Vojtěcha Hasmandová belegt, von der Davídek über die trostlose Atmosphäre in den Frauengefängnissen erfahren haben soll. Vgl. Krátký, K plnosti [Zur Erfüllung], 101. Am 6. Dezember 2014 bestätigte Papst Franziskus den Prozess, der zur Seligsprechung von Mutter Vojtěcha führen soll.
Einige Davídeks Schüler erheben allerdings massive Zweifel an der Authentizität dieser Begebenheit, ebenso wie an anderen Aussagen Javorovás. Diese kritischen Stimmen beklagen ein verkürztes, boulevardisiertes Verständnis Davídeks Theologie und wehren sich gegen die Banalisierung und Desavouierung seines theologischen Erbes. Javorová konnte nach dem Tod von Davídek nicht die geistliche Autorität über die gesamte Koinótés übernehmen. Vgl. Krátký, K plnosti [Zur Erfüllung], 87.

[315] Vgl. Felix M. Davídek, Svěcení ženy [Die Weihe der Frau] August 1970, O koncilu Božího lidu [Über das Konzil des Gottesvolkes] Tonaufnahme, Dezember 1970, Teologie teorie řízení [Theologie der Leitungstheorie] 1974, Obsah noviciátní práce [Der Inhalt des Noviziatsarbeit] zwischen 1970–1975 – in: Fiala/Hanuš, Skrytá církev [Verborgene Kirche] (tsch. Originalausgabe), Anlage mit Originaltexten von Felix M. Davídek.

3. Mit Hilfe biblischer und kirchengeschichtlicher Argumentationsführung gipfelt Felix M. Davídeks Argumentation in einem Schlussplädoyer, das sich für die Zulassung der Frau zum Priesteramt ausspricht.[316]

Sowohl in der Bibel als auch in der Kirchen- und Literaturgeschichte suchte Felix M. Davídek nach Hinweisen für die Art der Stellung der Frau in der Vergangenheit und heute. Die Argumente gegen die Frauenordination, die ihren Halt in den paulinischen Briefen suchen, lehnte er mit dem Hinweis auf deren Kontextualität ab und wies statt dessen auf Paulus' Sorge um die Gleichberechtigung von Mann und Frau hin. Davídek weitete zudem geschickt die Sicht seiner Zuhörer, indem er andere biblische Texte vorstellte, als bis dahin in Bezug auf das Bild der Frau üblich war. In dem Prophetenamt des Alten Testamentes, durch das das weibliche Geschlecht eine priesterliche Aufgabe empfing, sieht Davídek den Grundstein für die Aufwertung der Frau.[317] Gleichzeitig hob er auch die Bedeutung des neutestamentlichen Zeugnisses über die Aufgaben der Frauen in der Urgemeinde hervor. Dabei berief er sich in seinem Vortrag „Die Weihe der Frau" nur einmal auf den genauen Wortlaut der Evangelien, wenn er auf Lk 1,48 verwies: „Denn auf die Niedrigkeit seiner Magd hat er geschaut. / Siehe, von nun an preisen mich selig alle Geschlechter."[318] Vielmehr war es die Narration der neutestamentlichen Texte, denen er eine theologische Grundbotschaft zu entnehmen glaubte. Den Text des ersten Kapitels der Apostelgeschichte Apg 1, 12–20 versah er mit dem Kommentar: „Alle beteten auch mit den Frauen. Sogar eine *Gruppe* von Frauen. Die Funktion der Frau schon an dieser Stelle beachten. Die Frau wurde beim Auswählen der Apostel für die Mitarbeit mit dem Hl. Geist nicht übergangen"[319].

Ein weiterer Typus von Davídeks Erklärungen der theologischen Ursprünglichkeit der Berufung der Frau zum Weiheamt beruhte auf dem Verweis auf die Tradition der frühen Kirche und der Ostkirche, in denen Frauen nach seiner Überzeugung in dem ersten Jahrtausend die Funktion der Diakonin wahrgenommen hätten.[320] Er behauptete „Frauen als Diako-

---

[316] Davídek scheint sich darin in groben Zügen an zwei Beiträge aus dem 4. Heft der deutschen Ausgabe der internationalen theologischen Fachzeitschrift *Communio* aus dem Jahr 1968 anzulehnen: Elisabeth Gössmann, Die Frau als Priester?, S. 288–293 / Jan Peters, Die Frau im kirchlichen Dienst, S. 293–299. In diesem Heft wurde unter dem Leitmotiv „Ökumenismus. Apostolisch durch Sukzession?" mit kritischen Beiträgen u. a. von Hans Küng die apostolische Sukzession diskutiert.

[317] Vgl. Svěcení ženy [Die Weihe der Frau], in: Fiala/Hanuš, Skrytá církev [Verborgene Kirche] (tsch. Originalausgabe), Anlage mit Originaltexten von Felix M. Davídek, 316–320, v. a. 319.

[318] Ebd., 317 f.

[319] Ebd., 317.

[320] Ebd. Ob diese Annahme stimmt, wurde in anderen Arbeiten bereits kritisch diskutiert. Vgl. Dorothea Reininger, Diakonat der Frau in der einen Kirche. Diskussionen, Entscheidungen

ninnen auf der Stufe der Weihe" in der Ostkirche bis ins 12. Jahrhundert finden zu können.[321] Ähnlich wie bei der Frage nach der Ablösung des Pflichtzölibats stellte auch hier Davídek seinen Gegnern (die direkt aus der Koinótés-Gemeinde stammten!) die Frage, inwieweit sie in einem mythischen, primitiven Denken verhaftet seien, wenn sie die Frau als unrein und deswegen als für das Weiheamt ungeeignet ansähen. Er bezeichnete die Urgemeinden in Jerusalem und Antiochia als die zwei theologischen Pole der alten Kirche, deren unterschiedliche Theologien aneinander reiben. Durch den stärkeren Einfluss der jüdischen Tradition der Jerusalemer Gemeinde auf die Kirche im Abendland und das ihr eigene Reinheitsdenken sah Davídek den baldigen Ausschluss der Frau von allen, auch gesellschaftlichen, Funktionen im Abendland erklärt. In seinem Vortrag über die „Weihe der Frau", den er bereits sechs Monate vor der Pastoralsynode hielt, sah Davídek erst seit 1000 Jahren kraft „der Norm unseres Kodex' die Frau aus der Weihe (niedrige und höhere) ausgeschlossen".[322] Hingegen stützte er sich auf das Argument, die „Frauen waren Diakoninnen auf dem Rang der Weihe (in den Ostkirchen sogar bis ins 12. Jh.)."[323] Die Weihe von Frauen widersprach in Davídeks Auffassung nicht der Tradition der Kirche, sondern knüpfte an sie an!

Immer im Fokus standen die verheerenden, nachhaltigen Folgen der Benachteiligung der Frauen in der Säkulargeschichte für die Geschichte der Kirche:

> „Die Frau [im Rittertum des Mittelalters; P.S.] wurde allerdings in den Hintergrund gedrängt – sie besaß zunächst nur eine erotische Funktion. Für die Gesellschaft funktioniert die Frau nur durch ihr Eros. Einengung der sexuellen Funktion (…) Die Frau ist soziologisch zur christlichen Hetäre geworden."[324]

Die anthropologischen, theologischen und geschichtlichen Verstrickungen hielt Davídek für Irrtümer und Missverständnisse und das auf ihnen beruhende lehramtliche Argument gegen das Frauenpriestertum, das sich auf die Treue zum Vorbild des Herrn stützt, für scheinheilig. Nach seinen eigenen Worten finde er keine gewichtigen systematisch-theologischen Gründe dafür, die Frau weiterhin vom Weiheamt auszuschließen. Nur

---

und pastoral-praktische Erfahrungen in der christlichen Ökumene und ihr Beitrag zur römisch-katholischen Diskussion, Ostfildern 1999.

[321] Ebd., 317.

[322] Ebd., 316.

[323] Ebd., 317.

[324] Ebd., 318.

das Argument der geistig-geistlichen Unreife der Kirche und der Gesellschaft der Frauenordination gegenüber ließ er zu: „Wenn es irgendwo bei Theologen, die die Weihe von Frauen befürworten, Vorbehalte gibt, dann deswegen, weil ‚heute die Frau soziologisch noch nicht möglich ist'."[325]

Um die Gleichstellung der Frau in der Gesellschaft zu unterstreichen, stellte Davídek diese Entwicklung in Zusammenhang mit der kirchengeschichtlichen Emanzipation der Frau, die er durch die Hermeneutik des Zweiten Vatikanischen Konzils bekräftigt sah: „Die Frau muss [in der Gesellschaft und in der Kirche; P.S.] die menschliche Fülle erwerben."[326] Als Irrtum bezeichnete Felix M. Davídek die biologistische Forderung, die Frau müsse dem Mann körperlich gleichkommen. Er bezeichnete sie als falsche Emanzipation, denn die Frau unterscheide sich körperlich und geistig vom Mann. Die Integrität und das eigene Gleichgewicht – ganz Mensch sein –, damit die Frau dem Mann ein gleichwertiges Gegenüber sein kann, das war das Ziel von Davídeks auf die gesamte Existenz umfassenden Anthropologie.

Genau an diesem Punkt setzte er immer wieder zu dem entscheidenden Punkt seiner Argumentation an: es ist Pflicht der Kirche, den Kairos in Bezug auf die Frau zu erkennen.[327] Auch mit Blick auf die erfolgreiche neuzeitliche Emanzipationsgeschichte der Frau in der Gesellschaft müsse sich die Kirche für die Gaben des Heiligen Geistes öffnen. Nach Davídeks Überzeugung befindet sich die Kirche dank der Gaben des Heiligen Geistes heute in einem solchen Prozess, der sie befähigt, das Heiligmachende – die Notwendigkeit der Weihe von Frauen – zu erkennen: „Die Menschheit heute benötigt die Weihe der Frau und sie wartet förmlich darauf. Die Kirche sollte sie nicht hindern."[328]

Die Weihe von Frauen sei die Herausforderung für die Kirche, die sich in dieser Frage auf einem Wendepunkt der Geschichte befinde. Die Kirche müsse auf den Kairos reagieren: Hier und jetzt auf den Punkt Omega aktiv hinarbeiten. Der Sinn des Menschen liegt nach Davídek in der Überschreitung des selbst durch die Vergöttlichung im Sinne der ihm vielleicht auch aus der orthodoxen Tradition bekannten *θεωσις*:

[325] Ebd., 318.

[326] Ebd., 318.

[327] Vgl. Davídek, O koncilu Božího lidu [Über das Konzil des Gottesvolkes] in: Fiala/Hanuš, Skrytá církev [Verborgene Kirche] (tsch. Originalausgabe), Anlage mit Originaltexten von Felix M. Davídek, 320–322, v.a. 322.

[328] Ebd., 322.

„Gott in statu nascitu[329] (im Zustand des Entstehens): im Mann kann er Priester werden und in der Frau nicht? Wenn nicht, dann warum? In jedem von uns ist die Göttlichkeit im Zustand der Genese. Letztlich ist es Gott, der Priester wird. In welcher Weise ist das unsrige Priestertum das Priestertum Christi? Ich habe Sie gewählt, nicht sie. Er wählt sich selbst. Ich [als Priester; P.S.] bejahe höchstens die Wahl. Berufung. Dynamik – immer mehr Christus werden."[330]

Durch die Anteilnahme des Priesters an dem ewigen Priesteramt Christi bekomme dieser Anteil am göttlichen Leben. Die Vergöttlichung – als Befreiung aus der Unheiligkeit – ist nach Davídek allein durch die Teilnahme am Priesteramt Christi zu erreichen. Die gnadenhafte Berufung dazu wird von Gott geschenkt und muss vom Menschen lediglich bejaht werden. Schlussendlich beruft nach Davídeks Auffassung ausschließlich Gott Menschen in das Priestertum. Er allein ist der Geber. In seinem Namen stelle die Kirche diese Berufung lediglich fest. Davídek war davon überzeugt, dass es Gottes Stimme sei, die auch Frauen in dieses Amt beruft. Unsere Zeit birgt die Chance, diesen von Gott hervorgerufenen Kairos zu erkennen, indem die Kirche den Willen Gottes, auch Frauen in das Priestertum Christi zu berufen, erkennt und ihm entspricht. Nach Davídek deuten alle Zeichen darauf hin, dass die Kirche sich auf einer solchen Schwelle befinde, zu erkennen – ja, erkennen zu müssen – dass „die Frau für das Priestertum erschaffen ist"[331].

3.5.3.3 Die Chronologie der Entscheidung: „Das Konzil des Gottesvolkes" 1970

Im Herbst 1970 fasste Felix M. Davídek den Entschluss, eine Synode – von ihm auch „das Konzil des Gottesvolkes" genannt – der gesamten von ihm geleiteten Untergrundkirche zu berufen. Die Synode fand unter strengster Geheimhaltung am 26. 12. 1970 in den kleinen Ort Kobeřice in Mähren statt. Im Mittelpunkt dieser Zusammenkunft ausgewählter Repräsentantinnen und Repräsentanten der Koinótés und der von ihr gegründeten Schwesterkirchen sollte die Frage nach der Möglichkeit der Zulassung der Frauen

[329] Davídek, bzw. der Mitschreiber seiner Vorlesung, übersetzt richtig eine falsch zitierte lateinische Redewendung: *in statu nascendi.*

[330] Davídek, O koncilu Božího lidu [Über das Konzil des Gottesvolkes] in: Fiala/Hanuš, Skrytá církev [Verborgene Kirche] (tsch. Originalausgabe), Anlage mit Originaltexten von Felix M. Davídek, 319.

[331] Ebd. Davídeks Feststellung der neuzeitlichen Aufwertung der Frau in der Gesellschaft fügt sich in seine evolutionistische Welterklärung. Bezeichnend dafür ist der Ausdruck „Stadium", mit dem er die gegenwärtige Stellung der Frau in der Kirche umschreibt. Vgl. Davídek, Svěcení ženy [Die Weihe der Frau].

zur Weihe in der Koinótés-Gemeinde stehen. Davídek verstand sie als eine Pastoralsynode, die den Geist des Zweiten Vatikanums in die besonderen Bedürfnisse der tschechischen Ortskirche übertragen sollte. Sie sollte die konkrete Verwirklichung des Zweiten Vatikanums auf dem Gebiet der Tschechoslowakei fordern und fördern:

> „Wir gehen davon aus, dass es sich um eine Pastoralsynode handelt, die die konkrete notwendige Praxis für ein bestimmtes Gebiet [= Ortskirche; P.S.] behandelt. Auf je unterschiedlichen Gebieten gibt es je unterschiedliche Problematik – so war es von Beginn der Kirche an. Eine Grunddirektive haben wir [überall die Gleiche; P.S.] – was ist für's Heil zu machen, [und] wie wir es am besten auf einem bestimmten Gebiet angehen."[332]

Felix M. Davídek verstand Koinótés als eine Gemeinschaft der Gläubigen, in deren Entscheidungsprozesse alle ihre Mitglieder nach dem Synodalitätsprinzip intensiv miteinbezogen werden. Die Synode in Kobeřice sollte ein erster Ausdruck dieses Gemeinschaftscharakters, ein erstes greifbares Beispiel der mehr oder weniger repräsentativ ausgestalteten Mitwirkung von Klerus und Gläubigen sein. Waren diese Beratungstreffen früher reine Klerikerversammlungen, so beschloss Davídek, der Synode eine grundlegend neue Struktur zu verleihen, indem auch stimmberechtigte Nichtkleriker zu ihr zugelassen wurden. Es waren sowohl männliche als auch weibliche Abgesandte unterschiedlicher Ordensgemeinschaften anwesend, die mit Koinótés in Verbindung standen, und auch Frauen und Männer, die unmittelbar der Koinótés-Gemeinde angehörten. Das Verhältnis der Kleriker zusammen mit den Ordensmänner und -frauen zu den Laien sollte ungefähr zwei zu eins betragen. Das Ziel der Synode war es, zum Gedeihen der Untergrundkirche beizutragen, indem entscheidende theologische Fragen einvernehmlich beantwortet werden. Diese Unterstützung umfasste aber entgegen der heute im Kirchenrecht verankerten Auffassung (c. 466) nicht ausschließlich die Beratung des (Diözesan-)Bischofs, sondern jeder der Teilnehmerinnen und Teilnehmer erhielt eine Stimme.

Die Synode wurde in der Koinótés-Gemeinde einerseits als ein Subjekt ihrer wahrgenommenen Verantwortung für die Ortskirche verstanden, andererseits schienen einige ihrer Teilnehmer von Beginn an die kirchenrechtliche Legitimität eines solchen kirchlichen Entscheidungsprozesses zu bezweifeln. Bereits in den vorbereitenden Gremien für die Synode wuchs bei einem nicht unerheblichen Teil der Koinótés-Gemeinde die Empörung.

[332] Tonaufnahme der Pastoralsynode. Davídeks Abschlussrede vom 26.12.1970. Privatarchiv Ludmila Javorová. Gesehen in: Fiala/Hanuš, Die Verborgene Kirche (dt. Ausgabe) 96.

Besondere Zweifel wurden an der vermeintlichen Vollmacht der Synode erhoben, verbindliche Entscheidungen in der Frage des Frauenpriestertums treffen zu können. Doch die Diskussion wurde durch heftige Widerrede getrübt, die in dieser Wucht für Felix M. Davídek offensichtlich überraschend und unerwartet kam. Drei der von ihm geweihten Bischöfe zählten in einem 19-Punkte-Memorandum ihre Argumente gegen die Frauenordination auf.[333] Sie warfen Davídek vor, aus seiner bischöflichen Jurisdiktion illegitime Vollmacht abzuleiten, die eindeutig das gültige Kirchenrechts überschreite.[334] Sie forderten Bischof Davídek auf, diese Diskussion aus dem Programm der Synode zurückzunehmen. Davídek lehnte dies ab mit dem Hinweis, die anwesenden Gegner der Frauenordination verstießen gegen den feierlichen Eid aller eingeladenen Teilnehmerinnen und Teilnehmer, in dem sie der Berufung der Synode mit allen ihren Programmpunkten zustimmten.[335]

3.5.3.4 Vision und Kairos – Davídeks eigentlichen Beweggründe

Die Reden Davídeks in Kobeřice, vor allem dann sein Schlussplädoyer, erhellen die eigentlichen Schwerpunkte, die Davídek bei seiner Argumentation für die Weihe von Frauen setzte. In ihrem Licht lassen sich auch die davor schon gehalten Vorträge über die Frauenordination auf seine theo-

[333] Vermutlich war es gar nicht die dogmatische Möglichkeit der Frauenordination, die von den drei Bischöfen bestritten wurde, sondern vielmehr der von Davídek gewählte Ort und Zeitpunkt. Osterwalder zitiert aus den Erinnerungen von Jan Georg (Jiří) Pojer, einem der drei Gegner Davídeks auf der Synode: „Drei der geheim geweihten Bischöfe, Georg Pojer, Josef Dvořák und Bedřich Provazník, stellten sich dagegen. Nicht weil sie grundsätzlich gegen eine Frauenordination wären. ‚Die Gleichberechtigung der Frau war für mich nie eine Frage der Theologie, sondern nur der Kirchenpolitik', sagt Georg Pojer (…) Wohl aber ist er [Pojer] bei der Synode von 1970 überzeugt, dass ein einseitiges Vorpreschen zu jenem Zeitpunkt ebenso unklug wie unsinnig wäre. Er vergleicht Davídeks Vorgehen mit dem Hussitensturm des 15. Jahrhunderts, der letztlich doch zu nichts geführt habe."
In: Jan Georg Pojer, in: Erwin Koller, Hans Küng u. a. (Hg.), Die verratene Prophetie, 164.

[334] Die Einwände Davídeks Gegner wurden in einem Gedächtnisprotokoll festgehalten, die wesentlichen werden von Fiala/Hanuš zusammengefasst: die mangelnde Informiertheit der TeilnehmerInnen über das Thema, die Gegenläufigkeit zu der gegenwärtigen Kirchenpraxis, die juristische Illegitimität eines solchen Entscheidungsprozesses durch eine örtliche Pastoralsynode, die Trennung der theoretisch-dogmatisch-ekklesiologisch-biblischen Lösung von der Problematik der Einführung in die Ekklesiopraxis, die Schwäche des Parusie- und Kairos-Theologie-Argumentation. Die von Davídek als Theologie des Risikos vorgestellt, wurde als Hasard-Theologie desavouiert. Vgl. Fiala/ Hanuš, Die Verborgene Kirche (dt. Ausgabe) 91. Vgl. auch die Sicht von Javorová in: Winterová, Z hlubin bezedných. [Aus der abgründigen Tiefe], 118 ff.

[335] Davídek fasste seine Kritik an den Gegnern der Frauenordination in der Koinótés in einem Schreiben zusammen: Davídek, Ad tres fratres, in: Fiala/Hanuš, Skrytá církev [Verborgene Kirche] (tsch. Originalausgabe), Anlage mit Originaltexten von Felix M. Davídek, 242–248.

logischen Motive besser deuten. Davídek wurde auf der Synode dort zum ersten Mal im Plenum herausgefordert, die Möglichkeit der Frauenordination gegen die Argumente seiner Mitstreiter zu verteidigen. Ich versuche im Folgenden, Davídeks wesentlichen Argumente zusammenzustellen. Das letzte Motiv in seiner Verteidigung der Weihe von Frauen – die prophetische Selbstwahrnehmung – ist freilich kein Argument, es ist aber einer der wichtigsten, wenn nicht der wichtigste Beweggrund Davídeks.

3.5.3.4.1 Die Weihe von Frauen als Erweiterung der Ekklesiopraxis

Die feste Entschlossenheit dieser Auflehnung gegen das Frauenpriestertum scheint Davídek im Verlauf der Kobeřice-Synode überrascht, wenn nicht gar erschüttert zu haben.[336] Aus der Tonaufnahme der Synode geht hervor, dass er sich mit Nachdruck darum bemühen musste, die Synode selbst als ein legitimes Handlungs- und Entscheidungsorgan der lokalen Kirche zu verteidigen.[337] Den *ars regnandi* Prinzipien treu bleibend versuchte er argumentativ, das Bewusstsein für die synodale Verfassung der Kirche zu wecken. Davídek scheint zudem auf das theologische Prinzip der Unverirrlichkeit der Kirche gepocht zu haben:

> „In der Ekklesiologie ist das Wesentliche die Sendung, sprich die missio der Kirche. Gegenwärtig ist jede Pfarrgemeinde vollkommene Kirche, weil in ihr Christus ist und die Verbindung mit dem Papst. (…) Das ist ein sehr wichtiger Gesichtspunkt: votum ecclesiae. Der Papst ist nicht die Kirche, sowie ich oder du nicht Kirche sind."[338]

Von großer theologischer Tragweite ist Davídeks Überzeugung, die Weihe von Frauen sei keine illegitime Veränderung der Glaubenslehre, sondern lediglich eine Veränderung bzw. Erneuerung der Glaubenspraxis. So antwortet er auf die kritische Anfrage, ob den Teilnehmern der Synode nicht eine automatische Exkommunikation drohe:

> „Die kanonische Exkommunikation betrifft nur Einzelne und wenn es sich um Sachverhalte contra dogmatum [handelt], nicht aber die Erweiterung der

[336] Davídek bekannte in seiner Schlussrede: „Für mich ist jetzt irgendwie Schluss, ein anderer soll sich darum [um die Synode; P.P.-S.] kümmern." Tonaufnahme der Pastoralsynode. Davídeks Abschlussrede vom 26. 12. 1970. Privatarchiv Ludmila Javorová. Gesehen in: Fiala/ Hanuš, Die Verborgene Kirche (dt. Ausgabe) 94. Eine stark verbesserte Übersetzung dieser Passage der Abschlussrede Davídeks (nicht zu verwechseln mit dem Beitrag Davídeks auf der Synode „Konzil des Gottesvolkes"!) ist zu finden in: Peter Sepp, Geheime Weihen, Anhang: Felix M. Davídeks Abschlussrede auf dem „Konzil des Volkes Gottes" am 26. 12. 1970, S. 168.

[337] Ebd.

[338] Ebd.

> Orthopraxis. Zu der Orthopraxis gehört alles, was das Heil der Seelen betrifft“[339]

Im Plädoyer kurz vor der Abstimmung erklärt Davídek noch einmal, die Weihe der Frau sei eine Rückkehr zu den lebendigen Quellen der Urkirche, durch die die Gaben des Heiligen Geistes fließen. Die kirchenrechtlichen Bestimmungen, die Davídek auf der Synode oft als Argument entgegengebracht wurden, sollen auf die Bejahung des Frauenpriestertums keine hemmende Wirkung haben:

> „Das Recht ist dazu da, damit es dient, und nicht dazu, damit es das Notwendige verhindert. Der Kodex soll dem Guten dienen, damit sich das Gottesvolk mit Hilfe seiner Gesetze entfaltet und nicht stehen bleibt. Auch das Recht muss stets ergänzt werden. Das Leben geht dem Kodex bevor und der Kodex kodifiziert anschließend das Leben. Wenn wir das Leben nicht entfalten würden, könnten wir auch das Recht nicht sinnvoll entfalten.“[340]

Die Hauptaufgabe der tschechischen Untergrundkirche sei nicht die Umgestaltung des Kirchenrechts, sondern „die Entfaltung des Kirchenlebens in anderen, schweren Zeiten“[341]. Die sich auftürmenden Fragen der Synodenteilnehmer zur kirchenrechtlichen Legitimität und der tatsächlichen Beschlussfähigkeit der Synode in Kobeřice wehrte Davídek schließlich noch mit dem Hinweis auf ihre falsche, da restriktionslastige Verstehensweise des Kirchenrechts ab. Davídek pflegte eine ausdrücklich positive Hermeneutik des Kirchenrechts. Das Kirchenrecht solle in seiner Interpretation nicht das Kirchenvolk in die negativ-rechtlichen Schranken weisen, sondern das Leben in der Kirche rechtlich, geordnet und damit empirisch sinnvoll gestalten. In diesem Sinne dürfe nach Davídek der damals gültige CIC von 1917 nicht als Werkzeug der Macht missbraucht werden, sondern der Entfaltung des geistlichen Lebens der Kirche und jeder Kirchengemeinde unter der Leitung des Heiligen Geistes dienen: „Die Ordo des Tuns hat Vorrang vor der Ordo der Regulation.“[342]

In seiner Argumentation hob Davídek nicht die dogmatischen oder kirchenrechtlichen Bedenken, sondern die Eigenverantwortung hervor, die die Gläubigen für die Entwicklung ihrer Ortskirche tragen. Nach Davídeks

---

339 Ebd.

340 Ebd.

341 Ebd.

342 Ausgewählte Zitate aus Davídeks Ansprachen auf der Synode (1970). Gesehen bei: Fiala/Hanuš, Die Verborgene Kirche (dt. Ausgabe) 103. Ursprüngliche Übersetzung stark korrigiert.

Überzeugung sollte eine jede Ortskirche nach dem Subsidiaritätsprinzip so weit wie möglich selbstständig nach ihren eigenen Problemlösungen im Bereich der Ekklesiopraxis suchen. Hierzu ist ihr seiner Meinung nach die lehramtliche Legitimität für diese Entscheidungsmacht garantiert:

> „Das Magisterium ist auch Eigenschaft der gesamten Kirche, auch wenn es sich rechtlich nur auf die Bischöfe bezogen wird. Das Lehramt ist dogmatisch der gesamten Kirche zugeschrieben. Die gesamte Kirche ist unfehlbar. Die dogmatische Seite stelle ich also als fundamentale Prämisse auf."[343]

Die Diskussion auf der Pastoralsynode verlagerte sich von der Frauenordination hin zur Diskussion über die Entscheidungskompetenzen der einzelnen katholischen Ortskirchen: Welche Entscheidungen darf und muss eine von der Gesamtkirche isolierte Ortskirche treffen können? Felix M. Davídek sah die Synode in der Position, in die Lebensbedingungen der Untergrundkirche sprechen zu können. Tatsächlich bekräftigte er im Verlauf seiner Argumentation seine Überzeugung, der tschechischen Untergrundgemeinde stehe nicht nur das Recht, sondern sogar die Pflicht zu, in dieser extremen Situation einer katholischen Teilkirche über die Weihe der Frau in einem synodalen Prozess selbst zu entscheiden. Mehr noch – sie müsse die seelsorgerliche Pflicht hierzu erkennen und entsprechend handeln. Und dieser Entschluss dürfe nach Davídek nicht nur durch die Übereinstimmung der Bischöfe (im Untergrund) getroffen werden. Diese bilden nach seiner Überzeugung nur eine Gruppe innerhalb des Gottesvolkes, die zwar mit sakramentaler Vollmacht versehen ist, nicht aber für das gesamte Gottesvolk stehe.[344]

Am Ende seines leidenschaftlichen Schlussplädoyers auf der Synode in Kobeřice, wiederholte Davídek im pathetischen Duktus, was er bereits sechs Monate vor dieser Synode als den Grund benannte, warum das Frauenpriestertum von ihm so dringend gefordert und gefördert wird: Die Menschheit benötige den Priesterdienst der Frau als besonderes Werkzeug für die Heiligung der Welt in der heutigen Zeit.

3.5.3.4.2 Die Weihe von Frauen als Meilenstein der Parusie-Annäherung

Die eigentliche theologische Motivation Davídeks scheint im Rückblick nicht die Rückkehr zur ursprünglichen Tradition der Kirche als Wiederbelebung der Orthopraxis gewesen zu sein. Ebenfalls stellen auch die bi-

[343] Peter Sepp, Geheime Weihen, Anhang: Felix M. Davídeks Abschlussrede auf dem „Konzil des Volkes Gottes" am 26. 12. 1970, S. 168.

[344] Ebd.

blische Argumentation und die kirchenrechtlichen Fragen nicht das Grundlegende seiner Forderung nach der Frauenordination dar. Mit ihrer Hilfe ebnete Davídek vielmehr den Weg zu einer positiven Entscheidung. Eine genaue Lektüre lässt den eigentlichen Ausgangspunkt von Davídeks Bejahung der Weihe von Frauen in seiner parusialen Weltanschauung erkennen. Mehrmals betont er:

> „Die Gesellschaft benötigt den Dienst der Frau. (…) Sie benötigt diesen Dienst der Frau als besonderes Werkzeug für die Heiligung der zweiten Hälfte der Menschheit. Wie wenn die jetzige Heiligung der Welt nicht mehr ausreichend wäre. [C]onsecratio mundi. Alle Dienste zum Gedeihen des Wachstums des Leibes Christi, sprich der gesamten Kirche."[345]

Für Felix M. Davídek bedeutete die Frauenordination die epochale Wende und den entscheidenden Schritt der Menschheit auf dem Weg zur Parusie. Diese Vermutung lässt sich mit dem Zeugnis der ersten von ihm geweihten Frau Ludmila Javorová belegen:

> „Davídek führte zu diesem Handeln [der Weihe von Frauen] die Überzeugung, dass ‚das, was Wirklichkeit wurde, nie wieder gelöscht werden kann'. Einen noch wichtigeren Grund sah er allerdings darin, dass die Kirche und die Welt dies benötigen. Der Kontakt mit Rom gab es praktisch nicht und Davídek bekam die Fakultät, die es ihm ermöglichte, die Bedürfnisse der Kirche zu erfüllen."[346]

Die Zeit sei reif (Davídek sprach im Kontext der Frauenordination oft von *kairos*), die Kirche dürfe nicht länger die Berufung der Frauen zum Priesteramt ignorieren. Sie sei es ihnen und sich selbst schuldig, zu den Wurzeln der Glaubenslehre zurückzukehren. Die Stärke der parusialen Theologie entfache ihre Stärke gerade dort, wo den Unterdrückten (Frauen) zu ihrer (Priester-)Würde zurückgeholfen wird. In Davídeks Wortlaut: „Gegen den Ordo des Lebens, des Tuns konnte der Ordo der Regulation mit all seinen Gesetzen nicht aufkommen."[347] In diesen Zusammenhang fügt sich Davídeks Verehrung der Heiligen Jungfrau als „Generatorin der Evo-

[345] Davídek, O koncilu Božího lidu [Über das Konzil des Gottesvolkes] in: Fiala/Hanuš, Skrytá církev [Verborgene Kirche] (tsch. Originalausgabe), Anlage mit Originaltexten von Felix M. Davídek, 322.

[346] Winterová, Z hlubin bezedných. [Aus der abgründigen Tiefe] 145.

[347] Vgl. Tonaufnahme der Pastoralsynode. Davídeks Abschlussrede vom 26. 12. 1970. Privatarchiv Ludmila Javorová. Gesehen in: Fiala/Hanuš, Die Verborgene Kirche (dt. Ausgabe) 95. Stark korrigierte Übersetzung.

lution", „Beschleunigerin der Parusie" und die, „durch die er [Jesus] uns die Parusie näher bringt", ein.[348]

Beurteilt im Kontext von Davídeks Vorträgen über parusiale Theologie, vermute ich, dass Felix M. Davídek in der Frauenordination einen unausweichlichen, absolut notwendigen Sprung zur Parusie erkannte, der nach den von ihm formulierten Grundsätzen der parusialen Theologie nicht länger warten konnte:

> „‚Sofort' gesehen noch von dieser Seite aus:
> - in der Praxis das Warten hassen.
> - Der Nachdruck wird auf die Verantwortung für die Talente gelegt. Für ihre Vermehrung."[349]

Die Weihe von Frauen sei der Meilenstein auf dem Weg zu Christi Wiederkunft, zu dem Gott seine (Orts-)Kirche durch die gegebenen Zeichen der Zeit ermutige. Das erklärt auch, warum Davídek kaum zögern konnte, Frauen zum Priesteramt zuzulassen, obwohl er von den konkreten ekklesiopraktischen Umständen, in die er sie „hineinweihte", Bescheid wusste: Nämlich dass sie ihr Priesteramt öffentlich in der Untergrundkirche nicht ausüben werden können und dass sie in eine noch tiefere Geheimhaltung, als in der Untergrundkirche bereits vorhanden, geweiht werden würden. Insoweit nahm es Davídek sogar in Kauf, sowohl hinter das von ihm selbst aufgestellte Bild von Gemeinde und Leitungsamt als auch hinter die Konzilstheologie der Ämter und der Kirche zurückzufallen. Freilich bliebe eine solche „parusiale" Motivation, das Frauenpriestertum als notwendiges Zeichen des Fortschreitens der Heilsgeschichte einzuführen, von der Gefahr eines magischen Weiheverständnisses nicht verschont. Wir wissen, dass Davídek die Sicherheit des Gnadenempfanges durch die Eucharistiefeier für die Ausrichtung hin zur Parusie zu schätzen wusste. Das Phänomen der Frauenordination in Davídeks Koinótés-Gemeinde trägt daher ambivalente Züge. Und es gehört zu den menschlich-tragischen Aspekten der Geschichte der Koinótés-Gemeinde, dass das Ergebnis der Synode in Kobeřice die Fronten verhärtete. Im Streit um das Frauenpriestertum ist der Anfang des Zerfalls von Davídeks Untergrundgemeinde zu finden.[350]

---

[348] Davídek, Pastýřský list [Der Hirtenbrief], in: Fiala/Hanuš, Skrytá církev [Verborgene Kirche] (tsch. Originalausgabe), Anlage mit Originaltexten von Felix M. Davídek, 281.

[349] Davídek, Teologie parusie [Theologie der Parusie], in: Fiala/Hanuš, Skrytá církev [Verborgene Kirche] (tsch. Originalausgabe), Anlage mit Originaltexten von Felix M. Davídek, 258.

[350] Stanislav Krátký deutet ihn positiver – als eine neue Organisation der Untergrundkirche. Vgl. Krátký, K plnosti [Zur Erfüllung], 106.

3.5.3.4.3 Die Weihe von Frauen als Gestus prophetischer Selbstwahrnehmung

Die Weihe von Frauen war unumstritten eine der größten Visionen Davídeks. Sie ist für ihn zu einer visionären Entscheidung geworden, die letztendlich keine Zustimmung der Mehrheit (vgl. die Synode in Kobeřice) benötigt bzw. auf sie nicht hoffen kann. Davídek sah im Frauenpriestertum – trotz des Widerstands der Gläubigen oder vielleicht sogar gerade deswegen – die Erfüllung der Verheißung Gottes:

> „Erwarten wir niemals, dass so etwas [die Frauenordination; P.S.] von allen Menschen als Gesamtheit angenommen wird. Es muss jemanden geben, der weitergibt, was erst in der Mehrheit der Menschheit allmählich reifen wird."[351]

Die Frauenordination war der Gipfel eines parusialen Reifungsprozesses der Menschheit, die noch nicht alle erkannten. Seinen Entschluss, Frauen trotz aller Widerstände zu Weiheämtern zuzulassen, betrachtete Davídek deswegen als Selbstverpflichtung und als „Gewissenssache".[352]

Die Frauenfrage schien sich nicht an den vielen ungeklärten Fragen der Theologie und Praxis der tschechischen katholischen Ortskirche zu entscheiden. Davídek baute auf einer situativen Geistestheologie, auf das Vertrauen in die Führung durch den Heiligen Geist und sein Gespür für den Kairos. Für Davídek war die Frauenordination einer der entscheidenden und notwendigen Schritte in die Zukunft. Er meinte den Lebenskontext der tschechischen katholischen Kirche mit prophetischem Geist deuten zu können und mit seiner Entscheidung „auf Bug der Zukunft" der Gesamtkirche handeln zu dürfen, als Vorbote einer neuen, sich anbahnenden Kirchenepoche. Das Frauenpriestertum füllte nach seiner Überzeugung nicht nur den kleinen Lebensraum seiner tschechischen Gemeinde, sondern sollte ein zündendes Element für die Zukunft der Gesamtkirche werden. Für die einen aus der Koinótés-Gemeinde blieb Felix M. Davídek ein moderner Prophet der zukünftigen Kirche,[353] für die anderen wurde die Weihe von Frauen das Exemplum für Davídeks leichtfertige „Hasard-Theologie".[354].

[351] Ausgewählte Zitate aus Davídeks Ansprachen auf der Synode (1970). Gesehen bei: Fiala/Hanuš, Die Verborgene Kirche (dt. Ausgabe) 95.

[352] Ebd. Vgl. auch das Zeugnis von Javorová in: Winterová, Z hlubin bezedných. [Aus der abgründigen Tiefe] 125.

[353] Walerian Bugel bezeichnet Davídeks gesamtes Wirken als „Kundgebung des prophetischen Geistes", welche aus den Quellen der orthodoxen Theologie schöpft. Vgl. Bugel, Biskup Felix Maria Davídek, in: Karol Klauza (Hg.), Więksi i mniejsi prorocy Europy Środkowo-Wschodniej XX wieku [Größere und kleinere Propheten der Mittel-und-Osteuropa im 20. Jahrhundert], Lublin 2003, 29–41, hier 39–41.

3.5.3.5 Die Folgen: Der theologische Alleingang

Bei der Betrachtung der Gründe, die Davídek die Frauenordination unbedingt bejahen ließen, überrascht der weitere historische Verlauf nicht mehr. Die Teilnehmerinnen und Teilnehmer der Synode in Kobeřice konnten sich in der Frage der Weihe von Frauen zu keiner mehrheitlichen Meinung durchringen. Die Auszählung der geheimen Abstimmung zeigte ein negatives, im besten Falle ein unentschiedenes Ergebnis.[355] Davídek griff entgegen dem *ars-regnandi*-Leitungsideal und entgegen dem Synodalitätsgedanken auf seine alleinige bischöfliche Vollmacht zurück. Im direkten Anschluss an die Synode spendete er der ersten Frau die Diakonen- und anschließend sofort die Priesterweihe.[356] Die Angaben über die Zahl der or-

---

[354] Den Vorwurf einer Hasard-Theologie wehrte Davídek ab: „Die Tugend das Risiko aufzunehmen unterscheidet sich vom Hasard dort, wo Hasard gleichzeitig mit dem Materiellen auch den Verlust des Geistlichen aufs Spiel setzt: die Seele, die Gnade, das ewige Heil." Davídek, Teologie parusie [Theologie der Parusie], in: Fiala/Hanuš, Skrytá církev [Verborgene Kirche] (tsch. Originalausgabe), Anlage mit Originaltexten von Felix M. Davídek, 260.

[355] Die genauen Zahlenverhältnisse liegen nicht vor. Die Zeugen berichten unterschiedlich. Als unentschieden wird das Ergebnis der Abstimmung von der Augenzeugin Javorová (in: Winterová, 122) und den Historikern Fiala/Hanuš (in: dt. Die Verborgene Kirche (dt. Ausgabe), 94) und Liška (in: Jede Zeit ist Gottes Zeit, 110) referiert.
Mikeš behauptet dagegen, mit Einberechnung der Stimmen der Synodenteilnehmer, die per Briefwahl aus dem Ausland abstimmten, hätte das Ergebnis als positiv betrachtet werden müssen: „In der Abstimmung war die Mehrheit für die Weihe der Frau. Die Stimmen der Koinotés im Ausland waren deswegen ausschlaggebend und überstimmten dieses unentschiedene Ergebnis." Mikeš, František, Biskup Davídek a podruhé umlčené společenství Koinónés [Bischof Davídek und die zum zweiten Mal zum Schweigen gebrachte Gemeinschaft Koinótés], in: Teologie & Společnost [Theologie & Gesellschaft] S[pezial] (2005) 13–26, 24, Anmerkung 26.
Ein weiterer Augenzeuge Jan Jiří Pojer kritisierte in seinen im Jahr 2005 niedergeschriebenen Erinnerungen, die Angaben zu der Stimmenauszählung seien falsch:
„Ich war bei der Auszählung der Stimmen dabei. Davídeks Vorschlag wurde abgelehnt mit einer Mehrheit von fünf Stimmen. Es stimmt einfach nicht, dass es unentschieden war, wie Davídeks Anhänger behaupten. Hinzuzufügen ist, dass Davídek mit so genannten ‚toten Seelen' operierte. Mit anderen Worten, er behauptete, die Vollmacht zu haben, für seine Bekannten abstimmen zu können – ohne etwas Schriftliches in der Hand zu haben… Es kam, wie es kommen musste: Die Gegner hatten zwar die Abstimmung gewonnen, Davídek aber die Auszählung der Stimmen." Aus dieser Pojers schriftlicher Erinnerung wird zitiert in: Josef Osterwalder, Der verratene Bote. Begegnung mit Jan Georg Pojer, in: Erwin Koller, Hans Küng u. a. (Hg.), Die verratene Prophetie, 164.

[356] Außer Davídek spendete vermutlich auch der Untergrundbischof Nikodem Krett auf dem Gebiet der Slowakei zwei (Ordens-)Frauen die Priesterweihe. Krett gehörte dem katholischen Basilianerorden an, der sowohl unierte als auch lateinische Ordensgemeinschaften einschließt. Kretts Bischofsweihe wurde nach 1989 nicht anerkannt. Mehr über diese Frauenordinationen ist nicht bekannt.

dinierten Frauen variieren stark.[357] Vermutlich handelte sich um drei Frauen, die von Felix M. Davídek die Priesterweihe empfingen, und einige mehr, denen er die Diakonenweihe spendete.[358] Die Frauen, die Davídek zum Weihesakrament zuließ, stammten nicht alle aus dem engen Binnenraum der Brünner Koinótés-Gemeinde, sondern kamen auf unterschiedlichen Wegen mit ihm in Kontakt.[359]

Was viele bis heute als einen gefährlichen theologischen Alleingang kritisieren, sah Davídek als seine Verpflichtung auf das Risiko hin, nicht verstanden oder gar verurteilt zu werden. Wie und ob sich Davídeks Sicht auf die Frauenfrage nach der Veröffentlichung der Erklärung „Inter Insigniores“[360] veränderte, ist leider nicht bekannt. Ob ihn die Eindeutigkeit, mit der sich das römische Lehramt in dieser Erklärung im Jahr 1976 gegen das Frauenpriestertum aussprach an seinem Weg zweifeln ließ? Oder zumindest an seiner Entscheidungsvollmacht? Ob er sich nach 1976 der ausdrücklichen päpstlichen Ablehnung des Frauenpriestertums in seiner Ekklesiopraxis verpflichtet wusste?[361] Eine Hilfe auf der Suche nach Antworten wäre die Kenntnis darüber, ob Davídek auch nach 1976 weitere Frauen weihte. Diese Frage kann – freilich mit der Unsicherheit über die Vollständigkeit der historischen Forschung – negativ beantwortet werden.

Die Tatsache des Frauenpriestertums blieb vor fast allen Mitgliedern der Untergrundkirche bis 1989 (!) verborgen. Wegen der Geheimhaltung auch

---

[357] Fiala/Hanuš gehen von drei Priesterweihen und 18 Diakonenweihen für Frauen (dt. Ausgabe, 95). Javorová berichtet von insgesamt vier Frauen, die zum Priesteramt geweiht worden sind (Winterová, 145) und einigen Diakoninnenweihen. Im Jahr 2011 fasste Javorová in einem Interview die Weihezahlen zusammen: „Ich war [zum Zeitpunkt der Weihe] knapp 38 Jahre alt. In den nächsten Jahren weihte Felix Davídek noch drei weitere Frauen. Weitere drei wurden in der Slowakei geweiht, zwei von Bischof Nikodém Krett aus dem griechisch-katholischen Orden der Basilianer und eine Frau von einem jesuitischen Bischof der Gemeinschaft Koinótés“ Vgl. Ludmila Javorová, In Stille und Schweigen, in: Erwin Koller, Hans Küng u. a. (Hg.), Die verratene Prophetie, 60.

[358] Die genaue Zahl der Diakoninnenweihen konnte auch Peter Sepp in seiner Dissertation zu der Rolle der Frauen in Koinótés nicht klären: „Ludmila Javorová (…) dementierte die hohe Anzahl der ordinierten Diakoninnen [18 Frauen, vgl. oben] – mehr verrät sie allerdings nicht.“ Sepp, Geheime Weihen, 56, Anmerkung 156.
Außer der Priesterweihe von Ludmila Javorová sind noch die Diakoninnen Libuše Hořanská und Magda Záhorská namentlich bekannt geworden. Vgl. Winterová, Z hlubin bezedných. [Aus der abgründigen Tiefe] 155.

[359] Mehr dazu in der Dissertation von Peter Sepp, 61 ff.

[360] Erklärung der Kongregation für die Glaubenslehre zur Frage der Zulassung der Frauen zum Priesteramt „Inter Insigniores“, 15. Oktober 1976, in: VAS, Heft 117, S. 13. (Gesehen bei: Sabine Demel, Handbuch Kirchenrecht, Grundbegriffe für Studium und Praxis, Freiburg i.B. u. a. 2010, 626.)

[361] Bereits im ersten Kapitel dieser Arbeit habe ich darauf hingewiesen, dass sich Davídek insbesondere dem Bischof von Rom verpflichtet wusste und von ihm auch seine besondere Vollmacht über die Verborgene Kirche ableitete.

binnen der Koinótés-Gemeinde blieb den geweihten Frauen in einer Gemeinschaftsmesse der Eucharistievorsitz verweigert. Die erste von Davídek geweihte Frau, Ludmila Javorová, umriss in ihren Erinnerungen ihre Sorgen, ihr Unbehagen und das theologische Problem der ohne Gläubigen gefeierten stillen Messe:

> „Meine einzige Sorge war, wie ich das Priesteramt praktizieren und entfalten würde. Ich hatte keine konkrete Vorstellung (…). Am Anfang meines ganzen Priesteramtes stand das Feiern der Heiligen Messe. Das Gottesvolk fehlte mir“[362]

Javorová und die anderen feierten die Sakramente wenn überhaupt, dann nur allein und sozusagen im Untergrund der Untergrundkirche. Die geweihten Frauen litten aber nicht nur an den nicht vorhandenen Möglichkeiten, das sakramentale Leben in der Gemeinschaft im Dienst am Gottesvolk zu entfalten; das vorherrschende Frömmigkeitsmuster ließ für eine weibliche Seelsorge kaum Raum zu.[363] Ähnlich wie bei einigen der von ihm geweihten Bischöfe schränkte Felix M. Davídek auch bei den geweihten Frauen die sakramentalen Vollmächte ein. So berichtet Javorová über das Verbot Davídeks, das ihr auferlegt wurde:

> „Anfänglich wurde mir erlaubt, das Sakrament der Versöhnung nur in dem Falle zu spenden, wenn ich inhaftiert worden wäre. Einige Jahre später empfing ich die facultas, das Sakrament der Versöhnung denen zu spenden, die von meiner Ordination wussten und es von mir forderten.“[364]

Die Lektüre der Biographie von Ludmila Javorová lässt den Eindruck zu, dass die geweihten Frauen gegen die Gefahr ankämpfen mussten, das Weihepriesteramt nur in seiner spirituellen Dimension als eine gesteigerte Form der Privatfrömmigkeit zu leben.[365] Außer Javorová bekannte sich

---

[362] Winterová, Z hlubin bezedných. [Aus der abgründigen Tiefe] 135.

[363] Fiala/Hanuš sprechen in diesem Zusammenhang von der „vorherrschenden Mentalität der überwiegenden Mehrheit der aktiven Mitglieder von Koinótés“. Vgl. Fiala/ Hanuš, Die Verborgene Kirche (dt. Ausgabe) 96.

[364] Winterová, Z hlubin bezedných. [Aus der abgründigen Tiefe] 147.

[365] Nur ein Jahr nach der Synode in Kobeřice berief Davídek eine neue Synode zusammen. Sie fand in Červený Důl statt. Dort sollten pastorale und liturgische Fragen besprochen werden, u. a. sollte dort auch eine Liturgie ausgearbeitet werden, die an die Frau als Trägerin des Priesteramtes angepasst werden sollte. Aus dieser Synode ist nichts mehr schriftlich überliefert worden. Auch die von Peter Sepp befragten damaligen Teilnehmerinnen konnten sich an den Verlauf dieser Synode und ihre Ergebnisse nicht mehr erinnern. Vgl. Sepp, Geheime Weihen, 60 f.

keine der von Davídek geweihten Frauen öffentlich zu ihrer Weihe – weder damals in der Koinótés-Gemeinde noch in der wieder zusammenführten katholischen Kirche in der Tschechoslowakei nach 1989. Wegen der ständigen Gefahr durch die kommunistische Verfolgung, wegen der Geheimhaltung vor den Mitgliedern der eigenen Gemeinschaft und wegen des Mangels an Unterstützung und Verständnis konnten die geweihten Frauen ihrem Diakonats- und Priesterdienst wenn überhaupt, dann wohl nur sehr eingeschränkt nachgehen.

Zwar ist es möglich, dass das Ringen um die Gleichstellung der Frau in der tschechischen Gesellschaft und Kirche schwerer ins Gewicht fiel, als Davídek ursprünglich angenommen hatte. Es ist zu bezweifeln, dass Davídeks Idealbild des Frauenpriestertums schon wegen der konkreten Erfahrung als eine theologisch-romantische Wunschvorstellung diffamiert wurde. Vielmehr scheint Davídek seine Entscheidung Frauen zu weihen unabhängig von einem konkreten pastoralen Profil getroffen zu haben. Die Suche nach dem Idealbild der Frau als Priester in der (Untergrund-)Kirche wurde nicht ausgeklammert, aber sie stand nicht im Vordergrund. Im Vordergrund stand die feste Überzeugung, den Kairos für die (Wieder-) Einführung der Frauenordination erkannt zu haben. Dass es von Beginn an äußerst schwierig bis unmöglich war, die geweihten Frauen als Priester in der Untergrundkirche zu etablieren, tat seiner theologischen Überzeugung keinen Abbruch. Davídek schien auch an dieser Stelle überzeugt gewesen zu sein, handeln zu müssen, auf das Risiko hin, missverstanden zu werden oder Fehler zu begehen:

> „Die Zeit zwang uns zur Orientierung in eine andere Richtung, schnell, unerbittlich, ohne Diskussion mit irgendjemandem, auch um den Preis, dass wir nicht verstanden werden und uns das Unterlassen bestimmter Formalitäten als Zeichen der Verletzung der kirchlichen Disziplin ausgelegt werden würde.“[366]

[366] Felix M. Davídek, Bohuslav Burian, Maschinenschrift (um das Jahr 1970). Zitiert nach Fiala/ Hanuš, Skrytá církev [Verborgene Kirche] (dt. Ausgabe) 32 f. Dieses Zitat bezieht sich nicht auf die Entscheidung über die Weihe von Frauen, sondern auf die Hermeneutik aller Entscheidungsprozesse in der Verborgenen Kirche. Davídek formulierte es um das Jahr 1970 als Rückblick auf die katholische Arbeit im Untergrund.

3.6 Das Kirchenkonzept von Felix M. Davídek – Zwischen Vision und Wirklichkeit

Es ist schwierig, Davídeks Theologie zu kategorisieren. Davídek war ein begeisterter Schüler von Teilhard de Chardin, aber kein klassischer Chardinianer. Seine Ideen entsprachen in vielen Aspekten den Gepflogenheiten des volksnahen mährischen Katholizismus (z. B. beim Sakramentenverständnis), schlugen aber gleichzeitig radikale theologische Querwege ein (z. B. in der Frage der Frauenordination), die den Denkhorizont der neuscholastischen Theologie zwar sprengten, andererseits aber doch gerade ihr wurzelten (z. B. die Frauenordination als Mittel zum Anhäufen des sakramentalen Gnadenschatzes der Kirche zu verstehen). Felix M. Davídeks Ekklesiopraxis der Untergrundkirche scheint deswegen einerseits eine Erneuerung der Kirchenlehre und Kirchenpraxis zu sein, andererseits fällt er in seinen Beweggründen mancherorts hinter die von ihm so geschätzte Ekklesiologie des Zweiten Vatikanischen Konzils zurück. Seine konkreten pastoralen Entscheidungen (zölibatfreies Priestertum, Biritualismus, Weihe von Frauen) wurden in der Diskussion nach 1989 als unerlaubte Liberalisierung der Glaubenslehre eingestuft. Diese Bezeichnung muss meiner Meinung nach bei genauer Durchsicht von Davídeks Theologie und Gemeindepraxis relativiert werden. Was den Anschein einer Liberalisierung wecken kann, könnte paradoxerweise vielmehr eine bizarr ausgefallene Form der Verstärkung sehr traditioneller Denkmuster sein.

3.6.1 Ekklesiologie und Gemeindetheologie: Synodalität und Sakramentalität versus Kirchenregiment

Die Ekklesiopraxis der Koinótés-Gemeinde gestaltete Felix M. Davídek aus seiner Überzeugung heraus, dass alle Gläubigen eine fundamentale Gleichheit genießen. In seiner Ekklesiologie und Ekklesiopraxis verbindet er zwei scheinbar widerstrebende Tendenzen. Auf der einen Seite steht der gemeindeorientierte Pastoralplan und das Ideal der paritätischen Besetzung der Gemeindeleitungsorgane, auf der anderen Seite das klare Votum für das geweihte Priestertum als sicheres Mittel zur Heiligung der Welt durch das Feiern der Eucharistie und die geistliche Begleitung im Sakrament der Buße. Damit stärkte Davídek nicht nur das Verständnis von der unentbehrlichen Gnadenvermittlungsrolle des ordinierten Priestertums (die zur Ausrichtung der Welt auf die Parusie hin diente), sondern zementierte paradoxerweise auch das hierarchische Denken in seiner Untergrundkirche. Die Aspekte der

Synodalität, der Subsidiarität und der Sakramentalität stehen an allen menschlichen und theologischen Bruch- und Schnittstellen in Davídeks Leben.

Dieses Ineins-Denken der synodalen und hierarchischen Verfassung der Kirche bildet vermutlich trotz aller Kritikpunkte eine der größten Stärken von Davídeks theologischem Denken. Wenn Davídek die Hierarchie kritisierte, prangerte er nicht die *communio hierarchica* an, sondern das Ausbleiben der dienenden Dimension eines jeden Weiheamtes in der katholischen Kirche. Mit seiner scharfen Kritik des katholischen Weiheamtes zielt er auf das verstümmelte Verständnis desgleichen, welches das Weiheamt auf die Ebene eines bloß autoritären Kirchenregiments herabstuft. Das katholische Amt wurde von ihm in seiner Ursprünglichkeit als ein dienender sakramentaler Dienst am Volk Gottes gestaltet:

> „Das Volk Gottes bilden die, die die Gesamtheit schaffen. Hierher gehört das, was wir Laikat und Hierarchie nennen. Die Hierarchie ist für den Dienst da, damit der Leib Christi wachsen kann."[367]

Mehr vielleicht als der *communio*-Begriff,[368] wie wir ihn aus dem heutigen nachkonziliaren theologischen Sprachgebrauch kennen, lässt sich Davídeks Motivation in der Betonung des Glaubenssinnes der ganzen Gemeinde finden. Felix M. Davídek war – in der heutigen Fachsprache gesprochen – um die Erneuerung des *sensus fidelium* bemüht.

Im Zentrum des Gemeindelebens stand die Eucharistiefeier. Der Entfaltung des individuellen christlichen Lebens diente das Sakrament der Versöhnung, dessen Verständnis um das der geistlichen Begleitung vertieft bzw. ergänzt wurde. Nicht aber primär das Rahnersche „Recht der Gemeinden auf die Eucharistie" scheint Davídek zu einer solchen Hochschätzung des katholischen Weihepriestertums bewegt zu haben. Im Vor-

---

[367] Davídek, O koncilu Božího lidu [Über das Konzil des Gottesvolkes], in: Fiala/Hanuš, Skrytá církev [Verborgene Kirche] (tsch. Originalausgabe), Anlage mit Originaltexten von Felix M. Davídek, 320.

[368] Vgl. Hans Jorissen, Die Tragik des Propheten. Felix Maria Davídek, inspirierender Geist und treibende Kraft, in: Erwin Koller, Hans Küng u. a. (Hg.), Die verratene Prophetie, 47–56, 50. Hans Jorissen pflegte eine sehr harmonische Sicht der Verborgenen Kirche. Er stand vielen ehemaligen Mitgliedern der tschechischen Verborgenen Kirche nach 1989 als theologischer Berater bei und versuchte v. a. im deutschen Kontext das theologische Erbe der tschechischen Untergrundkirche zu würdigen. Seine Sicht ist freilich durch die Unmöglichkeit der Lektüre Davídeks Originaltexte beeinträchtigt, vor allem die Kenntnis der Davídeks parusialer Theologie und die damit zusammenhängende Deutung seiner Theologie und Pastoral.

dergrund stand vielmehr der parusiale Aspekt.[369] Damit ist Davídeks Überzeugung gemeint, durch Eucharistie und durch das Bußsakrament könne der Katholik die größten Schritte in seiner geistlichen Reifung vollbringen. Dies sei zudem ein unverzichtbarer Beitrag jedes einzelnen zum Beschleunigen der Parusie. Aus dem Grund kamen für ihn auch sogenannte priesterlose Kommunionsfeiern nicht in Frage – nicht nur deswegen, weil er darin die Grundzüge der Sakramentalität verraten sah, sondern vor allem wegen des Verlustes der sakramentalen Gnade aufgrund des fehlenden Hochgebets bzw. der Verwandlungshandlung. Auch die Gläubigen verstanden die Eucharistie, die ohne Priester nicht gefeiert werden konnte, als Quelle einer überwältigenden mystischen Kraft, die man als notwendige Hilfe für den Kampf mit dem Bösen brauche.[370]

Ein weiterer Aspekt, der Davídeks Ekklesiologie eine ganz besondere Prägung verlieh, war seine Überzeugung, die für die parusiale Fortschrittsbewegung nötige Gnade durch die Sakramente kanalisieren zu können: „Die Sakramente vermitteln auf eine ordentliche Weise die Gnade. Wenn jemand eine schwere Sünde begangen hat, bewirkt das Sakrament, dass er rein wird. Was die Sakramentalien bewirken, wissen wir nicht."[371] Ich bin überzeugt, dass Davídek der gnadentheologischen Wirkung dieser zwei Sakramente eine außerordentliche Rolle billigte. Er betonte mehrmals, dass das Feiern der Eucharistie jedes einzelnen Priesters eine besonders fördernde geistliche Wirkung habe. Die Eucharistiefeier „ist ontologisch das, was wir kairos nennen – der Eintritt des Heiligen in unsere Zeit. Das ist derselbe Gott in derselben Zeit. Immer geht es um eines – dass Gott mit uns ist. Also hilft die Liturgie in die Tendenz zum Neuen einzugreifen."[372] Davídek bat die von

[369] Dieser Vermutung entspricht auch das schriftliche Zeugnis von Stanislav Krátký, der von Davídek die Bischofsweihe empfing und mit ihm eng zusammenarbeitete. Krátký bestreitet die Betonung der klerikalen Komponente in der Untergrundkirche nicht, er rechtfertigt sie vielmehr als heilfördernd: „Die Priester (…) sind unersetzlich mit ihrer eucharistischen Funktion (…) Der Priester handelt *in persona Christi* (in der Person Christi), er vergegenwärtigt Christus und hat Schlüssel zu den Mitteln, die Christus für das Heil aller Menschen einsetzte, nämlich vor allem zu den Sakramenten." Krátký, K plnosti [Zur Erfüllung] 92.

[370] Davídek führte auch Exorzismen durch. Vgl. Fiala/Hanuš, Skrytá církev [Verborgene Kirche] (dt. Ausgabe) 160.

[371] Davídek, Naše spiritualita [Unsere Spiritualität], in: Fiala/Hanuš, Skrytá církev [Verborgene Kirche] (tsch. Originalausgabe), Anlage mit Originaltexten von Felix M. Davídek, 329.

[372] Davídek, Teologie teorie řízení [Theologie der Leitungstheorie], in: Fiala/Hanuš, Skrytá církev [Verborgene Kirche] (tsch. Originalausgabe), Anlage mit Originaltexten von Felix M. Davídek, 301 f.

ihm Geweihten, täglich Eucharistie zu feiern: „Er zwang uns, jeden Tag zu zelebrieren."[373]

Ebenso sei auch das Sakrament der Versöhnung, gekoppelt an die Begleitung im spirituellen Leben, die unabdingbare Grundbedingung eines auf die Parusie hin erfüllten christlichen Lebens. Das sakramentale Leben sei ein wirksames Instrument der Reifung der ganzen (!) Menschheit. Der drohende Priestermangel gefährde den Gnadenfluss und damit die parusiale Bewegung der ganzen Kirche im hohen Maße. Die Entfachung der Gnade Gottes wird also durch die ausreichende Zahl der Ordinationen gesichert.

Es ist zu fragen, inwieweit Davídek der Gnadentheologie und dem tendenziell ritualistischen Sakramentsverständnis seine ekklesiopraktischen Handlungen und Entscheidungen unterordnete. Dafür spricht Davídeks penible Beachtung der liturgischen Formulare z. B. bei den Weihezeremonien, in denen er jegliche Formmängel mit großer Vorsicht vermied bzw. bei Zweifeln sofort korrigierte, damit an der Gültigkeit des gespendeten Sakramentes kein Zweifel bestehen konnte.[374]

Die Zukunft der Kirche konnte sich Felix M. Davídek nicht in großen Seelsorgeeinheiten vorstellen. Nicht mal die nach dem Ortsprinzip organisierten Pfarreien hielt er für überlebensfähig. Die zukunftsfähigen Gemeinden sah er dort entstehen, wo die Gläubigen selbst die Alltagsräume ihres Lebens mit Glauben ausfüllten – auf ihren Arbeitsplätzen, in ihren Studienorten:

> „diese kleinen kreativen Einheiten werden vor allem kleine, sog. „Pfarreinheiten" sein, sei es in einer Fabrik, oder als Hochschulgemeinde usw., rein interessenorientiert. Diese werden die [frohe] Botschaft weitergeben (...) und darauf sind wir [die Gesamtkirche] gar nicht vorbereitet!"[375]

Davídek ermutigte seine Schüler, vor allem die Ordinierten, Gläubige um sich zu sammeln, um kleine Gemeinschaften (Davídek sprach von Mikrosozietäten) zu gründen. Diese Hauskreise sollten ihre eigene organisatorische Selbstständigkeit besitzen, obwohl sie der pastoralen Arbeit der Ko-

---

[373] Michal Černý, Život podzemní církve na Moravě na příkladu konkrétních osobností [Das Leben der Untergrundkirche in Mähren am Beispiel konkreter Persönlichkeiten], Anlage: Interview mit Radomil Kaláb, 74.

[374] Aussage des slowakischen Untergrundbischofs Peter Dubovský, notiert bei: Liška, Jede Zeit ist Gottes Zeit, 104: „Bereits Ende der sechziger Jahre tauchten einige Fälle zweifelhafter Weihen auf. Felix Davídek hatte bei der Weihehandlung einen für die Gültigkeit wesentlichen Teil ausgelassen und entschied deshalb, die Weihe noch einmal zu wiederholen."

[375] Davídek, Pastorální praxe v oboru morálky [Pastoralpraxis in dem Bereich Moral[-theologie]], in: Fiala/Hanuš, Skrytá církev [Verborgene Kirche] (tsch. Originalausgabe), Anlage mit Originaltexten von Felix M. Davídek, 333.

inótés-Gemeinde entsprungen waren. Die Stärkung der Synodalität war nicht die einzige Maßnahme, die Davídek ergriff, um neue Formen des kirchlichen Lebens zu fördern. Die Gemeinde als ein überschaubarer Lebensraum war ihm ein Anliegen.

Die Sakramentalität in Form von Feiern der Eucharistie sollte nicht punktuell aus der Ferne importiert werden, sondern aus der Mitte der Gemeinde wachsen. Die Gemeindeleitung habe aus den Gemeinden hervorzuwachsen und dort ansässig sein, wo sich die Gemeindemitglieder befinden. Das Priesteramt als einzigartige Quelle der sakramentalen Gnade müsse die Säule der Gemeinde bleiben. Davídek lag es fern, den Verzicht auf den Zölibat als Lebensform aller katholischen Priester als einen Angriff auf das Wesen und Gestalt der Kirche zu verstehen. Die katholische Identität sah er eher durch das Verhindern der Teilhabe an der christlichen Gemeinschaft bedroht, wie es die kommunistischen Behörden mit dem Ziel durchzusetzen versuchten, auf Dauer die lokale Kirchenentwicklung lahmzulegen.

Die Anerkennung des kirchlichen, geweihten Amtes sollte nicht von selbst geschehen, vielmehr fragte Davídek kritisch: Wie legitimiert sich das kirchliche Amt? Wie gestaltet sich das Amt in der Kirche, und wie ist das Verhältnis von Amt und Autorität? In seiner *ars regnandi* ging Felix M. Davídek der Leitungsfrage nicht nur theologisch, sondern zunächst historisch und gesellschaftstheoretisch nach. Als notwendige Konkretisierung seiner *ars regnandi* entwarf er für seine Koinótés-Gemeinde eine „Theorie der Spiritualität und Apostolizität". Sie stellte keinen „Masterplan" dar, nach dem sich die Kirche im Untergrund flächendeckend und störungsfrei umbauen ließe, sondern war ein entschlossener Impuls, sich zum Leben aus dem Evangelium und zum Reich Gottes zu bekennen.

Davídek scheint kein Befürworter der Kirche mit demokratischer Ordnung gewesen zu sein. Ihm lag das Selbstverständnis der Kirche als Volk Gottes, aber auch das des (hierarchisch verstandenen!) Leibes Christi nahe. Nicht nur durch repräsentative Wahlen und Abstimmungen nach dem Mehrheitsprinzip, sondern in hierarchischer Anordnung arbeitet die Kirche auf die Verwirklichung des Auftrages Christi hin. Der Mehrheitswille des Volkes sollte nicht über alles entscheiden können, sondern eine Art dialogischer Mitsprache der Gläubigen in Glaubenssachen darstellen, damit dem Willen Gottes Raum gegeben werde, dessen Geist nicht nur den Hirten gegeben sei.[376] Die Einführung des Gemeinderates in der Koinótés-Ge-

[376] Vgl. Pottmeyer, Hermann Josef, Die Mitsprache der Gläubigen in Glaubenssachen, in: IkaZ 25 (1996) 134–147, 139. Gesehen bei: Sabine Demel, Demel, Sabine, Handbuch Kirchenrecht, Grundbegriffe für Studium und Praxis, 294.

meinde und die Synode des Gottesvolkes in Kobeřice waren erste Schritte in diese Richtung.

Davídeks Vision der zukünftigen katholischen Gemeinde (im Untergrund) war gewagt. Als Prototyp steht dem Leser von Davídeks Nachlass das Bild des Priesters – interdisziplinär gebildet, risikobereit, zu theologischer Reflexion und rascher pastoraler Umsetzung befähigt – vor Augen. Dem Bild des Gläubigen entspricht ein engagierter, unerschrockener Christ auf dem Weg der geistlichen Reifung, der bereit ist angstfrei Verantwortung zu übernehmen. Das prototypische Gemeindebild wuchs aus dem spezifischen Kirchen-Paradigma im Untergrund: alle Mitglieder gestalten ihr Leben intensiv am Vorbild Christi, die Gemeinde befindet sich in steter Bewegung, sie ist eine auf die Parusie hin pilgernde Gemeinschaft. Die Grenzen dieses Modells bestanden nicht nur in der zeitlich beschränkten Wirkungszeit Davídeks, sondern auch in der Unvollkommenheit menschlichen Handelns. Davídeks pastorales Wirkungsfeld und seine Weihetätigkeit erstreckten sich zwar über die gesamte Tschechoslowakei, so dass sie hätte flächendeckend angeleitet werden können. Dennoch scheint sie in der Praxis – bis auf die Brünner Koinótés-Muttergemeinde – eine Ausnahme geblieben zu sein. Die triftigen Gründe hierfür müssen zukünftig noch geklärt werden: die schwierigen Bedingungen im Untergrund, die zu kurze Wirkungszeit, die Verständnisschwierigkeiten der Kleriker und der Gläubigen in Bezug auf Davídeks parusiale Theologie… Wieviel aus Davídeks Vision in der Verborgenen Kirche Wirklichkeit wurde, muss durch weitere empirische Forschung ermittelt werden.

3.6.2 Die Ekklesiologie und Ekklesiopraxis Davídeks: Heutige Deutungsversuche

Wie Teilhard de Chardin gehörte auch Felix M. Davídek nicht zu denen, die von Beginn an die Kirchenstruktur oder die katholische Dogmatik revolutionieren wollten. Davídek war ein stark in der Tradition der Kirche verwurzelter Denker, dessen theologische Innovationen mit dem notwendigen Maß an Pragmatismus entstanden sind. Er stellte der Atmosphäre des Atheismus und der offenen Kirchenverfolgung ein missionarisches Modell der Kirche entgegen, die im Verborgenen ihre Wurzel schlug. Koinótés' erklärtes Ziel war gerade die Zuwendung zur konkreten Lebenswelt der Menschen.

Davídeks Biographie lässt vermuten, dass er selbst um Erkenntnis und um Wahrhaftigkeit rang, er drückte sich nicht vor Entscheidungen. Er handelte meistens sehr geradlinig, vielleicht in manchen Entscheidungen aus der heutigen Sicht zu radikal. Er prangerte die Diskrepanz zwischen dem gelebten und gepredigten Leben der Kirche als Doppelmoral an. Es war nicht eine solche offene Kommunikationskultur, die man heute als besonders risikofreudig bezeichnen würde, die die Untergrundkirche spaltete! Ganz im Gegenteil scheint sie geradezu ein Wachsen und Vertiefen des Glaubens ermöglicht zu haben. Davídek lehrte in der schwierigen Zeit der Not und des Leidens den Weg der Parusiebeschleunigung als die Möglichkeit, sich aktiv gegen die Passivität und Hoffnungslosigkeit als typische Phänomene bzw. Haltungen in der kommunistischen Gesellschaft zu wehren, als Hoffnungsschöpfer. Das zumindest einige der Schüler Davídeks dieses Motiv als zentral in seiner Theologie erkannten(obgleich es vermutlich nur wenigen gelang, es besser zu durchdringen), lässt sich mit einem Zeugnis von Radomil Kaláb belegen:

> „[In seinen Vorträgen sprach er] über die Wirkung des Heiligen Geistes durch die Menschen auf diese Welt; was auch immer für eine Art Reifung, die er ‚die Reifung auf die Parusie hin' nannte. So ein Schlagwort war für ihn die ‚Beschleunigung der Parusie', das war vielleicht sogar das am häufigsten [von Davídek] gebrauchte Schlagwort."[377]

Dieses „universalgeschichtliche" Motiv wog für Davídek mehr als alle ihm entgegengebrachten theologischen Einwände. Davídek gab den Gläubigen in der Koinótés das Vertrauen zurück, auch in der scheinbar hoffnungslosen Situation auf das Heil Gottes hin leben zu können (nicht nur zu hoffen!). Das tägliche Gebet „Dein Reich komme!" war für Davídek ein Gebot, sofort anzufangen auch so zu handeln. Aus dieser Grundidee wuchs sein Verständnis der Ekklesiologie und des Kirchenrechtes für die Kirche in Not. Das gelebte Glaubenszeugnis war im Nachhinein Davídeks größte Stärke.

Außer dem bereits mehrmals erwähnten Prinzip der Subsidiarität und Synodalität gab es in Davídeks theologischem Denken aber auch Tendenzen zu Einseitigkeit: die Gnadenfixierung durch die Sakramente (Feier der Eucharistie und Buße) und der unkritische Fortschrittsoptimismus (Parusiebeschleunigung). Die umstrittenen Seiten in Davídeks Theologie – vor allem die Ekklesiologie und die Amts- und Sakramententheologie – werden manchmal in einer schützenden Haltung auf die Ekklesiopraxis der Urkirche zurückgeführt. Meiner Meinung nach leidet dieser direkte Vergleich an

[377] Černý, Život podzemní církve na Moravě na příkladu konkrétních osobností [Das Leben der Untergrundkirche in Mähren am Beispiel konkreter Persönlichkeiten]. Anlage: Interview mit Radomil Kaláb, 67 f.

einer theologischen Verkürzung bzw. an einer Auslassung der zutreffenden Begründung: Die sakramentalen Zeichen gehörten zwar für Davídek unmittelbar ins Zentrum des christlichen Glaubens, so dass sie für ihn wie für die Urkirche die rettende, erlösende Nähe Gottes vergegenwärtigen,[378] sie scheint aber anders als bei der Urkirche direkt zur Parusieannäherung beizutragen. Deswegen ist Davídeks Theologie der Sakramente eher von der Gefahr bedroht, als mechanistisch gedeutet zu werden, als dass ein direkter Vergleich mit der Urkirche sich als naheliegend anbieten würde. Beim Stellenwert der Sakramente muss zudem kritisch gefragt werden, ob Davídeks Verständnis der Sakramente als Mittel der Erbauung und sicherer Gnadenquelle mit dem Sakramentenbegriff der Kirche in der Antike überhaupt kompatibel ist. Der hohe Stellenwert der Liturgie, das bewusste Gestalten des eigenen Lebens aus dem christlichen Glauben und das gemeinsame Mitgestalten der christlichen Praxis sind dagegen drei Eckpunkte, die am ehesten der Orthopraxis der Urgemeinden ähneln könnten.[379] Wo aber der Kritik an Davídeks umstrittener Weihepraxis mit dem Verweis auf die Urkirche entgegnet wird, dort wird vielleicht eher versucht, das teils schillernde Bild der Untergrundkirche zu korrigieren, indem man es idealisiert oder zumindest in vorteilhafterem Licht erscheinen lässt. Es könnte ein gut gemeinter Versuch sein, schroffe Ansichten, umstrittene Entscheidungen und problematische Handlungen Davídeks nachträglich zu legitimieren. Dieser Argumentation wohnt implizit die Überzeugung inne, Davídeks Theologie und Praxis seien tatsächlich irgendwie defizitär gewesen und müssten heute durch die Herstellung der Parallelität zur Urkirche von theologischen Vorwürfen abgeschirmt werden.

Bei der Interpretation der Theologie und Praxis im Untergrund ist auf jeden Fall Vorsicht geboten. Denn die rückblickende Deutung der Untergrundtheologie leidet meiner Meinung nach oft noch an einer weiteren Verkürzung, die dieses Mal nicht auf eine Auslassung, sondern auf eine Umkehrung zurückgeht. Ein Untergrundtheologe ist man nicht durch theologische Entwürfe geworden, sondern durch das Leben in der Verborgenen Kirche, das mit Strapazen zu bestehen war. Es war notwendig und unvermeidbar, ein vorsichtiges pastorales Vortasten zuzulassen, das mit einem gewissen Maß an Phantasie und theologischer Flexibilität einherging. Das populistische Bild Davídeks, das die Presse nach der Wende verbreitete, schaltete diese Erfahrungen, Erfolge, aber auch Ängste und Hoffnungen aus

[378] Vgl. Gerhard Ludwig Müller, Katholische Dogmatik. Für Studium und Praxis der Theologie, Freiburg u. a. 2005, 630.

[379] Vgl. das idealisierende Bild der Verborgenen Kirche bei: Jaroslav Vokoun, Teologie skryté církve [Theologie der Verborgenen Kirche], in: Proglas 5–6 (1994) 60–61.

zugunsten des Bildes einer von Beginn an vollkommenen Person, Theologie und (Untergrund-)Kirche. Doch der Weg Davídeks als Mensch und Seelsorger verlief nicht so organisch und geradlinig, wie angenommen. Überhaupt gab es kaum eine programmgemäße Laufbahn für einen Untergrundtheologen. Manches war und blieb überraschend, nicht selten gar verwirrend.[380] Davídek zusammen mit vielen anderen leitenden Persönlichkeiten in der Verborgenen Kirche waren keine geborenen, zielsicheren Untergrundtheologen, keine Schreibstubengelehren, die die Ausschreibung eines Forschungsprogrammes bis zu Ende verfolgten. Sie und die Kirche im Untergrund standen täglich vor neuen Herausforderungen, die ihre Gemeinden auf die Probe stellten – und in manchen Fällen nicht zuletzt ihre eigene Persönlichkeit.

Unsere Ausgangsfragen holen uns an dieser Stelle wieder ein. Wie viel Innovation in der so ausweglosen Situation in der Tschechoslowakei war notwendig? Wo folgte Davídeks Untergrundkirche falschen Wegen? Das eine von dem anderen zu trennen ist äußerst schwierig. Das Gute, Richtige, theologisch Legitime zu erkennen und zu würdigen ist nicht eindeutig von dem Verfehlten, Falschen, Illegitimen zu trennen. Das Risiko einer offensiven *ecclesia-semper-reformanda*-Theologie, wie Davídek sie pflegte, ist das Extrem einer Theologie der bedingungslosen Anpassung – in der Koinótés an das theologische Programm Davídeks als seiner Leitungsfigur. Nicht die besonders dringliche Deutung der damaligen Kirchenumstände scheinen die größte Schwachstelle Davídeks Theologie und Pastoral zu sein, sondern die anschließenden Brüche mit dem eigenen theologischen Ideal in der Ekklesiopraxis der Koinótés. Doch das, was sich als Bruch mit der eigenen Theologie deuten ließe (die Frauenordination entgegen der Meinung der Mehrheit und entgegen der Meinung des Lehramtes), könnte genauso auch als Ausbruch hin zu einer prophetische Berufung verstanden werden.

Letztlich bleibt auch die Frage, wie stark der pastorale Kontext die Theologie herausfordern darf, welche Zugeständnisse noch legitim sind und

[380] Manches bleibt bis heute unklar bzw. bleibt ungeklärt und irritiert. Dazu gehört das Faktum der bewussten Mitarbeit Felix M. Davídeks mit der tschechischen Staatssicherheit StB, welche spätestens seit der ersten offiziellen Veröffentlichung der StB-Mitarbeiterlisten im Jahr 2007 als erwiesen gilt. Sie wird von Davídeks Schülern als ein kluger Schachzug ihres Lehrers gedeutet: Davídek habe geglaubt, selbst keinerlei neue Informationen preiszugeben, sondern im Gegenteil noch neue nützliche Erkenntnisse zu gewinnen. Seine Kritiker vermuten dagegen, Davídek wollte sich Vorteile verschaffen, z. B. Genehmigungen für seine Auslandsreisen, die teils in exotische Länder wie Japan führten, welche für gewöhnliche tschechische Bürger unerreichbar blieben.
Der Eintrag zu Felix Maria Davídek im Archiv des Instituts für das Studium totalitärer Regime vgl. http://www.abscr.cz/cs/vyhledavani-evidencni-zaznamy?language=cs&page=evidencni-zaznamy (Zuletzt gesehen am 31. 12. 2014)

welche davon die Tradition und Lehre der katholischen Kirche bereits verlassen. Mit dieser Frage sollten wir Davídeks oberste theologische Prämisse – das Erwarten des kommenden Reiches Gottes und die aktive Gestaltung des Weges zur Parusie – kurz noch einmal in den Blick nehmen.

Felix M. Davídek wollte seine Kirche so gestalten, dass sie bzw. jeder Christ sich bewusst entschließt, den Weg hin zur Vollendung der Welt zu gehen, gestärkt durch die Sakramente als der bedeutendsten Quelle der göttlichen Gnade. Nicht die Orthodoxie – die richtige Lehre – stand bei Davídek im Vordergrund christlichen Lebens (obgleich er mit großen Nachdruck auf dem Boden des Katholischen stehen wollte), sondern die *Orthopraxis*. Das wirklich inspirierende an Felix M. Davídek ist schlussendlich seine Dein-Reich-Komme!-Haltung, die durchaus mit der urchristlichen parusialen Erwartung korrespondiert. Der Sinngebende im Leben der Christen ist einzig Jesus Christus – der Weg mit und zu ihm gibt dem christlichen Leben seine Gestalt. Eine der wichtigen weiterführenden Forschungsfragen wäre die nach der Beziehung der präsentischen und der eschatologischen Heilserwartung in Davídeks Theologie und die nach der Notwendigkeit (?) der aktiven menschlichen Mithilfe (Stichwort: Motor zur Parusie) bei der Vollendung dieser Welt. Ob nicht der menschgewordene Christus selbst als aktive Triebkraft der Entwicklung zur Parusie ausreiche? Um diese interessanten Fragen zu klären, die die Davídek-Forschung noch einmal gründlich umkrempeln könnten, müsste jedoch der Zugang zu weiteren Quellen zu Davídeks Ekklesiologie bzw. Eschatologie möglich werden.

4 „Der Prager Kreis" – Oto Mádrs Ekklesiologie der Nachfolge

Der Prager Theologe und Priester Oto Mádr gehört ähnlich wie Felix M. Davídek zu den bekanntesten Figuren des katholischen Widerstandes in der kommunistischen Tschechoslowakei der Jahre 1948–1989. Ich habe Mádrs Kirchenverständnis und sein pastorales Engagement nicht als einen steilen Gegenentwurf, aber durchaus als eine Art theologisches Kontrastprogramm zu Davídeks profilierter „Architektur des Untergrundes" bewusst gewählt. Die Unterschiede zwischen der Wahrnehmung der Lage der Kirche und den daraus resultierenden (Über-)Lebensstrategien ist ein weiterer Hinweis auf die große Vielfalt des kirchlichen Denkens und Lebens, die in der katholischen Verborgenen Kirche in der Tschechoslowakei herrschte.

Während Felix M. Davídek aus dem ländlichen Mähren sein Koinótés-Gemeindenetz aufbaute, umspannte die Aktivitäten der Untergrundkirche in Prag ein Netzwerk, dessen große Teile auf zwei ehemalige Mitglieder der Katholisch-Theologischen Fakultät zurückzuführen war: Josef Zvěřina und Oto Mádr.[381] Sowohl die Kirchenentwürfe als auch die theologischen Ansätze unterschieden sich wesentlich. Davídek baute mithilfe seiner Vortragsarbeit eine kirchliche Parallelstruktur im Untergrund auf, die die allmählich aussterbenden offiziellen katholischen Gemeinden ergänzen sollte. Davídek erhob große Zweifel an der Überlebensfähigkeit der offiziellen Strukturen der katholischen Kirche. Er sah nicht nur die Verfolgung der Kirche (als Außenfaktor) an dieser Tatsache schuld), sondern vor allem den Unwillen der katholischen Kirche selbst sich zu reformieren. Josef Zvěřina[382]

[381] Manche fügen noch den Priester Václav Dvořák hinzu.

[382] Josef Zvěřina (*3.5.1913 †18.8.1990) gehörte zusammen mit Oto Mádr (*15.2.1917 †27.2.2011) zu der ersten und bekanntesten Generation der Prager katholischen Theologen, die aus der Illegalität heraus das katholische Leben in der Tschechoslowakei prägten. Zvěřina galt wegen seiner großen moralischen und intellektuellen Autorität, die er besaß, inoffiziell als der Anführer des Prager Kreises. Er war als gutherzlicher Mensch und Theologe mit Charisma sehr beliebt. In den katholischen Kreisen erwarb er sich dank seiner umfangreichen Vortragstätigkeit großes Ansehen. Seine Vorträge fanden teils sogar in den offiziellen katholischen Gemeinden statt. Einer der bekanntesten seiner Schüler ist der Professor der Karlsuniversität und Pfarrer der Prager katholischen Hochschulgemeinde Tomáš Halík. Zvěřinas Standort überreichte die Grenzen des Katholischen, er bezog gleichwohl Position zu Themen aus der Politik, Kultur und Gesellschaft. Zvěřina war es auch, der die Vernetzung der katholischen Verborgenen Kirche mit den politischen Dissidenten um Václav Havel vorantrieb. Die Katholisch-Theologische Fakultät der Universität Tübingen verlieh ihm 1988 die Ehrendoktorwürde.

Zvěřina entwarf für seine Vorlesungen im Untergrund Unterrichtsskripte, die nach den klassischen dogmatischen Traktaten gegliedert waren. Seine Ekklesiologie gehört zum Kern der tschechischen Ekklesiologie der zweiten Hälfte des 20. Jahrhundert. Schon wegen ihres Umfangs muss sie in einer eigenständigen Arbeit umfassend erforscht werden. Aus diesem

und Oto Mádr prägten ein anderes Bild der katholischen Kirche in der Tschechoslowakei. Sie wurden durch ihre pädagogische Arbeit berühmt: Sie organisierten theologische Vortragsreihen, sie betreuten theologische Begleitkurse und – das unterscheidet sie von Davídek – sie versuchten mit beidem die offiziellen (!) Strukturen der katholischen Kirche in der Tschechoslowakei aufrechtzuerhalten. Dieses Streben nach der Aufrechterhaltung der offiziellen Amts- und Pastoralstrukturen der katholischen Kirche hielt Davídek für vergebene Mühe. Zvěřina und Mádr bemühten sich im Gegensatz zu Davídeks Meinung mit Nachdruck um diese Aufrechterhaltung. Sie scheuten nicht vor Kritik der fehlgeleiteten Kirchenpolitik, sie waren gleichzeitig aber bereit, sich für ihre Korrektur einzusetzen.

Zvěřina und Mádr wurden in den sechziger und siebziger Jahren zu den wichtigsten Repräsentanten der tschechischen Konzilsbewegung. Ein besonderer Schwerpunkt der Prager Untergrundkirche lag zudem im intellektuellen Austausch der Religion mit der Kultur und des Glaubenden mit dem interessierten Atheisten. Während Felix M. Davídek an dem Aufbau der Kirche im Untergrund arbeitete, machte es sich Oto Mádr zur Aufgabe, sowohl die Untergrundkirche als auch die offiziellen Strukturen der katholischen Kirche zu vernetzen, und wenn nötig auch mit scharfsinnigen Worten zu ermahnen.

4.1 Oto Mádrs theologischer Werdegang

4.1.1 Der junge Priester und Moraltheologe 1942–1951

Dr. Oto Mádr (*15.2.1917 † 27.2.2011) war ein tschechischer Priester und Theologe, der die Theologie und Pastoral der tschechischen katholischen Kirche in der zweiten Hälfte des 20. Jahrhunderts wesentlich mitgestaltete. Mádrs Eltern gehörten nicht bereits dem Bildungsbürgertum an, Mádrs Vater war Kriegsinvalide, seine Mutter arbeitete als Köchin in vermögenden Haushalten. Zusammen betrieben sie einen Zeitungskiosk. Mádrs erstes Schlüsselerlebnis war das Zeugnis der in der Kriegszeit von den Deutschen internierten tschechischen Priester, die bis zur Selbstaufopferung einander unterstützen. Die Kollegialität, der Zusammenhalt und die Selbstaufopferung für den Nächsten waren die menschlichen Eigenschaften, die Mádr während der Verfolgungszeit der Kirche besonders schätzte. Seine Leidenschaft für Theologieforschung öffnete ihm nach seiner Priesterweihe 1942

Grund wählte ich für meine vergleichende Arbeit die weitgehend „kleinere" Ekklesiologie von Oto Mádr.

und dem Kriegsende 1945 den Weg zur Promotion im Bereich der Moraltheologie. Im Rückblick erinnerte sich Mádr, dass er Theologie nicht als eine kluge Belehrung zu verstehen wusste, sondern ihn die aufrichtige Suche nach redlichen Antworten zum weiteren Theologiestudium antrieb.[383]

Von 1948–1949 wurde Mádr zum Studium an die Päpstliche Universität Gregoriana entsandt. Obwohl der damalige Prager Erzbischof Josef Beran für ihn eine Aufgabe als Exiltheologe zugedacht hatte, kehrte Mádr wegen eines kircheninternen Missgeschicks 1949 in seine unmittelbar davor von den Kommunisten besetzte Heimat zurück. Im Jahr 1950 wurde Oto Mádr mit der moraltheologischen Arbeit *Conceptus malitiae intrinsecae in synthesi suareziana* an der Katholisch-Theologischen Fakultät der Karlsuniversität zum Doktor der Theologie promoviert.[384] Bereits einen Monat später wurde die Prager Katholisch-theologische Fakultät auf Anordnung der politischen Machthaber aufgelöst.[385] Das Angebot einer Mitwirkung an der neu errichteten Ausbildungsstätte für katholische Geistliche unter der Regie des kommunistischen Staates, die aus Prag nach Leitmeritz zwangsversiedelt wurde, lehnte Mádr aus Gewissensgründen ab. Er blieb in der Hauptstadt und wurde zum Studentenpfarrer der Prager akademischen Kirchengemeinde ernannt.

4.1.2 Die Gefängniszeit und die Arbeit in der öffentlichen Pastoral 1951–1978

Ähnlich wie Davídek und viele andere Weiheträger wurde auch Mádr Opfer der monströsen Schauprozesse der fünfziger Jahre.[386] Wegen Beteiligung an der Katholischen Aktion[387] wurde Mádr am 1. Juni 1951 verhaftet und wegen angeblicher Spionage für den Vatikan und Hochverrats zu lebenslanger Haft verurteilt. Die Gerichtsverhandlung wurde wie zahlreiche andere dieser politisch inszenierten Prozesse bei großer Medienpräsenz im Stadion vor Hunderten von Schaulustigen ausgetragen. Mádr drohte die

[383] Mádrs biographische Erinnerungen vgl. Oto Mádr, Jolana Poláková (Hg.), V zápasech o Boží věc, 7–76. Nach Mádrs Erzählungen in den achziger Jahren notiert von Václav Vaško, in den Jahren 2006 und 2007 ergänzt durch Oto Mádr.

[384] Oto Mádr, Conceptus malitiae intrinsecae in synthesi suareziana, Karlova univerzita 1950.

[385] Vgl. Kap. 2.2.

[386] Im Folgenden vgl. die biographischen Daten von Oto Mádr, die seine Schülerin Jolana Poláková zusammenstellte: Jolana Poláková, Biografická data Oto Mádra, in: Teologické texty 1 (2012) 51.

[387] Vgl. Kap. 2.2.2.

Todesstrafe: „Mir eröffnete sich – damals bereits in vollkommen realem Bewusstsein – die Perspektive des Todes am Galgen."[388]

Von der Forderung der Hinrichtung ist der Staatsanwalt nach seiner eigenen Aussage nur deswegen abgewichen, weil der Angeklagte „im Gegensatz zu Mördern nicht mit dem Gewehr, sondern mit dem Schreibstift"[389] gegen die kommunistische Staatseinrichtung Widerstand leistete. Die frühe Begegnung mit dem mit absoluter Vollmacht ausgestatteten juristischen Apparat ließ ihn nicht wankelmütig werden. Im Gegenteil schreckte Mádr vor Gefahren nicht zurück, sondern ging sie mutig an. Sein Mut sollte sich aber nicht in einem neuen Entwurf der Ekklesiologie für den Untergrund entfalten – derartiges lehnte Mádr als wagemutiges Experimentieren ab, sondern sich auf die Durchführung konkreter pastoraler Pläne beziehen.[390]

In den Zeiten der Gefangenschaft wussten Häftlinge wie Mádr nicht, wann und ob sie überhaupt das Gefängnis je verlassen werden. Mádr schildert in seinen Erinnerungen diese Zeit als jene, die besonders unter dem Kennzeichen des Dienstes am Reich Gottes stand.[391] Die existentielle Erfahrung im kommunistischen Kerker scheint auch für ihn der Wendepunkt seines Lebens als Katholik und Bürger gewesen zu sein. Nicht nur die intellektuellen Herausforderungen in Form von Fremdsprachenunterricht, naturwissenschaftlicher Ringvorlesungen und theologischer Diskussionen über die Zukunft der Kirche, die alle geheim im Gefängnis stattfanden, sondern die Verluste, Schmerzen und die ständige Todesangst verstand er als Gelegenheit, das menschlich Beste aus sich herauszuholen. Das Ringen um Kirche und der Kampf gegen die kommunistische Bedrohung sind die wichtigsten Begriffe Mádrs Theologie. Den unschuldig erlittenen Strafvollzug deutete Mádr als eine bewusst gestaltete geistliche Übung, als einen Reifeprozess für den einzelnen Christen und für die ganze Kirche. Die tschechische katholische Kirche erwachte an einem Ort, so Mádr, an dem

[388] Oto Mádr, Vzpomínky [Erinnerungen], in: Ders. (Hg.), V zápasech za Boží věc. Vzpomínky, texty a rozhovory [Im Ringen um Gottes Sache. Erinnerungen, Texte und Gespräche], Praha 2007, 7–76, 25.
Allgemeine Anmerkung zur Übersetzungspraxis: Mádrs Texte werden in der Regel in ihrer deutschen Übersetzung aus dem Sammelband des Benno-Verlages „Wie Kirche nicht stirbt" zitiert. Falls die vorliegende Übersetzung korrigiert werden musste, wurde dies verzeichnet. Alle anderen Mádrs Texte wurden aus dem tschechischen Originalwortlaut übernommen und von mir ins Deutsche übertragen.

[389] Kateřina Šťastná-Beščecová, O svobodě ve vězení [Über die Freiheit im Gefängnis], in: Oto Mádr, Jolana Poláková (Hg.), V zápasech za Boží věc [Im Ringen um Gottes Sache. Erinnerungen, Texte und Gespräche], 77–90, 82 f.

[390] Vgl. Kap. 4.2 und 4.3.

[391] Vgl. Oto Mádr, Vzpomínky [Erinnerungen], in: Oto Mádr, Jolana Poláková (Hg.), V zápasech za Boží věc [Im Ringen um Gottes Sache], 7–76, bes. 30–45.

aus eingelegten Rosinen das eucharistische Blut und aus Gefängnisbrötchen vom Vortag Leib Christi wurden.[392] Auch für Mádr scheint es von großer Bedeutung gewesen zu sein, seine Theologie und sein pastorales Handeln im Kirchenrecht eingebettet zu sehen. So weist er auch bei diesen Eucharistiefeiern darauf hin, dass sie durch kirchenrechtliche Zugeständnisse legitimiert worden sind, die der tschechischen katholischen Kirche verliehen worden sind.[393]

Mádrs Entlassung im Jahr 1966 erfolgte in der bewegten Atmosphäre der sich anbahnenden politischen Reformbewegung, die unter dem Namen ‚Prager Frühling' in die Geschichte der Tschechoslowakei einging. So musste Mádr zunächst mit profaner Arbeit als Sanitäter bzw. als Verwalter im Museumsdepot seinen Unterhalt bestreiten, wurde aber 1968 in den Lehrkörper des Katholisch-Theologischen Seminars wieder aufgenommen. Im Jahr 1970 wurde die politische Causa Oto Mádr noch einmal verhandelt, woraufhin er sogar rechtlich rehabilitiert wurde. Doch bereits in demselben Jahr wurde Mádr – im Zuge der Verhärtung der politischen Lage nach der gewaltsamen Unterdrückung der Protestbewegung – aus diesem Arbeitsverhältnis wieder entlassen. Im Jahr 1975 wurde sogar die Aufhebung des Unrechtsurteils zurückgenommen, dieses wurde mit gemindertem Strafsatz bestätigt. Folgenschwerer war für Mádr das ausdrückliche Verbot der Öffentlichkeitsarbeit, zudem durfte er nicht mehr ausreisen. Mádr erhielt im Jahr 1970 die von den Staatsaufsichtsorganen für die Pfarrseelsorge notwendige Erlaubnis für seinen Priesterdienst zurück, da er aber als pastoral sehr agil galt, wurde er von der Geheimpolizei als nicht tragbar für die Hauptstadt eingestuft. Auf Anordnung der staatlichen Kirchenaufsicht wurde er deswegen nach Untersandau bei Marienbad (Dolní Žandov) versetzt. Untersandau lag direkt am Eisernen Vorhang – der schwerstabgeriegelten tschechisch-westdeutschen Grenze. Es gehörte zu dem ursprünglich mehrheitlich von der deutschsprachigen Bevölkerung bewohnten Sudetengebiet. Zu der Zeit, als Oto Mádr dort seinen Dienst als Pfarrer aufnahm, war das Dorf fast entvölkert, weil die meisten Bewohner es im Zuge der Vertreibung in den Nachkriegsjahren verlassen mussten. Auf Anraten von Freunden ließ sich Mádr freiwillig in vorzeitigen Ruhestand versetzen, der ihm 1978 die Rückkehr nach Prag ermöglichte.

[392] Vgl. Kateřina Šťastná-Beščecová, O svobodě ve vězení [Über die Freiheit im Gefängnis], in: Oto Mádr, Jolana Poláková (Hg.), V zápasech za Boží věc [Im Ringen um Gottes Sache. Erinnerungen, Texte und Gespräche] 86.

[393] Vgl. Oto Mádr, Vzpomínky [Erinnerungen], in: Oto Mádr, Jolana Poláková (Hg.), V zápasech za Boží věc [Im Ringen um Gottes Sache] 38.

4.1.3 Die Balance zwischen der offiziellen und der verborgenen Kirche 1978–1989

Als Theologe im Untergrund wurde Oto Mádr einer der Mitbegründer der tschechischen Bewegung ‚Werk der Erneuerung im Sinne des Konzils'. Dieses Projekt war eine imposante Idee der Glaubenserneuerung und Glaubensvertiefung, bestärkt durch die Theologie des II. Vatikanischen Konzils, dessen Wurzeln bis zu der geistlichen Arbeit der eingekerkerten katholischen Elite zurückgeführt werden.[394]

Als Dozent des theologischen Begleitkurses „Lebendige Theologie" richtete Mádr seinen Unterricht an alle, die ihren christlichen Glauben vertiefen wollten. Der Grundsatz seiner pädagogischen Arbeit lautete: Wer nicht im christlichen Ethos aufgewachsen ist, der muss umso mehr die Möglichkeit bekommen, durch gründliche intellektuelle Erkenntnis im christlichen Glauben zu wachsen.[395] Mádr suchte keine neue theologische Deutung der Lage der Kirche und verfügte auch über keinen neuen Lösungsansatz. Er verstand sich vielmehr als Vermittler des bewährten theologischen Wissens, das keine erstarrte Lehre, sondern eine lebendige, sinngebende Quelle des menschlichen Lebens – trotz und vielleicht sogar gerade auch unter dem kommunistischen Joch – werden sollte. Das Studium der „Lebendigen Theologie" sollte also nicht nur einen Wissensstandard hervorbringen, sondern auch eine Orientierung im Leben geben.[396] Diese ‚fliegende katholische Universität' umfasste eine ganze Reihe von nichtöffentlichen, in damaliger politischer Deutung illegalen Aktivitäten, die sich über die Grenzen des Prager Großraums ausstreckten. Oto Mádr war nie ein theologischer Solist, sondern arbeitete fast ausschließlich mit anderen Theologen des Prager Kreises zusammen. Die Vernetzung der geheimen katholischen Aktivitäten war Mádr ein großes Anliegen.

Nachdem Oto Mádr das öffentliche kirchliche Engagement aufs Neue verweigert wurde, setzte er seine ‚lebendige Theologie für lebendige Menschen' in geheimen Vorträgen und Seminaren fort, die die Festigung und Vertiefung des katholischen Glaubens im atheistischen Staat fördern sollten. Sie wurden von Helfern unter provisorischen Bedingungen quer durch die Tschechoslowakei organisiert. Sie fanden geheim statt, weil freie Zusammenkünfte oder gar freie Unterweisung der Gläubigen politisch uner-

[394] Vgl. Václav Vaško, K devadesátinám [Zum Neunzigsten], in: Oto Mádr, Jolana Poláková (Hg.), V zápasech za Boží věc [Im Ringen um Gottes Sache], 125–129, hier 128. [Auszug aus den Grußworten zu Oto Mádrs neunzigstem Geburtstag.] Vgl. auch das Kap. 2.

[395] Ebd.

[396] Vgl. Oto Mádr, Vzpomínky [Erinnerungen], in: Oto Mádr, Jolana Poláková (Hg.), V zápasech za Boží věc věc [Im Ringen um Gottes Sache], 7–76, 60.

wünscht waren. Auch im deutschsprachigen Ausland wurde der Prager katholische Untergrund durch die sogenannten Wohnungsseminare berühmt, zu denen Gäste wie Walter Kasper, Jean Valadier, Günter Virt, Hans Waldenfels und viele andere empfangen wurden.

Für das Umfeld der Prager Verborgenen Kirche gründete Oto Mádr das katholische Untergrundperiodikum ‚Texte' (später in ‚Theologische Texte' umgenannt; auf Tschechisch: *Teologické texty*), das das verschriftlichte Lebenszeugnis einer unterdrückten Kirche werden sollte. Jedes Heft sollte ein ausgewähltes theologisches Schwerpunktthema auf dem aktuellen Stand der wissenschaftlichen Diskussion abhandeln. Nach siebzehn Samisdat-Ausgaben traten Mádrs ‚Theologische Texte' nach der politischen Wende 1989 in die katholische Öffentlichkeit und spielen bis heute unter den tschechischen theologischen Fachperiodika eine führende Rolle. Mádr schrieb viel und nahm Stellung zu öffentlichen Ereignissen, die die katholische Kirche betrafen. Einige wenige seiner Texte konnten sogar unter einem Pseudonym in den öffentlichen Periodika erscheinen. Einige weitere wurden in der tschechischen Exilzeitschrift ‚Studie', die in Rom in den achtziger Jahren verlegt wurde, veröffentlicht. Mádrs Themen umfassten ein breites Spektrum seiner theologischen Interessen: von moraltheologischen Anmerkungen zur Hermeneutik des Dialogs, über die Reflexionen der neuesten Entwicklungen in der Kirche bis hin zur Ekklesiologie.[397] Viel mehr als Davídek scheint Mádr ein katholischer Intellektueller gewesen zu sein, der sich selbst als theologischen Lehrer, als Ermahner und als Botschafter des katholischen Glaubens in einer atheistischen Gesellschaft verstand. Nicht nur die Pastoralarbeit vor Ort, sondern vor allem die Publikationsarbeit war ihm eines der wichtigsten Mittel, wie er die Gläubigen erreichen konnte und aufzurichten versuchte.

Ab 1975 gehörte er dem Leitungsteam des theologischen Untergrundstudiums an und leitete das geheime Beratungsgremium des damaligen Erzbischofs von Prag František Tomášek. Oto Mádr ist der eigentliche Urheber der Erklärung „Zu der ganzen Bevölkerung der Tschechoslowakei", die František Tomášek in den bewegten Tagen der „samtenen Revolution" im November 1989 auf dem Prager Wenzelsplatz vortrug. Es war eine Botschaft von der Befreiung des Volkes und der Christen in der Tschechoslowakei aus der kommunistischen Herrschaft. Mit seiner umfassenden Personen- und Faktenkenntnis war er einer der besten Organisatoren und

[397] Die aktuellste Bibliografie von Oto Mádr siehe: Bibliografie Oto Mádra [Bibliographie von Oto Mádr], in: Oto Mádr, Jolana Poláková (Hg.), V zápasech za Boží věc věc [Im Ringen um Gottes Sache], 249–263. Online wird sie von seiner Schülerin Jolana Poláková gepflegt: http://www.oto-madr.cz/Bibliografie (Zuletzt gesehen am 27. Oktober 2014)

Strategen der katholischen Untergrundbewegung. Er hielt die Verbindung zwischen dem katholischen und dem politischen Untergrund lebendig.

4.1.4 Der katholische Theologe in Freiheit 1989–2011

Nach der politischen Wende 1989 trieb Mádr die Erneuerung des kirchlichen Lebens dezidiert voran, indem er die geheimen Aktivitäten der katholischen Untergrundbewegung im öffentlichen kirchlichen Leben fortführte. Mádr redigierte weiter das bereits von ihm gegründete und im Untergrund bereits etablierte Periodikum *Theologische Texte*. In kirchlichen Verlagen arbeitete er an der ersten offiziellen Herausgabe der Dokumente des Zweiten Vatikanischen Konzils und an zahlreichen Übersetzungen theologischer und philosophischer Fachliteratur. Die Rückkehr auf den akademischen Boden der in den Prager Universitätsverbund wiedereingegliederten Katholisch-Theologischen Fakultät wurde ihm durch die damalige höchst umstrittene Fakultätsleitung verweigert. Er wurde mit dem Hinweis abgelehnt, seitens der römischen Behörden gäbe es Widerstand gegen seine Lehrerlaubnis.[398] Auch nach dem Ausräumen dieses fälschlich erhobenen Verdachts – Mádr wurde wenige Jahre später durch Johannes Paul II. sogar zum päpstlichen Ehrenprälaten ernannt – wurde er nicht auf einen der neu eingerichteten Lehrstühle berufen.

Um die Jahrhundertwende widmete Mádr seine ganze Lebenskraft trotz fortgeschrittenen Alters unermüdlich dem Fortschreiten des theologischen Dialogs. Endlich durfte er auch an theologischen Fachsymposien im Ausland teilnehmen. Mádr ist der Gründer der tschechischen Abteilung der Internationalen Gesellschaft für katholische Theologie. Im Jahr 1991 wurde ihm von der Katholisch-Theologischen Fakultät der Universität Bonn die Ehrendoktorwürde verliehen, 1997 erhielt er aus den Händen des damaligen Präsidenten Václav Havel die höchste Verdienstauszeichnung der Tschechischen Republik, den Tomáš-Garrique-Masaryk-Orden. Kurz nach der Verleihung der Ehrendoktorwürde an der Bonner Universität erschien im Jahr 1993 im Benno-Verlag ein schmaler Band mit seinen bekanntesten Veröffentlichungen aus den Jahren 1951–1992, eingeleitet mit einem Vorwort des damaligen Bischofs der Diözese Rottenburg-Stuttgart und Mádrs theologischen Wegbegleiter Walter Kasper.[399]

[398] Im Wortlaut: „Es gibt etwas gegen Mádr in Rom." Oto Mádr, Vzpomínky [Erinnerungen], in: Oto Mádr, Jolana Poláková (Hg.), V zápasech za Boží věc věc [Im Ringen um Gottes Sache] 7–76, 74.

[399] Oto Mádr, Wie Kirche nicht stirbt. Zeugnis aus bedrängten Zeiten der tschechischen Kirche. Hg. Von der Ackermann-Gemeinde. Leipzig 1993. [Es handelt sich um eine Teilausgabe des

Das Ringen um die katholische Existenz und Identität blieb für Oto Mádr auch in der politisch befreiten Zeit der beständige Teil seiner theologischen Bestrebungen. Oto Mádr starb am 27. Februar 2011 im Alter von 94 Jahren.

4.2 Oto Mádr in der Untergrundkirche – Drei Zeugnisse und Ermahnungen

Die kürzeste theologische Form, auf die das theologische Erbe von Oto Mádr gebracht werden könnte, ist „die Theologie der sterbenden Kirche".[400] Dass diese Theologie keineswegs ein Requiem an die verlorengeglaubte tschechische katholische Teilkirche war, sondern vielmehr ein dramatischer Aufruf zu Mobilisierung aller ihrer Kräfte, das wird sich im Folgenden zeigen. Was Mádr eine solche Theologie bedeutete, das lässt sich aus seinen drei bekanntesten Schriften rekonstruieren: ‚Ein Wort über diese Zeit' (1951), ‚Modus moriendi der Kirche' (1977) und ‚Wie die Kirche nicht stirbt' (1986). Diese drei Textstücke sind die Meilensteine der Theologie Mádrs. Sie spannen einen Bogen von der Anfangszeit der kommunistischen Unterdrückung, über die Jahre der gesellschaftlichen Resignation bis hin zu dem Zeitpunkt unmittelbar vor dem politischen Umbruch im Jahr 1989. Sie bezeugen einerseits eine gewisse Entwicklung (vielleicht auch nur Schwerpunktverschiebung?) im Kirchendenken, andererseits ist Mádrs Ekklesiologie der Kirche in Bedrohung von klarer und konsequenter theologischer Haltung geprägt. Sie gelten als der ungeschriebene Kanon der Ekklesiologie von Oto Mádr.[401] Allesamt sind sie im Kontext der tschechischen Kirche verankert – sie tragen den Charakter eines Rundschreibens an die Gläubigen, die sich einer besonderen Situation stellen mussten. Mádr ermahnt darin zum aufrichtigen, wahrhaftigen Leben trotz aller Gefahren am Beispiel Christi. Mádr spricht in die damaligen gesellschaftlichen Entwicklungen

tschechischen Sammelbandes Mádrs bekanntester Werke: Oto Mádr, Slovo o této době. Praha 1992.]

400 Vgl. Vojtěch Novotný, Sterbende Kirche. Tschechische Theologie angesichts kommunistischer Unterdrückung. In: Communio 2 (2008) 185–199, zu Oto Mádr bes. 186–188.

401 Vgl. Jolana Poláková, Kristův bojovník Oto Mádr [Christi Kämpfer Oto Mádr], in: Universum 2 (2011) 21–24. Aleš Opatrný, Eklesiologie Oto Mádra [Ekklesiologie von Oto Mádr], in: Vojtěch Novotný (Hg.), Česká katolická eklesiologie druhé poloviny 20. století, 158–163. Opatrný nennt ausdrücklich diese drei Quellen und fügt noch eine vierte ‚Kirche heute und morgen' (1971) hinzu. Der Text von 1971 wurde nicht primär als Ausdruck Mádrs Kirchenverständnisses verfasst, sondern ist eine schriftliche Ausarbeitung seines Referats zur Theologie des Zweiten Vatikanischen Konzils, das Oto Mádr im Rahmen einer Priesterfortbildung vortrug. Deswegen arbeite ich mit ihm erst im 3. Unterkapitel.

hinein: Er spricht über den Überlebenskampf der Kirche in der schlimmsten Verfolgungszeit der fünfziger Jahre (in ‚Ein Wort über diese Zeit'), er spricht über die Agonie der fast ausgerotteten offiziellen Kirchenstrukturen der siebziger Jahre (in ‚Modus moriendi der Kirche') und schließlich über die Möglichkeiten des Wiederaufbaus der Kirche in den achtziger Jahren (in ‚Wie die Kirche nicht stirbt').

Wir können Oto Mádr zusehen, wie er Schritt für Schritt erkennt, dass er unmöglich der tschechischen Ortskirche in ihrer prekären Lage die gelernten Ergebnisse der Schultheologie einfach überstülpen kann, sondern nach einer angemessenen theologischen Deutung bzw. „Übersetzung" suchen muss. Und so hieß es sowohl den glaubensskeptischen Tschechen eine glaubwürdige Kirche zu lehren und vorzuleben als auch für den Erhalt der wichtigsten Glaubensgrundlagen zu kämpfen – in Kenntnis des faktischen biologischen Aussterbens des Kirchenvolkes. Es galt wie bei Davídek die Grenzen des Möglichen auszuloten, um die Kirche, um die Gläubigen glaubens- und überlebensfähig zu machen.

Diese drei Texte von Mádr sind ein weiterer Hinweis darauf, dass der ekklesiologische Denkwandel in der Verborgenen Kirche weder eine lineare Fortsetzung der Konzilstheologie noch ein Durchbruch der demokratischen Gesellschaftsordnung in der dortigen katholischen Ortskirche war. Mádr ließ die traditionellen Kirchenbilder nicht fallen, er möchte ihnen keine ‚neue' Ekklesiologie entgegenstellen. Die Überlebenschancen der Kirche in der Notsituation macht er nicht von der theologischen Definition ihres Wesens abhängig, sondern von der Lebendigkeit des Glaubens ihrer Mitglieder. Welcher ist der authentische christliche Glaube und was ist die Aufgabe der Kirche? Das sind die wichtigsten Fragen, die sich Oto Mádr stellt. Das ist das Neue in seinem Kirchendenken. Er überwindet die Engführung auf den institutionellen Charakter der Kirche. Er fragt die Kirche nach ihren Aufgaben im Hier und Jetzt: Wer ist ein katholischer Christ? Und wozu ist die katholische Kirche da?

4.2.1 „Ein Wort über diese Zeit" (1951) – Die Kirche als Hauskirche

„Ein Wort über diese Zeit" trägt die Form eines Gläubigenappells an die tschechischen Katholiken in der bewegten Zeit der gewalttätigen Zerstörung aller Grundfunktionen der Kirche in der Tschechoslowakei in den fünfziger Jahren des 20. Jahrhunderts.[402] Die Entstehungsumstände im Mai 1951

[402] In deutscher Sprache: Oto Mádr, Ein Wort über diese Zeit, in: Ders., Wie Kirche nicht stirbt, 22–26.

waren dramatisch. Mádr befand sich auf der Flucht. Diesen kurzen Text schrieb er im Versteck, das ihm ein Ordenshaus auf dem Prager Berg Petřín anbot. Unmittelbar danach wurde er verhaftet und in einem durch die Staatsorgane manipulierten Gerichtsprozess zu lebenslanger Haft verurteilt. Das „Wort über diese Zeit" war sein geistliches Testament, Abschiedsworte, die er seinen Freunden hinterlassen wollte – mit der ausdrücklichen Bitte um Vervielfältigung.

Wegen seines ermutigenden und mahnenden Charakters wurde das „Wort über diese Zeit" anfänglich für einen letzten, geheimen Hirtenbrief der tschechischen Bischöfe gehalten. Es verbreitete sich durch unzählige Abschriebe und wurde weit außerhalb der Prager Gemeinden bekannt. Dieser knappe, dreiseitige Brief war kein banal-pathetisches Abschiedsschreiben, sondern das Pendant zu Mádrs Theologie der sterbenden Kirche. Es sollte den Gläubigen Orientierung geben, wie das Leben aus dem Glauben trotz der Unterdrückung gelingen kann.

Der Kern seiner Botschaft gilt als Einstieg in Mádrs Theologie und wurde vielfach zitiert und paraphrasiert. Er ist aus den ersten Sätzen abzulesen:

> „Kopf hoch, Brüder und Schwestern! Diese Zeit ist nicht besonders angenehm für Christen, aber für Christen von richtigem Format ist sie groß und herrlich. ‚Wenn sie mich verfolgt haben, werden sie euch auch verfolgen.'"[403]

Eine berühmte Paraphrase dieser Aufforderung fasste den Inhalt des Anliegens von Mádr prägnant zusammen: Jede Zeit ist Gottes Zeit. [404] Gott sei nicht nur in Schönheit und Erhabenheit dieser Welt zu finden, sondern gerade auch dort, wo Menschen ihrer Würde beraubt werden. Sie bildet die Vorstufe seiner auf Nachfolge gedachten Christologie für die unterdrückte Kirche. Die Kirche sei das Antlitz Christi in dieser Welt, sie ist in seine Nachfolge gerufen und muss folgengemäß auch das Leiden auf sich nehmen. Die Kirche ist nicht nur in ihren prunkvollen Zeiten das Abbild Christi in dieser Welt, sondern vor allem auch dann, wenn sie entehrt wird. Die Bereitschaft Christus in die Entäußerung zu folgen, macht Mádr zur Grundbedingung des Überlebens der Kirche in der Tschechoslowakei. Nur wenn die Gläubigen sich zu der Gefolgschaft Jesu Christi bis in den Tod hinein bekennen, kann die Kirche in der Tschechoslowakei gerettet werden. Diese Haltung fordert Mádr von jedem Einzelnen.

---

[403] Oto Mádr, Ein Wort über diese Zeit, in: Ders., Wie Kirche nicht stirbt, 22. In korrigierter Übersetzung.

[404] Ondřej Liška wählte es sogar als Titel für die deutschsprachige Übersetzung seiner Monographie über Davídeks Koinótés: Ondřej Liška, Jede Zeit ist Gottes Zeit, Leipzig 2003. [tschechischer Titel: Untergrundkirche und die Gemeinschaft Koinótés]

Die Allmacht, in der Oto Mádr Gott als den Schöpfer und Garant des menschlichen Lebens erscheinen lässt, erlaubt es ihm, den Kommunismus als Gottes Strafe erscheinen zu lassen, die zur Läuterung der Kirche dient:

> „[U]nsere Haltung [wäre] die gleiche (...), auch wenn der Herr entschieden hätte, das untreue Europa damit zu bestrafen, daß er es in der roten Flut ertrinken ließe."[405]

Die Pflicht des Gläubigen bestehe in der heldenhaften Haltung: Der Christ liebt den (strafenden) Gott und kämpft für seine Kirche. In diesen auf ihre Art ‚ruhmvollen Zeiten', so Mádr, trenne sich ‚Spreu von Weizen': „Die Kirche reinigt sich und wächst durch den Verrat der Schwachen und die Tapferkeit der Getreuen."[406]

Für Oto Mádr, dessen Forschungsschwerpunkt ursprünglich die Moraltheologie war, stand eindeutig das Handeln des Einzelnen im Vordergrund.[407] Mádr empfiehlt dem Gläubigen, sich im Ringen um den Glauben die evangelischen Tugenden der Demut, der Erhabenheit, der weisen Vorsicht, der schlichten Tapferkeit und vor allem die Liebe anzueignen. Ein immer wiederkehrendes Motiv der individuellen Ekklesiologie von Oto Mádr ist der ‚Kampf gegen den Feind':

> „Die Aufgabe dieser außerordentlichen Zeit ist der Kampf. Es ist der tägliche Kampf um die eigene Seele mit dem Fleisch, der Welt und dem Teufel, der Kampf um die Seelen der Heiden rings um uns. Der Feind ist stark."[408]

Die Kirche bleibt aber nicht immer nur das Gegenüber des Gläubigen, zu deren Gedeihen Mádr ihn zu verpflichten versucht. Den ersten Schritt aus der Gefahr einer rein individualistisch verstandenen Ekklesiopraxis findet man bei Mádr in seinem Aufruf zur Aufrechterhaltung der häuslichen christlichen Gemeinschaft:

> „Findet euch zu zweit, zu dritt, zu viert in der gleichen Gesinnung oder zwei, drei Familien und beschenkt euch gegenseitig mit Gottes Geist. Lest gemeinsam die Schrift und meditiert über die Worte des Evangeliums. Setzt euch mit religiösen Fragen auseinander und sucht Lösungen für neue Si-

---

405 Ebd. 25.

406 Ebd. 22.

407 Aleš Opatrný, Eklesiologie Oto Mádra [Ekklesiologie von Oto Mádr], in: Vojtěch Novotný (Hg.), Česká katolická eklesiologie druhé poloviny 20. století [Tschechische katholische Ekklesiologie der zweiten Hälfte des 20. Jhs.], 158–163, 159.

408 Oto Mádr, Ein Wort über diese Zeit, in: Ders., Wie Kirche nicht stirbt, 22.

tuationen. Leiht einander geistliche Bücher, entwickelt eine Kultur der ungezwungenen, effektiven Liebe, die alle Bedürfnisse erreicht. Versucht regelmäßig einen Tag der geistlichen Erneuerung zu halten, macht euch brüderlich auf eure Fehler aufmerksam, seid einander Ratgeber und Stütze in den Dingen des geistlichen Lebens und des Gewissens."[409]

Oto Mádrs anschließendes Erinnern an Jesu Worte „Wo zwei oder drei in meinem Namen versammelt sind, da bin ich mitten unter ihnen" (Mt 18, 20) ist nicht als eine Ermutigung priesterlosen Wortgottesdiensten im Untergrund zu verstehen. Vielmehr zeigt sich bereits in diesem ersten Schreiben, das Mádr in der ganzen Kirche bekannt machte, dass er das Überleben der tschechischen Kirche von dem Fortwähren der Ekklesiopraxis abhängig macht. Und dies war für ihn nicht nur die Erfüllung der Sonntagspflicht, sondern die aktive Auseinandersetzung jedes Einzelnen mit seinem katholischen Glauben. Das Bedürfnis danach wuchs nach Mádr aus der persönlichen Gemeinschaft mit Christus, zu der jeder berufen ist und in der ihn Gott dazu aufmuntert, in der kirchlichen Gemeinschaft zu leben.[410] Mádr versichert diesen christlichen Gemeinschaften im Untergrund zwar keinen kirchenstiftenden Status, dafür aber die Kirchenzugehörigkeit:

> „auch dann, wenn wir nichts mehr vom römischen Papst hören würden, wenn alle treuen Priester ausgelöscht worden wären, wenn die heilige Messe bei uns weder öffentlich noch geheim gefeiert worden wäre – selbst dann sind wir fest mit der Kirche verbunden, solange wir mit dem Herzen zu ihr gehören."[411]

Was dieses Herz stark macht, das ist für Mádr der feste Entschluss, in schwierigen Zeiten im Glauben Christus zu folgen und damit auch der Kirche ein glaubwürdiges Gesicht zu geben. Die lediglich auf Strukturerhalt gedachte Kirchenrettung lehnte Mádr entschlossen ab. Eine Kirche, die zwar dank vieler politischer Kompromisse ihren Fortbestand als Institution retten könnte, doch durch den fortwährenden Glaubensschwund zu einer ausgehöhlten Hülse geworden wäre, wäre geistlich tot. Mádr dachte von unten,

[409] Ebd. 25.

[410] „In der Kirche gilt persönliche Gemeinschaft mit Christus. (...) Gerade in persönlicher Beziehung führt uns Gott dazu, Kirche zu leben." Jan Paulas, O křesťanství v současném světě [Über das Christentum in der Welt der Gegenwart], in: Oto Mádr, Jolana Poláková (Hg.), V zápasech za Boží věc věc [Im Ringen um Gottes Sache], 95–103, 95. [Interview mit Oto Mádr]

[411] Oto Mádr, Ein Wort über diese Zeit, in: Ders., Wie Kirche nicht stirbt, 24 (korrigierte deutsche Übersetzung).

von dem Glauben jedes Einzelnen verfolgten Christen und von der christlichen Gemeinschaft her, wie sie in der Theologiegeschichte an die Urgemeinde erinnert. Als Christ, der berechtigt um das physische Überleben seiner Ortskirche besorgt ist, setzte Oto Mádr von Anfang an auf den Glaubenserhalt durch das elementare Vorbild der Urgemeinde. Die bedrohte Kirche ist nur als Hauskirche zu retten.

Wenn Mádr die tschechischen Katholiken ermutigte, miteinander in privaten Häusern zu beten und das Glaubenswissen zu vertiefen, dann tat er es auch in Bewusstsein dessen, dass dadurch die mangelnde offizielle Pastoral zumindest teilweise ersetzt wird. Als Priester wusste er, dass die offiziellen Pfarrgemeinden einerseits zunehmend durch die regimehörigen Pacem-in-terris-Priester durchsetzt sind und andererseits dass gelebte Glaubensgemeinschaft in öffentlichem Rahmen verboten und daher gefährlich wäre.[412] Es ist dennoch keineswegs selbstverständlich, dass er bereits Anfang der fünfziger Jahre das Vertrauen in den Glaubenssinn der gewöhnlichen Christgläubigen aufbrachte, ihnen diese Empfehlung uneingeschränkt auszusprechen. Den eigenen Glauben trotz aller Bedrohungen zu entfalten statt nur zu konservieren, scheint für Mádr der einzige mögliche Weg gewesen zu sein, mündiger Christ zu werden. Und so gesehen sprach Oto Mádr der Hauskirche im tschechischen Untergrund ihren legitimen Anteil an der Gesamtkirche zu. Ihre Verbindung mit der sakramentalen Kirche reiße nicht ab, obwohl in ihr kaum Sakramente gefeiert werden. Es ist ebenfalls nicht selbstverständlich, dass Mádr Anfang der fünfziger Jahre das kasuistische Denken des Moraltheologen durchbricht, indem er die Sakramente der Kirche nicht als den einzigen Faden betrachtet, mit dem die tschechische Kirche mit ihrem gesamtkatholischen Ursprung verbunden ist. Dennoch versteht sich Mádr keinesfalls als ekklesiologischer Revolutionierer oder gar als Verfechter einer Ekklesiologie von unten, an deren Ausgangspunkt die Ortskirche stünde. Überall, wo er als Theologe seinem Leser die Kirchenlehre vorlegt – auch 20 Jahre nach dem Konzil, wie wir es in ‚Wie die Kirche nicht stirbt' sehen werden –,[413] geht er stets von einem Modell des Kirchendaseins aus, das hierarchisch ist und von der Gesamtkirche in die Ortskirchen ausgehaucht wird:

> „Wenn es möglich ist, die Gemeinschaft des mystischen Leibes Christi zu erleben, so geschieht das heute. Der Feind denkt, daß er uns von der Kirche losreißt, wenn er mit Gewalt den Kontakt mit dem Heiligen Vater einschränkt, oder sogar Verräter dazu bewegt, über das Schisma abzustimmen.

[412] Vgl. Kap. 2.3.1.
[413] Vgl. Kap. 4.2.3.

In Wirklichkeit sind wir fest mit der Kirche verbunden, solange wir mit dem Herzen zu ihr gehören."[414]

Mádr gab dem tschechischen Katholiken auch eine konkrete Antwort auf die Frage, was er unter Christusnachfolge in seinem Leben versteht. Es sind die christlichen Tugenden der Demut, des gerechten Stolzes, der Klugheit, der Vorsicht, der Schlichtheit und der Tapferkeit und nicht zuletzt die Liebe. Er ermuntert jeden Einzelnen am Beispiel von Märtyrern zu einer besonderen Leistungsbereitschaft, die nur durch eine treue, heldenhafte Haltung gelingen kann. Das entscheidende Stichwort ist wieder ‚der Kampf gegen den Feind': „Es ist der tägliche Kampf um die eigene Seele mit dem Leib, der Welt und dem Teufel."[415] Dafür wird dem Gläubigen ein Teil der verdienten Gottesgnade zukommen. Durch die notwendige Läuterungs- und Reinigungsaufgabe verlieh Mádr dem Leiden einen Sinn:

> „Für die Kirche ist es eine Zeit der Läuterung und der Reifung. Die Kirche reinigt sich und wächst durch den Verrat der Schwachen und die Tapferkeit der Getreuen. Die Aufgabe dieser außerordentlichen Zeit ist der Kampf."[416]

Wir spüren in diesem frühen Text von Mádr noch die Züge seiner neuscholastischen Ausbildung, aber er orientierte sich bereits eindeutig neu. Mádr sprach darin nicht die akademische Sprache des theologischen Diskurses, sondern eine, die die Gläubigen in ihrer Lebenswirklichkeit erreichte, er bot ihnen konkrete Handlungsvorschläge an.[417] Mádr wurde mit seiner vorausschauenden Pastoral vom kommenden Konzil bestätigt. Er setzte bei dem einzelnen Glaubenden an und entwickelte von der kleinsten Keimzelle des Christentums, der Familie, den Rettungsmechanismus der tschechischen Kirche. Er suchte die treibende Kraft für das (Über-)Leben der Kirche im Gebet und im elementaren Glaubenssinn der Gläubigen.

---

[414] Oto Mádr, Ein Wort über diese Zeit, in: Ders., Wie Kirche nicht stirbt, 24 (korrigierte deutsche Übersetzung). Entgegen dem tschechischen Originalton beginnt in der deutschen Übersetzung nach dem ersten Satz ein neuer Absatz, was den Zusammenhang erlöschen lässt.

[415] Ebd., 22.

[416] Ebd., 22.

[417] In dem Journalistengespräch für die Katholische Wochenzeitung im Jahr 2006 beschreibt er die Motivation dazu: dát určité shrnující stanovisko, reagovat na vládnoucí komunistickou moc, povzbudit věřící, dát jim orientaci a naději.
Oto Mádr, Tma a hlad buď utvrdí nebo zlomí [Dunkelheit und Hunger verfestigen entweder oder sie brechen] In: Katolický týdeník [Katholische Wochenzeitung] 09 (2006); 28. Februar 2006.
Auch online zugänglich: http://www.katyd.cz/index.php?cmd=page&type=11&article=4398 (Zuletzt gesehen am 27. Oktober 2014)

Wer Mádrs spätere Werke kennt, wird in „Wort über diese Zeit“ einige Vorboten erkennen, die sich später zu Charakteristika Mádrs theologischer Handschrift etablierten: das Motiv der Läuterung der Kirche und jedes Einzelnen am Vorbild Christi, die Treue zu Gott und Kirche und der Aufruf zum tapferen Kampf. Ebenfalls kennzeichnend für Mádr ist es, dass er nicht die gewohnte Diktion der universitären Theologie fortsetzte, sondern die Sprache des geistlichen Begleiters durch die Zeit der scheinbaren Glaubensdürre. In diese Zeit hinein appelliert Mádr, er forderte, er mahnte, er befahl: ‚Kopf hoch‘, ‚Sorgt euch um die, die in der Gefahr sind‘, ‚Schützt die Wankelmütigen‘, ‚Zeigt an eurem Beispiel‘, ‚Wacht über die Kinder‘, ‚Betet‘, ‚Helft den Suchenden‘, ‚Studiert religiöse Fragen‘, ‚Laßt euch christliche Gemeinschaft untereinander erleben‘, ‚Seid tapfer‘![418]

Aus dieser Zeit kann nach Mádr durch die Glaubens- und Kirchentreue und durch die göttliche Gnadenzuwendung eine wunderbare Zeit werden:

> „In solchen ruhmvollen Zeiten singt die Kirche dem Herrn das heldenhafte Lied der Liebe und der Treue. Es ist ein Vorrecht und eine Gabe, gerade jetzt zu leben, zu lieben und zu kämpfen. (…) Millionen [von Menschen] in den freien Ländern fühlen mit uns und beten für uns, unsere Treue ist für sie Ermutigung. Durch unser Gebet fügen wir uns ein in diesen Energiekreislauf. Denken wir daran, daß Tausende für den Namen Christi in den Gefängnissen leider und einige als Märtyrer sterben. Freuen wir uns, daß die Kirche durch die Anstrengung ihrer Apostel neue Kinder bekommt. Holen wir uns Trost daraus, daß auch auf uns ein Teil der Gnade fällt, die von verborgenen Helden des Gebet und des Opfers errungen wird.“[419]

Birgt die Forderung nach der sittlichen Verantwortung eines jeden Katholiken bis hin zur Selbstaufopferung für seine Kirche nicht auch große theologische Risiken? Ist das Gottes- und Menschenbild, das hinter dem Verständnis der Verfolgungszeit der Christen als ‚groß und herrlich‘ steckt, nicht auch belastet? Mádrs Forderung nach einer besonderen christlichen Verantwortungsethik steht die biblische Zusage gegenüber, dass Gott für den Menschen auch dann da ist, wenn dieser sich ausweglos verstrickt zu haben scheint – und sogar auch dann, wenn er zum Mitläufer des Bösen geworden ist. Diesen Haltungen gehört unsere Aufmerksamkeit bei der Deutung Mádrs Theologie.

---

[418] Oto Mádr, Ein Wort über diese Zeit, in: Ders., Wie Kirche nicht stirbt, 22–25.

[419] Ebd, 22 und 25. Später wird Mádr bei vielen Anlässen wiederholen, dass seine Zeit im Gefängnis für ihn eine wundervolle, große Zeit war.

4.2.2 „Modus moriendi der Kirche" (1977) – Die Kirche der Märtyrer Christi

Sechzehn Jahre später schreibt Oto Mádr seinen bekanntesten Essay „Modus moriendi der Kirche".[420] Die tschechische katholische Ortskirche beschreibt er darin als „einen Atemzug vom Tod" entfernt.[421] Mádr selbst ist nicht der Urheber dieser Wendung, sondern der vatikanische Diplomat und spätere Kardinal Agostino Casaroli.[422] Der Sondernuntius Casaroli galt als der Architekt der Ostpolitik, da er die vatikanischen Verhandlungen mit den Ostblock-Staaten anführte.[423] Für die Kirche in Ungarn benutzte Casaroli die etwas hoffnungsvollere Beschreibung *modus vivendi vel moriendi*, während er in Bezug auf Polen zu dem optimistischen *modus vivendi* griff.[424] Nur angesichts der Verhandlungen mit der kommunistischen Regierung der Tschechoslowakei konnte nach Casaroli lediglich von *modus moriendi* der Kirche die Rede sein.

Der Essay „Modus moriendi der Kirche" ist in der Zeit entstanden, als Mádr Pfarrer der nahezu ausgestorbenen katholischen Gemeinde in Untersandau im tschechisch-deutschen Grenzgebiet war. Mádr sprach darin indirekt die geplatzten Hoffnungen der tschechischen Christen und Bürger nach dem Ausnahmejahr 1968 an. Über die hoffnungsträchtige Atmosphäre des Prager Frühlings – die tschechische Idee des ‚Sozialismus mit menschlichem Antlitz' – fuhren nach nur wenigen Monaten russische Panzer. Die geplante Erneuerung der Kirche wurde in den siebziger Jahren durch die sogenannte politische ‚Normalisierung' rasch erstickt. Mitten im Wiederaufbau des kommunistischen Staates der siebziger Jahre befand sich Mádr in doppeltem Wortsinn in einer ‚untergehenden Kirche': von außen durch das kommunistische Regime niedergestreckt, von innen durch die eigene

420 Auf deutsch: Oto Mádr, Modus moriendi der Kirche, in: Ders. (Hg.), Wie Kirche nicht stirbt, 30–38. Einen erweiterten Kommentar über Mádrs Thesen zum Sterben der tschechischen Ortskirche auf deutsch legten die tschechischen Theologen Dolista und Machula vor: Josef Dolista, Tomáš Machula, Skepsis gegen alles von oben. Theologische Suchbewegungen in der tschechischen Übergangsgesellschaft, in: ThPQ 150 (2002) 284–295, bes. 289–292.

421 Oto Mádr, Modus moriendi der Kirche, in: Ders. (Hg.), Wie Kirche nicht stirbt, 30–38, 30.

422 Vgl. Zitat von Casaroli im Kap. 2.2.2.3.

423 Vgl. Kap. 2.2.2 dieser Arbeit.

424 Vgl. Oto Mádr, Aus der Rede bei der Verleihung der theologischen Ehrendoktorwürde, in: Ders. (Hg.), Wie Kirche nicht stirbt, 110–117, 115. Vgl. auch Agostino Casaroli, Trýzeň trpělivosti. Svatý stolec a komunistické země (1963–1989) [Die Qual der Geduld. Der Heilige Stuhl und die kommunistischen Länder (1963–1989)], Kostelní Vydří 2001, vor allem das Kapitel „Nemožná jednání" [„Unmögliche Verhandlungen] (S. 129–187), das der Situation in der damaligen Tschechoslowakei gewidemet ist.

Glaubensschwäche bedroht.[425] Dort, wo der Eiserne Vorhang zum Greifen nahe war, mitten in der bewegten Zeit der Aussichtslosigkeit, schrieb Mádr eine theologische Meditation von nur sechs Seiten, der er den verstörenden Namen „Modus moriendi der Kirche" gab. Es sollte mehr als nur ein Zeugnis über die lebensgefährliche Lage der tschechischen Katholiken werden. Es sollte ein erster Entwurf der Theologie einer sterbenden Kirche sein.

In „Modus moriendi der Kirche" diskutiert Mádr die These: Während die Weltkirche als Stiftung Christi zweifelsohne für immer erhalten bleibe, erliegt das Leben ihrer Teilkirchen dauernd und gleichzeitig einem evolutiven Prozess von Aufkeimen, Blüte und Untergang.[426] Die (christliche) Kirche als vom Heiligen Geist getragener Leib Christi sei ihrem Wesen nach unsterblich. Ihren Teilkirchen bzw. Schwesterkirchen aber wird keine Unsterblichkeit garantiert, schon gar nicht den konkreten Gemeinden vor Ort. Am Beispiel der Böhmischen Brüderkirche wurde laut Mádr der reale Untergang einer ganzen Kirche auf dem Gebiet von Böhmen und Mähren bereits erlebt und dokumentiert. Mádr kritisierte scharf das Ausbleiben einer Systematik der Theologie der sterbenden Kirche, wie sie die Pastoral oder Dogmatik hätte längst vorlegen müssen.[427] Er vermutete dahinter die Scheu der akademischen Theologie, sich mit solch dunklen Motiven des Kirchen(-ab-)lebens zu beschäftigen. Mádr suchte nach einer Ekklesiologie der sterbenden Kirche und wurde in dem „Vermächtnis der sterbenden Mutter der Brüderunität" fündig, dem geistlichen Testament des großen Reformpädagogen des 17. Jahrhunderts und dem letzten Bischof der Böhmischen Brüder Johann Amos Comenius [tschechisch: Jan Ámos Komenský].[428] Mádr fand darin zwar einige Hinweise für die Kirche im Sterben, diese seien aber aufgrund der großen Unterschiede in der historischen

425 Von außen durch das kommunistische Regime und von innen, wenn die innere Verbindung zu Gott abschwächt, nämlich dann, wenn die Treue zu Christus und der Kirche bis zur Bereitschaft des Blutvergießens ausbleibt. Vgl. Oto Mádr, Český hlas na světovém teologickém fóru, in: Teologické texty 4 (1990) 121.

426 Ich halte mich an dieser Stelle an den Originalwortlaut „Weltkirche" bzw. „Teilkirche" wie Oto Mádr es in diesem Essay benützt.

427 Bei der Verleihung der Ehrendoktorwürde 1991 beschrieb Mádr seine damalige Suche: „In dem bekannten Werk ‚Handbuch der Pastoraltheologie' [vermutlich meint Mádr: Franz Xaver Arnold, Karl Rahner u. a. (Hg.), Handbuch der Pastoraltheologie, Freiburg 1964] fand ich auf mehr als 3000 Seiten über die Kirche in Bedrohung kein einziges Wort – und das nur wenige Jahre nach der harten Erfahrung mit dem Nationalsozialismus. Dabei lesen wir doch im Evangelium und in der Apokalypse an vielen Stellen über das Leiden und den Kampf treuer Gläubigen, auch über das Märtyrertum." Oto Mádr, Aus der Rede bei der Verleihung der theologischen Ehrendoktorwürde, in: Ders. (Hg.) Wie Kirche nicht stirbt, 110–117, 116. [korr. Übersetzung; P.P.-S.]

428 Vgl. Johann Amos Comenius, Vermächtnis der sterbenden Mutter der Brüderunität (1650). Eingeleitet, übersetzt und mit Anmerkungen versehen von Miloš Bič. Neukirchen 1958.

Situation und in der Auffassung der Ekklesiologie unzureichend.[429] Mádr griff zu Argumenten aus dem Umfeld des Neuen Testaments und der frühen Kirchengeschichte: Die Gemeinden von Paulus, Cyprian, Basilius und Augustinus starben aus, bereits die ersten Christen lebten aus dem Bewusstsein, die letzten zu sein. Der Untergang einer (Teil-)Kirche könne eine Strafe für das untreue, ungehorsame Volk bedeuten, die die Überlebenden zum Erwachen und Gewissenserforschung ermahnt: „Was immer Böses geschieht, soll als Prüfung verstanden werden. Man muß bestehen, um an Gottes Herrlichkeit Anteil zu bekommen (vgl. 1 Petrus 4,12 f).“[430] Gerade weil die christlichen Kirchen auf Erden leben, müssten sie sich somit der „natürlichen Notwendigkeit des Todes“ fügen.[431]

„Modus moriendi der Kirche“ mündet in einem Appell an die Gläubigen, sich umfassend in den Dienst an Gott und Kirche zu stellen. Auf vier Säulen beziehungsweise Handlungsstrategien sollte sich diese Haltung stützen:

1. Den Tod annehmen! Tapfer wie ein Mann sein und unbedingt den eigenen Verrat verhindern.

2. Intensiv leben! Den persönlichen lebendigen Glauben und lebendige Gemeinschaften pflegen, Gott treu bleiben gemäß der Entäußerung Christi. Die Verlassenheit solle als Gelegenheit genutzt werden, sich selbst als vollkommenes und stetes Opfer darzubringen.

3. Das Beste aus sich herausgeben! Ein einprägsames Zeugnis von Christentum und Katholizismus hinterlassen, an das jene anknüpfen könnten, die das Kirchenleben in diesem Raum wiederbeleben werden.

4. Nicht sterben! Ein passives Erleiden des Todes bedeutete Mádr kein ruhmvolles Märtyrertum. Den logischen Widerspruch zwischen der ersten und dieser Aufforderung erläutert er folgendermaßen: Wenn sich die sterbende Kirche nicht scheuen wird, dem Tod ins Gesicht zu schauen und ihre Endzeitigkeit zu erkennen, könne sie alle ihre inneren Kräfte und Hilfsquellen mobilisieren und doch noch um ihre Genesung kämpfen.[432]

In diesem dramatischen Vier-Schritt-Finale findet der heutige Leser einige Motive aus „Ein Wort über diese Zeit“ wieder. Sie beschränken sich nicht nur auf den Sprachstil, der sich durch zu viele Imperative und indirekte Aufforderungen auszeichnet. Es sind die theologischen Motive, denen Mádr treu bleibt: Das Vertrauen in (den strafenden) Gott, in seine Gnade, Aufforderung zur Gewissensprüfung und Buße und Aufmunterung zur Be-

---

[429] Comenius ermutigt die verbliebenen Prediger und Gläubigen der Brüderunität, sich einer anderen evangelischen Kirche anzuschließen.

[430] Oto Mádr, Modus moriendi der Kirche, in: Ders. (Hg.), Wie Kirche nicht stirbt, 35.

[431] Ebd., 35.

[432] Ebd., 36 f.

zeugung des Evangeliums bis hin zur Selbstaufopferung eines Märtyrers gemäß dem Leben Jesu. Im Fokus steht wieder Mádrs individuelle christliche Verantwortungsethik und die Aufmunterung zu der Bereitschaft, „auf eigenen tiefen Grundlagen ein starkes und widerstandsfähiges geistliches Leben auf[zu]bauen“[433].

Mádrs Text schließt mit der Aufforderung: „Nicht tatsächlich sterben!“[434] In Mádrs schriftlichem Nachlass der Folgejahre wird deutlich, wie er das Leben der tschechischen Kirche weiterdachte. Er beschwor keine absterbende Kirche, der die Gläubigen die Treue bis zum Tod halten und sich lediglich um das Heil der eigenen Seele sorgen. Er gab sich nicht mit einer Dahin-Lebenden Kirche zufrieden, in der das aktive Interesse am Reich Gottes wegblieb, wo die Lauterkeit des Geistes und die evangelische Tiefe fehlen. Mádr postulierte eine Kirche, die *erlebbar* ist: „Innerhalb der Kirche leben, Kirche sein, (‚Mut Kirche zu sein‘).“[435]

Woran machte Mádr fest, dass eine Kirche vom Sterben bedroht sei? Eine Kirche im Todeskampf ist nicht nur an der sinkenden Gläubigenzahl zu erkennen, sondern besonders daran, dass

> „die Intensität des Lebens aus dem Glauben erlahmt. (…) Die Kirche wird getötet in jedem Märtyrer, [noch] mehr [aber] in einem, der sich selbst verkauft, am schmerzlichsten in jedem Kind, in dessen Seele jemand den guten Samen zertritt.“[436]

Auch eine mitgliederstarke Volkskirche kann nach Mádr eine todgeweihte Kirche sein. Sie ist es immer dann, wenn sie durch den eigenen Glaubensschwund von innen heaus ausstirbt, unabhängig davon, ob ihr auch von außen Gefahren drohen. Im umgekehrten Schluss ist eine von innen widerstandsfähige Kirche nicht selbstverständlich eine, die in politischer Freiheit lebt. Das reicht nicht aus, ganz im Gegenteil, einer solchen Kirche kann ‚der Stimulus des Leidens‘ fehlen.[437] Sie kann genauso wie eine von außen bedrohte, verfolgte Kirche, untreu im Glauben, in der Hoffnung und in der Liebe sein. Die mutige Glaubensoffensive, die die verfolgte

[433] Oto Mádr, Modus moriendi der Kirche, in: Ders. (Hg.), Wie Kirche nicht stirbt, 30–38, 37 (korr. Übersetzung; P.P.-S.)

[434] Ebd. 37.

[435] Oto Mádr, Vyhlížení zítřků [Die morgigen Tage ausschauen] (vermutlich 1980), in: Ders., Slovo o této době [Wort über diese Zeit], 43–47, 44.

[436] Oto Mádr, Modus moriendi der Kirche, in: Ders. (Hg.), Wie Kirche nicht stirbt, 30–38, 31.

[437] Vgl. Oto Mádr, Aus der Rede bei der Verleihung der theologischen Ehrendoktorwürde in Bonn am 4. mai 1991, in: Ders. (Hg.), Wie Kirche nicht stirbt, 110–117, 115.

tschechische katholische Kirche missionarisch beachtlich fruchtbar machte, wurzelte in Mádrs Theologie in einer tiefen Christusfrömmigkeit.[438]

„Modus moriendi der Kirche" genießt zurecht eine besondere Stellung in der tschechischen Theologie der zweiten Hälfte des 20. Jahrhunderts. Diese Schrift gehört zu den meistkommentierten Texten der tschechischen Untergrundkirche. Die gegenwärtige tschechische Theologie sieht in ihr zu aller erst den Versuch, den Umriss einer solchen Theologie der Kirche zu zeichnen, die das Reichtum und die Vitalität des christlichen Lebens widerspiegelt, wie Mádr es im Gefängnis erlebte.[439] Es war Mádr selbst, der diese Interpretation befürwortete, als er vielseitig betonte, das vorbildliche Glaubenszeugnis jedes einzelnen Katholiken im Gefängnis habe ihm eine große Zuversicht für die Zukunft der Kirche geschenkt.

In seiner Radikalität wurde Mádrs *Modus moriendi* auch mit der Eindringlichkeit der letzten Texte von Dietrich Bonhoeffer verglichen.[440] Die äußeren Umstände der scharfen Verfolgung und der Einkerkerung für den Glauben bieten tatsächlich einige Parallelen. Auch Bonhoeffers und Mádrs Schaffensart, die sich durch Fragmentarität auszeichnet, und die unterschiedlichen literarischen Gattungen (nichtakademische, teilweise sogar konspirative Sprache), denen sich die beiden bedienen, bieten sich zu einem Vergleich an. Doch der genaue Blick lässt meiner Meinung nach gravierende Unterschiede in der Theologie von Bonhoeffer und Mádr erkennen.

Wenn von Gemeinsamkeiten zwischen Bonhoeffer und Mádr die Rede ist, dann ließen sie sich nur auf die menschlichen und theologischen Motive (!) beziehen, nicht auf die konkreten Lösungsvorschläge. Sowohl Bonhoeffer als auch Mádr thematisieren in einer sich dramatisch zuspitzenden politischen Lage die Zivilcourage als christliche Tugend: „Den Christen rufen nicht erst die Erfahrungen am eigenen Leibe, sondern die Erfahrungen am Leibe der Brüder, um derentwillen Christus gelitten hat, zur Tat und zum Mitleiden."[441] Beide suchen keinen Trost für das Überleben der Kirche durch

[438] Siehe den Vergleich mit Bonhoeffer unten in diesem Kapitel.

[439] Aleš Opatrný, Eklesiologie Oto Mádra [Ekklesiologie von Oto Mádr], in: Vojtěch Novotný (Hg.), Česká katolická eklesiologie druhé poloviny 20. století [Tschechische katholische Ekklesiologie der zweiten Hälfte des 20. Jahrhunderts], 158–163, 160. Josef Dolista, Tomáš Machula, Skepsis gegen alles von oben. Theologische Suchbewegungen in der tschechischen Übergangsgesellschaft, in: ThPQ 150 (2002) 284–295, 289. Kurzkommentar von Tomáš Halík unterhalb des Textes: Oto Mádr, Modus moriendi der Kirche, in: Ders. (Hg.), Wie Kirche nicht stirbt, 30–38, 38.

[440] Vgl. den Kurzkommentar von Tomáš Halík unterhalb des Textes: Oto Mádr, Modus moriendi der Kirche, in: Ders. (Hg.), Wie Kirche nicht stirbt, 30–38, 38.

[441] Dietrich Bonhoeffer in DBW 8, 34, gesehen bei: Hartmann, Wolfgang, Existenzielle Verantwortungsethik. Eine moraltheologische Denkform als Ansatz in den theologisch-ethischen Entwürfen von Karl Rahner und Dietrich Bonhoeffer (Diss.), Erfurt 2005, 212.

abgesonderte Innerlichkeit der Gläubigen, sondern sowohl Bonhoeffer als auch Mádr kehren zu den Ursprüngen der Kirche als ‚Kirche für Andere' zurück. Beide verknüpfen die Ekklesiologie eng mit Christologie zusammen: Kirche ist Gegenwart Christi unter uns, auch im Leiden und gerade dann im Dasein für andere. Dort trennen sich dann aber die Wege des deutschen und des tschechischen Theologen. Bonhoeffer folgt einer Vorstellung von Gott, dem es sogar leichter fällt mit menschlichem Versagen fertig werden als mit vermeintlichen Guttaten.[442] Mádrs Nachfolge Christi nimmt die konkrete Gestalt im Mobilisieren christlicher Tugenden im Kampf gegen den auflauernden Feind, den Kommunismus, an, bei dem es gerade auf die Polarität zwischen Selbsterhaltung und Glaubenszeugnis ankommt. Bonhoeffer nimmt den Blick aus der Perspektive der Verfolgten und Opfer an, er betont nicht die ethischen Aspekte, fordert direkt kein christliches Heldentum für den Glauben, sondern „nur" aufrichtiges Gebet und verantwortliche Taten aus Solidarität mit den Leidenden. Für Bonhoeffer hat jede Gemeinde, die sich in Jesu Nachfolge stellt, ihren Anteil am Leib Christi, während Mádr die Gemeinschaft(-en) im Untergrund nur als überlebensnotwendigen Ersatz für das volle Leben der Kirche in Freiheit betrachtet. Entschärfend ließe sich in diesem Zusammenhang fragen, wie wörtlich Mádrs Forderung nach Bereitschaft zum Sterben für den Glauben gemeint war, ob nicht bereits das Gebet und die gelebte Solidarität für ihn den Anspruch an Glaubenstreue erfüllten.

Was die Ekklesiologie betrifft, so lassen sich zwischen Bonhoeffer und Mádr kaum offensichtliche Parallelen finden. Während sich Mádrs Theologie der bedrohten Kirche auf das unsterbliche Wesen der Kirche, die Sterblichkeit ihrer einzelnen Glieder und auf den Begriff des Glaubensmärtyrers versteht, werden wir in der Ekklesiologie des Lutheraners Bonhoeffer kaum ein solches Verständnis der Kirche und der christlichen Anthropologie finden können. Vielleicht müsste die Wortebene durchbrochen werden, um auf der Sinnebene Gemeinsamkeiten zu finden. Dennoch kommt erschwerend hinzu, dass sich das Denken der tschechischen Untergrundkirche, beziehungsweise das Denken von Oto Mádr, nicht in ihren schriftlichen Zeugnissen erschöpft, sondern immer auch von der gelebten Ekklesiopraxis her gedeutet werden muss. Am Beispiel von Davídek wissen wir bereits, dass die angestrebte Ekklesiologie von der tatsächlichen Ekklesiopraxis divergieren konnte. In dem dritten berühmten Text Mádrs aus den achtziger Jahren können wir eine umgekehrte Tendenz beobachten. Oto Mádr spricht dort einer strukturkonservativen Ekklesiologie das Wort, die durch das hierarchische Wesen der Kirche getragen wird.

---

[442] Ebd., 212 f.

4.2.3 „Wie die Kirche nicht stirbt" (1986) – Die hierarchische Kirche

Wenn es um die Zukunft der tschechischen Kirche geht, deren Leben 1948–1989 bedroht war, die aber ihren Überlebenskampf nicht aufgab, wird gern eine Passage aus Mádrs Artikel „Geistliche Vertikale" zitiert, die er nur fünf Jahre nach „Modus moriendi der Kirche" schrieb:

> „Die Kirche kommt ohne Konsistorien zurecht, sogar ohne Bischöfe, ohne Schulen, Krankenhäuser und Presse, ohne Klöster und Wallfahrten, ohne Bibeln, Eucharistie und Priester im äußersten Fall – aber sie überlebt nicht ohne Menschen, die sich für die Sache Gottes verantwortlich fühlen, die nicht ableben, sondern Kirche leben, weil sie nicht anders können, weil sie sich von dem lebenspendenden Geist haben durchdringen lassen; ihr Leben ist Christus und zu Sterben ihr Gewinn (Flp 1,21)."[443]

Die unten angeführte Bestimmung des Kirchenwesens und der zentralen Attribute der Kirche werden uns davon überzeugen können, dass Oto Mádr kein Vertreter der Konzilstheologie als horizontaler Ekklesiologie war, in der die Gläubigen beinahe sich selbst begründen und gestalten, wie dieses beliebte Zitat zunächst impliziert.

„Wie die Kirche nicht stirbt", die letzte der bekanntesten drei Schriften der Prager Verborgenen Kirche, wurde von Mádr bewusst als eine möglichst ausführliche Deskription der Situation der Kirche und ihren Handlungsmöglichkeiten für die theologische Exulantenzeitschrift „Studie" in Rom gestaltet.[444] Seiner Form nach wurde es in der tschechischen Theologie nicht unberechtigt schon mal als pedantisch-schullastig kritisiert.[445] Es ist mit Sicherheit einer der zentralen Beiträge zu Mádrs Kirchenverständnis, nicht nur wegen des ungeheuren Zeitaufwands, den Mádr diesem Text einräumte, sondern vor allem deswegen, weil er sich darin explizit zum Wesen der Kirche äußert. Es sollte eine Skizze der möglichen Struktur der Theologie in Bedrohung werden.[446] Was sind die zentralen Werkzeuge und Werke der Kirche, die ihr ureigen sind? Mádr versuchte die tragenden Säulen der ka-

[443] Oto Mádr, Duchovní vertikála [Geistliche Vertikale] (1982), in: Ders. (Hg.), Slovo o této době, 50–52, 52.

[444] Oto Mádr, Wie die Kirche nicht stirbt. Zur Theologie der Kirche in der Bedrohung, in: Ders. (Hg.), Wie Kirche nicht stirbt, 39–104.

[445] Vgl. Aleš Opatrný, Eklesiologie Oto Mádra [Ekklesiologie von Oto Mádr], in: Vojtěch Novotný (Hg.), Česká katolická eklesiologie druhé poloviny 20. století [Tschechische katholische Ekklesiologie der zweiten Hälfte des 20. Jahrhunderts], 158–163, 161.

[446] Vgl. Oto Mádr, Wie die Kirche nicht stirbt, in: Ders. (Hg.), Wie Kirche nicht stirbt, 41.

tholischen Kirche zu definieren, an denen nicht gerüttelt werden dürfe.[447] Denn nicht „wahllos und alles Mögliche" solle nach Mádrs Überzeugung verteidigt werden, denn dafür würden die Kräfte nicht reichen, sondern nur das Wesentliche.[448]

Diese zentralen Werte im Leben der Kirche, die mit ihrem Wesen am engsten verbunden sind, und daher nach Mádrs Überzeugung besonders schützenswert seien, benannte er bereits auf der vierten Seite dieser langen[449] Studie:

1. Die physische Existenz der Kirchengemeinden

Wenn die Kirchengemeinschaften als lebendige Glieder der Kirche ausgerottet werden, bliebe der Kirchenbegriff nur eine leere Hülse.[450]

2. Der Erhalt der Kirchenlehre

Die Lehre Christi ist das Fundament der katholischen Glaubensgemeinschaft; eine nicht rechtgläubige Kirchengemeinschaft könne sich selbst nicht zum Glied der Kirche erheben. Die Beurteilung der Rechtgläubigkeit wurde den Aposteln und ihren Nachfolgern anvertraut.[451]

3. Die Struktur der Kirche

Außer der kirchlichen Organisationsformen, die veränderbar sind, besitze die Kirche eine Struktur.[452]

Mádr legte Wert auf die Beschreibung der Struktur der Kirche als hierarchisch:

> „Die Kirche ist ein geordneter Organismus. Außer veränderbaren Organisationsformen hat sie eine wesenhafte Struktur, und zwar eine hierarchische, die mit geistlicher Vollmacht und mit Aufgaben ausgestattet ist und die in historischer Kontinuität zum ursprünglichen Kollegium der Zwölf steht.

---

[447] Vgl. Aleš Opatrný, Eklesiologie Oto Mádra [Ekklesiologie von Oto Mádr], in: Vojtěch Novotný (Hg.), Česká katolická eklesiologie druhé poloviny 20. století [Tschechische katholische Ekklesiologie der zweiten Hälfte des 20. Jahrhunderts], 158–163, 161.

[448] „Der eigene Wert dessen, was gefährdet ist, ist nicht schwer zu bestimmen, wenn es um die Existenz [der Kirche; P.P.-S.] geht. Diese ist grundlegend, denn ohne sie ist es überflüssig, weitere Überlegungen anzustellen. Doch bereits hier muß man sich bewußt sein, daß der Kampf um die Existenz der Kirche geführt wird, nicht jedoch in erster Linie um den Erhalt des Lebens des einzelnen um jeden Preis. Wenn die Wahl steht zwischen Verlust der Existenz und Verlust der Identität, dann gilt für den Christen und auch für die Kirche: ‚Wer um meinetwillen und um des Evangeliums willen das Leben verliert, der rettet es' (Mk 8,35). (…) Die allerarmseeligste, aber treue Existenz ist das Grundlegende, was verteidigt werden muß." Oto Mádr, Wie die Kirche nicht stirbt, in: Ders. (Hg.), Wie Kirche nicht stirbt, 67 f.

[449] „Wie die Kirche nicht stirbt" umfasst als wissenschaftlicher Beitrag für eine theologische Fachzeitung 45 Seiten, was damals ungewöhnlich viel war.

[450] Vgl. Oto Mádr, Wie die Kirche nicht stirbt, in: Ders. (Hg.), Wie Kirche nicht stirbt, 45.

[451] Ebd.

[452] Ebd. 45 f.

> Wenn der Kirche der Papst genommen würde, bliebe dennoch diese Struktur wenigstens im Episkopat lebendig, selbst wenn der Kontakt unter den Bischöfen unterbrochen worden wäre. In einer Kirche ohne Bischöfe würden dem Volk Gottes wenigstens für eine Zeit die Priester dienen. Ohne Priester bleibt die Kirche wenigstens in den engen Grenzen des allgemeinen Priestertums der Gläubigen lebendig. Es bleibt eine Tatsache, daß die Kirche auf diesem Wege mehr und mehr invalidisiert würde."[453]

Erst nachdem Mádr diese drei Säulen des Kirchen(-über-)lebens errichtete, benannte er weitere, sogenannte „innere Aufgaben" der Kirche: Liturgie als „pflichtgemäße Verehrung Gottes und Danksagung in Vertretung der gesamten Schöpfung" und die Pastoral, die „in der Kirche den Gläubigen das Wort Gottes und die sakramentale Gnade vermittelt".[454] Die „Hauptlast" – wie Mádr die Aufgaben der Pastoral mit einem Wort umschreibt – müsse wegen ihrer sakramentalen Vollmacht den Priestern vorbehalten werden.[455] Nach außen vollziehe sich „die Pflicht der Kirche", das Evangelium zu verkünden in Gestalt von Evangelisierung und Diakonie.[456] Nach der Benennung des gesellschaftlichen Raumes und der notwendigen materiellen Mittel als den wichtigen äußeren Bedingung für das Kirchenleben, erwähnte Mádr an letzter Stelle die integralen Bestandteile des Lebens der Kirche, die nach seiner Meinung eindeutig nicht zum Wesen der Kirche gehören, es aber sinnvoll ergänzen: Ordensleben, Wallfahrten, Exerzitien, geistliche Lektüre, Verbandsleben und – an letzter Stelle – der Laienapostolat.

Wenn Mádr von der Kirche sprach, die ohne Bibel und Bischöfe auskäme, dann spielte er auf die Lage der Kirche in der Tschechoslowakei an: die geschlossenen Kircheneinrichtungen, die eingekerkerten Amtsträger. Für Mádr war und blieb es ein defizitärer Zustand, der nur durch die besondere Lage der tschechischen Kirche zu rechtfertigen sei. Mádr suchte nicht nach einer systematisch-theologischen Rechtfertigung oder gar Legitimierung eines Zustands, den er für das Wesen der Kirche für bedrohlich hielt. Im Gegenteil erklärte er ausdrücklich, dass eine solche Teilkirche seiner Meinung nach immer mehr ‚invalide' sei.[457] Eine vollwertige Teilkirche könne die Leitung durch ihre Amtsträger nicht missen: „die wesenhafte,

453 Oto Mádr, Wie die Kirche nicht stirbt, in: Ders. (Hg.), Wie Kirche nicht stirbt, 45 f.
454 Oto Mádr, Wie die Kirche nicht stirbt, in: Ders. (Hg.), Wie Kirche nicht stirbt, 46. [korrigierte Übersetzung]
455 Ebd.
456 Ebd.
457 Oto Mádr, Wie die Kirche nicht stirbt, in: Ders. (Hg.), Wie Kirche nicht stirbt, 46.

hierarchische Struktur, die mit geistlicher Vollmacht ausgestattet in apostolischer Nachfolge steht".[458]

Der Kampf und der Erhalt des Glaubens bekamen in Mádrs „Wie die Kirche nicht stirbt" einen besonderen Schliff. Die Mittel zur legitimen Abwehr der äußeren Glaubensbedrohung gerieten in diesem Text etwas zu allgemein (als Aufforderungen zum ‚Leben in Gott', ‚Leben in der Hoffnung', ‚Leben in der Wahrheit', ‚Leben in der Liebe', ‚Leben in der Entscheidung', ‚Leben in der Einheit' und ‚Leben in der Zeit Gottes').[459] Dafür scheute Mádr in dieser seiner letzten Programmschrift nicht mehr, die letzte Konsequenz der von ihm geforderten, heroischen Haltung der Christgläubigen zu benennen. Er forderte von dem Christen das äußerste Opfer:

> „Doch bereits hier muß man sich bewußt sein, daß der Kampf um die Existenz der Kirche geführt wird, nicht jedoch in erster Linie um den Erhalt des Lebens des einzelnen um jeden Preis. Wenn die Wahl steht zwischen Verlust der Existenz und Verlust der Identität, dann gilt für den Christen und auch für die Kirche: „Wer um meinetwillen und um des Evangeliums willen das Leben verliert, der rettet es" (Mk 8,35)"[460]

In der entscheidenden Wahl zwischen dem Verlust der Identität und dem Verlust der Existenz müsse sich der Christ und auch die Kirche eindeutig für Letzteres entscheiden:

> „Je enger etwas mit dem Wesen verbunden ist, mit dem, was die Kirche zur Kirche macht, desto mehr muß es verteidigt werden. Die apostolische Kirche (Paulus, Johannes) hielt die Rechtgläubigkeit für bedeutsamer, als einige Gruppen im Verband der Kirche zu halten."[461]

Hier verbindet Mádr die Herausforderung zur Nachfolge Christi bis ins Äußerste mit seinem Verständnis der Kirche, das sich in erster Linie auf Rechtgläubigkeit und hierarchisches Wesen versteht. Mádr sieht die Kirche in einer mit der Urkirche vergleichbaren Situation, nämlich

---

[458] Siehe oben. Oto Mádr, Wie die Kirche nicht stirbt, in: Ders. (Hg.), Wie Kirche nicht stirbt, 45.

[459] Mit akribischer Genauigkeit, genau gegliedert und präzise systematisiert erörtert er alle möglichen Faktoren und Formen der Bedrohung und die zur Verfügung stehenden Mittel und Möglichkeiten einer sinnvollen Abwehr. Die spezifisch christlichen Mittel zur legitimen Abwehr werden mit den etwas allgemein geratenen Aufforderungen zum ‚Leben in Gott', ‚Leben in der Hoffnung', ‚Leben in der Wahrheit', ‚Leben in der Liebe', ‚Leben in der Entscheidung', ‚Leben in der Einheit' und ‚Leben in der Zeit Gottes' wiedergegeben.

[460] Oto Mádr, Wie die Kirche nicht stirbt, in: Ders. (Hg.), Wie Kirche nicht stirbt, 67 f.

[461] Ebd., 68.

„im (...) gewaltigen Ringen um die Seele der Menschheit, das in vielerlei Beziehung die Kämpfe der Vergangenheit in den Schatten stellt (...) Alle Christen müssen in einem Abwehrkampf gegen den Geist der Welt eintreten, ob dieser nun Voltaire oder Marx zum Vater hat. In erster Linie jedoch geht der Kampf gegen den Geist der eigenen Lauheit und Gleichgültigkeit, der von allen der gefährlichste ist.“[462]

Dass die innere Bedrohung der Kirche eine viel gefährlichere ist als die von außen, wird in Mádr Theologie noch ein gewichtiges Thema werden.

Mádr schrieb diese Sätze in den achtziger Jahren, als die Kirche zwar immer noch vom kommunistischen Regime bespitzelt wurde, ein stets wachsender pastoraler Raum, der bis ins Öffentliche überlappte, aber dennoch zunehmend geduldet wurde.[463] Es war eine Zeit, in der die tschechische katholische Kirche immer mehr Zugang zu der ausländischen universitären Theologie nach dem Konzil bekam. Weil aber Mádr und viele andere Schlüsselpersonen der Prager Untergrundkirche die Auslandsreisen verboten wurden, war es ihnen kaum möglich, die gesellschaftliche Entwicklung in Europa und deren Einfluss auf die dortige Ekklesiopraxis zu erkundigen und zu verstehen. Mádr verfolgte die Diskussion über das erneuerte Kirchenbild des Zweiten Vatikanischen Konzils, war aber kein Befürworter der Communio-Ekklesiologie, die das gemeinsame Priestertum aller Gläubigen als einen wesentlichen Grundgedanken des Konzils herausstellt. Diesem Kirchenverständnis stellte Oto Mádr in ‚Wie die Kirche nicht stirbt‘ die scharfe Vertikale einer hierarchisch gegliederten Kirche entgegen, in der jede einzelne Ortskirche ihr Wesen dem Grundgedanken der universellen Kirche verdankt. Oto Mádr, von dem wir wissen, dass er das Konzil begeistert aufnahm, begreift die Ekklesiologie des Zweiten Vatikanums nicht als die notwendige Verbesserung eines veralteten hierarchischen Kirchenverständnisses. Seine Deutung des Konzils war vielmehr die Rückbesinnung auf die Proexistenz der Kirche als den ursprünglichen Auftrag Christi – in Armut und Askese. Die Gestalt der Kirche muss sich wieder auf diesen Ur-Auftrag hin transparent machen. Das Gebot des Konzils, das Gebot der Stunde ist es – ob in Freiheit oder Unfreiheit – eine auf diese Weise authentische Kirche zu leben.

[462] Ebd., 72.

[463] Die Brutalität des Regimes nahm entscheidend ab. Wie sich aber in den Nachforschungen in den Archiven der Staatssicherheit nach der politischen Wende 1989 zeigte, hatten die politischen Funktionäre einen überraschend guten Überblick über das Leben der Kirche im Untergrund. Sie handelten aber wesentlich zurückhaltender, um der katholischen Kirche keinen Opferstatus zuzuspielen, der ihr die Sympathie der Öffentlichkeit verleihen könnte.

4.2.4 Die Ekklesiologie von Oto Mádr: Erste Zwischenbilanz

Es gab die äußere Notwendigkeit, die die tschechische Kirche in den Untergrund zwang und dort katholische Gemeinschaften entstehen ließ. Die Christen in der Illegalität fanden schrittweise zu einer neuen Verantwortungsethik, die die engen Grenzen des kirchlichen Binnenraumes sprengte. Weil die Gemeinden im Untergrund nach freier Assoziation, nicht nach Ortsprinzip entstanden und von ihrem Bedürfnis nach intensiven christlichen Leben getragen wurden, liegt es dem Beobachter nahe zu erwarten, dass diese Gemeinschaften weitgehend synodale Strukturen entwickelt haben müssten, die die Theologen wie Davídek oder Mádr reflektierten oder gar mit ihrer Ekklesiologie der bedrohten Kirche legitimiert hätten. Nun müssen wir sowohl am Beispiel von Felix M. Davídek als auch am Beispiel von Oto Mádr festhalten, dass längst nicht jedes schriftlich verfasste Kirchenverständnis aus der Verborgenen Kirche das hierarchisch-monarchische Kirchenbild als vermeintliche Engführung verworfen oder gar ablöst hätte. Für Oto Mádr waren das hierarchische Wesen der Kirche, das Befolgen des römischen Lehramts und die ordinierten Weiheträger *die* unverzichtbaren Säulen des Kirchenlebens. Als Mádr Mitte der achtziger Jahre diese seine Kirchenauffassung niederschrieb, dürfte es keine Selbstverständlichkeit mehr gewesen sein, das Wesen der Kirche vordergründig mit ihrer hierarchischen Struktur und der unverfälschten Lehre zu bestimmen, ihre Lebendigkeit direkt von der Existenz des petrinischen Amtes abzuleiten und an das Weiheamt zu koppeln. Dies alles lässt Mádrs Theologie schroff, scharfkantig und apologetisch erscheinen.

Dennoch wäre es falsch, Mádrs Kirchenbild nur auf das des Leibes Christi in hierarchischer Anordnung seiner Glieder zu reduzieren. Oto Mádr musste in den vierzig Jahren seiner theologischen Arbeit im Untergrund mit einer bunten Palette von Kirchenvorstellungen konfrontiert gewesen zu sein, wovon er keine (!) ausdrücklich verwarf. Das von ihm 1986 gezeichnete hierarchische Idealbild der Kirche scheint vielmehr ein wiederholter theologischer Stereotyp gewesen zu sein. Oto Mádr wurde es nicht gegönnt, sich an dem wissenschaftlichen Diskurs über die Ekklesiologie des Zweiten Vatikanums zu beteiligen, so dass er sie noch nicht soweit verinnerlichen konnte, um die anderen Konzilsbilder in seinem Text zu benennen, die das Kirchendasein im Untergrund vermutlich viel besser wiedergespiegelt hätten. Mádr wollte damit die Lebensformen und das Verständnis der Kirche im Verborgenen nicht abwerten; er schätzte sie als für das Überleben der Kirche notwendige Formen des Kirchenlebens, sie wurden aber seiner Meinung nach nur durch diese Ausnahmesituation legitimiert.

In seinem wissenschaftlichen Lehrtext „Wie die Kirche nicht stirbt“ von 1986, der für die Publikation gedacht war, spricht er einer steilen ekklesiologischen Vertikale das Wort. Doch da, wo er sich an die Gläubigen wendet, wertet er bereits im Jahr 1951 die christliche Gemeinschaft „zu zweit, zu dritt, zu viert“ zu einer Hauskirche auf, ohne die es kein Überleben der Kirche in der Tschechoslowakei geben könne.[464] In Mádrs Texten finden wir mehrere solche Stellen, in denen er sich vordergründig an die Gläubigen wendet, um die Bedeutung der Kirche für sie zu beschreiben. Sie sind oft sinnbildlich und in kompletten Narrativen formuliert, sie sind ein Zeugnis einer horizontalen Ekklesiologie: ‚Kirche ist ein Ort, wo sich uns (…) Gott gibt‘, ‚Kirche ist Gottes Wohnen unter den Menschen‘ oder ‚Kirche ist Christus, der durch die Geschichte schreitet‘.[465] Wo Mádr eine pastorale Sprache sprach, die ihren eigenen Gesetzlichkeiten unterlag, dort begnügte er sich mit diesem Kirchenbild als primärem Vorverständnis der Kirche.[466]

Wir können zwischenbilanzieren: Die Analyse der bekanntesten Texte von Oto Mádr reicht aus, um den einseitigen Mythos auszuräumen, die Ekklesiologie der tschechischen Untergrundkirche habe dem hierarchischen Verständnis der Kirche eine Basisdemokratie im Sinn von Volkssouveränität entgegengestellt.[467] Ohne diese Vorstellung gänzlich abweisen zu wollen, müssen wir auf das Zeugnis von Mádr hinweisen, für den die behutsame Aufrechterhaltung des bewährten hierarchischen Kirchenbildes zumindest als Idealbild der Kirche eine zentrale Rolle spielte. Die tschechische Untergrundkirche, die sich durch ihre Dezentralität, durch die Vielfalt von Entstehungs- und Daseinsformen, durch ihr besonderes Sendungsbewusstsein und durch das Erproben neuer Leitungs- und Gemeinschaftsformen auszeichnete, war für Mádr eher eine erzwungene als willkommene Kirchen(-re-)form, die sich nur durch ihre lebensbedrohende Situation legitimierte.

Wie konnte Mádr das Bild der kleinen Gemeinschaften der Verborgenen Kirche, ohne die es seiner Meinung nach kein Überleben für die Kirche in der Tschechoslowakei gäbe, mit seiner Feststellung verbinden, dass vor allem das hierarchische Wesen der Kirche und der ordinierte Amt als die

[464] Oto Mádr, Wort für diese Zeit, 25.

[465] Vgl. Vojtěch Novotný, Oto Mádr: „Církev je Boží dar a naše dílo“ [Die Kirche ist Gottes Gabe und unser Werk], In: Universum. Revue České křesťanské akademie [Revue der Tschechischen christlichen Akademie] (3) 2011, 14–17, 15. Darin ging er, so auch die Überzeugung des tschechischen Kirchenhistorikers Vojtěch Novotný, „von einem bestimmten – vielleicht auch spontanen – Vorverständnis davon, was Kirche ist“ (Novotný, S. 15).

[466] Vojtěch Novotný, Oto Mádr: „Církev je Boží dar a naše dílo“ [Die Kirche ist Gottes Gabe und unser Werk], In: Universum (3) 2011, 14–17, 15.

[467] Vgl. die bereits erwähnte Monographie von Franz Gansrigler, Jeder war ein Papst. Geheimkirchen in Osteuropa, Salzburg 1991.

zentralen Werte der katholischen Kirche schützenswert seien? Ging die Kirchenerneuerung des Zweiten Vatikanischen Konzils an Mádrs Ekklesiologie tatsächlich spurlos vorbei? Keineswegs. Wenn wir die Wandlung Mádrs Kirchendenkens hin zu einer Kirche als Gemeinschaft aller Gläubigen dokumentieren wollen und ein Gespür dafür entwickeln wollen, was Mádr darunter verstand, dann müssen wir noch viele andere seiner Texte hinzuziehen und vor allem unsere Betrachtung auch auf die Gestaltung der Ekklesiopraxis im tschechischen Untergrund ausweiten.

4.3 Kirche als Nachfolge Christi. Zentrale Perspektiven Mádrs Ekklesiologie

Die Widersprüche in Mádrs Ekklesiologie und Ekklesiopraxis sind nur von seinem theologischen Gesamtkonzept zu erklären. Es sind uns in den vorangestellten Kapiteln bereits markante Deutungsmuster ins Auge gesprungen, die nach Erklärung verlangen. Zum einen ist es Christus als Glaubensgrundsatz und sein Ruf in die Nachfolge, der in Mádrs Kirchenbegriff eine große Rolle einnimmt. Die Beschreibung von Oto Mádrs Kirchenverständnis erschöpft sich nicht in seiner moraltheologischen Deutung als einem individuell adressierten christologisch begründeten Handlungsimperativ zum Erhalt einer geschwächten Kirchenstruktur, wie seine theologischen Programmschriften den Eindruck nahe legen könnten. Es wäre zu kurz gegriffen, die Wurzeln Mádrs Ekklesiologie auf theologische Polaritäten einzuschränken wie Kampf – Verrat, Märtyrer – Feind, Aufwachsen – Absterben, Rechtgläubigkeit – Glaubensabfall. Oto Mádr ist kein Moraltheologe, dessen Denken in den engen Koordinaten der katholischen Individualethik erstarrt ist, obwohl er selbstkritisch nicht leugnet, dass seine Theologie von der extremen Situation der tschechischen Ortskirche von Gegensätzen abhängt und dass er sie zunächst unter dem Blickwinkel der individuellen Verantwortung jedes einzelnen Christen anschaut.

In diesem Kapitel werden wir Mádrs Ekklesiologie, wie wir sie in dem vorangestellten Text bereits kennenlernten, ergänzen, indem wir die zentralen Perspektiven seiner theologischen Arbeit untersuchen, welche die Originalität Mádrs erst wirklich ausmachen. Ich gehe dabei der These nach, dass Mádrs Denken die intensive Suche nach dem Kern der (im Falle des tschechischen Katholiken immer aufs Neue erschütterten) katholischen Identität zugrunde liegt. Mádrs Kirchendenken in den Grenzsituation der Kirche in der Tschechoslowakei war nicht darauf aus, eine neue Ekklesiologie in oder für die Verborgene Kirche zu schaffen, sondern ging von diesen akut-aktuellen Fragen aus: Wie muss die Kirche sein? Und welche Menschen müssen die Katholiken sein, damit sie ihre Lage bewältigen können? Von dort aus sind auch seine drei vorherigen Texte zu lesen und zu deuten – nicht nur als theologische Traktate, sondern vielmehr als pastorale Hilfestellungen zur Ermutigung der Gläubigen. Deswegen verlieren sie aber nicht an Wert – im Gegenteil: Sie erscheinen für die katholische Kirche in Europa aktueller denn je. Ohne jegliche Selbstbeschränkung aus falschem Selbstschutz ermitteln sie den Zustand der damaligen katholischen Ortskirche und suchen nach ehrlichen Antworten und tragbaren pastoralen Konzepten.

4.3.1 Die radikale Nachfolge Christi

Die Erfahrung der unmittelbaren Bedrohung, der tägliche Überlebenskampf der tschechischen Kirche und seine eigene bewegte Lebensgeschichte ließen Oto Mádr seine Theologie entlang der Entäußerung Christi denken. Mádrs bekannteste Texte, die oben analysiert wurden, sprechen die Forderung nach bewusster Nachfolge Christi gerade in der Verfolgungszeit offen aus. Mádrs bekannteste Schülerin, die Prager Philosophin Jolana Poláková, bezeichnet Mádrs unbedingten Handlungsimperativ als eines der grundlegenden Merkmale seiner Ekklesiologie der bedrohten Kirche:

> „Oto Mádr vermittelt uns eine Grundbotschaft: Die Zeit ist nicht so, daß sie sich nur mit stumpfer Beharrlichkeit über unsere Köpfe hinwegwälzen würde, sondern sie bekommt vor allem durch uns ihre Richtung – durch unsere intimen Regungen und Entscheidungen für das Gute oder das Böse, durch unsere Fähigkeit zu wagen und Opfer zu bringen, durch unseren Mut zu denken, zu glauben, wirklich wir selbst zu sein."[468]

Der Christ dürfe sich der Vergangenheit nicht verschließen oder die Zukunft erträumen, sondern muss das Heute mit Gott und Mensch aktiv gestalten.[469] Das Überleben der tschechischen Kirche als Gemeinschaft der Gläubigen vor Ort hing nach Mádrs Überzeugung von der Vitalität der Gläubigen ab, die in dieser Situation bereit sind für Opfer:

> „Die Tapferkeit ist eine Tugend für unsere Zeit. Dem Christen fällt es nicht schwer, tapfer zu sein bis zur selbstverständlichen und tief von Freude er-

[468] Jolana Poláková, Nachwort der Herausgeberin von Oto Mádrs Schriften, in: Oto Mádr (Hg.), Wie Kirche nicht stirbt, 122–123, 122.

[469] Vgl. Oto Mádr, Vyhlížení zítřků [Die morgigen Tage ausschauen] (vermutlich 1980), in: Ders. (Hg.), Slovo o této době [Wort über diese Zeit], 43–47.

füllten Aufopferung für eine Sache, die es wert ist, daß man alles für sie opfert."[470]

Die Nachfolge Christi, in die sich der Katholik in der Tschechoslowakei begab, soll aber kein passives Erleiden des eigenen Todes sein. Schon in „Modus moriendi der Kirche" schließt Mádr dieses Opferverständnis aus. Er beschreibt den heutigen Märtyrer in der verfolgten Kirche als Nachfolger Christi, dessen bewusste Hinkehr zum leidenden Christus ganz von selbst auch eine innere Umkehr bedeutet. Es ist die Umkehr des Denkens: was dem Christen in den Zeiten der Freiheit als Grund und Perspektive des Lebens erschien, das wird jetzt durch die Erfahrung der Verfolgung neu überdacht. Das alte Frömmigkeitsmuster der Anteilnahme am Leiden Christi bekommt durch den real drohenden Tod für den Glauben in der Tschechoslowakei eine neue Dimension. Die schockierende Erfahrung der Brutalität der kommunistischen Verfolgung ließ die Christen in der Tschechoslowakei den moralistischen Formalismus der geistlichen Übungen überwinden und brachte die Bereitschaft mit sich, die Bibel neu zu lesen:

> „Es war die Zeit [der kommunistischen Herrschaft; P.S.], als wir die Schrift anders gelesen haben als früher. Die persönliche Betroffenheit öffnete uns die Augen für Hiob, für die Geschichte Israels, für die Apostelgeschichte und für Johannes' Offenbarung. Wie kindisch schien uns in unserer Situation die Äußerung eines Bibelkommentars über die Kirchenverfolgung: ‚In der heutigen Zeit gibt es keine neuen Märtyrer.' Die Zeit der Märtyrer ist wiedergekommen!"[471]

Oto Mádr legte Christi Erlöserleiden inklusiv aus. Wenn der Christ in der Nachfolge Christi sein Erlöserleiden entdeckt, dann gewähre ihm Gott den Zugang dazu, so dass im Einschluss in das seine ebenfalls stellvertretend sühnen kann. Wenn Tausende für den Namen Christi in den Gefängnissen leiden und einige für ihren Glauben bereit waren zu sterben, dann soll es für Oto Mádrs Kirchengemeinde Trost sein, weil dann auch auf sie „ein Teil der Gnade fällt, die von verborgenen Helden des Gebets und des Opfers errungen wird".[472] Der lebendige Christusglaube ist ein unabdingbares, kon-

---

[470] Oto Mádr, Ein Wort über diese Zeit, in: Ders., Wie Kirche nicht stirbt, 22–26, hier 24.

[471] Mádr, Dialog zwischen zwei Theologien, in: Otto König, Gerhard Larcher (Hg.) Theologie der gekreuzigten Völker. Jon Sobrino im Disput, Budapest 1992, 22–31. Gesehen in: Oto Mádr, Jolana Poláková (Hg.), V zápasech za Boží věc [Im Ringen um Gottes Sache], 199 f.

[472] Mádr, Ein Wort über diese Zeit, in: Ders. (Hg.), Wie Kirche nicht stirbt, 22–26, 25. Nicht nur das Leid der Armen und Kranken, sondern auch der Märtyrertod des verfolgten Christen intendiert eine soteriologische Relevanz, weil es eine Teilhabe am Leiden Christi hat.

stitutives Element der Kirche. Noch mehr: So wie die Kirche das Gesicht Christi auf sich nimmt, so entschlossen muss auch jeder Glaubende Christi Leben folgen.[473] Das tut er, indem er Christus treu bleibt, indem er in der Kirche lebt.

Vojtěch Novotný machte bereits Anfang der neunziger Jahre die Beobachtung: Mádrs Ekklesiologie führe auf die Zuspitzung der paulinischen Theologie (Röm 8,17; Kol 1,24) hin: Der ‚gekreuzigte' Christ leidet gegenwärtig in seinem Leib mit Jesus Christus mit. Die ‚gekreuzigte' Kirche ist die radikale theologische Deutung der sterbenden Kirche, die die Pflicht hat, „mit Gekreuzigtem bis zum letzten Atemzug auszuharren – wenn es Gottes Wille ist".[474] Von dort aus lässt sich das Verständnis der Leib-Christi-Metapher in Mádrs Texten erschließen. Sie wird am besten von Christus her gedeutet: Christus, der durch seine Menschwerdung unsere Gestalt annahm, erhob damit jeden Menschen zu einem Teil seines Leibes. Jeder Glaubende, wenn er freiwillig die Folgen der Verfolgung auf sich nimmt, der am Beispiel Christi Entäußerung lebt, bringt nach Mádr „vollkommenes und stetes Opfer" dar.[475]

Der Ruf zur Nachfolge Christi gehört unumstritten zur Mitte der Verkündigung des christlichen Glaubens. Aber darf er unter den Umständen der Verfolgung in die Forderung zur Bereitschaft zum Märtyrertod münden? Es ist charakteristisch für den theologischen Stil von Oto Mádr, dass er erst gar nicht versuchte, diesen Sachverhalt durch schönfärberische Wendungen zu kaschieren. Mádr sprach ohne jegliche verbale Zierde offen von

> „‚Blutzoll', das das „höchste Opfer für etwas [ist], was wir für kostbarer erachten als das eigene Leben. ‚Wehe dem Volk, das keine Helden hat' (…) Ein solches Volk – oder eine solche Gesellschaft, oder eine solche Kirche – begibt sich ihres Existenzrechtes, wenn sich in einer Zeit extremer Bedrohung niemand findet, der den Willen zum Leben artikuliert und mit äußerstem Einsatz seiner selbst erhärtet."[476]

[473] Hierzu vgl. Novotný, Teologie ve stínu [Theologie im Schatten], 186–193, bes. 190 ff. Und die Erinnerungen des Fundamentaltheologen Hans Waldenfels an Oto Mádr uns seine Theologie: Hans Waldenfels, V agonii církve [In der Agonie der Kirche], in: Teologické texty 1 (2012) 3–7.

[474] Mádr, Modus moriendi der Kirche, in: Ders. (Hg.), Ein Wort über diese Zeit, 237–243, 241. Vgl. Novotný, Teologie ve stínu [Theologie im Schatten], 186–193, bes. 187. Lohnenswert an dieser Stelle wäre mit einer anderen Arbeit zu Mádrs Anthropologie und Soteriologie anzusetzen und einen Vergleich mit der Theologie H.U. von Balthasar zu ziehen. Vgl. Hans Urs von Balthasar, Gott und das Leid, Freiburg 1984.

[475] Mádr, Modus moriendi der Kirche, in: Ders. (Hg.), Wie Kirche nicht stirbt, 30–38, 37.

[476] Mádr, Das christliche Nein und das christliche Ja der politischen Gefangenen. Predigt im Prager St.-Veits-Dom am 7.3.1992. In: Ders. (Hg.), Wie Kirche nicht stirbt, 105–109, 105.

Für Mádr gehörte zu der Bereitschaft zur Nachfolge Christi immer auch das Risiko, dafür zu leiden oder gar zu sterben:

> „es ist (…) wichtig das Bewusstsein darüber nicht zu verlieren, daß der Kampf um die Existenz der Kirche geführt wird, nicht jedoch in erster Linie um den Erhalt des Lebens eines einzelnen um jeden Preis. Falls die Wahl zwischen dem Existenzverlust und dem Verlust der eigenen Identität steht, dann gilt es für den Christen und für die Kirche: ‚Denn wer sein Leben retten will, wird es verlieren; wer aber sein Leben um meinetwillen und um des Evangeliums willen verliert, wird es retten.' (Mk 8,35)"[477]

Mádr war nach dem eigenen und den Zeugnissen seiner Mitstreiter selbst jederzeit bereit, sein Leben für die Kirche hinzugeben. Die tschechische Theologie der Gegenwart beurteilt diesen Zug seiner Theologie unterschiedlich. Während der Prager Fundamentaltheologe Václav Ventura darin im Rückblick eine bewundernswerte Ergebenheit in Gottes Vorsehung, die an patristischen *exhortationes martyrii* erinnert,[478] lässt Tomáš Halík eine gewisse innere Distanz spüren, wenn er über das gemeinsam Erlebte in der Prager Untergrundkirche berichtet. Halíks Paraphrase Mádrs unmittelbarer Reaktion auf eine massive Verhaftungswelle lässt Mádrs Pragmatismus in einem ambivalenten Licht erscheinen:

> „Wir sind an der Front, also gibt es auch Verluste. Wir machen weiter. Am wichtigsten ist es, ihnen [der Geheimpolizei; P.S.] das Signal zu senden, dass sie uns nicht eingeschüchtert haben. (…) Für die Menschen, die im Gefängnis sind, werden wir beten. Es ist gar nicht so schlecht [verhaftet zu sein; P.S.], die Erfahrung wird für sie nützlich sein und ihnen zugutekommen."[479]

---

[477] Mádr, Wie die Kirche nicht stirbt, in: Ders. (Hg.), Wie Kirche nicht stirbt, 39–104, 67.

[478] Vgl. Václav Ventura, Oto Mádr. Proslov u příležitosti pracovního večera na počest ThDr. Oto Mádra (Centrum dějin české teologie KTF UK, 9.5.2011) [Oto Mádr. Vortrag am Arbeitsabend zu Ehren ThDr. Oto Mádr, gestaltet durch das Zentrum der Geschichte der tschechischen Theologie an der Katholisch-Theologischen Fakultät der Karlsuniversität in Prag, 9.5.2011], in: Teologické texty 1 (2012) 39.
Auch Hans Waldenfels würdigte in seinem Nachruf auf Mádr die „eucharistisch-kenotisch bestimmte Sicht der Kirche", welche die Sinnlosigkeit des Todes durchbricht: „[d]ie Agonie der Kirche (…) kann aber auch zur Teilhabe am Sterben Christi werden, der einen Tod-für, konkret: einen Tod *propter nostram salutem*". Hans Waldenfels, V agonii církve [In der Agonie der Kirche], in: Teologické texty 1 (2012) 3–7, 7 (gekürzte Übersetzung ins Tschechische). [Zitat aus der ungekürzten deutschen Originalvorlage von Hans Waldenfels; Archiv der Autorin.]

[479] So Oto Mádr nach einer erneuten Verhaftungswelle. Vgl. die autobiographischen Erinnerungen seines Schülers: Tomáš Halík, Teolog zlatého středu. Ohlédnutí za Mons. Otou

Für Oto Mádr, der im Jahr 1952 in eine Todeszelle eingewiesen wurde, verloren die Repressalien der tschechischen Geheimpolizei in den sechziger bis achtziger Jahren ihren entscheidenden Stachel. Es wurden keine Todesstrafen mehr verhängt, die Verfolgung der Kirche wurde subtiler: Man riskierte als hoch qualifizierter, engagierter katholischer Laie „nur" seinen Beruf (vom Professor zum Fensterputzer herabgestuft zu werden war keine Seltenheit), sein Familienleben und das seiner Familienangehörigen (der freie Zugang zur Bildung wurde auch den Kindern der politisch Unangepassten verwehrt) und letztlich „höchstens" den Freiheitsentzug (lange Haftstrafen wurden verhängt). Dieses Risiko auf sich zu nehmen, bedeutete für Oto Mádr das höchste Zeugnis der Zugehörigkeit zu Christus.

Aus der heutigen Sicht drängt sich die kritische Frage auf, wo die Grenzen einer so verstandenen Christus-Nachfolge zu suchen sind und ob die biblische Legitimation dafür ausreicht, sie alleine zur höchsten inneren Norm der christlichen Lebensführung zu erhöhen. Konnte ein treuer Katholik in der kommunistischen Tschechoslowakei nur ein heldenhafter Märtyrer oder kein guter Christ mehr sein? Droht an dieser Stelle nicht etwa die Reduktion der Botschaft Jesu Christi auf eine moralische Anweisung und der Kirche auf eine moralische Anstalt? Kann Mádr den Katholikinnen und Katholiken in der Tschechoslowakei einen solchen Handlungsimperativ auferlegen? Wie aber sonst könnte Oto Mádr der sterbenden tschechischen Kirche zurufen, dass sie dann nicht stirbt, indem sie lebt? Was ist sonst einer Kirche, einem Christmenschen zu raten, wenn das Überleben der Kirche in einer besonders dramatischen Geschichtslage vom konkreten Handeln jedes Einzelnen abhängt? Mit Leben ist hier der unerbittliche Kampf gegen das Sterben jeder einzelnen Gemeinde in der Öffentlichkeit und im Untergrund gemeint, der von jedem Einzelnen den Märtyrertod für den Glauben erfordern konnte. Für die tschechische katholische Kirche müsste die obige Frage in eine Feststellung umformuliert werden: Ein treuer Katholik in der kommunistischen Tschechoslowakei konnte nur ein moderner Märtyrer oder irgendwann gar nicht mehr sein. Im Kontext der Verfolgung sind die christlichen Werte der Treue und Nachfolge äußerst wichtig geworden. Der besondere Kontext der schweren Bedrängnis darf uns heute nicht automatisch unsere Zustimmung mit allen Denkweisen und angeschlagenen Wegen abzwingen wollen, sollte uns aber angesichts des überwältigenden Zeugnisses der verfolgten Schwestern und Brüder zur Vorsicht im Umgang

---

Mádrem († 27.2.2011) [Der Theologe der goldenen Mitte. Mons. Oto Mádr im Rückblick]. Erschienen elektronisch 6. März 2012: http://christnet.cz/clanky/4554/teolog_zlateho_stredu.url (Zuletzt gesehen 28. Oktober 2014)

mit übereilter Kritik an der Radikalität dieser Christologie ermahnen. Oto Mádr verstand sich auf jeden Fall nicht nur als ein Arbeiter im Weinberg Gottes, sondern auch als sein Soldat, der jederzeit bereit war, für Christus und seine Kirche seine ganze menschliche Existenz einzusetzen. Es wird uns in dieser Arbeit noch beschäftigen müssen, welche kritische, aber dennoch durchaus positive Identifikation mit der katholischen Kirche und ihrer Botschaft der Untergrundtheologie zugrunde lag.

4.3.2 Die lebendige Theologie und Kirche

Nicht nur die Bereitschaft zur radikalen Nachfolge Christi ist ein ureigenes Attribut Mádrs Ekklesiologie, sondern auch die ‚lebendige Theologie der Kirche in Bedrohung'. Sie ist zwar erst nach Mádrs Gefängnisentlassung in den sechziger Jahren unter diesem Namen bekannt geworden, was ihr Anliegen war, lehrte und lebte Oto Mádr aber bereits viele Jahre zuvor.[480] Sie stellt ein praktisch-theologisches Korrektiv der oben vorgestellten radikalen Christus-Nachfolge dar.

Die Bezeichnung *Lebendige Theologie* ist zunächst als Name für Mádrs Theologiekurse in Prag entstanden.[481] Ähnlich wie bei Davídek waren diese Prager Bildungskurse eine Art Volksuniversität für die katholischen Laien, denen das Studium der katholischen Theologie von dem kommunistischen Regime verweigert wurde. Durch die Vielzahl von theologischen und interdisziplinären Veranstaltungen im Untergrund – Treffen mit Priestern, Ordensleuten und vor allem den katholischen Gläubigen und Glaubensinteressierten – wurden theologische Kenntnisse vermittelt, aber auch die Möglichkeiten der alternativen katholischen Pastoral in der kommunistischen Gesellschaftsordnung überdacht. *Lebendige Theologie* wurde schließlich zu einer Beschreibung der hermeneutischen Voraussetzungen für eine kommunikative Theologie im Sinne ihrer Offenheit auf das wirkliche Leben der Christen hin, zu der auch innerkirchlich die Bedingungen für einen gelungenen Dialog geschaffen werden müssen. Der Dialog, zu dem einerseits Offenheit und Toleranz für das Neue, andererseits aber auch

[480] ‚Lebendige Theologie', ‚katholische Identität', ‚Theologie der Mitte' und die dialogische Haltung wurden bereits 1997 von Karel Skalický, dem Nestor der tschechischen Theologie der Gegenwart, zu den Schlüsselthemen Mádrs Theologie gezählt. Vgl. Karel Skalický, Teologický průkopník Oto Mádr [Theologischer Wegbereiter Oto Mádr], in: Jolana Poláková (Hg.), Teolog Oto Mádr [Der Theologe Oto Mádr], 43–77.

[481] Mehr zu der Geschichte der Entstehung dieser Kurse vgl. Vojtěch Novotný, Katolická teologická fakulta 1939–1990. Prolegomena k dějinám české katolické teologie druhé poloviny 20. století [Katholisch-Theologische Fakultät 1939–1990. Prolegomena zur Geschichte der tschechischen katholischen Theologie der zweiten Hälfte des 20. Jhs.]. Praha 2007, 446–491.

Kontinuität in der Tradition gehören, waren die wichtigsten Stichworte, für die Mádr in vielen Beiträgen eintrat und damit die geistliche Haltung des Zweiten Vatikanums in der tschechischen Kirche fruchtbar machen wollte.

Mádr bezeichnete die Lebendigkeit als das besondere Merkmal seiner Theologie: Die lebendige Theologie sei ‚seine Theologie' und sie wiederum diene seinem wichtigsten Anliegen, die akademische Ekklesiologie mit der Ekklesiopraxis zu vernetzen. Mádrs ‚lebendige Theologie' war nicht das Ergebnis seiner theologischen Forschungsarbeit, sondern vielmehr der Einsicht einer pastoralen Notwendigkeit. Am Anfang stand nicht das Konzept einer erneuerten Ekklesiologie, sondern die pragmatische Idee, durch theologische Bildung und geistliche Begleitung Christinnen und Christen zu stärken, sie überlebensfähig für die schwierigen Bedingungen der tschechischen Kirche zu machen. Wenn Oto Mádr bereits Anfang der fünfziger Jahre in „Ein Wort über diese Zeit" die Gläubigen dazu aufmunterte, sich in kleinen Gemeinschaften in privaten Räumen zum Gebet und zur Bibelauslegung zu treffen, dann war es der erste Schritt hin zu einer lebendigen Theologie. Die Gefängniserfahrung stärkte Oto Mádr in dieser Überzeugung, dass die tschechische Kirche vor dem Aussterben bewahrt werde, wenn jeder einzelne Christ ein überzeugendes Zeugnis von seinem Glauben geben könne. Damit die Theologie in das Leben der Menschen sprechen könne, müsse sie aus deren Leben herauswachsen, es reflektieren, und sie zu mündigen Glaubenszeugen heranwachsen lassen. Dazu reichte nicht mehr nur die individuelle geistliche Begleitung verbunden mit dem Sakrament der Versöhnung. Dieses sich auf eine geistliche Vertikale verstehende Leitungsverhältnis sollte durch die Horizontale der geschwisterlichen Beziehung durchbrochen werden. Die Kenntnis des eigenen Glaubens sollte der Grundstein für eine neu erlebte Christengemeinschaft werden.

Deswegen bekam der Ende der sechziger Jahre in Prag neu eröffnete theologische Begleitkurs von Mádr den viel bedeutenden Untertitel „lebendige Theologie für lebendige Menschen". Die Bezeichnung „lebendige Theologie" bezog sich sowohl auf die Methode des Unterrichts als auch auf die Inhalte. Der Theologieunterricht für potentielle Priesteramtskandidaten und interessierte Laien fand nicht nur in üblicher Form von universitärem Frontalunterricht statt, sondern in vielfältigen Seminarformen, Werkwochenenden und simulierten Streitgesprächen, in denen die Hörerinnen und Hörer Antworten auf ihre eigenen, lebenskontextnahen Fragen bekommen konnten. Der Theologieunterricht stand im Vordergrund. Er basierte auf dem Pastoralkonzept des kroatischen Priesters Tomislav Kolakovič, das Mádr Ende der vierziger Jahre für sich entdeckte. Diese Art Passagenpastoral in Form von kleinen Gläubigengemeinschaften [tschechisch: *kroužek*, wörtlich übersetzt ‚Ring', wörtlich ‚Gläubigen-Ring'; P.S.] verbreitete der kroatische Priester Kolakovič mit großem Erfolg in der Tschechoslowakei bereits Mitte der vierziger Jahre.[482] In der Beschreibung von Kolakovičs Tun und Theologie finden wir erstaunlich viele Parallelen zu Mádrs Kirchenbild.[483] Mádr selbst gedenkt Kolakovič als seinem Lehrer und Priestervorbild.[484] Die pastorale Umsetzung Kolakovičs Pastoralkonzepts in die tschechische Verborgene Kirche basierte auf der Bildung von kleinen Gläubigengemeinschaften („Gläubigen-Ringe"). Ihr Ziel war es, unterschiedliche Bildungsgruppen – zum Beispiel Ärzte oder Naturwissenschaftler – unter sich zusammenzuführen. Ende der siebziger Jahre, als Mádr als pensionierter Priester aus Untersandau nach Prag zurückkehrte, bot er diesen Gläubigengemeinschaften geistliche Begleitung an und übernahm den Vorsitz bei den gemeinsamen Liturgiefeiern. Dieses Netzwerk

[482] Die charismatische, mit manchem Geheimnis umwobene Gestalt dieses ehemaligen Jesuiten und Priesters Tomislav Kolakovič (1906–1981 oder 1990?) übt bis heute in Tschechien und der Slowakei eine große Faszination aus. Kolakovič, bewandert sowohl im geographischen als auch im theologischen Sinn, gründete in den vierziger Jahren des 20. Jahrhunderts zuerst in der Slowakei und anschließend auch in tschechischen Ländern ein ‚Netz christlicher Familien'. Hierbei handelte es sich um kleine katholische Laiengemeinschaften, die Interesse an theologischer Weiterbildung und geistlicher Leitung zeigten. Die von Kolakovič so gegründete Familienbewegung lehnte sich stark an die katholischen Laienbewegungen der Zeit – die Katholische Aktion und die Christliche Arbeiterjugend (bekannt unter dem Namen *Jeunesse ouvrière chrétienne*). Mehr zu Kolakovič bietet ein kurzer Artikel von Josef Bárta, Obraz P. Tomislava Kolakoviče ve slovenských knihách [Das Bild von P. Tomislav Kolakovič in den slowakischen Büchern], in: Dialog-Evropa XXI (2) 1995, 36–37.

[483] Oto Mádr war nach Josef Zvěřina der stellvertretende Oberhaupt der Prager ‚Familie'. Ein enger Freund von Oto Mádr, der katholische Kirchenhistoriker und ehemaliger politischer Häftling Václav Vaško, interpretiert Kolakovičs Kirchenverständnis als eine christozentrische Volk-Gottes-Ekklesiologie, die Kolakovič mit einer faszinierenden Begeisterung bereits 19 Jahre (!) vor dem Zweiten Vatikanum lebte und lehrte. Seine Theologie war eine missionarisch-diakonische, die auf die Erweiterung der christlichen Wahrnehmungshorizontes aus war: „Der Christ, wenn er wirklich einer sein möchte, kann sich nicht in seine bürgerliche Privatsphäre und Bequemlichkeit einschließen, sondern muss Verantwortung für alles empfinden, was um ihn herum passiert, und Christus zurück in die entchristlichten Milieus hinein tragen. Mit Christus ist unser Platz an der Seite von Schwachen, Verfolgten, Erfolglosen. Mit ihm, mit Christus, müssen wir für jeden Christen das Recht auf die Entfaltung seiner Persönlichkeit – materielle, intellektuelle, emotionale, geistliche – damit jeder in Freiheit und im Einklang mit seinem Naturell zu Gott streben kann." Václav Vaško, Profesor Kolakovič. Mýty a skutočnosť [Professor Kolakovic. Mythen und Realität.], in: Impulz. Revue pro modernú katolickú kultúru (3) 2006, elektronisch:
http://www.impulzrevue.sk/article.php?135 (Zuletzt gesehen am 28. Oktober 2014) Es gibt keine zuverlässigen Quellen, die über den weiteren Verbleib von Tomislav Kolakovič nach 1945 eine sichere Auskunft geben. Er wurde durch die tschechische Geheimpolizei StB gesucht, tauschte vermutlich sein Pseudonym ‚Kolakovič' gegen ein anderes und tauchte im Ausland unter.

[484] Vgl. Mádr, Vzpomínky [Erinnerungen], in: Mádr, Poláková (Hg.), V zápasech za Boží věc věc [Im Ringen um Gottes Sache] 7–76, 22–24.

verbreitete sich weiter bis nach Mähren.[485] Die „Gläubigen-Ringe" stellten eine Art Basiskirche im Untergrund dar – inwieweit sich die Gestalt dieser ‚Ringe' mit den Basisgemeinden in Lateinamerika vergleichen lässt, bleibt eine unbeantwortete Frage, da es bis heute noch zu wenig Zeugnisse über ihr eigenes Selbstverständnis gibt.[486]

Der Inhalt der lebendig unterrichteten Theologie sollte nichts von seinem wissenschaftlichen Anspruch einbüßen. Die Theologie des Zweiten Vatikanischen Konzils ging an der lebendigen Theologie nicht vorbei. Oto Mádr kannte nicht nur die Dokumente des Konzils, sondern teilweise auch den Entstehungskontext der einzelnen Texte. Er schätzte besonders die Hermeneutik des Konzils, die die Enge des kirchlichen Formalismus und der übertriebenen Kasuistik zu überwinden versuchte. Mádrs lebendige Theologie war nicht nur der Methode nach, sondern auch in ihrem Inhalt der lebendige Beweis, dass die tschechische Kirche das Prinzip der *ecclesia semper reformanda* – der stets sich von innen reformierenden Kirche – bejahte. In der lebendigen Theologie ließ sich Mádr auf das Leben der Christen vor Ort ein, die Theologie verließ hier die Rolle der Belehrenden, beziehungsweise der einzigen Vermittlerin der göttlichen Lehre. Sie ließ sich selbst durch die Erfahrung der Menschen mit Gott verwandeln, blieb aber zugleich – dies war Oto Mádr sehr wichtig – in der katholischen Tradition fest verankert. Die Tradition zu bewahren, bedeutete aber für ihn keine totalitäre Festschreibung einer welttranszendenten Lehre. In die Mitte der katholischen Tradition rückte Mádr immer wieder Christus. Der Glaube der Kirche müsse sich einerseits dem Christusglauben unserer Mütter und Väter, andererseits auch der Gegenwart und Zukunft verantworten. Mádrs lebendige Theologie suchte konkrete Antworten auf die Fragen: Wie ist das Evangelium in der kommunistischen Totalität zu leben? Wie kann die Kirche in der Tschechoslowakei, die in ihrer Gestalt und ihrem Lebensvollzug so beschnitten ist, den modernen Menschen mit seinem wirklichen Leben ansprechen? Wie kann sie es tun und dabei dem katholischen Glaubensschatz treu bleiben?

Aus der Kritik am Mangel der Verbindungen zwischen Moraltheologie und Dogmatik und Ekklesiologie und Ekklesiopraxis wuchsen Mádrs For-

[485] Oto Mádr, Tma a hlad buď utvrdí nebo zlomí [Dunkelheit und Hunger verfestigen entweder oder sie brechen] In: Katolický týdeník [Katholische Wochenzeitung] 09 (2006); 28. Februar 2006.
Auch online zugänglich: http://www.katyd.cz/index.php?cmd=page&type=11&article=4398 (Zuletzt gesehen am 27. Oktober 2014)

[486] Zudem würde dieser Vergleich dem Anliegen von Mádr zuwiderlaufen, da er die Annäherung an die Theologie der Befreiung wegen seiner großen Vorbehalte nur sehr behutsam suchte. Siehe unten, im Kap. 4.3.3 und 4.3.4.

derungen an die Gestalt der Theologie und Kirche in den siebziger Jahren des 20. Jahrhunderts in der Tschechoslowakei. Denn sie dürfe nach Mádr nicht dem Eigennutz dienen, sondern „hat (…) ihren Sinn nur als Dienst an der Liebe“[487]. Lebendige Theologie sei nach Mádr eine solche, die nicht nur die Lehre der Kirche artikuliere, denn die pure Anhäufung des theoretisch-theologischen Wissens wäre eine absurde Leugnung der Lebenslage der tschechischen Kirche und ihrer Gläubigen. Die Theologie werde nur dann fruchtbar, wenn sie sich nicht von der Ekklesiopraxis isoliert, sondern eine lebendige Interpretation der Heiligen Schrift in das reale Leben der heutigen Menschen bieten kann: „Den modernen, freien Menschen mit dogmatischen Formeln und juristisch kantiger Moral zu evangelisieren, ist kontraproduktiv.“[488] Die Theologie soll dabei das Gespür für die lebendige Gegenwart Jesu Christi in seiner Kirche verfeinern. Mádr entfernte sich von einer individualistisch gedachten Spiritualität der Nachfolge Christi, die das Leiden der Christen hinter dem Eisernen Vorhang zu einem andauernden Martyrium stilisieren würde. Der zentrale Gedanke von Oto Mádr war (nicht nur in seinem ‚Modus moriendi der Kirche‘) die Feststellung, dass der Herr seiner Kirche kein unbescholtenes Dasein versprach, sondern vielfältige Anstrengungen, Leiden und Kampf. Wenn er von lebendiger Theologie sprach, nahm Mádr nicht mehr nur den einzelnen Gläubigen in den Blick, sondern sprach über die tschechische Ortskirche als Ganzes. Die lebendige Theologie bedeutete dann auch eine kontextuelle Theologie, die in erster Linie in dieser Ortskirche entstanden war, sich ihrer Anliegen annahm und zurück in sie hinein sprach. Ihr Ziel war ein gegenseitiger Lehr- und Lernprozess der Theologie und der Ekklesiopraxis in der Tschechoslowakei. Theologie als Dienst der Liebe bedeutete für Oto Mádr, dass man für die Glaubenden das Herz öffnete und ihnen im Geiste Christi diente, indem man ihnen als Theologe die Stimme verlieh. Mádrs lebendige Theologie war nach seiner eigenen Auskunft gleichermaßen eine Verkündigungstheologie, eine kerygmatische Theologie.

Mit all diesen Stichworten, mit denen Mádr seine lebendige Theologie umschrieb, brachte er zur Sprache, was ihm als Theologen ein grundlegendes Anliegen gewesen war: Wenn die Glaubensweitergabe oder gar der missionarische Auftrag der Kirche gedeihen solle, müsse er durch die Theologie von einer gelungenen Verbindung zwischen ihrem wissenschaftlichen Anspruch und den Lebenswelten der Gläubigen unterstützt werden. Dieser Umstand war in den Bedingungen der kommunistischen

[487] Mádr, Největší je láska. Vzpomínka na Josefa Zvěřinu [Die Größte ist die Liebe. Erinnerung an Josef Zvěřina]. In: Mádr (Hg.), Slovo o této době, 149–153, 149.
[488] Ebd.

Tschechoslowakei besonders brisant. Die lebendige Theologie gab sich selbst die Aufgabe, die Gläubigen und Gottsuchenden in ihrem tatsächlichen Lebensalltag aufzusuchen, um ihnen Christus aufzuzeigen, der überall und gerade in schweren Zeiten den Menschen nah ist. Die Kirche war für Mádr immer und überall das Abbild Jesu Christi in dieser Welt. Die lebendige Theologie trug dazu bei, dass, wenn auch alle Leitungsorgane und Weiheämter der jeweiligen Ortskirche lahmgelegt wurden, sie trotzdem ‚aus der inneren Vitalität der Gläubigen'[489] diese Trockenzeit überbrücken konnte.

In einem Vortrag für Gemeindepfarrer, in dem er sie im Jahr 1971 mit den Ergebnissen des Zweiten Vatikanischen Konzils vertraut machte, berief sich Oto Mádr einige Male auf den Kommentar zu Konzilstheologie der Ortskirche der deutschen Theologen Karl Rahner und Norbert Greinacher: Den existenziellen Vollzugsort der Kirche sahen Greinacher und Rahner dort, wo die Gemeinde sich versammelt, die auf das Wort Gottes hört und das Herrenmahl feiert (Greinacher). Zudem sei die Ortskirche nicht nur als eine nachträglich gegründete ‚Agentur der Weltkirche' zu verstehen, die eine solche Gründung genauso gut auch hätte bleiben lassen können, sondern sie sei das Ereignis dieser Weltkirche (Rahner).[490] Mádrs eigene Weiterentfaltung dieser Gedanken im Kontext seiner eigenen Ortskirche, die im direkten Anschluss folgt, ist an dieser Stelle bedeutsam:

> „Es entsteht ein neues Modell der Pfarrei, nah an dem ursprünglichen, nämlich die christliche Brüdergemeinde. (...) Die Kirche hatte in ihrer Geschichte mehrere Gestalten: von der Brüderkirche über die institutionelle Kirche bis hin zur Weltkirche. Heute befindet sie sich wieder in einer Krisensituation und sucht eine neue Gestalt, die wir Gemeindekirche nennen könnten. Es geht dabei nicht um eine eigensinnige Entwicklung, sondern um einen Weg, auf dem die Kirche vor allem das wird, was sie nach Jesu Willen sein sollte, nämlich die Gegenwart Gottes, der sich in Christus der Welt mitteilt."[491]

Diese Bilder der Kirche als Brüdergemeinde oder Gemeindekirche ähneln den „Gläubigen-Ringen", dem pastoralen Konzept des Prager Kreises. Das Bild der Kirche von unten, das Oto Mádr im Kontext seiner lebendigen Theologie vorstellt, ist ein anderes als wir es aus seinen Programmschriften (vor allem aus dem 1986 geschriebenen ‚Wie die Kirche nicht stirbt') ken-

489 Mádr, Dafür und dagegen, in: Mádr (Hg.), Wie die Kirche nicht stirbt, 27–29, 28.

490 Die meisten Hinweise dieses Kapitels stammen aus Oto Mádrs Vortrag über die Rezeption des Zweiten Vatikanischen Konzils: Mádr, Církev dnes a zítra [Die Kirche heute und morgen], in: Mádr, Slovo o této době, 215–236, hier 226.

491 Ebd., 232. Der letzte Teil ist Mádrs Paraphrase eines Zitats von Norbert Greinacher.

nen. Sie scheinen sich sogar zu widersprechen. Fiel Oto Mádr 1986 hinter das von ihm selbst 1971 gesicherte Konzilsverständnis der Kirche zurück? Vielmehr scheint es, Mádr hielt die zwei Sinnbilder – das der gemeinschaftlichen Kirche von unten und das der hierarchischen Kirche von oben – zeitgleich als zwei Aspekte der einen Ekklesiologie aufrecht und wusste sie beide für seine Theologie fruchtbar zu machen. Auch an dieser Stelle scheint sich die Beobachtung zu bestätigen, Oto Mádr antwortete mit der etwas steril wirkenden hierarchischen Ekklesiologie überall dort, wo er sich der Herausforderung zu stellen meinte, die verbindliche katholische Lehre über das Wesen und die Ordnung der Kirche darzulegen. Die Zeugnisse über Mádrs Pastoral – die kleinen Gläubigen-Ringe, in denen das christliche Leben im Prager katholischem Untergrund organisiert wurde – lassen uns den Communio-Gedanken und das Vertrauen in den Glaubenssinn der gesamten Kirche wiedererkennen. Mádr wehrte sich ausdrücklich, diese zwei Kirchenbilder als Gegensätze zu verstehen. Als Umschreibung seiner eigenen Theologie schuf er die Bezeichnung ‚Bewegung der theologischen Mitte', unter die er die letzten Jahre seiner theologischen Schaffenszeit stellte.

4.3.3 Die Bewegung der theologischen Mitte und die christliche Identität

Die „Bewegung der theologischen Mitte" war ein mahnender Aufruf zu einer Theologie, die die auseinander divergierenden Tendenzen der nachkonziliaren Theologie mit Sorge beobachtete und die Notwendigkeit der Loyalität des katholischen Theologen zum römischen Lehramt unterstrich. Aus diesem auf Vertiefung angelegten Denken erwuchs schließlich Mádrs Frage nach der katholischen Identität: Was macht die Existenz der katholischen Kirche aus? Wozu ist die Kirche da?

Oto Mádr beobachtete den scharfen Meinungsaustausch der internationalen Theologengemeinschaft um das Kirchenverständnis des Zweiten Vatikanischen Konzils nach anfänglicher Sympathie mit wachsender Sorge. Vor allem im deutschsprachigen Raum und in Frankreich trug er seiner Auffassung nach zur Bildung von kirchenpolitischen Fronten bei, die sich auf ihre Interpretation verhärteten und versteinerten. Die theologische Polarität zwischen den von ihm als „konservativ" und „progressiv" bezeichneten Kräften kannte Mádr auch aus den Streitgesprächen der Verborgenen Kirche. Statt die Not der tschechischen Katholiken zu beheben oder zumindest zu lindern, trüge sie noch zusätzlich zu ihrer Verschärfung bei.[492] Mádr glaubte im Ausland ähnliche Prozesse zu beobachten, die zur Polarisierung der Glaubensmeinungen und der Gemeinden führen.[493]

Den sogenannten Ultrakonservativen warf Mádr vor, sich von dem von Triumphalismus, Klerikalismus und Legalismus geprägten vorkonziliaren Kirchenbild nicht trennen zu wollen, während die Progressiven seiner Meinung nach wegen ihrer zu großen Leidenschaft, die neue Theologie rasch in die pastorale Praxis umsetzen zu wollen, ihre katholische Identität leichtsinnig preisgeben würden.[494] Diese Entwicklung wollte Mádr ausdrücklich nicht hinnehmen. Seine Theologie der Mitte sollte keinen dritten Weg darstellen, sondern zum Wiederbeleben der gemäßigten kirchenpolitischen Strömung führen:

> „Es scheint, dass die Zeit für das Aktivieren der Mitte kommt, die bis jetzt mehr oder minder schwieg. Ihre Aufgabe ist es nicht, eine dritte Gruppe zu werden, sondern eine Atmosphäre für eine fruchtbare, aussichtsreiche Diskussion zu schaffen. Urs von Balthasar, Ratzinger und andere gründen eine theologische Revue mit markant mittigem Programm. Das österreichische Episkopat verkündete im September 1971 eine generelle Linie „der Weg der neuen Mitte" mit diesen Grundsätzen:
> kein Schritt außerhalb der allgemeinen Kirche und ohne die Verbindung nach Rom;
> kein Rückfall vor das Konzil;
> die Kirche darf nie stehen bleiben, sondern muss immer nach vorne gehen."[495]

[492] Mádr bezog häufiger seine Stellungnahme zum Gelingen unterschiedlicher Theologien: Seine Skepsis zur Theologie der Befreiung in: Mádr, Dialog zwischen zwei Theologien, in: König, Larcher (Hg.), Theologie der gekreuzigter Völker. Jon Sobrino im Disput, Budapest 1992, 22–31. Gesehen in: Oto Mádr, Jolana Poláková (Hg.), V zápasech za Boží věc [Im Ringen um Gottes Sache], 196–204. Vgl. auch Kap. 4.3.4.
Seine Kritik der Polarisierung in der Theologie: Mádr, Téma dne – Polarizace [Das Thema des Tages – Polarisierung], in: Mádr, Poláková (Hg.), V zápasech za Boží věc věc [Im Ringen um Gottes Sache] 205–207. Vgl. auch das kommende Kap. 4.3.4.
Sein Vorschlag, die ‚Theologie der Mitte': Mádr, Církev dnes a zítra [Die Kirche heute und morgen], in: Mádr, Slovo o této době, 215–236, hier 234.

[493] Vgl. Mádr, Církev dnes a zítra [Die Kirche heute und morgen], in: Mádr, Slovo o této době, 215–236, 235.

[494] Ebd., 228 und 234 f.

[495] Ebd., 234. Mádr meint vermutlich die Internationale Katholische Zeitschrift *Communio*, die 1972 von Hans Urs von Balthasar, Joseph Ratzinger, Henri de Lubac und anderen gegründet wurde. Mádrs theologische Fachzeitschrift „Texte", heute „Theologische Texte" genannt, sollte eine ähnliche Aufgabe in der tschechischen Kirche erfüllen.

Mádr betonte immer wieder die liebend-dienenende Aufgabe der Theologie. Sie solle in den Alltag der Menschen hineintreten. Die Antworten der tschechischen Theologie auf die Nöte der Gemeinden wollte er, inspiriert durch die oben genannten deutschen und österreichischen Vorbilder, mit der Dynamik der Mitte auf die Grundlagen der katholischen Kirchengemeinschaft festlegen. Auf diese Weise sollte die neu angebrochene Kirchenepoche nach dem Zweiten Vatikanischen Konzil eine Umbruchstelle werden, aber keine gefährliche Krise der katholischen Identität.[496]

Mádr hat die Interpretation des Konzils von einem der Prager Gastprofessoren Heinz Schürmann begeistert aufgenommen: „Er [Schürmann; P.S.] führte die These aus: Der Kern des Konzils ist die Buße der Kirche. Das war hervorragend."[497] Die Diskussionen um die Gewichtung zwischen hierarchischer Kirchenstruktur und Theologie des pilgernden Gottesvolkes werden von Mádr nicht kritisch ausgelotet. In dem reichen Glaubensangebot der siebziger und achtziger Jahre im politischen Westen sah ein Teil der tschechischen Untergrundkirche eine mögliche Bedrohung für die katholische Kirche.[498] Nicht nur Mádr, sondern auch Zvěřina reagierten auf die divergierenden theologischen Diskurse in der Weltkirche empfindlich kritisch.[499] Sie befürworteten die Notwendigkeit der Erneuerung des Kirchendenkens und Kirchenhandelns, fürchteten dabei allerdings den Verlust der Glaubensorthodoxie.[500] Die tschechische katholische Ortskirche kämpfte bereits seit zwei Generationen um ihr Überleben und selbst ihre katholische Identität bedroht. Diese Kirche glaubte in dem vom Konzil angestoßenen Erneuerungsprozess (und der damit einhergehenden Diskussion über das Kirchenverständnis und über die Gestaltung der Pastoral) eine mögliche Bedrohung der katholischen Identität.

---

[496] Vgl. Ebd., 216.

[497] Oto Mádr, Vzpomínky [Erinnerungen], in: Oto Mádr, Jolana Poláková (Hg.), V zápasech za Boží věc [Im Ringen um Gottes Sache], 58.

[498] Vgl. die Beurteilung Mádrs Moraltheologie durch: Jiří Skoblík, Vzpomínky na budoucnost, in: Jolana Poláková (Hg.), Teolog Oto Mádr, 21–26: „Oto Mádr beurteilt die Anregungen aus dem Westen sehr vorsichtig, mit Wertschätzung, aber auch kritisch" S. 25.

[499] Zvěřina und später auch Mádr standen dem Memorandum „Wider die Entmündigung – für eine offene Katholizität" von 1989 (sog. „Kölner Erklärung") kritisch gegenüber. Zvěřina bemängelte das fehlende Gespür der deutschsprachigen Theologen für die Verantwortung des Papstes für die Weltkirche.

[500] Vgl. Mádr, Dialog zwischen zwei Theologien, in: König, Larcher (Hg.), Theologie der gekreuzigter Völker. Jon Sobrino im Disput, Budapest 1992, 22–31. Gesehen in: Oto Mádr, Jolana Poláková (Hg.), V zápasech za Boží věc [Im Ringen um Gottes Sache].
Bzw. Mádrs Kritik der Polarisierung in der Theologie: Mádr, Téma dne – Polarizace [Das Thema des Tages – Polarisierung], in: Mádr, Poláková (Hg.), V zápasech za Boží věc věc [Im Ringen um Gottes Sache] 205–207.

Das Stichwort ‚katholische Identität' nahm seit dem Konzil in den Werken von Oto Mádr eine wichtige Rolle ein, die ‚Theologie der Mitte' fand sogar erst nach 1989 ihre volle Entfaltung.[501] Wie wir am Beispiel von Davídek und Mádr sehen können, gab es bereits vor 1989 klaffende Unterschiede in der Theologie der Untergrundkirche. Doch fehlte damals wegen der Verheimlichung die genaue Kenntnis der anderen, zudem fehlte auch die öffentliche theologische Bühne, die einen Meinungsaustausch erst überhaupt ermöglicht hätte. Doch sofort nach 1989 sahen sich Theologen wie Mádr mit den wachsenden theologischen Meinungsverschiedenheiten konfrontiert, wie sie sie bis dahin nur aus dem Ausland kannten. Mádr schreckte vor einer möglichen Polarisierung der tschechischen Kirche zurück, sie galt es seiner Meinung nach unbedingt zu verhindern. Im Jahr 1993 schrieb er einen weiteren programmatischen Artikel „Die Dynamik der Mitte", in dem er seine „Theologie der Mitte" als notwendige hermeneutische Grundlage jedes theologischen Dialogs festlegte. Zuerst nimmt er kritische Stellung zu den Strömungen in der katholischen Kirche:

> „Traditionalismus: Wenn glauben, dann ohne Vorbehalte. Gott spricht durch den Heiligen Vater und mehr benötigt man nicht. Das heutige verursachten die Theologen mit ihrem klügeln. Die Welt ist böse, nichts mit ihm zu tun haben. Das Motto: Treue zur Kirche.
> Progressivismus: Die Kirche hinkt hinter dem Fortschritt der Welt, deswegen verliert sie Ansehen und Menschen. Sie stellt unmenschliche Anforderungen. Sie muss demokratisiert werden und den Schritt mit der Zeit halten. Nur das wird sie retten. Das Motto: Weltoffen.[502]

Sofort im Anschluss kommt als dritter Weg, als eine Alternative Mádrs Vorschlag:

> Dynamische Mitte: Organische Verbindung der Treue und der Offenheit. Weder die Treue mit den Scheuklappen an den Augen, die im Museum oder

[501] Vgl. Mádr, K jádru věci. Aktuální reflexe z let 1993–2003 [Zum Kern der Sache. Aktuelle Refelxionen aus den Jahren 1993–2003] Praha 2003. Die Titel der dort gesammelten Mádrs Beiträge sind bezeichnend: „Katholische Identität", „Dynamik der Mitte", „Wahrheit und Toleranz, Treue und Freiheit" u. a. Vgl. unten.
Vgl. auch die Erinnerungen eines von Mádrs Schülern Tomáš Halík: Tomáš Halík, Teolog zlatého středu. Ohlédnutí za Mons. Otou Mádrem († 27. 2. 2011) [Der Theologe der goldenen Mitte. Mons. Oto Mádr im Rückblick]. Erschienen elektronisch 6. März 2012: http://christnet.cz/clanky/4554/teolog_zlateho_stredu.url (Zuletzt gesehen 28. Oktober 2014)

[502] Mádr, Dynamika středu, in: Mádr (Hg.), K jádru věci. [Zum Kern der Sache.] Praha 2003, 22–24, 23.

> auf dem Friedhof landet. Noch die Offenheit mit dem Verlust der Identität, die der Welt nichts zu geben hat und zerrinnt in ihr. Sondern: Das Streben nach der Wahrheit in der möglichst großen Breite. (...) Der Fortentwicklung (‚dem Neuen') helfen, in Kontinuität mit dem Fundament (‚dem Alten'). Ohne rebellisch Muskeln spielen zu lassen (...) Nicht zu fürchten Elite im evangelischen Sinn zu werden (Sauerteig, Salz). Wahre Demut ist unbezwingbar und Geduld ist Ausdruck wirklicher Kraft. Dann ist der königliche Weg nach vorne möglich: Dialog."[503]

Ich glaube, dass Oto Mádr bewusst war, dass das Ringen um die katholische Identität nicht mit einer einfachen kirchenpolitischen Frontenfixierung auf ‚links', ‚rechts' oder ‚Mitte' zu gewinnen war. Wenn wir seinen Gebrauch des Ausdrucks ‚Mitte' verfolgen, stellen wir fest, dass er darin die grundsätzliche Verbundenheit des Theologietreibens mit der Autorität der Weltkirche deklariert, die jedem theologischen Streben prinzipiell zugrunde liegen muss. Aber was bedeutet für Mádr ‚katholisch'? Und wer ist die Autorität, die die Rechtgläubigkeit der Theologen beurteilt?

In einem Artikel mit der Überschrift ‚Katholische Identität' aus dem Jahr 1993 gab er selbst die Antwort auf diese Fragen, indem er erneut die formellen Gegenpole der Konzilsinterpretation anzeigte: Während die einen das Risiko der Bildung von Ghetto-Mentalität in der Kirche eingingen, riskierten die anderen mit ihrem entwurzelten Innovationstrieb den Verlust des katholischen Selbstwertes. Es überrascht, wenn Mádr den Katholiken nicht wie erwartet nur von seiner Glaubensüberzeugung her definierte, sondern ihn gleichwertig auch als einen Christen darstellte:

> „Ein geistig reifer Katholik ist zugleich heimisch in seiner Kirche, aufs Volle ein ökumenischer Christ, nicht teilnahmsloses Mitglied seiner Nation, verantwortungsvoller Bürger dieses Landes und Brüder aller Menschen. Das ist seine Identität in voller Entfaltung in die göttliche Vertikale und menschliche Horizontale."[504]

Dieses Schlussplädoyer war der erste Schritt zu Mádrs Definition der katholischen Identität. Der Katholik sei ein Christ, der aus der Beziehung zu Gott (Mádr sprach von der „göttlichen Vertikale") in die Gemeinschaft der Menschen in gegenseitiger Liebe („menschliche Horizontale") hineinwächst. Mit den Begriffen „göttliche Vertikale" und „menschliche Hori-

---

[503] Ebd., 23 f.

[504] Mádr, Katolická identita [Katholische Identität], in: Mádr (Hg.), K jádru věci. [Zum Kern der Sache.] Praha 2003, 18–22, 21.

zontale" umfasste Mádr das Leben eines zum Glauben erwachten Christen. Sie stellten für Mádr den einzigen Weg dar, um in das göttliche Geheimnis hineinzuwachsen. Hier sprach Mádr noch nicht vom ‚Katholiken', sondern von ‚Christen'. Der Katholik ist also zunächst der universale Christ, im Sinne der Tradition der Kirche, die alles umfasst, in und mit ihr lebend – oberhalb der partikularen Denominationen.

Die göttliche Vertikale und die menschliche Horizontale umrunden die Kirche und die menschlichen Beziehungen. Mit göttlicher Vertikale meint Mádr die Gottesbeziehung: Der Mensch ist mehr als nur Mensch, Gott lässt ihn durch seine Gnade zu sich selbst aufsteigen. Auf dieser Vertikale sucht der Mensch nicht nur Gott, sondern schaut auch tief in sich hinein. Er wird von Gott angenommen und geliebt und antwortet mit Buße und Streben nach Wahrheit und Demut. Die göttliche Liebe, die auch durch Schmerz läutert und durch dunkle Täler führt, weitet das menschliche Herz und bereitet den Boden für die menschliche Horizontale, denn niemand liebt Gott, der den Menschen nicht liebt. Wo Menschen in Gemeinschaft leben, dort schenkt sich ihnen der Heilige Geist: „Eine Mini-Kirche ist entstanden, eine lebendige Zelle des Kirchen-Organismus."[505]

Die Nächstenliebe erschöpft sich nicht in einem katholischen oder christlichen Dünkel. Mádr spricht von einem zweiten, diakonischen Arm: „der zu den Fremden, schlicht zu den Menschen als solchen zeigt".[506] Der Christ muss die Fremden beziehungsweise das Fremde also nicht nur aushalten können, sondern es selbst aussuchen. Wie ist es zu schaffen, ihnen ein authentisches Glaubenszeugnis zu geben? Mádr ist im Begriff zu behaupten, dass nur der, der sich in die radikale Nachfolge Christi begibt, ein glaubwürdiger Glaubenszeuge wird. Es gibt nur den einzig möglichen Weg zum Reifen in der Gemeinschaft mit Gott, den der Proexistenz, der Selbstaufgabe für die anderen. Für Oto Mádr an der Schwelle zum 21. Jahrhundert bedeutete es den täglichen Altruismus:

> „In der heutigen demokratischen und materiell gesicherten Welt fragen wir uns: Warum blüht nicht proportional dazu auch der Glaube? Fehlt hier nicht vielleicht der Stimulus des Leidens? Haben wir vergessen, uns für den Krisenfall in einer tief motivierten und erleuchteten Askese zu üben? (…) Der einzige Ausweg, den uns Jesus zeigt, ist sein Wort ‚Selig die Armen' (Lk 6,20), und das im wortwörtlichen Sinn. An der Schwelle zum 3. Jahrtausend ist harte Selbstbeherrschung und Askese kein geistlicher Luxus, sondern wird zur Notwendigkeit und zur Pflicht der Liebe. Unsere erstrangige Aufgabe ist

[505] Mádr, Duchovní vertikála [Geistliche Vertikale], in: Ders. (Hg.), Slovo o této době, 50–52, 52.
[506] Ebd.

es, Modelle eines glücklichen Lebens auch ohne die Errungenschaften der Zivilisation, an die wir uns gewöhnt haben, herauszubilden, und diese Modelle auch den anderen vorzuleben."[507]

So kehren wir an Oto Mádrs Lebensende zu den Wurzeln seiner Ekklesiologie zurück: Der Glaubende geht in der Kirche den Weg Christi, den Weg der Entäußerung. Mádr empfahl dem deutschen Katholiken 1991 in seiner Ansprache bei der Verleihung der Ehrendoktorwürde eine ähnliche Haltung wie dem Untergrundchristen in der Tschechoslowakei: Die der Entäußerung, der Askese und des Verzichts.[508] Es scheint, wie wenn die wahre Kirche Jesu Christi in Mádrs Überzeugung vor allem die Kirche der Armen hätte sein sollen, eine „entweltlichte" Kirche – im Sinne des freiwilligen Verzichts, damit sie an ihren Ursprung anknüpfen und damit authentisch werden kann. Die tschechische Untergrundkirche, die sich selbst kaum mit der Urkirche verglichen hatte, stand dennoch diesen Forderungen sehr nahe. Dies scheint ein entscheidender Impuls Mádrs Ekklesiologie zu sein, der aus dem Erbe der Untergrundtheologie bisher noch nicht geborgen wurde.

Die Aktualität Mádrs Theologie erschöpfte sich nicht in seinem Versuch, eine Not-Ekklesiologie für die bedrohte Kirche zu entwickeln, derer theologische Grundlagen in einem pyramidalen Kirchenverständnis verhaftet blieben. Die Christologie und die Ekklesiologie gehörten für Oto Mádr eng zusammen, weil sie beide von der Gegenwart Christi handeln. Christus ist in seiner Kirche gegenwärtig. Was bedeutet das konkret für die Gestaltung der Kirche? Diese Frage führte Mádr in die Radikalität der Frage nach einer armen Kirche, nach einer Kirche für die Armen. Das ist die bisher nicht gewürdigte ungeheure Stärke dieses katholischen Denkers und die logische Konsequenz seiner christozentrischen Ekklesiologie: So wie der Glaubende in die Nachfolge Christi berufen ist, so muss sich auch das irdische Gesicht der Kirche am Antlitz Christi ausrichten. Mit der Forderung nach Verzicht und Askese wünschte Mádr keine abgesonderte Innerlichkeit herbei, sondern die Kirche als Dasein für andere mit einer starken Option für die Benachteiligten. Er widersprach damit heftig der gängigen Volksfrömmigkeit der Gottesloblieder: „In göttlichem Erbarmen liebt Christus alle gleich / die Reichen und die Armen beruft er in sein Reich."[509]

---

[507] Mádr, Aus der Rede bei der Verleihung der theologischen Ehrendoktorwürde in Bonn am 4. Mai 1991, in: Mádr (Hg.), Wie die Kirche nicht stirbt, 110–117, 116.

[508] Vgl. z.B. Miloš Raban, Ab „Modus Moriendi" české církve et ad honorem Mádri, in: Mádr, Poláková (Hg.), V zápasech za Boží věc věc [Im Ringen um Gottes Sache] 154–158.

[509] Friedrich Dörr [1972] 1975, Gott ruft sein Volk zusammen (L, Genf), in: Gotteslob 477 (altes GL: 640), Rubrik: Leben in der Kirche – Kirche – Ökumene; 2. Strophe.

4.3.4 Die Kirche als Vergegenwärtigung Jesu Christi

Die Ekklesiologie im Sinne eines wissenschaftlichen Traktats, das sich umfassend der Theologie der Kirche widmen würde, schrieb auch Oto Mádr nie. Seine Vorstellung davon, was Kirche sein sollte, und sein persönliches Zeugnis, was Kirche im Untergrund tatsächlich war, finden wir über viele seiner Werke von 1951 bis 2011 gesät. Das eigentliche Verständnis der Kirche wird fast in allen seinen Texten implizit vorausgesetzt.[510] Mádrs Vorstellung von Kirche müssen wir oft aus seinen Empfehlungen an die Gläubigen herauslesen. Nur selten benutzt er die klassischen Kirchenmetaphern wie ‚Leib Christi' oder ‚Volk Gottes'. Wo er dennoch diese gängigen systematisch-theologischen Umschreibungen gebraucht, dort scheint er sich nicht einer kirchenpolitischen Interpretationsströmung des Konzils anzuschließen, sondern vielmehr den Gläubigen mit einem anschaulichen Bild Halt im Glauben verleihen zu wollen. Das bedeutet nicht, dass ihm nicht bekannt war, welches Kirchenverständnis diese Metaphern zum Ausdruck bringen. Als Priester und Seelsorger der katholischen Kirche in der kommunistischen Tschechoslowakei wurde ihm die Teilnahme an den Forscherdiskussionen vor und nach dem Konzil unmöglich gemacht. Das pastorale Denken stand ihm gezwungenermaßen wesentlich näher. Seine Theologie für die katholische Kirche in Bedrohung, eine Theologie auf Leben und Tod, ist die der entschlossenen, radikalen Nachfolge Christi.

Seine pastorale Vision baut auf den Zusammenhalt der Gläubigen in den oben beschriebenen ‚Gläubigen-Ringen' im Untergrund. Darin führte er meist hoch gebildete, junge Christen zusammen, er begleitete sie geistlich und theologisch, um sie zu authentischen Glaubenszeugen reifen zu lassen. Auf diese Weise sind Keimzellen der Erneuerung des katholischen Lebens mitten im Kirchenvolk entstanden, die sich zunächst Ende der vierziger Jahre auf die Arbeit im Untergrund vorbereiteten und sie schließlich bis 1989 im Verborgenen erfolgreich weiterführten. Nicht eine ekklesiologische Eingebung aus seinem Studium in Prag und Rom scheint Mádr zu der Gestaltung der Ekklesiopraxis im Untergrund inspiriert zu haben, sondern die Notwendigkeit der theologischen Innovation und das pastorale Beispiel des charismatischen kroatischen Priesters Kolakovič spielten bei der Gründung der Prager ‚Ringe' die wichtigste Rolle.[511] Diese Situation der Kirche, die erzwungene Notwendigkeit, die Kirche in Illegalität leben zu müssen, wurde anders als bei Davídek von Mádr als ein defizitärer Zustand,

[510] Vgl. auch Novotný, Oto Mádr: „Církev je Boží dar a naše dílo" [Die Kirche ist Gottes Gabe und unser Werk], In: Universum (3) 2011, 14–17.

[511] Vgl. Kap. 4.3.2.

als eine Beschneidung des Kirchenwesens, als schwere Last oder gar als Strafe Gottes empfunden.

Das Glaubensleben und vor allem das unverschuldete Leiden für den Glauben ließ Mádr das Überleben der Kirche von der Bereitschaft zur individuellen Nachfolge Christi her zu denken. In seinen Memoiren sah er sich durch seinen Gefängnisaufenthalt auf die Verfolgung der Kirche vorbereitet, gestählt dort, wo andere fielen: „Dunkelheit und Hunger befestigen den einen, den anderen lassen sie zerbrechen."[512] Erst wenn jeder einzelne entschlossen Christus folgt, kann das Gesicht Christi in seiner Kirche erstrahlen. In Mádrs Ekklesiologie ist es Christus selbst, der in der Gestalt seiner Kirche durch die Weltgeschichte schreitet. Die tschechische Kirche sei in den Zeiten äußerster Bedrohung das Abbild Christi schmerzverzerrten Antlitzes. Mádr geht es bei dieser Bestimmung nicht darum, der Kirche von oben herab die Seligkeit und Sündenfreiheit zu garantieren, sondern darum, dies als Herausforderung für jeden Gläubigen zu sehen, Christus in seinem Leben zu folgen und damit sein Werk auf Erden zu vergegenwärtigen. Jesus Christus in ihr als das Ursakrament war der Garant und die sichere Quelle der Sakramentalität der Kirche. Die Kirche war zudem durch ihre Christus-Zugehörigkeit ein Ort der intensiven Gotteserfahrung – erfahrbar gerade in den kleinen Gemeinschaften im Untergrund. In der christlichen (Untergrund-)Gemeinschaft und in den Sakramenten schöpfte der verfolgte tschechische Katholik die Kraft zur Nachfolge Christi, die kein angenehmes Leben im Windschutz der Koexistenz mit den kommunistischen Machthabern versprach, sondern zu dem Kampf gegen die Unterdrücker einlud. Unter treuer Nachfolge Christi verstand Mádr die Bereitschaft, öffentlich zu seinem katholischen Glauben zu stehen, ihn nach seinen eigenen Möglichkeiten wachsen zu lassen – und noch mehr: Ein mündiger Bürger seines Landes zu sein, der um seine demokratischen Pflichten und Rechte ringt. Die Befolgung auch nur eines dieser Ideale bezahlten unzählige Christen mit dem Verlust ihres Berufes, ihrer Familie, mit dem Studienverbot für ihre Kinder oder gar mit ihrem eigenen Leben.

Die Antworten auf die unmittelbar nach dem Konzil und bis heute so häufig diskutierten Fragen nach dem Wesen und der Struktur der Kirche spielen in Mádrs Kirchenverständnis keine wesentliche Rolle. Die Kirche ist für ihn in erster Linie ‚wir', die wir durch unsere Treue zu Christus der Kirche ein authentisches Dasein Jesu Christi in dieser Welt ermöglichen.

[512] Mádr, Tma a hlad buď utvrdí nebo zlomí [Dunkelheit und Hunger verfestigen entweder oder sie brechen] In: Katolický týdeník [Katholische Wochenzeitung] 09 (2006); 28. Februar 2006. Auch online zugänglich: http://www.katyd.cz/index.php?cmd=page&type=11&article=4398 (Zuletzt gesehen am 27. Oktober 2014)

Mádr ging in seinen Überlegungen im Untergrund nicht der ontologischen Frage nach, ob die Kirche nicht bereits ihrem Wesen nach das Gesicht Christi sei. Seine kardinale Frage lautete: Wie kann die Kirche in der Tschechoslowakei das Gesicht Christi in ihrem aktuellen Lebenskontext zum Leuchten bringen? In seiner Ansprache vor der Verleihung der Ehrendoktorwürde im Jahr 1991 in Bonn galt diese seine Frage genauso auch der katholischen Kirche in Deutschland. Die Kirche könne nur dann authentische Zeugin Christi auf Erden sein, wenn sie bereit sei, sich so radikal wie Christus zu entäußern – jeder Gläubige, jede Kirchengemeinde, jede Ortskirche. Dabei solle sie nicht sich selbst mit dem Ringen um ihre innerkirchliche Struktur, ihr Verständnis und ihr eigenes Überleben in den Vordergrund setzen, sondern Christus. Ihre erste Aufgabe, die ihr Sein erst überhaupt legitimiere, sei aus sich herauszugehen, in die Weite, um Christus zu verkünden. Mádr war der Überzeugung, bei der Evangelisierung dieser Welt an erster Stelle über Christus sprechen zu müssen, dann über Gott und erst dann über die Kirche. Sie müsse erst an dritter Stelle anstehen, weil sie der lebendige Leib Jesu Christi sei – sonst wäre sie keine Kirche.[513] Mádr sprach unbefangen, ohne sich damit in der kircheninternen Diskussion zu positionieren. Ähnlich wie ‚Volk Gottes' war für ihn auch die Leib-Christi-Metapher in erster Linie ein prägnanter Ausdruck für Christi Anwesenheit in seiner Kirche. Die Kirche ist kein weltlich Ding, sondern ein von Gott gewolltes und begleitetes Volk der Berufenen (Mádr sprach von εκκλησία, die Herausgerufene), das durch den Heiligen Geist Christus ein Gesicht verleiht. In all diesem Sinn ist Mádrs Kirchenverständnis eine vorausgegriffene Ekklesiologie des Zweiten Vatikanischen Konzils.

Die Ekklesiologie von Oto Mádr bleibt für den heutigen Leser trotz allem eher unkonventionell. Sie eröffnet sich uns heute meiner Meinung nach am besten, wenn wir sie aus dem Kontext ihrer Entstehung heraus und aus dem Blickwinkel ihres evangelischen, missionarischen Potentials betrachten. Angesichts Mádrs pastoraler Sorge um das Weiterleben der tschechischen Kirche konnten im Vordergrund seines Kirchendenkens unmöglich die langwierigen Auseinandersetzungen um die Interpretation des Zweiten Vatikanums stehen, wie wir sie aus der jüngsten Theologiegeschichte kennen. Nicht die Suche nach einer zutreffenden Kirchenmetapher und ihrer theologischen Begründung trieb ihn um, sondern die Frage nach der Rettung der tschechischen Kirche aus dem drohenden Todeskampf. Nichts fürchtete er für die verunsicherten tschechischen Katholiken mehr als den Traditionsbruch. Die Kirche ist dieselbe, vor und nach dem Konzil. Die

[513] Vgl. Mádr, Bratr Ježíš [Bruder Jesus], in: Teologické texty (4) 1992, 121.

Kirche lebt in und aus der Kontinuität ihres katholischen Wesens.[514] In seinem Vortrag über die Konzilstheologie im Jahr 1971 warnte Mádr die Gemeindepfarrer davor, die Verunsicherung der Gläubigen über die neue, dialogische Haltung der Kirche und ihre Gestaltsuche in den neuen Zeichen der Zeit leichtfertig abzutun. Das war angesichts des Leidensweges der tschechischen Kirche nicht verwunderlich. Der Theologe dürfe dies nach Mádr nicht auf die leichte Schulter nehmen. In der Kirche müssen nicht nur die Gebildeten ihr Zuhause finden können, sondern auch die nicht privilegierten Menschen, an die sich Christus bevorzugt (!) wandte.[515] Bemerkenswert war Mádrs Option für Benachteiligte, eine Haltung, die er quer durch sein Leben und seine Theologie einnahm.

Mádrs ‚neue', lebendige Theologie mit ihren Attributen Dialogizität und Toleranz sollte keine Infragestellung des hierarchischen Kirchenverständnisses sein. Die dialogische Methode der lebendigen Theologie wurde somit mit dem dichten Fallnetz der offiziellen Kirchenlehre abgesichert, deren Unverfälschtheit der theologischen Auslegung den Gläubigen durch das Lehramt garantiert wird. Die Aufgabe der Theologie ist in diesem Kirchenverständnis nicht passiv zu bleiben oder lediglich ihr Sprachrohr zu sein, sondern ‚der Kirchenleitung mit ihrer Kritik und Gebet zu einem richtigerem Blick zu verhelfen'.[516] Wir beobachten in der Theologie von Oto Mádr, dass gerade in den Wechselfällen des Lebens, wie sie die tschechische Kirche erlebte, die gefestigte religiöse Überlieferung als etwas Heilsames und Schönes empfunden wurde. Den Spagat zwischen der Glaubens- und Kirchentreue und dem vorsichtig-entschlossenen Öffnen der Kirche zu meistern, war die Herausforderung im Leben des Theologen und Untergrundpriester Mádr.

Von seinen Gesprächspartnern forderte Oto Mádr das notwendige Maß an Loyalität zum römischen Lehramt. Sein Schüler, der Prager Moraltheologe Jiří Skoblík, schilderte in den Erinnerungen an seinen Lehrer die unverhohlene Gradlinigkeit Mádrs, mit der er in theologischen Streitgesprächen in allen ihm gestellten Fragen zuerst seine Loyalität zu der offiziellen kirchlichen Lehrmeinung beteuerte, ohne die Meinungsbildung seiner Kollegen zu scheuen.[517] Eine angemessene Beziehung der Theologie und des römischen Magisteriums war für ihn von immenser Bedeutung – einerseits

[514] Vgl. Mádr, Církev dnes a zítra [Die Kirche heute und morgen], in: Mádr, Slovo o této době, 215–236, 225.

[515] Ebd., 235.

[516] Jiří Skoblík, Vzpomínky na budoucnost [Die Erinnerungen an die Zukunft], in: Jolana Poláková (Hg.), Teolog Oto Mádr, 21–26, 25.

[517] Vgl. Jiří Skoblík, O Otovi Mádrovi jako o morálním teologovi [Über Oto Mádr als Moraltheologen], in: Teologické texty (1) 2012, 7–9, v. a. 8.

in der Gewährung der Forschungsfreiheit für die Theologie, andererseits in der Verantwortung der Lehrautorität gegenüber, vor allem der kritisch-positiven Loyalität zum Petrusamt und der Kirchenleitung. Vielerorts bedankte Mádr sich für die Besuche eingeladener Theologen aus Österreich, Deutschland und Frankreich und wertschätzte ihren Solidaritätsbeitrag, den sie in den geheim gehaltenen Wohnzimmerseminaren für das Wohl der tschechischen Kirche erbrachten. Zu der deutschen Theologie nach dem Konzil äußerte er sich aber auch kritisch. Er vermisse dort ‚gründliche, wahrhaftige Fragestellungen', so dass die Diskussionen dort ‚irgendwie im obligatorischen Pluralismus' verflossen.[518] Der Theologe war für Mádr immer auch der exponierte Glaubenszeuge und sollte sich an dieser Aufgabe messen. Die Theologie müsse immer die Nähe der Menschen suchen und auf ihre tatsächliche Lebenswirklichkeit achten, ansonsten verliere sie ihre Glaubwürdigkeit. In diesem Sinne würdigte Mádr im Jahr 1992 bei einer Begegnung mit Jon Sobrino die Befreiungstheologie als eine Schwestertheologie der tschechischen Theologie im Untergrund. Sie beide mussten sich der gleichen Ausgangssituation der Unterdrückung stellen, sie besäßen den gleichen kämpferischen Geist.[519] Doch Mádr kritisierte in einem Atemzug die Befreiungstheologie für ihre in seiner Einschätzung gefährliche, unbekümmerte Affinität zum Kommunismus und für ihre Vision des Humanismus ohne Transzendenz. Sie drohe damit das Wesen der Kirche zu verfehlen und die Rolle der Theologie lediglich auf die Motivation zur Befreiung von Menschen zu reduzieren.[520]

---

[518] Mádr, Theologie in der polarisierten Kirche. Beispiel Tschechien. In: Bulletin ET (2) 2001, 245–250. Auf tschechisch erschienen: Oto Mádr, Teologie v polarizované církvi, in: Oto Mádr, Jolana Poláková (Hg.), V zápasech za Boží věc [Im Ringen um Gottes Sache], 208–214, 212.
Der deutschen Theologie nach dem Konzil fehlen nach Mádr „gründliche, wahrhaftige Fragestellungen. Es ist ein bisschen Pseudowahrhaftigkeit – die Sachen irgendwie im obligatorischen Pluralismus verfließen lassen (…) nur wenige der Gastprofessoren hier [die zu Vorträgen nach Prag eingeladene deutsche Theologieprofessoren; vgl. oben, Kap. 4.3.1] bedeuten für uns eigentlich keine Bereicherung, die eher Besseren nehmen die andere Atmosphäre und die Fragen auf Leben und Tod mit. Dabei *absit fundamentalismus* aber gegen das Meer von Lügen besteht unsere Abwehr in konsequenter Redlichkeit." Zitat aus Mádrs privater Korrespondenz mit Karel Skalický aus dem Frühjahr 1988 in: Karel Skalický, Teologický průkopník Oto Mádr [Theologischer Wegbereiter Oto Mádr], in: Jolana Poláková (Hg.), Teolog Oto Mádr [Der Theologe Oto Mádr], 43–77, 48 f.

[519] Mádr selbst sieht „eine grundsätzliche Verwandtschaft" zwischen der tschechischen Untergrundtheologie und der Befreiungstheologie darin, dass es „in beiden Fällen um kämpferische Theologien" ginge. Vgl. Mádr, Dialog zwischen zwei Theologien, in: König, Larcher (Hg.), Theologie der gekreuzigter Völker. Jon Sobrino im Disput, Budapest 1992, 22–31.

[520] Ebd. Der Vergleich der theologischen Hermeneutik der tschechischen Untergrundtheologie und der Befreiungstheologie könnte in einer weiteren Arbeit ausgeführt werden. Näheres in: Otto König – Gerhard Larcher (Hg.), Theologie der gekreuzigten Völker. Jon Sobrino im

Beim genauen Blick wird der Unterschied zwischen der Befreiungstheologie und Mádrs Theologie der bedrohten Kirche offensichtlich: Während die Befreiungstheologie die leidende Bevölkerung Südamerikas in die Nachfolge der Armen des Neuen Testamentes stellt, denen im Namen Jesu die Kirche zur Seite steht („Gott für uns"), stellte Oto Mádr die unterdrückten tschechischen Christen in direkte Nachfolge Jesu, in ein Bekennertum bis hin zur Selbstaufopferung („wir für Gott"). Obwohl die Mission bzw. Evangelisierung für Mádr wichtige Aufgaben der Kirche waren, scheint sich seine Theologie eher auf ein defensives Verständnis des Heiligen zu reimen: Das Heilige, Gott, gehört im Zweifelsfalle geschützt vor säkularen Angriffen.

Oto Mádr zeigte sich immer überzeugt, mit der kirchlichen Lehrmeinung auf festem Boden zu stehen. Wo er als Theologe die Kirche definieren sollte, dort galt für ihn ihre hierarchische Wesensstruktur als normativ. Sie stellte für ihn die sichere Glaubenslehre der Kirche dar. Wo er aus seiner Erfahrung als Priester der Verborgenen Kirche schöpfte, der zusammen mit seiner Kirche gezwungen wurde, neue, unbequeme kirchliche Lebensräume zu erschließen, dort waren auch die christlichen Gemeinschaften mit ihrem primären Vorverständnis der Kirche im Untergrund legitime Keimzellen der Gesamtkirche. Mádr ging es in seinem hierarchischen Verständnis der Kirche nicht darum, die Kirche als eine Vertikale von Ordinierten hinunter zu den nicht-ordinierten Gläubigen zu denken.[521] Das Lehramt ist für ihn vor allem auch die legitime Entscheidungsinstanz, die im Streitfall für die verbindliche Auslegung der Offenbarungsbotschaft sorgt. Auf dessen Stimme verpflichtete er daher in Verbundenheit und Gehorsam die Gläubigen und die Theologen. Der Papst als *vicarius Christi* bürge seines Amts wegen als letzter Garant für die Authentizität der Verkündigung.

Mádrs lebendige Theologie suchte im Geiste des Konzils eine ehrliche, verständlich formulierte Antwort auf die Fragen der heutigen Menschen, auch der Nicht-Gläubigen.[522] Sie stellte sich in den Dienst der neuen Evangelisierung, indem sie versuchte, die „unabänderliche Lehre der Kirche neu zu kleiden und auch neu zu überdenken mit neuen, früher nicht bekannten Instrumenten der Forscherarbeit"[523]. Diese Formulierung brachte

---

Disput. Graz – Budapest 1992, 22. Sobrino bezeichnete auf diesem Symposion in seiner Antwort auf Mádrs Beitrag Mádrs Theologie als „neo-existentielle orthodoxe Theologie".

521 Obgleich Mádrs hierarchisches Verständnis der Kirche vermutlich auf die grundsätzliche Überstellung der Ordinierten den Nicht-Ordinierten gegenüber abzielte und nicht auf eine „bloße" *communio hierarchica.*

522 Vgl. Mádr, Církev dnes a zítra [Die Kirche heute und morgen], in: Mádr, Slovo o této době, 215–236, hier 223.

523 Ebd., 221.

die widerstrebenden Kräfte in Mádrs Denken besonders gut zum Ausdruck. Er hob darin sowohl seine Gewissheit heraus, dass die katholische Kirche über eine unantastbare, unveränderliche Lehre verfüge, als auch seine Überzeugung, die Theologie sei nach dem Konzil verpflichtet, diese neu bzw. zeitgemäß auszulegen.

Über die Kirche zu lehren war nicht Mádrs täglich Brot, sondern sie zu leben, damit sie über-lebt. Die Kirche war für ihn der Ort, „wo sich uns Gott durch sie [die Kirche] und in ihrer Gemeinschaft schenkt“[524]. Eine herzliche Verbundenheit zwischen Klerus und den nichtordinierten Gläubigen bildete die selbstverständliche Grundlage für das Leben der Kirche im Untergrund. Es war nicht die Haltung des schweigenden Gehorsams der Laien auf der einen Seite und die des selbstherrlichen Regierens der Untergrundpriester auf der anderen Seite. Vielmehr war es die Haltung von freiwilliger, großherziger Solidarität aller Gläubigen untereinander und das Vertrauen darauf, dass die Weiheträger unter den Gläubigen mit viel Sorgfalt und Güte ihrer besonderen Verantwortung für das Kirchenvolk nachgehen. In diesen Kontext fügte Mádr seine lebendige Theologie ein, die die menschliche Erfahrung des Leidens und der Unterdrückung der tschechischen Kirche nicht bei Seite liegen lassen soll, wie es in der offiziell unterrichteten Theologie der Fall war,[525] sondern sich durch sie verwandeln lässt. Kirche zu leben hieß auch an dieser Stelle für Mádr Christus in geschwisterlicher Gemeinschaft zu folgen. Die Ausgangssituation der bedrohten tschechischen Kirche war dabei eine andere als die einer Ortskirche, die in Freiheit lebt. Von dem tschechischen Gläubigen erwartete Oto Mádr die bewusste Hingabe im Kampf um die Verteidigung der Kirche – und das bis in das Sterben dieser Kirche hinein.

Nicht zufällig wurde Oto Mádr von seinen Biographen treffend als der größte Stratege des katholischen Untergrunds bezeichnet.[526] Er war der

[524] Oto Mádr, Wie Kirche nicht stirbt. Zur Theologie der Kirche in der Bedrohung, in: Ders. (Hg.), Wie Kirche nicht stirbt, 39–104,70.

[525] Vgl. Kap. 2.2.

[526] Vgl. Skalický, Kapitelüberschrift „Skrytý stratég českého katolictví“ in „Teologický průkopník Oto Mádr“, in: Poláková (Hg.), Teolog Oto Mádr, 43–77, 6. Kapitel (S. 51–55). Tomáš Halík zeichnete in seiner Erinnerung an Mádr ein besonders zutreffendes Bild: „Priester mit edlem, asketischem Gesicht schaute mich mit Falkenblick an, ‚führte ein Verhör in Form eines freundlichen Gesprächs‘, und notierte alles sofort in sein Notizbuch. ‚Jetzt bist du erst katholisch geworden‘, sagten anschließend Freude zu mir, ‚das war Pater Mádr, der in seinem Notizbuch in chiffrierter Sprache alle Katholiken vermerkt mit Angaben darüber, wofür sie nützlich sein könnten.‘ Seine [Mádrs] Leidenschaft und gleichzeitig sein Charisma war das Organisieren und Vernetzten von Menschen.“
Tomáš Halík, Teolog zlatého středu. Ohlédnutí za Mons. Otou Mádrem († 27.2.2011) [Der Theologe der goldenen Mitte. Mons. Oto Mádr im Rückblick]. Erschienen elektronisch

Drahtzieher der Prager Untergrundgemeinde, der in seinem berühmt-berüchtigten Notizbuch die Namen und Kompetenzen jedes Einzelnen engagierten Katholiken festhielt, der ihm begegnete, um an ihn bei passender Gelegenheit kircheninterne Aufgaben zu delegieren. So realisierte er in der Kirchenpraxis, was er in seiner Theologie forderte. Er setzte um des Überlebens der bedrohten tschechischen Kirche willen mutige Glaubenszeugen dort ein, wo er es für notwendig erachtete. Seine praktische Überzeugung klingt kontrovers, resultiert aber logisch aus seiner Stellvertretungstheologie: Nicht das Überleben jedes einzelnen Gläubigen ist das Wichtigste, sondern das Überleben der Gesamtheit, der Kirche.[527] Trotz der Gewissheit, dass das Geschick der Kirche in Gottes Händen liegt, dürfen die einzelnen Kirchenmitglieder nicht die Agonie ihrer lokalen Kirche untätig hinnehmen. Sie werden aufgefordert, alle Mittel der Abwehr entschlossen anzuwenden. Es scheint, wie wenn für Oto Mádr das gemeinschaftliche Prinzip deutlich höher läge als das Recht des Individuums, sich für oder gegen eine radikale Nachfolge Christi, wie Mádr sie beschreibt, zu entscheiden. Die Entscheidung gegen die radikale Nachfolge Christi bedeutete nicht zwangsläufig den Ausschluss aus der Verborgenen Kirche, ein solcher Christ wäre wohl aber als defizitär eingestuft.

Oto Mádr kannte nicht die Apathie jener, denen die Substanz der eigenen christlichen Überlieferung gleichgültig geworden ist. Er kennt nur den Wissensdurst der tschechischen Gläubigen und Glaubensinteressierten, die in den Theologiekursen im Untergrund im Geheimen die theologischen Grundlagen ihres Glaubens kennen lernen wollten. Das war der eigentliche emanzipatorische Akt der tschechischen Kirche, dass sie durch aufgeweckte Priester im Untergrund ihren Gläubigen Zugang zu fundiertem theologischen Grundwissen ermöglichte. Dass sie die wesentlichen Glaubensinhalte wissenschaftlich verantworten konnten, das schützte diese Frauen und Männer nicht nur vor atheistischer Bevormundung und kommunistischer Ideologie als Bedrohung von außen, sondern schenkte ihnen eine feste Haltung im Umgang mit dem drohenden innerkirchlichen Schisma in Gestalt der regimehörigen Kleriker, die sich dem kommunistischen Regime verpflichteten. In einem so ausgerichteten Studienkurs war nicht eine spekulativ-spektakuläre Theologie mit ihren eleganten Nischen gefragt, sondern der Kern der Kirchenlehre, der auf die Lebensumstände einer schwer angeschlagenen Kirche und Kirchenstruktur ausgelegt werden musste. Theologie lehre er nicht nur als eine Wissensdisziplin, sondern auch als

6. März 2012: http://christnet.cz/clanky/4554/teolog_zlateho_stredu.url (Zuletzt gesehen am 28. Oktober 2014)

[527] Vgl. Kap. 4.3.1.

einen Lebensweg. Ein fester Teil der theologischen Begegnungen war außer dem Studienteil auch die Gebetszeit und oft auch die geistliche Begleitung als Beichtvater.

Aus dem oben Gesagten wird ersichtlich, dass es Oto Mádr in seinem Kirchenbild von Anfang an nicht um das Ringen, um die Interpretation des Konzilsekklesiologie ging oder um die Positionierung der tschechischen Untergrundtheologie darin, sondern um die möglichst große Transparenz der Kirche auf ihren Gründungsauftrag hin. Die Kirche verdankt Gott ihre Existenz, ihr Wesen soll an erster Stelle durch die Proexistenz Christi definiert sein. Nicht die Volk-Gottes-Ekklesiologie als Gegenbild zu der Leib-Christi-Kirchenmetapher treiben Mádrs Kirchendenken an. Er arbeitet an der Wurzel der Kirche, an ihrer Erfahrung in der Gesellschaft, in der sie lebt. Jede katholische Ortskirche benötigt eine Erneuerung, indem sie wieder die Beziehung zu ihrer eigenen Erfahrung in der Ekklesiopraxis sucht. Mádr profiliert sich ganz von der Ekklesiopraxis her als jemand, der ohne Scheuklappen den Ist-Zustand der Kirche durchdenkt – auch wenn es gerade vielmehr ein *modus moriendi* als *modus vivendi* ist, um nach neuen Perspektiven zu suchen. Ihm geht es in seiner Theologie der bedrohten Kirche nicht darum, eine neue Ekklesiologie aus dem Untergrund zu etablieren. Er versteht sich als Diener des Wortes Gottes und der Kirche, deren Selbstwahrnehmung stets wächst – auch und gerade durch die stürmischen Zeiten. Wenn Oto Mádr aus dem Blickwinkel der Theologie spricht, die aus der Erfahrung der unterdrückten tschechischen Kirche spricht, dann wird sein Bild der Kirche lebendiger und aktueller denn je. Mádr selbst benutzt diese Begriffe nicht, aber sie liegen seiner Beschreibung der Kirche sehr nahe: Die Kirche kann erst dann das Grundsakrament sein, wenn sie Christus als ihre Quelle, als das Ursakrament in ihrer Mitte, tatsächlich lebt – nicht nur aufgebahrt. Nur der lebendige Glaube an Christus lässt die Kirche trotz der Krisensituation in ihrem Glanz erstrahlen. Denn dann glänzt nicht die Kirche, sondern Christus in ihr. Wenn wir daher versuchen, Mádrs Forderungen nach der Theologie der Mitte, der armen, diakonischen Kirche und dem asketischen Christen in der heutigen Situation weiterzuführen, kommen wir zu dem Schluss, dass Oto Mádr eine religiöse Beheimatung der Gläubigen in der Kirche als selbstverständlich voraussetzt, wie es sie heute in vielen europäischen Ländern nicht mehr gibt. In einem Vortrag 1990 entfaltet er seine Theologie der bedrohten Kirche weiter:

> „Als ich später unsere Erfahrung der Kirche in Bedrohung analysierte, wurde mir klar, dass eine noch wesentlichere Bedrohung des Glaubens von innen kommt. Die Kirche kann überstehen, wenn zumindest ein paar Einzelne Christus treu bleiben, auch wenn alle anderen erschlagen worden sind. Aber

umgekehrt, bei voller Freiheit und Unterstützung stirbt die Kirche unabwendbar, wenn ihre innere Verbindung zu Gott abschwächt, wenn die Treue zu Christus und Kirche bis ‚zum Blutvergießen' fehlt."[528]

Die Haltung der religiösen Beliebigkeit, die innerhalb der katholischen Kirche in Europa Einzug hält, bedeutete für Mádr eine gravierende Bedrohung des Glaubens. So ist zwar die heutige Situation der katholischen Kirche in Europa eine andere als damals in der Tschechoslowakei, doch für Mádr steht fest, dass auch sie sich in vielerlei Hinsicht in der Agonie befindet. Mádr wirft ihr eine Verweltlichung vor.[529] Die Ursache für den Glaubensschwund sei das fehlende authentische Zeugnis der Kirche. Der Weg aus der Säkularisierung ist für Mádr der des bewussten Verzichts auf die Vorteile einer hochentwickelten Gesellschaft. Dieser ist nicht mit dem Rückzug der Kirche aus der Gesellschaft gleichzusetzen. Für Mádr war der Weg einer solchen ‚Entweltlichung' darin zu finden, die bereits vergessene, asketische Haltung der Kirche wieder einzunehmen. Nur dann, wenn sie sich wieder radikal am Christus orientiert, findet sie zu ihrer alten Glaubwürdigkeit. Dabei soll sich die Kirche nicht an den privatistischen spirituellen Interessen der Gottsuchenden orientieren, sondern immer von Gott und seiner Offenbarung heraus denken. Glauben fängt für Mádr radikal mit und bei Gott an, nicht mit dem Menschen, deswegen ist ihm unsere postsäkuläre Gesellschaft mit ihrer individualisierten Religiosität fremd. Das ist es, was Mádrs Botschaft für den postmodernen selbstbestimmten Menschen so stachelig macht. Oto Mádr würde ihn als traditionsvergessen und selbstzentriert bezeichnen, als jemanden, der Freiheit und Autonomie des Individuums zum obersten Prinzip erhoben hat und sich anmaßt, sich gegen die Kirchendogmen zu behaupten.[530] Man möchte vermuten, dass diese Glaubenssicht hinter seinem Kirchenbild steckt. Sie ist nicht unangreifbar, denn Mádr geht mit Glaubensbegriffen wie der Theodizee, des stellvertretenden Leidens oder des Kirchenwesens so um, wie wenn derer Inhalt nicht Gegenstand heftiger innertheologischer Diskussion wären. Seine Theologie lebt an manchen Stellen von hermeneutischen Voraussetzungen wie der Gehorsamkeitshaltung der Kirchenleitung gegenüber, die die nachkonziliare Theologie nicht mehr unkritisch übernimmt. Auf der anderen Seite ist seine Theologie frei von der Angst, sich durch das Festlegen auf eine dogmatische Gott- und Weltsicht zu beschränken oder gar einzusperren. Oto

[528] Oto Mádr, Český hlas na světovém teologickém fóru, in: Teologické texty 4 (1990) 121.

[529] Oto Mádr, Aus der Rede bei der Verleihung der theolgischen Ehrendoktorwürde, in: Oto Mádr, Wie Kirche nicht stirbt, 110–117, v. a. 116.

[530] Vgl. Tonaufnahme des Interviews mit Oto Mádr am 3. März 2007 in Prag. Privatarchiv von Petra Preunkert-Skálová.

Mádr führt uns radikal zurück in die Mitte der christlichen Botschaft, er zeigt unermüdlich auf Christus und bleibt mit seiner Forderung nach entschlossener Nachfolge Christi nicht hinter dem Berg. Für Oto Mádr bleiben es keine leeren Worte, sondern eine klare Forderung die Radikalität des Gottesglaubens und der Lebensform Jesu auf sich zu nehmen. Hier und jetzt5 Wer war die Untergrundkirche?

5 Wer war die Untergrundkirche?

Die Glaubensverfolgung in der kommunistischen Tschechoslowakei 1948–1989 traf schmerzhaft alle Grundvollzüge der Kirche. Am Beispiel von Felix M. Davídek und Oto Mádr lernten wir zwei systematisch durchdachte Handlungsstrategien näher kennen, welche versuchten, dieser neuen Situation der Kirche gerecht zu werden. Die anfängliche These dieser Arbeit, es gab keine einheitliche Theologie und Pastoralpraxis der Untergrundkirche, konnte oben bestätigt werden. Wer heute bemüht ist, den damaligen theologischen und pastoralen Lösungswegen nachzugehen, dem eröffnet sich eine schier unendliche Landschaft von Sozialgestalten von offiziellen und geheimen Kirchenaktivitäten, hinter denen sowohl explizit ausgesprochene als auch nur implizit vorausgesetzte Kirchenbilder zu erahnen sind. Diese ekklesiopraktischen Landschaften zu einem einheitlichen ekklesiologischen Bild zusammenzuführen, ist nicht nur unmöglich, sondern gar nicht sinnvoll – es muss vielmehr auf diese theologische Diversität hingewiesen, ja gepocht werden.

Die Frage nach der (Um-)Gestaltung der Kirche während der Verfolgungszeit wurde mit unterschiedlichen theologischen Visionen und deren pastoraler Realisierung beantwortet. Unsere Beobachtungen der Theologie und Pastoral der zwei Theologen Davídek und Mádr legen nahe, dass es in der Verborgenen Kirche eine große Vielfalt von situativen Zustandsbeschreibungen, theologischen Ideen und pastoralen Lösungsvorschlägen gab. Nun bleibt noch die spannende Frage zu beantworten, welche die wesentlichen Eigenschaften der Kirche waren, die den verfolgten tschechischen Christinnen und Christen besonders schützenswert erschienen: Wie sollte die Kirchengemeinschaft gestaltet werden, damit sie noch als geistliche Heimat empfunden wurde? Was muss überleben, was kann aufgegeben werden?

Diese Fragen können im Rahmen dieser Arbeit nur am Beispiel der zwei Theologen beantwortet werden. Die Antworten werden im Folgenden als Thesen vorgelegt, die zur breiten Diskussion freigestellt sind. Teils bestätigen sie unsere Vermutungen, teils überraschen sie und widersprechen dem Bild der Untergrundkirche, wie es bisher von manchen gezeichnet wurde.

5.1 Die Untergrundkirche – Kirche zwischen Communio und Klerikalismus

Mit Blick auf Davídeks und Mádrs Theologie erscheint das erste Leitmotiv nicht mehr überraschend: Beide waren der Überzeugung, die Kirche im

Verborgenen benötige nicht nur verlässliche pastorale Strukturen, sondern muss durch sakramentale Amts- und Leitungsstrukturen gestützt und gesichert werden.

Freilich fallen die individuellen Schwerpunkte bei beiden Theologen unterschiedlich aus: Einerseits gilt angesichts der obigen Untersuchungen als erwiesen, dass Davídek in der Koinótés-Gemeinde einige neue Leitungsinstrumente installierte, die mehr Synodalität und Subsidiarität gewährleisten sollten. Doch wie durch eine theologische Hintertür tritt auf der anderen Seite durch das Favorisieren der zwei Sakramente Eucharistie und sakramentale Buße der sakramentale Weiheträger in Davídeks Gemeindekonzept hinein. Von weiterem wissenschaftlichem Interesse ist sicherlich die Frage, welche Stellung dieser Sakramentenspender in der Leitung der Kirche einnehmen sollte. Nur die Untersuchung von Davídeks gesamtem Nachlass könnte die These erhärten, das Weiheamt und das Leitungsamt waren in Davídeks Theologie entkoppelt. In Davídeks reformierten Priesterbild verfügt der Geweihte an erster Stelle als geistlicher Begleiter über die sakramentale Vollmacht. Die Leitung der Gemeinde war aber nicht nur ihm selbst überlassen, sondern sollte in einem gewissen Maß mit gewählten nichtordinierten Gemeindevertretern geteilt werden. Trotz der Komplexität der Umstände lässt sich jetzt schon zusammenfassen: Auch Felix M. Davídek setzte primär auf den Aufbau einer ordinierten hierarchischen Kirchenstruktur im Untergrund, die durch die Mitwirkung der Laien konstituiert und legitimiert werden sollte.

Oto Mádr ermunterte ebenfalls die Laien, die Verantwortung für die Kirche zu übernehmen. Dennoch zeigt sich gerade auch bei ihm die klare Tendenz zur Festigung der sakramentalen Leitungsstrukturen – sei es nur als Idealbeispiel für die gegenwärtig noch nicht vollkommene, da unterdrückte tschechische Kirche.

Für den heutigen deutschen Leser ergibt sich aus dem Gesagten eine paradoxe Situation: Er konnotiert die Betonung des gemeinsamen Priestertums und der Synodalität in der Ekklesiopraxis mit den reformorientierten Strömungen in der Kirche. Doch in der Verborgenen Kirche in der damaligen Tschechoslowakei resultierte dieser rasche Reifungsprozess hin zur Eigenverantwortung jedes Einzelnen für die Kirche nicht aus einer Liberalisierung der Glaubenslehre und des Kirchenlebens: Die Beispiele von Davídek und Mádr zeigen, dass die Aufwertung der Nicht-Ordinierten und die sehr hohe Wertschätzung des sakramentalen Amtes in der Kirche keine Gegensätze darstellten! Die Früchte der konziliaren Communio-Theologie wachsen hier aus einer teils sehr kleriker-zentrierten Spiritualität. Oto Mádr machte bereits im Jahr 2000 selbst die Beobachtung: „In der heute polarisierten Kirche Tschechiens dient Davídek als Stütze für die Progressiven, obwohl sein Projekt eher klerikal endete."[531]

5.2 Die Untergrundkirche – Kirche kleiner sakramentaler Gemeinschaften

Ein charakteristisches Merkmal des Glaubenslebens in der Untergrundbewegung scheint ein intensives christliches Leben jedes Einzelnen und in kleinen, durch das gemeinsame Feiern der Sakramente definierten Gemeinschaften gewesen zu sein. Josef Šik, einem von Davídek geweihten Priester, gelang eine besonders eindringliche Beschreibung des Selbstverständnisses dieser Glaubensgemeinschaften:

> „In der Zeit [in der Blütezeit der Untergrundkirche – Ende der sechziger und in den siebziger Jahren; P.S.] entstanden kleine Gemeinschaften, die sich auf ein intensives geistliches Leben konzentrierten, inspiriert zum Beispiel durch die Spiritualität eines Heiligen[.] [E]s entstanden Spiritualitäten, die den Ordensregeln eines bestimmten Ordens befolgten, es fanden regelmäßige monatliche Glaubenserneuerungen statt, Sakramente wurden empfangen und man bemühte sich vor allem älteren und kranken Menschen in ihrer Umgebung zu helfen. Von der materiellen Hilfe gingen sie [die Gemeinschaften] über in den geistlichen Bereich hinaus und organisierten das Empfangen von Sakramenten und ein möglichst intensives geistliches Leben. Ein Beweis dafür, dass es sich nicht nur um ein oberflächliches Interesse handelte, sondern um die Bemühung wirklich möglichst gut zu leben, ist die Tatsache, dass diese Menschen – wenn sie noch leben – bis heute alles einhalten, wozu sie sich damals verpflichtet haben und nach ihren Kräften und Möglichkeiten wirken sie [bis heute] unter den Menschen, unter denen sie leben. Dabei sind es schon 40 Jahre, die von der Zeit vergangen sind, in der sie sich dieser Lebensweise verpflichteten."[532]

Šiks Zeugnis lässt vor dem inneren Auge ein Bild der Gemeinde im Verborgenen entstehen, das im großen Einklang mit Davídeks oben be-

[531] Oto Mádr, Untergrundkirche. Partizipation der Laien oder Sektiererei, in: Concilium 36 (2000) 272–278, 275.

[532] Michal Černý, Život podzemní církve na Moravě na příkladu konkrétních osobností. Bakalářská práce. [Das Leben der Untergrundkirche in Mähren am Beispiel einiger ausgewählter Persönlichkeiten. Bachelorarbeit]. Olomouc 2012, Anlagen zur Arbeit, Interview mit Josef Šik, 49–63, hier 55. Elektronische Veröffentlichung: http://theses.cz/id/i58jyz/bc_cerny.pdf (Zuletzt gesehen am 1. Juni 2014)

schriebenen gemeindebildenden Bemühungen steht. Es wird zudem deutlich, dass die Glaubensinhalte zwar eine sehr wichtige Rolle spielten (man denke an Davídeks und Mádrs Vortragsarbeit, die in ihrem Verständnis das Fundament ihrer Arbeit im Untergrund darstellte), doch die Glaubensweitergabe geschah möglicherweise weit weniger durch diesen Theologieunterricht, sondern vor allem durch das tragende Erlebnis eines geteilten, gemeinsam gestalteten Glaubens in kleinen Gemeinschaften, deren Mitglieder ein absolutes Vertrauen ineinander hatten:

> „In den zwanzig Jahren, in denen ich [als Untergrundpriester; P.S.] tätig war, gab es keinen einzigen Verrat oder Anzeige bei der Staatssicherheit. Dabei bin ich in Wohnungen und zu Menschen hingegangen, die ich überhaupt nicht kannte, ich vertraute schlicht, dass der, der mich dahin schickt, sich der vollen Verantwortung bewusst ist dafür, was ich tue. Die Gemeinschaft ist ungezwungen aus Menschen entstanden, die es brauchten, an der hl. Messe teilzunehmen und Sakramente zu empfangen und selbst keine reale Möglichkeit hatten, dies auf eine gewöhnliche Weise zu erfüllen [sic!]. (...) Eine große Rolle spielte die häusliche, inoffizielle Umgebung und die Möglichkeit ohne Hemmungen und ohne Zeitdruck zu sprechen. Auch wenn es beim ersten Besuch so aussah, dass es zu keinem weiteren Besuch kommt, in vielen Fällten bin ich dennoch jahrelang hingegangen und das, was scheinbar ohne Perspektive begann, währt bis in die heutigen Tage.“[533]

Die wichtigste Säule dieses gemeinsamen Lebens scheint in den Untergrundgemeinden, die in Davídeks Tradition standen, nicht die Katechese, sondern das gemeinsame Feiern der Sakramente gewesen zu sein. Bei Mádr dürfte dies ähnlich gewesen sein, zumal er sich gern daran erinnerte, dass das sakramentale Leben – gerade auch in den unmenschlichen Bedingungen im Gefängnis – eines der authentischsten Glaubenszeugnisse gewesen war.[534]

Bei der obigen Beschreibung des sakramentalen Lebens im Untergrund ist es lohnenswert, den unterschwelligen theologischen Duktus nicht außer Acht zu lassen. Sie gibt viele Aspekte des Lebens im Untergrund preis. Eine heute überraschende Erkenntnis ist dabei besonders bemerkenswert: Šiks

[533] Ebd., 56 f.

[534] Mádr antwortete in einem Interview im Jahr 1969 auf die Frage, wie er jetzt im Rückblick seine Jahre im Gefängnis sieht: „Aber vielleicht werden Sie es mir gar nicht glauben, wenn ich sage, dass es insgesamt sehr schöne Jahre waren [im Gefängnis; P.P.-S.] Natürlich war es nicht der Verdienst derer, die versuchten unmenschlich zu sein (...), sondern es war der Einfluss dessen, worüber es sich schwer sprechen lässt, ohne ein Gefühl der Profanisierung zu bekommen.“
Oto Mádr, O jedné rehabilitaci, 30. 7. 1969 [Über eine Rehabilitierung], in: Ders., Slovo o této době, 305–307, 307.

Formulierungen lässt sich entnehmen, dass noch Anfang der siebziger Jahre die Form, die Materie oder der Inhalt des gemeinsamen liturgischen Feierns – die Theologie der Sakramente – nicht als dringend erneuerungsbedürftig angesehen wurden![535] Vielmehr blieben es offensichtlich vielerorts nur die veränderten Rahmenbedingungen, die auf das Glaubensleben im Untergrund eine große Auswirkung hatten („eine große Rolle spielte die häusliche, inoffizielle Umgebung und die Möglichkeit ohne Hemmungen zu sprechen und ohne Zeitdruck“[536]). Die Veränderungen in der Sakramententheologie, der Amtstheologie und der Ekklesiologie geschahen also nicht überall gleich schnell, sondern allmählich. Es scheint hingegen, dass einige an der Pastoral der Kirche im Verborgenen überwiegend nur durch das Empfangen der Sakramente partizipierten, weil sie sich als persönliche Stärkung empfanden. Nur ein Teil der Untergrundchristen ging einen Schritt weiter und sah sich – wie Davídek oder Mádr – zur Reflexion des Kirchenlebens und Kirchendenkens herausgefordert. Viele der hinzugetretenen Christen fanden dann erst durch Leitfiguren wie Mádr oder Davídek zur Erneuerung ihrer Glaubenspraxis. Sie erkannten nicht nur die politischen Risiken ihres Tuns, sondern vor allem auch die theologische Ungewissheit des Weges, den sie gehen. Sie entschieden sich bewusst, sich auf Risiko einzulassen.

5.3 Die Untergrundkirche – Kirche des unerschütterlichen abrahamitischen Gottesvertrauens

Viele der Christinnen und Christen im Verborgenen sahen die Zukunft der Kirche nicht im Festhalten an ihrem eigenen Selbstbild, sondern erkannten, dass ihre Zukunft im dynamischen Prozess der Selbstfindung, der Neuentdeckung des Ursprünglichen und der Neuauslegung des Bewährten liegt. Es ist die Bereitschaft, die Krisenzeit der Kirche als ein Zeichen zu deuten, in dem Christus seine Nachfolger auf neue Wege ruft und sie zum radikalen Denk- und Lebenswandel auffordert.

---

535 Vgl. im Text: „gelesene Messe“, „Teilnahme der Gläubigen an den Sakramenten“, die vorausgesetzte Notwendigkeit, diese vorausgesetzte Pflicht zu „erfüllen“. Gerade die Form und Materie der liturgischen Feiern blieben mancherorts bemerkenswerterweise unverändert: So Šik: „Aus der Zeit im Priesterseminar besaß ich die Soutane; den Reisekelch und die Patene gelang es mir im Geschäft mit liturgischen Gegenständen zu kaufen. Ich ließ sie vergolden und benutzte sie. Die Hostien und den Wein bekam ich mittels eines Mannes, der im direkten Kontakt mit Vater Davídek stand.“
Černý, Život podzemní církve na Moravě na příkladu konkrétních osobností. [Das Leben der Untergrundkirche in Mähren am Beispiel einiger ausgewählter Persönlichkeiten] Olomouc 2012, Anlagen zur Arbeit, Interview mit Josef Šik, 49–63, 56.

536 Ebd., 56 f.

Die Untergrundkirche zeigte vielerorts Mut, die Entwicklungen der Moderne (die Banalisierung des Religiösen, den aggressiven Atheismus bzw. religiöse Indifferenz, die moderne Christenverfolgung) nicht (nur) als Bedrohung für das Christentum zu deuten, sondern wagte es, neue Kirchenbilder und -strukturen zu suchen, die diesem Lebenskontext standhalten könnten. Das Kirchendenken im Verborgenen blieb in diesem Fall dann nicht auf der verbalen Reflexionsebene des Ist-Zustandes verhaftet. Diese Christen schafften es, in sich das Vertrauen zu erwecken, dass durch ihr alltägliches christliches Lebenszeugnis das Walten Gottes für alle sichtbar wird. Die Untergrundkirche setzte in Taten um, was sie für seine Verkündigung in ihrem Lebenskontext für entscheidend hielt. Es war einer der wichtigsten Neuansätze der Untergrundkirche (im Einklang mit dem Zweiten Vatikanischen Konzil!) zunehmend wieder die Kirche selbst als sakramentale Stiftung des Heiligen Geistes zu sehen, statt nur auf die Gnade, die durch den gültigen Vollzug der einzelnen Sakramente dem Menschen zukommt, zu fokussieren.

Die Auffassungen zu der Legitimität einer solchen „neuen" Theologie (und gerade nicht nur die notwendige Anpassung der Pastoral) scheinen im Untergrund unterschiedlich zu sein. Während Mádr für den Fortbestand einer soliden, konsensbereiten Theologie („Theologie der Mitte") warb und in umstrittenen theologischen Themen zur Geduld ermahnte, verlangte Felix M. Davídek nach radikaler Form von theologischer Risikobereitschaft.[537] Es sollte die Bereitschaft sein, neue, innovative theologische und pastorale Wege zu erproben, auf das Risiko hin, sie später korrigieren zu müssen. Für Davídek war gerade diese theologische und pastorale Risikobereitschaft eine unbedingte Bedingung des aktiven Engagements im kirchlichen Untergrund. Davídek deutete die Krise der Kirche als eine Herausforderung, der sich die Gläubigen aktiv stellen müssen. Als Bischof sah er sich nicht nur in der Lage, sondern auch in der Pflicht zu handeln, um seine Ortskirche durch diese Zeiten zu lotsen.[538]

Eine wichtige Bedeutung im Kontext der theologischen Risikobereitschaft, die nicht unerwähnt bleiben darf, war für Davídek die neu gedeutete Metapher der Kirchengemeinschaft als Pilgerfahrt durch das Unbekannte im Vertrauen auf die göttliche Führung:

---

[537] Oto Mádr war dagegen in der Forderung nach individueller Opferbereitschaft viel radikaler. Dort zeigte Felix M. Davídek wiederum viel mehr Verständnis für die menschliche Schwäche und Gebrechlichkeit.

[538] Auch Mádr versperrte sich nicht der Suche nach lokalen Lösungen für die tschechische Ortskirche. Seine Affinität zum friedlichen Miteinander verbat es ihm aber, mögliche kontroverse Lösungsvorschläge aktiv zu suchen und auszusprechen.

> „Der erste Pilger war Abraham (...) Wo auch immer wir gehen, dann deswegen, weil wir gedanklich in das verheißene Land hingehen, also die Pilgerfahrt Abrahams wiederholen, das heißt den Weg des Menschen zu Gott. Der Unterschied besteht nur darin, dass wenn Gott Abraham sagte: ‚Steh auf und gehe, lauf', er erst dann anfing zu glauben, als er [d. h. Gott] ihm Kanaan zeigte. Wir [dagegen] haben das verheißene Land stets vor uns. (...) Und so ging er [Abraham] ins Unbekannte, ins Risiko. Das soll auch uns Vertrauen geben und unseren Hochmut schmälern. Ich fasse zusammen: Abraham ist Pilger geworden, weil er auf die theologische Tugend des Glaubens setzte. So ähnlich werden auch wir Pilger."[539]

Die theologische Tugend des Glaubens zeichnete sich vor allem durch das uneingeschränkte Vertrauen auf Gott, darauf, dass er die Wege der Gläubigen und der Kirche lenkt. Der Pilgerweg, von dem Davídek sprach, ist der des Urvaters Abraham: Ein risikoreicher Aufbruch ins Unbekannte, das Verweilen in der Fremde nur im Vertrauen auf die göttliche Vorsehung. Dort ist mit Überraschungen zu rechnen, notfalls mit Umwegen, aber immer im Vertrauen auf Gott und aufeinander. Pilgern heißt nicht, sich auf bestens ausgeschilderten Wegen hin zum bekannten Zielort sicher zu bewegen, umgeben von großen Menschenströmen, unterstützt durch komfortable Infrastruktur, die das moderne Pilgern auszeichnet. Pilgern heißt hier, gefährliche Notsituationen meistern zu können, offen für pastorale und theologische Alternativen sein.[540] Pilgern heißt für die Mitglieder der Verborgenen Kirche hoffen zu können – trotz der Hoffnungslosigkeit. Hoffen auf die Auferstehung!

Die Pilger-Metapher diente Davídek zur Deutung des gesamten Lebens eines Christen und brachte beides zum Ausdruck: Sowohl die Diesseitigkeit des christlichen Lebens (die in der Aufgabe besteht, diese Welt zu heiligen) als auch seine Jenseitigkeit (die durch die Nachahmung der Wanderexistenz Christi hin zur Vollendung im Heiligen Geist). In Bezug auf die Bereitschaft zum nonkonformen Denken in und über die Kirche brachte diese Metapher auch eine entschiedene Entmythologisierung der gewohnten Kirchenformate mit sich. Diese Ekklesiologie im Untergrund beharrte durchaus ent-

[539] Felix M. Davídek, Mitschrift des Seminars von F.M. Davídek Teologie pouti [Theologie der Wallfahrt]. Mascheinenschrift 2. Hälfte der 60er Jahre. Privatarchiv L. Javorová, S. 2. Gesehen in: Fiala/Hanuš, Verborgene Kirche (dt. Ausgabe) 59 f.

[540] „Überall [im Untergrund] sind die Bedingungen für den Kampf gegen die alten Stereotypen gleich schwer." Gesehen in: Felix M. Davídek, Mitschrift des Seminars von F.M. Davídek Axiologie a ars regnandi [Axiologie und ars regnandi]. Maschinenschrift zweite Hälfte der 60er Jahre. Privatarchiv von L. Javorová, S. 1–2. Gesehen in: Fiala/Hanuš, Verborgene Kirche (dt. Ausgabe) 60.

schlossen auf dem göttlichen Ursprung der Kirche, sie setzte ihn aber nicht mit dem eigenen Anspruch auf Fehlerfreiheit gleich.[541] Die Pastoral im Untergrund verschloss ihre Augen nicht vor der großen historischen Fallhöhe der tschechischen katholischen Kirche (um der Gefahr zu entgehen, sich selbst im eigenen sterilen theologischen Idealbild einzufangen), sondern kämpfte mit allen Kräften darum, eine von Gott gestiftete Gemeinschaft zu sein – mitten im Leben der Menschen.[542] Ein sich daraus ergebender Begriff der Risikobereitschaft geht über das passive Risiko-In-Kenntnisnahme der möglichen politischen Konsequenzen des verbotenen kirchlichen Handelns weiter hin zum Mut, die Kirche selbst neu zu gestalten. Die konkrete Gestalt der Kirchengemeinde sollte die strukturelle Antwort auf die erste Frage sein, die allen Fragen voran stand: Wie können wir heute Kirche so gestalten, dass es für alle ersichtlich ist, dass wir in und aus Christus leben? Die Amtsstruktur der Kirche muss so gestaltet werden, dass darin das ‚Schon' und ‚Noch nicht' – der gekommene und kommende Christus – sichtbar wird.

Diese theologische Risikobereitschaft verbunden mit einigen theologischen oder auch kirchenrechtlichen Irregularitäten zeichnete in einem gewissen Maße die gesamte Verborgene Kirche in der ehemaligen Tschechoslowakei aus. Sie scheint untereinander in der Verborgenen Kirche toleriert gewesen zu sein.[543] Diese Beobachtung könnte sehr pragmatisch mit der Behauptung entkräftet werden, dass die wirklich kontroversen theologischen Entschlüsse (wie die in einigen Gemeinschaften verbreitete Priesterweihe für Verheiratete oder Davídeks Ordination von Frauen) erst nach der politischen Wende 1989 in der gesamten Untergrundkirche bekannt wurden. Dem ist aber entgegenzuhalten, dass bereits vor 1989 einige dieser Irregularitäten bekannt wurden und sie sich trotzdem nicht gemeinschafttrennend auswirkten. Als Grund dafür könnte eine gewisse Rangordnung der Prioritäten in der Untergrundtheologie und -kirche vermutet werden. Obwohl die Rechtgläubigkeit und Kirchenrechttreue – wie wir es am Beispiel von Davídek und Mádr beobachten konnten – eine wichtige, wenn nicht gar

[541] Die implizite Erkenntnis der Untergrundkirche war überlebenswichtig: Die Kirche hat zwar die Fülle der Erkenntnis, sie ist unverirrlich unter der Leitung des Heiligen Geistes, aber sie hat auch ihre konkrete, menschliche Gestalt, für die jeder der Gläubigen seine Verantwortung trägt und die nie irrtumsfrei bleibt.

[542] Felix M. Davídeks beliebte Metapher der Kirche als Pilgerin war gleichzeitig sinnstiftend für seine Koinótés-Gemeinde. Davídeks Parusieerwartung war kein passives Erwarten des eigenen Schicksals, sondern eine christliche Mitgestaltung der Welt hin zu ihrer Vollendung. Davídeks allgegenwärtige Frage nach der Beschleunigung der Parusie bedeutete möglicherweise nichts anderes als die Frage danach, wie die pilgernde Kirche Gottes hier und jetzt in allen ihren Ämtern und in allem ihren Wirken dem kommenden Christus Gestalt verleihen kann und damit ihrem Oberhaupt näher kommt.

[543] Es sind kaum Fälle des gegenseitigen Denunzierens bekannt.

zentrale Rolle spielte, scheint die Maxime des Handelns in der Untergrundkirche immer das *salus animarum* gewesen zu sein. Letztendlich scheint also oft das *salus animarum*, das Wirken der Kirche als Sakrament, als Heiligung des Menschen und der Welt das oberste Prinzip wichtiger zu sein als der theologische Konsens.

5.4 Die Untergrundkirche – Kirche zwischen Traditionalismus und Aufgeschlossenheit

Da der Kommunismus mehrere Generationen traf, war es für die Gläubigen zunehmend schwieriger, „das Antlitz des tschechischen und universellen Katholizismus (…) zu entdecken und im gewissen Sinn ‚zu rekonstruieren ‚"[544]. Die Gläubigen waren gezwungen, einerseits kreativ mit dem christlichen Erbe umzugehen, andererseits war die katholische Ortskirche bis dahin keine Kirche im Aufbruch, sondern trug eher volkskirchliche Frömmigkeitszüge, die sich aus der breiten volkskirchlichen Basis und der Atmosphäre der Angst ergaben. In der Untergrundtheologie und -praxis sind daher viele Beispiele zu finden, in denen trotz der bekennenden Reformbereitschaft der Ekklesiopraxis auch auf alte Frömmigkeitsmuster zurückgegriffen wurde. Die Frage liegt auf der Hand, in wie weit in der Untergrundkirche zum Beispiel amtstheologische Entscheidungen getroffen wurden, die aus dem heutigen Kontext heraus als Zeichen eines ausgeprägten Reformwillens gedeutet werden, die aber entgegen dieser Annahme Hand in Hand mit dem Favorisieren einer bewährten traditionellen katholischen Dogmatik zusammen kamen oder gar in ihr ihre Begründung fanden. Die Hintergründe der Entscheidung von Felix M. Davídek, Frauen zum ordinierten Amt zuzulassen, bieten sich an dieser Stelle als geeignetes Beispiel.

Ein pauschales Urteil, die Verborgene Kirche prägte ein dringender Aufruf zum theologischen Umdenken der tschechischen oder sogar der

[544] Das Forscherteam Hanuš/Balík referiert über das sog. „Jung-Christentum" – die soziologische Bezeichnung für die Christen in der kommunistischen Tschechoslowakei ab den achziger Jahren des 20. Jahrhunderts, denen die kirchliche Sozialisation fehlte, die über keine sichere Beziehung zur Lehre der Kirche verfügten und welche das Christentum auch mit unterschiedlichen östlichen Religionen, mit Astrologie oder Parapsychologie in Verbindung stellten. Die Autoren Hanuš/Balík verweisen diesbezüglich auf: Zdeněk Nešpor, Křesťané mimo církev. Víra a církve v české společnosti po roce 1989 [Christen außerhalb der Kirche. Der Glaube und die Kirche in der tschechischen Gesellschaft nach dem Jahr 1989]. In: Proglas 2 (2007) 41–43. Gesehen in: Hanuš/Balík, Katolická církev v Československu 1945–1989 [Katholische Kirche in der Tschechoslowakei 1945–1989], 257 und die dazugehörige Anmerkung 7.

gesamten Weltkirche, wird der Untergrundkirche nicht gerecht. Im Gegenteil standen am Anfang der Arbeit im Verborgenen vielmehr Interpretationsstereotypen und teilweise gar Verhärtungen der fundamentalen Glaubenswahrheiten.[545] Der Katholizismus in der Tschechoslowakei ist im Untergrund einerseits zu einer Art Verteidigung der traditionellen Frömmigkeit geworden, andererseits wurde er durch die besonderen Umstände der Arbeit in der Illegalität gezwungen, sich neu aufzustellen. Einerseits war der Glaube der Untergrundkirche in der traditionellen Frömmigkeit verwurzelt: Marienverehrung, das Rosenkranz-Gebet, der Kreuzweg oder die Herz-Jesu-Frömmigkeit haben den Katholiken geholfen, auch schwierige Zeiten zu überstehen. Andererseits verbanden deren Leitungsfiguren gemeinsame Grenzerfahrungen, die ihnen die notwendige Vorstellungskraft verliehen, die Kirche (im Untergrund) anders denken zu können.

Die gewohnte versorgende Pastoral verwandelte sich – teilweise sogar nicht nur im kirchlichen Untergrund – zu einer sehr aktiven, niedrig organisierten Glaubensgemeinschaft, die auch außerhalb des gewohnten territorialen Pfarreiprinzips agierten. Die Beziehung zwischen dem Leben und der Lehre der Kirche wurde in der Grenzsituation der Untergrundkirche neu durchdacht. Die Erkenntnisquelle der Gemeinden im Untergrund war nicht nur die katholische Orthodoxie (Rechtgläubigkeit), sondern auch ihre Orthopraxis – ihr tägliches Leben aus dem Glauben:

> „Ständig änderte sich etwas, nichts war fest, und deshalb war es nicht schwer, sich anzupassen. Ein Teil der Ausbildung war die Forderung, imstande zu sein, sich an die veränderte Situation möglichst schnell und optimal anzupassen. In der Praxis zeigte sich es darin, dass man nicht dem Üblichen anhing, sondern willens war, Neues anzunehmen. Es gab die Bestrebung, immer imstande zu sein, das Bessere und Vollkommenere anzunehmen."[546]

[545] Vgl. die „ultrapetrinische" Ekklesiologie des Dominikaners Silvestr M. Braito, geschrieben im Gefängnis Leopoldov. Vgl. Josef Petr Ondok, Muklovský Vatikán [Das Vatikan der politischen Gefangenen], Brno 2007, 76.

[546] Michal Černý, Život podzemní církve na Moravě na příkladu konkrétních osobností. Bakalářská práce. [Das Leben der Untergrundkirche in Mähren am Beispiel einiger ausgewählter Persönlichkeiten. Bachelorarbeit]. Olomouc 2012, Anlagen zur Arbeit, Interview mit Josef Šik, 49–63, hier 55.

5.5 Die Untergrundkirche – Kirche in Solidarität mit den Suchenden und Fragenden

Die Kirche im Untergrund lernte den Solidaritätsgedanken nicht nur zu durchdenken, sondern vor allem zu leben – mit Unterdrückten, mit Verfolgten und denen, die am Rand der Gesellschaft standen. Ihre tatsächliche Nähe zu den Ausgegrenzten machte ihre Botschaft glaubwürdig. Die Wurzeln dieser pastoraltheologischen Kehrtwende sind in der Erfahrung der Ausgrenzung und Marginalisierung im kommunistischen Gefängnis zu suchen. Die unmittelbaren Zeugnisse, die in dieser Arbeit zu finden sind, bestechen durch die Tiefe der zwischenmenschlichen Beziehungen. Die Gemeinden, die aus der Untergrundbewegung entstanden sind, scheinen sogar bis heute teilweise die sozialen Züge einer Großfamilie zu tragen.[547] In ihnen spielen Güterteilung, Solidarität und das Füreinander eine herausragende Rolle.[548] Die Untergrundgemeinden teilten demzufolge nicht nur das eucharistische Brot, sondern im gewissen Maße auch ihre materiellen Sorgen. Es gab Gemeinschaften, in denen gewährten sich die Gläubigen tiefe Einblicke in ihr privates Leben, weil die Kirchengemeinschaft sie tragen konnte. Sie empfanden sich als einen vertrauten und vertraulichen Raum. Ein solches Verständnis der Kirche als solidarischer Gemeinschaft könnte die Erklärung dafür sein, warum sich die teils wehtuenden Gegensätze in der Untergrundkirche nicht trennend auswirkten. Es ging nicht um eine Einheit, die als Meinungsgleichheit hergestellt werden hätte müssen, sondern um einen Konsens, der allem Dissens vorgängig ist, und ihn ohne Exklusion

[547] Vgl. die ehemalige „Prager Gemeinde" bzw. die Prager Gemeinde „Gemeinsamer Weg", die aus der Untergrundbewegung entstanden sind und die bis heute versuchen, die Communio-Theologie des II. Vatikanums und pastorale Erfahrung der Verborgenen Kirche in kleinen Gemeinschaften vor Ort konkret zu leben.
Vgl. den Sammelbandbeitrag des Bischofs der Prager Gemeinde: Jan Konzal, Cesta ke komuniální eklesiologii ve skryté církvi [Der Weg zur kommunialen Ekklesiologie in der Verborgenen Kirche], in: Novotný, Vojtěch (Hg.), Česká katolická eklesiologie druhé poloviny 20. století [Tschechische katholische Ekklesiologie der zweiten Hälfte des 20. Jahrhunderts], Praha 2007, 196–210.
Vgl. Auch Jan Kofroň, Pražská obec Ecclesia Silentii, in: Novotný, Vojtěch (Hg.), Česká katolická eklesiologie druhé poloviny 20. století [Tschechische katholische Ekklesiologie der zweiten Hälfte des 20. Jahrhunderts], Praha 2007, 211–217.

[548] Vgl. Rada obce [Gemeinderat (der Prager Kirchengemeinde)], Konstituce pražské obce ES [Konstitution der Prager Gemeinde der ES (Ecclesia Silentii = die verborgene, zum Schweigen gebrachte Kirche; P.P.-S.)], 6. Juni 2005, Privatarchiv von Petra Preunkert-Skálová. Vgl. auch Jan Kofroň, Pražská obec Ecclesia Silentii [Prager Gemeinde Ecclesia Silentii], in: Novotný, Vojtěch (Hg.), Česká katolická eklesiologie druhé poloviny 20. století [Tschechische katholische Ekklesiologie der zweiten Hälfte des 20. Jahrhunderts], Praha 2007, 211–217. Vgl. auch den Internetauftritt „Katolická církev komuniálně" [Katholische Kirche kommunial]: http://www.rkckomunio.cz/ (Zuletzt gesehen am 29. Oktober 2014)

aushält und trägt. Im Ansinnen dieser Geschwisterlichkeit waren teilweise auch scharfe inhaltliche Widersprüche abgefedert.

Die Konzentration auf den Aufbau von Netzwerken und des gemeinsamen Miteinanders war die große Stärke der Untergrundkirche, sie erwies sich als zukunftsweisend. Die Lebendigkeit der Untergrundkirche und ihre Anziehungskraft sind vermutlich nicht nur aus der religiösen Notlage zu erklären. Sie sind zurückzuführen auf das Vertrauen auf das Wirken des Heiligen Geistes in seiner Kirche, auf das Vertrauen aufeinander, das Teilen der täglichen Sorgen und den Mut zu pastoralen Experimenten. Vielen der Gemeinschaften im Untergrund ist es gelungen, die Mauer zwischen dem „draußen“ und „drinnen“ der Kirche abzutragen. Die Erfahrung der Christentum-Sympathisanten mit der Kirche im Verborgenen scheint das Gegenteil von mühsam und frustrierend gewesen zu sein. Vielerorts in der Untergrundkirche scheint nicht zuallererst die Vermittlung der Glaubenssätze das oberste Ziel gewesen zu sein – die Untergrundkirche verfügte über keine fertigen Katechismusantworten hinsichtlich des Verhaltens einer katholischen Ortskirche in einer absoluten Notlage –, sondern die sinnstiftende christliche Lebenspraxis. Aus den gemeinsamen praktischen Fragestellungen des Lebens ergaben sich neue Gesprächsmöglichkeiten.

Die Untergrundkirche scheint dank ihrer zuhörenden Haltung und der gegenseitigen Solidarität der Gläubigen in allen Lebenslagen große Glaubwürdigkeit ausgestrahlt zu haben. Die obigen Zeugnisse bestätigen, dass die Spiritualität der Untergrundgemeinschaften es den Einzelnen ermöglichte, daraus Kraft für das Leben zu schöpfen. Der Gottesglaube im katholischen Untergrund hatte aber nicht die Funktion einer geheimen Ruheoase oder einer versteckten Frömmigkeitsübung weit außerhalb des Alltagslebens im kommunistischen Staat. Im Gegenteil verlieh der Glaube vielen dazu die Kraft, ihr Alltagsleben aus den Quellen des christlichen Glaubens zu gestalten. Nicht nur das Gottesvolk, sondern auch die Theologie der Untergrundkirche überwand ihr enges Selbstverständnis als Apologie des Glaubens. Während die akademische Theologie in der Tschechoslowakei aus den Universitäten ausgegliedert, isoliert und ideologisch infiltriert wurde, unterstützte die Theologie im Untergrund alternative, funktionelle Lebensformen der Kirche im Verborgenen.

Vielen Gemeinden aus der Untergrundbewegung gelang es, eine große Anziehungskraft für „die Fremden“ – die Suchenden und Fragenden – zu erzeugen. Eine empirische Untersuchung müsste der Frage nachgehen, wie diese Anziehungskraft erzeugt wurde. Ob eine verständliche Sprache eine wichtige Rolle spielte? Oder die profanen Orte, an denen die Kirchenversammlungen stattfanden? Oder die tatsächliche Kenntnis der Nöte der Menschen – Erfahrung der Gewalt, Einkerkerung, Zwangsarbeit, Ausgrenzung? Wie hoch wurde das Miteinander in den Gemeinden wertgeschätzt, der großzügige zeitliche Rahmen und der brüderliche Rat? Nicht unterschätzen darf man dabei auch die Rolle der verheirateten Kleriker in der Ehepastoral. Sicher steht fest, dass das Alltagsleben für die Gläubigen dank der Pastoral der Untergrundkirche nicht noch zusätzlich theologisch verschlüsselt wurde, sondern im Gegenteil vielen dazu verhalf, den Sinn ihres Lebens gerade auch inmitten der Ungewissheit eines totalitären Staats zu finden. Sympathisch war die Ehrlichkeit vieler Untergrundgemeinden: sie verschleierten nicht ihre eigene Suche nach dem neuen Ort der Kirche in einer religiös entfremdeten Gesellschaft. Das verlieh der Kirche im Verborgenen ihr menschliches Antlitz.

Vielen der Untergrundgemeinden gelang es offensichtlich, ihre (meist nur implizit vorhandene, theologisch nicht immer reflektierte) Grundkonzeption der Kirche als wirksamem Heilszeichen weiterzupflegen, dabei aber gleichzeitig die Gefahr der eigenen Selbstgenügsamkeit der Kirche zu erkennen und zu überwinden. Viele der Untergrundgemeinschaften verstanden sich gerade nicht nur als inklusivistische Gläubigengemeinschaften ausgerichtet auf den passiven Empfang der Sakramente als sichere Gnadenmittel. Sie versprachen den Suchenden nicht eine Reise in eine andere, göttliche Welt. Die Kirchengemeinde stand in ihrer sichtbaren Gestalt als das (sakramentale) Zeichen für die unsichtbare Gegenwart Gottes *mitten in dieser Welt.* Die Untergrundkirche verstand sich vielerorts nicht als ein Stück der heilen Welt außerhalb des verdorbenen gottlosen Kommunismus, sondern als eine lebendige Zelle, die Botschaft von der Befreiung des Menschen durch Christus überall in der Gesellschaft leben wollte. Nicht durch eine moderne, offensive Christus-Werbekampagne, sondern viel feinfühliger und glaubwürdiger: durch die konsequent christliche Lebenshaltung im Alltag: durch das schlichte Zeugnis in der Familie und am Arbeitsplatz, dass Christus die Menschen am Kreuz und in der Auferstehung gerettet und zu Kindern Gottes machte. Wo die Christologie (Verkündigung und Nachfolge Christi) im Mittelpunkt der Untergrundkirche stand, dort sind authentische Wege zur Erneuerung der Kirche als Organisation entstanden. Die Kirche darf und muss ihre Verkündigungs- und Lebensformen so gestalten, dass sie die frohe Botschaft des Evangeliums in diese Welt sprechen kann. Je weniger sie selbst aus dem Evangelium lebt, desto mehr lebt sie für sich selbst und in sich hinein. Der Untergrundkirche gelang es, diese narzisstische Abwärtsspirale zu durchbrechen, indem sie durch die äußere Einwirkung so viel von ihrem Glanz und ihrer Macht entbehren musste, dass sie sich wieder auf Augenhöhe mit den Armen, Benachteiligten und Beseitigten (!) in der damaligen Tschechoslowakei begab. Die Nachfolgerinnen und Nachfolger Christi sollten aus dieser Welt nicht entrückt werden, sondern darin bleiben, um sie durch die frohe Botschaft des Evangeliums für Gott zurückzuerobern.

5.6 Die Untergrundkirche – Kirche der unmittelbaren Gotteserfahrung

Die kommunistische Unterdrückung erzwang eine neue Gestalt der Kirche im Untergrund. Die Jahre 1948–1989 waren im Rückblick eine spannende Zeit für die Theologie und Pastoral. Es war im Voraus nicht vorhersehbar, was die Ergebnisse dieser basistheologischen Bewegung im Verborgenen der Tschechoslowakei sein werden. Die Geschichte der katholischen Kirche in der Tschechoslowakei ähnelte in einer Weise den ersten Jahrhunderten der Kirchengeschichte, weil dort unterschiedliche Formen des katholischen Lebens erprobt wurden. Die systematische Theologie erlebte durch die erzwungene Reflexion des katholischen Lebens ihre Renaissance. Die Untergrundkirche war offen für die ehrliche theologische Suche und deswegen auch nicht frei von Irrwegen. Es war eine Kirche im Werden, derer Wesen keineswegs nur harmonisch war, sondern sogar eher reich an Spannungen. Ihre Suche nach den Beziehungen zwischen Gesamtkirche und Ortskirche oder Gnade und Freiheit und der theologische Grundbegriff der Gerechtigkeit lassen diese Brisanz ahnen. In vielen Fällen war es die gegenseitige Solidarität unter den vielen Untergrundgruppen, die half, diese wahrgenommenen Unterschiede zu überbrücken und auf das Wichtigste zu schauen: Die Verkündigung der frohen Botschaft. Sie agierte als Anwältin des Menschen, nicht als seine Richterin. Sie verstand sich als eine pilgernde Gemeinschaft, die sich in suchenden Bewegungen auf Gott hin bewegt. Als solche entwickelte sie eine ungeheure spirituelle Kraft. Das Leben in diesen Gemeinden verwandelte das gesamte Leben der Menschen. Der Weg als Christ wurde wieder vom Kirchgang zum Lebensweg, zu einem Lebenskonzept, in dem Christus der Weggefährte und das endgültige Ziel dieses Weges zugleich war. Die Stärke dieser Theologie bestand in ihrer Mystagogik, die jegliche moralisierende Glaubensrede sofort ins Abseits verwies. Der Untergrundkirche ist es gelungen, auf einem scheinbar gottlosen Ort Gott erfahrbar zu machen. Die tschechische Untergrundkirche war eine Kirche, die fremdging, um Gott in dieser Fremde zu erfahren.

Verzeichnis benutzter Quellen, Dokumente und weiterer Literatur

Quellentexte von Felix Maria Davídek

als Anlage in: Fiala, Petr, Hanuš, Jiří, Skrytá církev. Felix M. Davídek a společenství Koinótés [Verborgene Kirche. Felix M. Davídek und die Gemeinschaft Koinótés] Brno 1999:

Activitas, 240–242 (Originaltext)

Ad tres fratres, 242–248 (Originaltext)

Axiologie a ars regnandi [Axiologie und ars regnandi]. (Vorlesungsmitschrift) Privatarchiv von L. Javorová, 2 Seiten. [Zitat auch gesehen in: Fiala/Hanuš, Verborgene Kirche (dt. Ausgabe), 61]

Bohuslav Burian, Maschinenschrift (um das Jahr 1970), 31. [Zitat auch gesehen in: Fiala/Hanuš, Verborgene Kirche (dt. Ausgabe), 33]

Čistota a celibát [Keuschkeit und Zölibat], 289–294. (Vorlesungsmitschrift)

Davídeks Abschlussrede der Synode vom 26.12.1970. Privatarchiv Ludmila Javorová. Zitate auch in: Fiala/Hanuš, Die Verborgene Kirche (dt. Ausgabe) 96. (ursprünglich Tonaufnahme)

Konkrétní spirituální práce [Die konkrete spirituelle Arbeit], 236–239 (Originaltext)

Křesťanský světový názor [Die christliche Weltanschauung], 215–233 (Originaltext)

Naše spiritualita [Unsere Spiritualität], 328–331 (Vorlesungsmitschrift)

Obsah noviciátní práce [Der Inhalt der Noviziatarbeit], 322–328 (Vorlesungsmitschrift)

O koncilu Božího lidu [Über das Konzil des Gottesvolkes], 320–322 (ursprünglich Tonaufnahme)

Pastorální praxe v oboru morálky [Pastoralpraxis in dem Bereich Moraltheologie], 331–341 (Vorlesungsmitschrift)

Pastýřský list [Der Hirtenbrief], 278–281 (Originaltext)

Svěcení ženy [Die Weihe der Frau] August 1970, 316–320 (Vorlesungsmitschrift)

Systémový přístup k řízení Koinótés [Systemischer Zugang zur Koinótés-Leitung Theologie der Leitungstheorie], 310–316 (Vorlesungsmitschrift)

Teologie teorie řízení [Theologie der Leitungstheorie], 294–310 (Vorlesungsmitschrift)

Teologie parusie [Theologie der Parusie], 248–269 (Originaltext).

Davídek, Felix M., „Psychologie empirická a psychologie filosofická. Jejich vzájemný poměr a otázka kompetence při explikaci duševna [Empirische Psychologie und philosophische Psychologie. Ihr gegenseitiges Verhältnis und die Frage der Kompetenz bei der Explikation des Geistigen]. (Diss.) Maschinenschrift, Brno [Brünn] 1947.

Quellentexte von Oto Mádr

Mádr, Oto, Wie Kirche nicht stirbt. Zeugnis aus bedrängten Zeiten der tschechischen Kirche. Hg. von der Ackermann-Gemeinde. Leipzig 1993:

Aus der Rede bei der Verleihung der theologischen Ehrendoktorwürde in Bonn am 4. Mai 1991, 110–117

Dafür oder dagegen, 27–29

Das christliche Nein und das christliche Ja der politischen Gefangenen. Predigt im Prager St.-Veits-Dom am 7.3.1992, 105–109

Ein Wort über diese Zeit, 22–26

Modus moriendi der Kirche, 30–38

Wie Kirche nicht stirbt. Zur Theologie der Kirche in der Bedrohung, 39–104.

Es handelt sich hierbei um eine Teilausgabe des tschechischen Sammelbandes Mádrs bekanntester Werke:

Mádr, Oto, Slovo o této době. Praha 1992:

Církev dnes a zítra [Die Kirche heute und morgen] 215–236

Duchovní vertikála [Geistliche Vertikale] 50–52

Modus moriendi církve [Modus moriendi der Kirche] 237–243

O jedné rehabilitaci, 30.7.1969 [Über eine Rehabilitierung] 305–307

Vyhlížení zítřků [Die morgigen Tage hinausschauen] 43–47.

Mádr, Oto, Poláková, Jolana (Hg.), V zápasech za Boží věc. Vzpomínky, texty a rozhovory [Im Ringen um Gottes Sache. Erinnerungen, Texte und Gespräche], Praha 2007:

Vzpomínky [Erinnerungen] 7–76

Téma dne – Polarizace [Das Thema des Tages – Polarisierung], in: Mádr, Poláková (Hg.), V zápasech za Boží věc věc [Im Ringen um Gottes Sache] 205–207.

Mádr, Oto (Hg.), K jádru věci. Aktuální reflexe z let 1993–2003 [Zum Kern der Sache. Aktuelle Reflexionen aus den Jahren 1993–2003] Praha 2003:

Dynamika středu [Dynamik der Mitte] 22–24

Katolická identita [Katholische Identität] 18–22.

Mádr, Oto, Conceptus malitiae intrinsecae in synthesi suareziana, Karlova univerzita 1950. [Diss.]

Mádr, Oto, Český hlas na světovém teologickém fóru, in: Teologické texty 4 (1990) 121.

Mádr, Oto, Bratr Ježíš [Bruder Jesus], in: Teologické texty 4 (1992) 121.

Mádr, Oto, Tma a hlad buď utvrdí nebo zlomí [Dunkelheit und Hunger verfestigen entweder oder sie brechen] In: Katolický týdeník [Katholische Wochenzeitung] 09 (2006), 27. Februar 2006. (11. Dezember 2014)

http://www.katyd.cz/index.php?cmd=page&type=11&article=4398

Tonaufnahme des Interviews mit Oto Mádr am 3. März 2007 in Prag. Privatarchiv von Petra Preunkert-Skálová.

Dokumente und Sekundärliteratur

Ambros, Pavel, Kam směřuje česká katolická církev? Teologie obnovy místní církve v Čechách a na Moravě, její základní pastorační postoje a orientace pro třetí tisíciletí [Wohin steuert die tschechische katholische Kirche? Die Theologie der Erneuerung der lokalen Kirche in Böhmen und Mähren, ihre grundlegenden pastoralen Haltungen und die Orientierung für das dritte Jahrtausend] Velehrad 1999.

Arnold, Franz Xaver, Rahner Karl u. a. (Hg.), Handbuch der Pastoraltheologie, Freiburg 1964.

Balík, Stanislav, Hanuš, Jiří, Katolická církev v Československu 1945–1989 [Katholische Kirche in der Tschechoslowakei 1945–1989] Brno 2007.

Balík, Stanislav, Koncilní změny v českém prostředí [Die Konzilsveränderungen in den tschechischen Ländern], in: Stanislav Balík, Jiří Hanuš (Hg.), Letnice dvacátého století. Druhý vatikánský koncil a české země [Das Pfingsten des zwanzigsten Jahrhunderts. Das Zweite Vatikanische Konzil und tschechische Länder], Brno 2012, 7–24.

Balthasar, Hans Urs von, Gott und das Leid, Freiburg 1984.

Bárta, Josef, Obraz P. Tomislava Kolakoviče ve slovenských knihách [Das Bild von P. Tomislav Kolakovič in den slowakischen Büchern], in: Dialog-Evropa XXI (2) 1995, 36–37.

Birtz, Mircea, Kierein, Manfred, Voices from ecclesia militans in Czechoslowakia. Letters and Autographs, Klausenburg 2011.

Blaha, Jan, Prohlášení [Erklärung], Olomouc 20.10. 1992, in: Církev v podzemí [Die Kirche im Untergrund], 126–127 (ursprünglich in: Getsemany 12 (1992) 45).

Blaha, Petr, Library of Bishop F. M. Davidek (4. November 2014) http://www.distanceuni.ch/cyberuni/theologie/library/index.php

Brief der römisch-katholischen Bischöfe der böhmischen und mährischen Diözesen an die geheim geweihten Priester [Dopis římsko-katolických biskupů českých a moravských diezécí tajně vysvěceným kněžím], in: Katolický týdeník [Katholische Wochenzeitung] 13 (1992) 1.

Broch, Thomas, Denker der Krise – Vermittler der Hoffnung. Pierre Teilhard de Chardin, Würzburg 2000.

Bugel, Walerian, Biskup Felix Maria Davídek – prorok paruzjalności Kościoła (nie tylko) podziemnego [Bischof Felix Maria Davídek – Der Prophet der Parusiefähigkeit (nicht nur) in der Untergrundkirche]. In: Klauza, Karol u. a. (Hg.), Więksi i mniejsi prorocy Europy Środkowo-Wschodniej XX wieku [Größere und kleinere Propheten der Mittel-und-Osteuropa im 20. Jahrhundert] , Lublin 2003, 29–41.

Casaroli, Agostino, Il martirio della pazienza. La Santa Sede e i paesi comunisti (1963–1989), Torino 2000.

Casaroli, Agostino, Trýzeň trpělivosti. Svatý stolec a komunistické země (1963–1989) [Die Qual der Geduld. Der Heilige Stuhl und die kommunistischen Länder (1963–1989)], Kostelní Vydří 2001. [Tschechische Übersetzung der italienischen Originalausgabe.]

Commenius, Johann Amos, Vermächtnis der sterbenden Mutter der Brüderunität (1650). Eingeleitet, übersetzt und mit Anmerkungen versehen von Miloš Bič. Neukirchen 1958.

Černý, Michal, Život podzemní církve na Moravě na příkladu konkrétních osobností. Bakalářská práce. [Das Leben der Untergrundkirche in Mähren am Beispiel einiger ausgewählter Persönlichkeiten. Bachelorarbeit]. Olomouc 2012. In Anlage die Interviews mit Josef Šik und Radomil Kaláb.

Český statistický úřad [Tschechisches Statistikamt], Sčítání v roce 1950 [Zählung im Jahr 1950], tabulka 4 [Tabelle 4]: Přítomné obyvatelstvo podle náboženského vyznání a národnosti k 1.3.1950 [Anwesende Bevölkerung nach religiöser Zugehörigkeit und Nationalität zum 1.3.1950]. http://notes3.czso.cz/sldb/sldb.nsf/i/scitani_v_roce_1950 (4. November 2014)

Český statistický úřad [Tschechisches Statistikamt], Sčítání lidu, domů a bytů 1991 [Zählung des Volkes, der Häuser und der Wohnungen 1991]: Obyvatelstvo podle náboženského vyznání a národnosti [Die Bevölkerung nach Religionszugehörigkeit und Nationalität]. http://www.czso.cz/csu/tz.nsf/i/nabozenske_vyznani_obyvatelstva_ceske_republiky_23_12_04 (4. November 2014)

Český statistický úřad [Tschechisches Statistikamt], Sčítání lidu, domů a bytů k 1.3. 2001 [Zählung des Volkes, der Häuser und der Wohnungen zum 1.2.2001]. http://www.czso.cz/sldb2011/redakce.nsf/i/obyvatelstvo_cr/$File/e-4104-02.pdf (4. November 2014)

Český statistický úřad [Tschechisches Statistikamt], Předběžné výsledky sčítání lidu, domů a bytů 2011 [Vorläufige Ergebnisse der Zählung des Volkes, der Häuser und der Wohnungen 2011]. http://www.scitani.cz/sldb2011/redakce.nsf/i/predbezne_vysledky_scitani_lidu_domu_a_bytu_2011 (4. November 2014).

de Chardin, Teilhard, Der Mensch im Kosmos, München 1959.

de Chardin, Teilhard, Der Göttliche Bereich, Freiburg i.B. 1962.

Demel, Sabine, Handbuch Kirchenrecht, Grundbegriffe für Studium und Praxis, Freiburg i.B. u.a. 2010.

Demel, Zdeněk, Pod dohledem církevních tajemníků. Omezování činnosti katolické církve v Československu 1945–1989 na příkladu jihčeského regionu [Unter der Aufsicht der kirchlichen Parteischriftführer. Die Drosselung der Arbeit der katholischen Kirche in der Tschechoslowakei 1945–1989 am Beispiel der südböhmischen Region]. Brno 2008.

Die dogmatische Konstitution über die Kirche „Lumen Gentium". In: Kleines Konzilskompendium 105–200. (= LG.)

Dolista, Josef, Machula, Tomáš, Skepsis gegen alles von oben. Theologische Suchbewegungen in der tschechischen Übergangsgesellschaft, in: ThPQ 150 (2002) 284–295.

Dörr, Friedrich [1972] 1975, Gott ruft sein Volk zusammen (L, Genf), in: Gotteslob 477 (altes GL: 640), Rubrik: Leben in der Kirche - Kirche - Ökumene.

Fiala, Petr, Hanuš, Jiří, Koinótés. Felix M. Davídek a skrytá církev [Felix M. Davídek und die Verborgene Kirche]. Brno 1994.

Fiala, Petr, Hanuš, Jiří, Skrytá církev. Felix M. Davídek a společenství Koinótés [Verborgene Kirche. Felix M. Davídek und die Gemeinschaft Koinótés] Brno 1999.

Fiala, Petr, Hanuš, Jiří (Hg.), Koncil a česká společnost [Das Konzil und die tschechische Gesellschaft], Brno 2000.

Fiala, Petr, Hanuš, Jiří, Die Verborgene Kirche. Felix M. Davídek und die Gemeinschaft Koinótés, Paderborn u. a. 2004.

Gansrigler, Franz, Jeder war ein Papst. Geheimkirchen in Osteuropa, Salzburg 1991.

Gössmann, Elisabeth, Die Frau als Priester?, in: Communio 4 (1968) 288–293.

Gremmels, Christian, Bethge, Eberhard u. a. (Hg.), Dietrich Bonhoeffer Werke, Band 8: Widerstand und Ergebung, Gütersloh 1998.

Haas, Adolf, Teilhard-de-Chardin-Lexikon, Band II, Freiburg i.B. 1971.

Hamburger, Gerd, Verfolgte Christen. Berichte aus unserer Zeit. Graz u. a. 1979.

Halík, Tomáš, Kurzkommentar von Tomáš Halík unterhalb des Textes: Oto Mádr, Modus moriendi der Kirche, in: Ders. (Hg.), Wie Kirche nicht stirbt, 30–38.

Halík, Tomáš, Společnost v přerodu. Češi ve 20. století [Die Gesellschaft im Umbruch. Die Tschechen im 20. Jahrhundert] Praha 2001, 144–158. http://halik.cz/cs/tvorba/clanky-eseje/nabozenstvi-spolecnost/clanek/49/ (Zuletzt gesehen am 14. November 2014)

Hanuš, Jiří, Skrytá církev po dvaceti letech [Die Verborgene Kirche nach zwanzig Jahren], in: Kontexty 3 (2010) 26.

Hanuš, Jiří, Die Verborgene Kirche - 20 Jahre danach, in: Erwin Koller, Hans Küng, Peter Križan (Hg.), Die verratene Prophetie. Die tschechoslowakische Untergrundkirche zwischen Vatikan und Kommunismus, Luzern 2011, 113–126.

Hartmann, Wolfgang, Existenzielle Verantwortungsethik. Eine moraltheologische Denkform als Ansatz in den theologisch-ethischen Entwürfen von Karl Rahner und Dietrich Bonhoeffer, Erfurt 2005. (Diss.)

Holzer, Jan, Role katolické církve v komunistickém režimu. Kausa Československo [Die Rolle der katholischen Kirche im kommunistischen Regime], in: Petr Fiala, Jiří Hanuš (Hg.), Koncil a česká společnost. Historické, politické a teologické aspekty přijímání II. vatikánského koncilu v Čechách a na Moravě [Das Konzil und die tschechische Gesellschaft. Historische, politische und theologische Aspekte der Rezeption des II. Vatikanischen Konzils in Böhmen und Mähren], Brno 2000.

[Hradilek], Pavel, Proč odmítám reordinaci [Warum ich die Reordination ablehne]. In: Církev v podzemí [Kirche im Untergrund], Getsemany, Ročenka 1995, Síť, Praha 1995.

Hradilek, Pavel, Svědectví o Janu Konzalovi [Zeugnis über Jan Konzal], in: Teologie a společnost [Theologie und Gesellschaft], Sonderausgabe des Jahres S (2005) 4–7.

Hummer, Franz, Bischöfe für den Untergrund. Zur Praxis der Geheimbischöfe in der katholischen Kirche. Wien u. a. 1981.

Hünermann, Peter, Theologischer Kommentar zur dogmatischen Konstitution über die Kirche Lumen gentium. In: Hünermann, Peter; Hilberath, Bernd Jochen, Herders Theologischer Kommentar zum Zweiten Vatikanischen Konzil. Bd. 2, Freiburg-Basel-Wien 2004, 263–582.

Institut pro studium totalitních režimů, Český rozhlas, Post Bellum [Institut für das Studium totalitärer Regime, Tschechischer Rundfunk, Journalisten- und Historikervereinigung Post Bellum], Internetportal „Erinnerung des Volkes" / digitales Zeitzeugenarchiv:

http://www.pametnaroda.cz (16. Oktober 2014)

Der Eintrag zu Felix Maria Davídek http://www.abscr.cz/cs/vyhledavani-evidencni-zaznamy?language=cs&page=evidencni-zaznamy (31. 12. 2014)

Jandourek, Jan, Tomáš Halík. Ptal jsem se cest [Tomáš Halík. Ich befragte die Wege], Praha 1997.

Javorová, Ludmila, In Stille und Schweigen, in: Erwin Koller, Hans Küng u. a. (Hg.), Die verratene Prophetie, 57–74.

Jiřička, Jan, Kněží velebili Husáka i Brežněva, církev se od nich distancuje opatrně [Priester huldigten Husák und Breschnew, die Kirche distanziert sich von ihnen nur vorsichtig]. In: Elektronische Tageszeitung „iDnes" vom 17. Dezember 2011: http://zpravy.idnes.cz/knezi-velebili-husaka-i-brezneva-cirkev-se-od-nich-di stancuje-opatrne-1j9-/domaci.aspx?c=A111208_170248_domaci_jj (15. November 2014)

Johannes Paul II., Apostolisches Schreiben „Ordinatio Sacerdotalis", vom 22. 5. 1994: AAS 86 (1994) 545–548; dt. Übers.: VAS, Heft 117.

Jorissen, Hans, Stanovisko k otázce re-ordinace a podmíněné ordinace [Die Stellungnahme zur Frage der Re-Ordination und der bedingten Wiederweihe]. Getsemany 5 (1996) 84–89.

Jorissen, Hans, Die Tragik des Propheten. Felix Maria Davídek, inspirierender Geist und treibende Kraft, in: Erwin Koller, Hans Küng u. a. (Hg.), Die verratene Prophetie, 47–56.

Jorissen, Hans, Die Wahrheit siegt. Festvortrag von Prof. Hans Jorissen bei der Preisverleihung der Herbert-Haag-Stiftung für Freiheit in der Kirche City-Kirche in Wien, 2. April 2011. (3. November 2014)

www.wir-sind-kirche.at/sites/default/files/pr11_texte_jorissen.pdf

Kadlec, Jaroslav, Přehled českých církevních dějin 2 [Die Übersicht der tschechischen Kirchengeschichte 2]. Praha 1991.

Kaplan, Karel, Stát a církev v Československu 1948–1953 [Staat und Kirche in der Tschechoslowakei 1948–1953]. Praha 1990.

Kaplan, Karel, Staat und Kirche in der Tschechoslowakei, Die kommunistische Kirchenpolitik in den Jahren 1948–1952, München 1990. [Deutsche Übersetzung der tschechischen Originalausgabe]

Kaplan, Karel, Těžká cesta, Spor Československa s Vatikánem 1963–1973 [Schwerer Weg. Der Streit der Tschechoslowakei mit dem Vatikan 1963–1973]. Brno 2001.

Karfíková, Lenka u. a. (Hg.), Život se tvoří z přítomné chvíle. Česká katolická teologie po druhé světové válce [Das Leben schafft sich aus dem gegenwärtigen Augenblick. Tschechische katholische Theologie nach dem zweiten Weltkrieg]. Brno 1998.

Katolická církev komuniálně [Katholische Kirche kommunial], Internetauftritt, http://www.rkckomunio.cz/ (Zuletzt gesehen am 29. Oktober 2014)

Kofroň, Jan, Pražská obec Ecclesia Silentii [Prager Gemeinde Ecclesia Silentii], in: Novotný, Vojtěch (Hg.), Česká katolická eklesiologie druhé poloviny 20. století [Tschechische katholische Ekklesiologie der zweiten Hälfte des 20. Jahrhunderts], Praha 2007, 211–217.

Kohout, Jan, Zápisník agitátora 1985, Oddělení propagandy a agitace ÚV KSČ [Notizbuch des Agitators 1985, Zentralkommitee der Tschechoslowakischen Kommunistischen Partei]. Praha 1984.

Koller, Erwin, Küng, Hans, Křižan, Peter (Hg.), Die verratene Prophetie. Die tschechoslowakische Untergrundkirche zwischen Vatikan und Kommunismus. Luzern 2011.

Kongregation für die Glaubenslehre, Erklärung *Inter insigniores*, vom 15.10.1976: AAS 69 (1977) 98–116; dt. Übersetzung: VAS, Heft 117.

Kongregace pro nauku víry [Kongregation für die Glaubenslehre], Prohlášení Kongregace pro nauku víry o „Tajné církvi" [Erklärung der Kongregation für die Glaubenslehre zur „Geheimen Kirche"], Prot. N. 18/90 http://www.vatican.va/roman_curia/congregations/cfaith/documents/rc_con_cfaith_doc_20000211_chiesa-clandestina_cs.html (3. November 2014)

Konzal, Jan, Zpověď tajného biskupa [Die Beichte eines geheimen Bischofs]. Praha 1998.

Konzal, Jan, Cesta ke komuniální eklesiologii ve skryté církvi [Der Weg zur kommunialen Ekklesiologie in der Verborgenen Kirche], in: Novotný, Vojtěch (Hg.), Česká katolická eklesiologie druhé poloviny 20. století [Tschechische katholische Ekklesiologie der zweiten Hälfte des 20. Jahrhunderts], Praha 2007, 196–210.

Konzal, Jan, Pastorační přístupy skryté církve, in: Universum 4 (2010) 38–41.

Krátký, Stanislav, O skryté církvi. Rozhovor s Otcem biskupem prof. Stanislavem Krátkým [Über die Verborgene Kirche. Gespräch mit Bischof Prof. Stanislav Krátký], in: Proglas 4 (1992) 11–17.

Krátký, Stanislav, K plnosti. Rozhovory Jana Mazance s dobrým bratrem a biskupem skryté církve [Zur Erfüllung. Jan Mazanecs Gespräche mit dem guten Bruder und Bischof der Verborgenen Kirche], Brno 2004.

Lénac, Letitia, V Praze jsme objevili církev mimo zákon [In Prag entdeckten wir Kirche außerhalb des Gesetzes]. http://www.getsemany.cz/node/1435 [4. November 2014].

Liška, Ondřej, Církev v podzemí a společenství Koinótés [Die Kirche im Untergrund und die Gemeinschaft Koinótés]. Brno 1999.

Liška, Ondřej, Jede Zeit ist Gottes Zeit. Die Untergrundkirche in der Tschechoslowakei. Leipzig 2003. [Die deutsche Ausgabe der tschechischen Originalmonographie, teils mit anderen, neuen Anlagen.]

Luxmoore, Jonathan, Babiuchová, Jolanta, Vatikán a rudý prapor. Zápas o duši východní Evropy. Studie o vztahu římskokatolické církve a komunistických států [Der Vatikan und die rote Fahne. Der Kampf um die Seele Osteuropas. Studie zur Beziehung der römisch-katholischen Kirche mit den kommunistischen Staaten]. Praha 2003.

M[ádr], O[to], Nekonfliktní služba magisteriu?, in: Teologické texty 1 (1995) 29.

Mádr, Oto, Untergrundkirche. Partizipation der Laien oder Sektiererei, in: Concilium 36 (2000) 272–278.

Maier, Hans u. a. (Hg.), Totalitarismus und Politische Religionen. Konzepte des Diktaturvergleichs, Paderborn 1996.

Mikeš, František, Biskup Felix Maria Davídek, jeho multidisciplinární teologie a řád praxe [Bischof Felix Maria Davídek, seine multidisziplinäre Theologie und die Praxisordnung], in: Lenka Karfíková u. a. (Hg.), Život se tvoří z přítomné chvíle. Česká katolická teologie po druhé světové válce [Das Leben schafft sich aus dem gegenwärtigen Augenblick. Tschechische katholische Theologie nach dem zweiten Weltkrieg]. Brno 1998, 81–102.

Mikeš, František, Biskup Davídek a podruhé umlčené společenství Koinónés [Bischof Davídek und die zum zweiten Mal zum Schweigen gebrachte Gemeinschaft Koinótés], in: Teologie & Společnost [Theologie & Gesellschaft] S[pezial] (2005) 13–26.

Müller, Gerhard Ludwig, Katholische Dogmatik. Für Studium und Praxis der Theologie, Freiburg u. a. 2005.

Novotný, Vojtěch, Katolická teologická fakulta 1939–1990. Prolegomena k dějinám české katolické teologie druhé poloviny 20. století [Katholisch-theologische Fakultät 1939–1990. Prolegomena zur Geschichte der tschechischen katholischen Theologie der zweiten Hälfte des 20. Jahrhunderts]. Praha 2007.

Novotný, Vojtěch, Česká katolická eklesiologie na počátku druhé poloviny 20. století [Tschechische katholische Ekklesiologie am Anfang der zweiten Hälfte des 20. Jahrhunderts], in: Ders. (Hg.), Česká katolická eklesiologie druhé poloviny 20. století [Tschechische katholische Ekklesiologie der zweiten Hälfte des 20. Jahrhunderts], Praha 2007, 5–38.

Novotný, Vojtěch (Hg.), Česká katolická eklesiologie druhé poloviny 20. století [Tschechische katholische Ekklesiologie der zweiten Hälfte des 20. Jahrhunderts], Praha 2007.

Novotný, Vojtěch, Teologie ve stínu. Prolegomena k dějinám české katolické teologie druhé poloviny 20. století [Theologie im Schatten. Die Prolegomena zu der Geschichte der tschechischen katholischen Theologie der zweiten Hälfte des 20. Jahrhunderts], Praha 2007.

Novotný, Vojtěch, Sterbende Kirche. Tschechische Theologie angesichts kommunistischer Unterdrückung. In: Communio 2 (2008) 185–199.

Novotný, Vojtěch, Oto Mádr: „Církev je Boží dar a naše dílo“ [Oto Mádr: „Die Kirche ist Gottes Gabe und unser Werk“], In: Universum. Revue České křesťanské akademie [Universum. Zeitschrift der Tschechischen christliche Akademie in Prag] 3 (2011) 14–17.

Ondok, Josef Petr, Muklovský Vatikán [Das Vatikan der politischen Gefangenen], Brno 2007.

Opatrný, Aleš, Eklesiologie Oto Mádra [Ekklesiologie von Oto Mádr], in: Vojtěch Novotný (Hg.), Česká katolická eklesiologie druhé poloviny 20. století [Tschechische katholische Ekklesiologie der zweiten Hälfte des 20. Jahrhunderts], 158–163.

Osterwalder, Josef, Der verratene Bote. Begegnung mit Jan Georg Pojer (6. Februar 1934–20. August 2006) nach seiner Flucht in die Schweiz, in: Erwin Koller, Hans Küng u. a. (Hg.), Die verratene Prophetie, 158–168.

Otčenášek, Karel, Mosaiksteinchen. Kleine Zeugnisse über die Christenverfolgung in der Zeit der kommunistischen Totalität und über ihre Bemühungen um die Freiheit und das Wohl des Vaterlands Initiator und Patronanz. Bistum Hradec Králové [Bistum Königgrätz] 2004.

Paulas, Jan, O křesťanství v současném světě [Über das Christentum in der Welt der Gegenwart], in: V zápasech za Boží věc. Vzpomínky, texty a rozhovory [Im Ringen um Gottes Sache. Erinnerungen, Texte und Gespräche], Praha 2007, 95–103.

Peters, Jan, Die Frau im kirchlichen Dienst, in: Communio 4 (1968) 293–299.

Plachý, Jiří, Biskup Trochta v hodině velké zkoušky [Bischof Trochta in der Stunde der großen Probe], in: Securitas Imperii 11 (2005) 129–134.

http://www.cdct.cz/old/files/sbsec11.pdf (4. November 2014)

Pojer, Jan Georg, in: Erwin Koller, Hans Küng u. a. (Hg.), Die verratene Prophetie, 164

Poláková, Jolana (Hg.), Teolog Oto Mádr [Der Theologe Oto Mádr], Praha 1997.
Poláková, Jolana, Bibliografie Oto Mádra, in: Mádr, Oto, Poláková, Jolana (Hg.), V zápasech za Boží věc, 249–263. http://www.oto-madr.cz/Bibliografie (27. Oktober 2014)
Poláková, Jolana, Nachwort der Herausgeberin von Oto Mádrs Schriften, in: Mádr, Oto, Wie Kirche nicht stirbt, Leipzig 1993, 122–123.
Poláková, Jolana, Kristův bojovník Oto Mádr [Christi Kämpfer Oto Mádr], in: Universum 2 (2011) 21–24.
Pottmeyer, Hermann Josef, Die Mitsprache der Gläubigen in Glaubenssachen, in: IkaZ 25 (1996) 134–147.
Prečan, Vilém, Charta čeká na příští generaci historiků [Charta wartet auf die nächste Generation der Historiker], Lidovky 16. ledna 2007 [Tageszeitung Lidovky 16. Januar 2007].
Prečan, Vilém, Křesťané a Charta '77. Výběr dokumentů a textů [Die Christen und Charta 77. Eine Auswahl von Dokumenten und Texten], München 1980.
První návštěva Jana Pavla II. v ČSFR [Erster Besuch Johannes Pauls II. in der ČSFR]. Dankesworte des Papstes Johannes Paul II. bei seinem Besuch unmittelbar nach dem Fall des Eisernen Vorhangs am 21. und 22. April 1990 in Prag. In: Evokace, Sondernummer, 1990, ohne Seitenzahl.
Putování církve českými dějinami [Die Pilgerfahrt der Kirche durch die tschechische Geschichte], Práce sněmovní komise č. 1 mezi 1. a 2. zasedáním Plenárního sněmu Katolické církve v ČR [Die Arbeit der parlamentarischen Kommission Nr. 1 zwischen 1. und 2. Sitzung der Plenarversammlung der Katholischen Kirche in der Tschechischen Republik], Text odsouhlasený na jednání 1. komise 20. června 2005 [Der Wortlaut des Textes verabschiedet in der Sitzung der 1. Kommission am 20. Juni 2005].
http://www.areopag.cz/content/putovani-cirkve-ceskymi-dejinami (4. November 2014)
Raban, Miloš, Ab „Modus Moriendi" české církve et ad honorem Mádri, in: Mádr, Poláková (Hg.), V zápasech za Boží věc věc [Im Ringen um Gottes Sache] 154–158.
Rada obce [Kirchengemeinderat], Konstituce pražské obce ES [Konstitution der Prager Gemeinde der ES (Ecclesia Silentii)] vom 6. Juni 2005, Privatarchiv von Petra Preunkert-Skálová.
Rahner, Karl, Wie kann eine Kirche der Zukunft gedacht werden?, in: Ders., Strukturwandel der Kirche als Chance und Aufgabe, Freiburg im Breisgau (u. a.) 1989. [Neuausgabe; Originalausgabe aus 1972]
Rahner, Karl, Vorgrimmler, Herbert, Kleines Konzilskompendium. Sämtliche Texte des Zweiten Vatikanums. Allgemeine Einleitung – 16 spezielle Einführungen – ausführliches Sachregister. Mit einem Nachtrag vom Oktober 1968: Die nachkonziliare Arbeit der römischen Kirchenleitung, Freiburg-Basel-Wien [23]1991.

Reininger, Dorothea, Diakonat der Frau in der einen Kirche. Diskussionen, Entscheidungen und pastoral-praktische Erfahrungen in der christlichen Ökumene und ihr Beitrag zur römisch-katholischen Diskussion, Ostfildern 1999.

Rundschreiben unseres Heiligen Vaters Pius XI. durch Gottes Vorsehung Papst ‚Über den atheistischen Kommunismus' [Divini redemptoris]. Berlin 1937.

Sepp, Peter, Geheime Weihen. Die Frauen in der verborgenen tschechoslowakischen Kirche Koinótēs. Eine Veröffentlichung des Pastoralen Forum Wien: Zulehner, Paul M., Tomka Miklós u. a. (Hg.), Gott nach dem Kommunismus. Ostfildern 2004.

Šimulčík, Ján, Združenie katolíckych duchovných PACEM IN TERRIS. Výber zo samizdatových dokumentov 1969–1989 [Vereinigung der Geistlichen PACEM IN TERRIS. Auswahl aus den Samizdat-Dokumenten 1969–1989]. Prešov 2002, 33–34.

Skalický, Karel, Teologický průkopník Oto Mádr [Theologischer Wegbereiter Oto Mádr], in: Poláková, Jolana (Hg.), Teolog Oto Mádr [Der Theologe Oto Mádr], 43–77.

Skoblík, Jiří, Vzpomínky na přítomnost [Erinnerungen an die Gegenwart], in: Poláková, Jolana (Hg.), Teolog Oto Mádr [Der Theologe Oto Mádr], 21–26.

Skoblík, Jiří, Oto Mádr jako morální teolog [Oto Mádr als Moraltheologe], in: Poláková, Jolana (Hg.), Teolog Oto Mádr [Der Theologe Oto Mádr], 29–41.

Sokol, Jan, Teilhard tehdy a dnes [Teilhard damals und heute], in: Teologie a společnost 2 (2005) 14–16.

Švanda, Pavel, Šedesátá léta jako mýtus o osvobození [Sechziger Jahre als Mythos über die Befreiung], in: Fiala, Petr, Hanuš, Jiří (Hg.), Koncil a česká společnost [Das Konzil und die tschechische Gesellschaft], Brno 2000, 17–27.

Šťastná-Beščecová, Kateřina, O svobodě ve vězení [Über die Freiheit im Gefängnis], in: Oto Mádr (Hg.), V zápasech za Boží věc, 77–90.

Tucker, Mary Evelyn, Grim, John, Teilhard de Chardin. Krátký životopis [Teilhard de Chardin. Kurzer Lebenslauf], in: Teologie a společnost [Theologie und Gesellschaft] 2 (2005) 5.

Vaško, Václav, Ne vším jsem byl rád. Vlastní životopis [Nicht alles war ich gern. Eigene Biographie]. Kostelní Vydří 2001.

Vaško, Václav, Neumlčená, Kronika katolické církve v Československu po druhé světové válce [Die Nicht-Zum-Schweigen-Gebrachte. Chronik der katholischen Kirche in der Tschechoslowakei nach dem Zweiten Weltkrieg], 2 svazky [2 Bände], Praha 1990.

Vaško, Václav, „Dům na skále [Haus auf Fels]", 3 svazky [3 Bände]:

Církev zkoušená, 1945 – začátek 1950 [Die geprüfte Kirche, 1945–Beginn 1950] Brno 2004

Církev bojující, 1950 – květen 1960[Die kämpfende Kirche, 1950–Mai 1960] Brno 2007

Církev vězněná, 1950–1960 [Die eingekerkerte Kirche, 1950–1960] Brno 2008.

Vaško, Václav, Pátá kolona v církvi [Fünfte Kolonne in der Kirche], Praha 1996.

Vaško, Václav, K devadesátinám [Zum Neunzigsten], in: Mádr, Oto, Poláková, Jolana (Hg.) V zápasech za Boží věc, 125–129.

Václav Vaško, Arcibiskup Beran – symbol odporu proti komunismu [Erzbischof Beran – Das Symbol des Widerstandes gegen das Kommunismus], in: Securitas Imperii 11 (2005) 91–128.

Vaško, Václav, Profesor Kolakovič. Mýty a skutočnosť [Professor Kolakovic. Mythen und Realität.], in: Impulz. Revue pro modernú katolickú kultúru 3 (2006) 28. http://www.impulzrevue.sk/article.php?135 (28. Oktober 2014)

Ventura, Václav, Oto Mádr. Proslov u příležitosti pracovního večera na počest ThDr. Oto Mádra (Centrum dějin české teologie KTF UK, 9.5.2011) [Oto Mádr. Vortrag am Arbeitsabend zu Ehren ThDr. Oto Mádr, gestaltet durch das Zentrum der Geschichte der tschechischen Theologie an der Katholisch-Theologischen Fakultät der Karlsuniversität in Prag, 9.5.2011], in: Teologické texty 1 (2012) 39.

Vlk, Kardinal Miloslav, Bilanční rozhovor – 1. část, 4. Ledna 2010 [Bilanzgespräch von Jiří Zajíc mit Kardinal Vlk, Teil 1, 4. Januar 2010] http://www.kardinal.cz/index.php?cmd=article&articleID=396 (3. November 2014)

Vokoun, Jaroslav, Teologie skryté církve [Theologie der Verborgenen Kirche], in: Proglas 5–6 (1994) 60–61.

Vybíralová, Eva, Untergrundkirche und geheime Weihen. Eine kirchenrechtliche Untersuchung der Situation in der Tschechoslowakei 1948–1989. Exposé zum Promotionsvorhaben an der Katholisch-Theologischen Fakultät der Universität Erfurt, http://www.uni-erfurt.de/theologisches-forschungskolleg/kolleg/eva-vybiralova/ (31. Oktober 2014)

Waldenfels, Hans, V agonii církve [In der Agonie der Kirche], in: Teologické texty 1 (2012) 3–7.

Watzal, Ludwig, Rebellion aus dem Untergrund, in: Rheinischer Merkur vom 17.7.1992, http://www.watzal.com/Untergrundrebellion.pdf (16. September 2014).

Winter, Miriam Therese, Out of the Depths, New York 2001. [Ein autobiographisches Gesprächsbuch mit Ludmila Javorová.]

Winterová, Miriam T., Z hlubin bezedných, Příběh Ludmily Javorové vysvěcené na římskokatolického kněze [Aus der abgründigen Tiefe. Die Geschichte von Ludmila Javorová, geweiht zum römisch-katholischen Priester], Brno 2003 [Tschechische Übersetzung der amerikanischen Originalausgabe.]

Zápotocký, Antonín. Weihnachtsansprache des Premierministers 1952. Im Archiv des Tschechischen Rundfunkes. http://www.radio.cz/cz/rubrika/zarchivu/jak-je zisek-zestarl-a-stal-se-z-nej-deda-mraz (30. Oktober 2014)

[Autor – ohne Angabe], Kirche in der Zange. Die Kirchenpolitik der Tschechoslowakei 1945–1960, München 1960